「与える＞奪う」で
地球に貢献する会社

Net Positive《ネットポジティブ》

How Courageous Companies
Thrive by Giving More
Than They Take

著｜ポール・ポルマン
アンドリュー・ウィンストン
日本語版序文｜魚谷雅彦（資生堂 社長 CEO）
訳｜三木俊哉

日経BP

いまだ取り残されている世界中の何十億もの人々のために——
彼らに必要なのは、世界をよくするために寄り添ってくれる勇敢なリーダーだ。

目次

＊本文中の〔　〕は訳注です。

序文

ポールより

実を言うと、本を書くことにはずっとためらいがあった。たいていのことはもう言い尽くされているし、何か書いたところで、多くのCEO（最高経営責任者）がそうであるように、自分史を都合よく書き換えようとしているだけだと思われかねない。だから本は書きたくなかった。しかし、ハーバード・ビジネス・レビューの編集長アディ・イグナティウスから、ユニリーバや私自身の変革ストーリーを、そして私たちがこれからどこへ向かうべきなのかを、もっとたくさんの人に伝えるべきだと説得された。アンドリュー・ウィンストンとの共著になるということで、ついに私は決心した。彼の著書『ビッグ・ピボット』や『グリーン・トゥ・ゴールド』は実に素晴らしく、ユニリーバを経営しているときもいろいろ参考にさせてもらった。どちらも時代の先を行っていた（その当時に聞く耳があったなら）。

ジェフ・シーブライトにも感謝したい。彼はよき友人であると同時に、ユニリーバのサステナビリティ担当役員としてビジネスモデルの変革にともに関わり、本書の刊行にも力を貸してくれた。その優れた記憶力、思慮深いアドバイス、ユーモアのセンスは私など足元に及ばない。

この序文を書いている復活祭《イースター》の間に、92歳の美しい母がオランダであの世へ旅立った。最後の数週間はいっしょに過ごすことができた。母は私にとって大きなインスピレーションの源だった。学校の先生をしていたが、子育てをするのは女性という理由で、1950年代に大好きな仕事をやめなければならなかった。その母から教育の大切さを教えられた。

第2次世界大戦をくぐり抜けた彼女は、他人のために尽くし、壊れたコミュニティを再建し、あらゆる人を包摂する平和な環境をつくることがいかに大事かを知っていた。尊厳と敬意、公正さ、思いやりといった価値観は、母と父にはごく当たり前だった。何しろ6人の子どもを育て上げたのだから。

多くのキリスト教徒にとってイースターは伝統的に始まりの時であり、我々も今、そのようにして母の死を祝っているが、イースターはまた、よりよい世界をつくる必要があることの偉大なるたとえでもある。私たちみんなが今から何世代もお互いに調和し、母なる自然とも調和して暮らしていける、そんな世界だ。新型コロナウイルス感染症によって人類はいきなり思い知らされたのではないか。不健全な惑星に健全な人間は育たない、と。生物多様性の喪失、気候変動、不平等、経済成長、社会的連帯の間の複雑な関係を、多くの人がますます感じ始めている。経済システムの欠陥もやはり明らかになってきた。限りある地球上での限りない成長は不可能である、と私たちは気づいてきた。そして、永遠に続けることができないとすれば、それは持続可能ではないということだ。いずれはどこかでシステムが崩壊する。実際、それが起きつつある。

「自分たちは十分な恩恵を受けていない、取り残されている」と感じる人が今なおあまりにも多い経済システムは、いずれ破綻すると私は思ってきた。その兆候は例えば政治システムにも表れている。民主主義の強さや国際協力のあり方がそこではいろいろな形で試されている。数ある課題のなかで何にも増して対応すべきは、気候変動と不平等だ。特段驚くことではないが、この2つは密接に関連している。十分な国際協調がなされず、短期主義が幅を利かせるなか、責任ある企業はこのギャップを埋めるべく行動を起こさなければならない。単独ではなく、政府や市民社会との新たな連携を通じて行動するのだ。

本書はそのための方法だけでなく、(もっと重要なこととして) それがなぜ企業自身のためにもなるのかを説明する。それが「ネットポジティブ」の考え方だ。資本主義についてここで論じるつもりはない。我々はもっと現実的な方法で、企業がこれからも事業を継続してよいと認められるために果たすべき役割の変化について話したかった。問題をこしらえて利益を得るのではなく、問題を解決して利益を得るべきだ――言いたいのはただそれだけだ。

私たちの大部分は進むべき方向についてはわかっているので、「なぜ」よりも、多くの人が苦戦している「どのように」に焦点を当てた本にしたかった。実際、課題の多くは私たちが制御できない範囲にあり、タスクの遂行は困難かつ複雑だ。圧倒されて無力さを感じることもある。だが責任ある立場にいる我々は、拒絶や逃避、責任転嫁によって答えが得られることはないと知っている。

何よりも必要なのは、これまでと違う種類のリーダーシップだ。そこで重要なのは勇気である。事業オペレーションにとどまらず、自社が及ぼす社会的影響のすべてに責任を負う勇気。たとえ答えをすべて知らなくても、必要とされる高い志を掲げる勇気。広範なシステム変革を引き起こすために必要なもっと幅広いパートナーシップを受け入れる勇気。「勇気(courage)」はフランス語のｃｏｅｕｒに由来する。意味は「心臓・心」。実際、スプレッドシートやコンピューター、スピードばかりに支配されるようになったビジネスや政治の世界では、勇気とは、さまざまな場所で失われつつある人間的要素を取り戻すことに他ならない。企業が信頼をめぐってもっと競い合うようになると、思いやりや気配りが重要な役割を果たすだろう。

聖職者のデズモンド・ツツは楽観主義か悲観主義かを問われて、「私は希望の虜《とりこ》です」と述べた。道徳的な主張はずいぶん前からなされているが、だからと言って歴史がひとりでに正しい方向へ向かうのを待っているわけにはいかない。幸い、経済的な側面からの主張もだんだん魅力を帯び始めている。本書で指摘するように、我々はかつてないほど大きなビジネスチャンスに遭遇しようとしているのかもしれない。パンデミックやシステム崩壊を避けようとすると、行動しないことのコストのほうが行動に伴うコストよりも高くなっていることにますます気づかされる。我々が確信に基づいてユニリーバでの取り組みをスタートさせたときと違い、今は経済的なエビデンスやインセンティブがある。

この10年でユニリーバ・モデルの長所・短所が明らかになったが、本書でも強調しているように、私たちはもっと速く、もっと遠くまで進まなければならない。ネットポジティブなアプローチは現在の競争力を高めるだけでなく、企業や産業としての将来的な成功を確かなものにする。リーダーの地位は特権的なものであり、それを利用して他者に尽くし、よりよい世界を築くことは何ごとにも代えがたい満足を与えてくれる。つまるところ、始めなければ何も起こすことはできないのだ。

2021年4月

＊　＊　＊

アンドリューより

2020年にパンデミックが始まった頃、我々はこの本の仕事に没頭していた。私はちょうど50歳になり、企業の持続可能性《サステナビリティ》の分野に取り組み始めて20年になろうとしていた。自分の人生をふと振り返ってみた。プライベートでは、妻といっしょに2人の男の子を育てた。18歳の長男は、私が初めての本『グリーン・トゥ・ゴールド』を書いたときはまだよちよち歩きだった。次男は15年前、それが世に出た日に生まれた。世界のことを気にかける思いやりのある人間になれるよう手助けできたかどうかは、彼らがいずれ判断するだろう。

仕事に関してはもっと評価が難しい。私の使命は、我々人類の最大の環境・社会課題を解決するよう企業を促すことだ。それも慈善活動としてではなく、優れたビジネスだから取り組むという方向へ導かなければならない。マクロレベルの進捗について考えてみる。つまり、短期的利益への執着から長期的な価値創造へとビジネス界を軌道修正させることに、我々は成功しているだろうか？

イエスであり、ノーでもある。

自社が及ぼす環境・社会面の影響に対応しようとする企業は急速に増えている。サステナビリティが課題であることに疑問を覚える大企業はないだろう。我々は最初の戦いには勝利したが、大きな問題がまだ残っている。資源を過度に使い、無制限の消費を促し、一部の人だけを裕福にする経済モデルは、人類を断崖絶壁へ追い込んでいる。解決を目指すグローバルな課題（なかでも気候変動）はむしろ悪化している。まだまだ対応スピードが足りないのだ。

各企業に二酸化炭素（CO_2）排出量を少々削減してもらい、マイナスの影響を減らすだけでは十分ではない。プラスの影響を出せるようにしなければならない。残念ながら、この現実をしっかり理解しているビジネスリーダーはまだまだ少ない。自らの組織を大きく変革し、世界に貢献させようとする勇気あるリーダーがもっと必要だ。

「なぜレイ・アンダーソンのような人が少ないんだろう？」と同僚に聞かれたことがある。カーペットメーカー、インターフェイスのCEOだったレイは1994年にふと気づいた。「今のままでは地球は行き詰まる」。そこで、世界に対するマイナスの影響をすべてなくすような経営を心がけた。彼はパイオニアでありインスピレーションの源泉だった。私がこの分野で初めて読んだ本はレイの『ミッド・コース・コレクション』（未邦訳）だが、私はその友人にこう言った。「なぜポール・ポルマンのような人が少ないのか、とも聞くべきではないかな？」

どうしてポールなのか？　レイ・アンダーソン、パタゴニアのイヴォン・シュイナード、起業家のポール・ホーケンといった先駆者たちは、自ら創業した中規模の会社を率いていた。ウォルマートなど大企業の一部には、この動きに同調しているところもあったが、ポールのような試みをした会社はかつてどこにもなかった。つまりポールは、サステナビリティを、売上高が何百億ドルにも上る世界的上場企業のコアミッションにしようとしていた。彼は全精力をつぎ込んでいた。レイと同じように、他のCEOや世界的リーダーたちに真実を語り、今までと根本的に異なる経営方法を辛抱強く訴え、今までどおりのやり方ではダメだと強調した。使命感に突き動かされていたが、長期的なビジネスの成功も視野に入れていた。

私はそれが気に入った。でも私だけではない。ある調査で毎年、サステナビリティを戦略に組み込むのに秀でた企業を専門家に挙げてもらっているが、ユニリーバは選ばれる頻度が10年連続でナンバー1だった。企業パフォーマンスのどの側面をとっても、これほどの一貫性はそうそう見られるものではない。なかには、サステナビリティリーダーとされる消費財メーカーを、不要なものをたくさんつくっていると非難する向きもあるだろう。一片の真理はあるものの、私たちが直面する課題の大きさを考えると、ビジネス抜きで世界の繁栄は築けない。

現状を打破しようとするリーダーがもっと必要であり、そうしたリーダーをもっと評価しなければならない。GEのジャック・ウェルチのような経営者をもてはやすのはもうやめたい。彼は実行力に優れた人物だったが、この地球や人々よりも短期的な株主利益を重んじた。それは解雇で株価が上がるという、何十年も支配的だったビジネススタイルだ。

2010年代に私はユニリーバの北米サステナビリティ諮問委員会のメンバーになったので、

中立的な立場ではない。でも、ポールと彼の右腕だったサステナビリティアドバイザーのジェフ・シーブライトがいっしょに本を書かないかと持ちかけてきたとき、私はまだ数回しかポールに会ったことがなかった。サステナビリティ戦略に関する本をもう1冊出すかどうかはわからなかったが、世界に貢献する会社のつくり方を探る絶好の機会だった。ユニリーバに関するエピソードは多少知られていたが、その先頭に立った人物の視点から語られるストーリーはまだなかった。本書はユニリーバだけについて書かれた本ではない。ただ、同社の経験は原動力になる。私の仕事は外部的な視点を加え、ストーリーのなかの枠組みを見つけ、それを読みやすく、わかりやすくすることだった。

結局、「ポール・ポルマンをもっと増やすにはどうすればよいか」は正しい問いかけではない。どれだけCEOが称賛されようが（そして高額な報酬をもらおうが）、偉大な企業をひとりで築けるリーダーはいない。CEOをはじめとする経営幹部だけが成功の要因であるなら、どのMBAコースもビジネス書もリーダーシップだけに焦点を当てればいい。企業には基本方針、戦略、戦術、パートナー、それから文化、目的、インスピレーションのような無形の要素も必要だ。どの組織も唯一無二の存在だが、あらゆる企業を後押しできる、パイオニアから学ぶ教訓や発想はある。本書は地図やコンパスの役割を果たそうとするが、逐一コース案内をするわけではない。組織によってたどる道筋はそれぞれだ。

私が本書で目標とするのは、ビジネスコミュニティがいち早く先頭に立ち、豊かな世界の実現へと私たちを導くことができるようインスパイアすることだ。この仕事とそこからの波及効果により、私自身の人生がネットポジティブになることを願っている。

2021年4月

日本語版序文

魚谷雅彦（資生堂 社長CEO）

私たちは歴史上まれにみる時代に生きている。緊急の行動を要する問題が山積しているのだ。気候変動と格差を筆頭に、人類の存続に関わる諸課題は加速度的に悪化している。記録的な暴風雨、洪水、干ばつ、山火事などの異常気象は、経済や企業に多大な損失を与え、全人類のウェルビーイング（幸福・福祉）を脅かしている。また、この40年で富と権力がごく一握りの層に集中したことは、社会を不安定にし、団結して重大な問題を解決すべき時に、私たちを分断させる原因になっている。

もちろん日本も、そうした大きな環境・社会課題の影響を受けている。気候変動は危険な台風の増加や記録的な熱波、さらには海面上昇のリスクをもたらしている。社会的な面では、歴史的に女性の社会進出が進んでいないため、日本の社会は本当の強さを発揮できていない。

こうした多様な不安定要素に加えて、ここ数年は、新型コロナウイルスの世界的流行、ロシアのウクライナ侵攻、そして世界中の民主主義への脅威といった事象が生じている。このような複雑な世界を、私たちはどのように乗り切っていけばよいのか？　それにはより高い志を持ち、大いなる善（公益）のために協力し合う必要がある。企業を先頭に資源の効率的な利用で世界をリードしてきた日本は、その豊かな伝統をもとに、もっと速く、もっと遠くまで、社会の変革を推進できるはずだ。

かつて、社会課題の解決はもっぱら国や行政の責任と考えられていた。しかし、今は違う。私たちが抱える共通の課題に取り組む上で、企業は重要な役割を担っている。社会に貢献せよという重圧は高まる一方だ。消費者や顧客、投資家、従業員（特に若者）など、重要なステークホルダーは、企業に対する要求レベルを日々高めている。企業リーダーは視野を広げ、社会で果たすべき役割についてこれまでとは違う発想をしなければならない。

法律に違反しなければよい、環境や社会に与える負の影響を少しずつ減らしていけばよい、という考えではもはや不十分だ。私たちは、地球の限界（プラネタリー・バウンダリー）の範囲内で生活しなければならない。誰もが満ち足りた暮らしを送れる世界、1世代後には90億人となる人々が豊かに暮らせる世界を築かなければならない。企業は悪い影響を減らすだけではなく、新しいビジネスモデルやマインドセットを生み出し、地球や社会に「ポジティブ」な影響を与える必要がある。本書はそのためのひとつの指針になる。

本書の著者であるユニリーバ前CEOのポール・ポルマンと、サステナビリティを推進するリーダーのひとり、アンドリュー・ウィンストンは、ビジネスの新しい定義・目標を提示している。すなわち、世界の問題をつくり出すのではなく、解決することにより利益を得て成長せよ、と。それだけでも、短期的な株主価値に固執してきた50年の歴史と袂を分かつ、パーパス（目的・存在意義）の大転換だ。著者たちは、短期的な株主利益を重視する哲学は死んだと宣言し、「あなたの会社があるから、世界はよりよくなっているだろうか？」と根本的な問いを投げかける。

ネットポジティブなビジネスとは、関わるすべての人のウェルビーイングを向上させるものだと彼らは言う。意図するかどうかにかかわらず、自社が生み出すすべての影響に対して責任を持つ。株主第一主義ではなく、多くのステークホルダーに貢献し、結果として株主価値を創造する。深い変革パートナーシップを築き、社会における企業の役割について長期的な視点を持つ。

資生堂の歴史は、ユニリーバと同じく1800年代後半にさかのぼる。その間、私たちは常に長期的視点を大切にしてきた。ユニリーバはポール・ポルマンのもと、サステナブルな暮らしを当たり前のものにすることに力を注いできた。資生堂も、「美しさとは、人の幸せを願うこと。」という創業以来大切にしている想いのもと、美の力を通じて〝人々が幸福を実感できる〟サステナブルな社会の実現に貢献したいと考えている。BEAUTY INNOVATIONS FOR

A BETTER WORLD（美の力でよりよい世界を）――それが資生堂の企業使命だ。私たちは、誰もが生き生きと暮らせる多様な社会、人々が地球環境と調和して暮らす持続可能な世界を夢見ている。生物多様性が豊かで、気候が安定し、すべての人に幸せをつかむチャンスがある世界は、美しい。本書では、そんな未来を築く企業となるためにはどうすればよいかが描かれる。どうすれば、自分たちの限界を超えて世界にポジティブな影響を及ぼす企業になれるか。資生堂はまた、日本の社会全体をよりよくすることにも目を向けている。例えば私は、企業の意思決定機関における健全なジェンダーバランスを実現し、日本社会を変革しようとする活動、30% Club Japan（サーティパーセントクラブ・ジャパン）の会長を務めている。

すべての人のためになる世界をつくる――それは簡単な仕事ではない。だが、やりがいはある。本書は、人々と地球の問題を解決する企業ほど成功する可能性が高いことを、実に説得力ある方法で論じている。暮らしと命を大切にし、公平性を追求しながら、カーボンゼロ経済へ移行することは、現代における最大のビジネスチャンスである。

先がなかなか見通せない今の時代、企業は自社の利益だけでなく、すべての人の利益を考えて行動するべきだ。市民社会や政府と協力し、あらゆる人にとって健全で公正な世界をつくる時が来ている。今こそ、企業は世界のために、企業使命と志のレベルを大きく引き上げ、ネットポジティブを実践する時だ。

はじめに

なぜマヨネーズはケチャップに勝ったのか？

敵対的買収が語る真実

2017年初め、ユニリーバは九死に一生を得た。パーパス（目的・存在意義）、そして人々の暮らしを豊かにすることをビジネスの中心に据えた野心的な戦略、ユニリーバ・サステナブル・リビング・プラン（USLP）の導入から7年目。売上高を2倍にしながら環境負荷を半分にする、10億人の健康とウェルビーイング（幸福・福祉）を向上させるといった積極的な目標へ向けての進捗は順調だった。ごく少数の他の企業経営者とともに、ユニリーバは優良企業の意味を定義し直すことに一役買っていた。

戦略は功を奏していた。低成長または成長のない時期が何年か続いたあと、売上高は33％増加して６００億ドルに達し、株価パフォーマンスも同業他社とヨーロッパのＦＴＳＥ指数を上回っていた。世界中に広がるグローバル企業のユニリーバは、アックス、ベン＆ジェリーズ、クリア、ダヴ、ヘルマンズ（マヨネーズ）、クノール、ライフボーイ、オモ、レクソナ〔日本ではレセナ〕、スアーブなど、３００を超すブランドを通じて毎日25億人の人々とつながっている。ＵＳＬＰ戦略の一環として、ミッション重視の会社を中心にいくつもの新しいブランドを買収し、ビジョンに合わない低成長事業を売却した。

したがって、ライバル企業、クラフトハインツ（ケチャップで有名）の会長アレクサンドル・ベーリングがロンドンのユニリーバ本社を訪れたとき、ＣＥＯのポール・ポルマン（共著者）は何かの事業の売却を提案されるものと思った。だが、ミーティングはまったく思わぬ方向へ進んだ。ベーリングはユニリーバを市場価格より18％高い１４３０億ドルで丸々買収したいと申し出たのだ。[1] 敵対的買収は時ににこやかに持ちかけられる。だが敵対的には違いなく、１世紀かけて築かれた企業の魂をむしばむことがある。

クラフトハインツはその2年前に、ブラジルのプライベートエクイティ企業３Ｇキャピタルと、伝説的な投資家ウォーレン・バフェットのバークシャー・ハザウェイに買収されたばかりだった。両投資家はこの案件でも手を組んでいた。３Ｇはそれまで株式公開買い付けに失敗したことがなかったが、9日間の激しい攻防の末、この買収はとうとう失敗することになる。

3Gは短期的な利益率を高めるためのコストカット手法で有名だった。フォーチュン誌のある記事は3GのCEO、ジョルジ・パウロ・レマンを「コストを食らう男」と表現した。[2] 消費財業界は、クラフトハインツと同様にレバレッジ効果を高め、コストを削減し、利益率を高め、税金をほとんど払わないような会社と、フィナンシャル・タイムズ紙が言うところの「投資にばかり目を向け、いずれビジネスを破綻させてしまう経営モデルに反発する」会社[3]とに分かれていた。

同じような製品を販売する企業なのに、クラフトハインツとユニリーバのビジネスモデルはこれ以上ないほど違っていた。3Gは株主第一の見本のような企業だった。ユニリーバは、世界をよりよくするため、自社に何らかの形で関わる多くの人たち（ステークホルダー）のために活動したいと願っていた。ユニリーバのパーパスには140年の歴史があり、もともとのミッションはビクトリア朝イングランドの衛生状態を改善することだった。

現在のUSLPはユニリーバのルーツを継承・拡大した、世界で最も幅広い統合ビジネスプランのひとつだ。公正で持続可能な事業と、業績や成長とを明確に結びつけている。USLPの目標は、サステナビリティを犠牲にするのではなく、サステナビリティを優先することによって利益をあげることだ。利益に目的がついてくるのではなく、目的に利益がついてくる。ユニリーバは長年、パーパス重視が十分でないと業績に苦しむことを学んできた。だから、ミッションが相いれない組織に飲み込まれれば、戦略的にも財務的にも破滅的な状況に陥る可能性がある。

ユニリーバの経営陣は買収に応じれば多額の現金を手にできただろう。だが、3Gとユニリーバの戦略や価値観には大きな違いがあり、この買収は受け入れがたかった。長期的な価値創造を何とも思わない人たちの手に会社を渡すわけにはいかなかった。3Gが買収した企業がどうなっていたかは一目瞭然だった。例えば、アフリカで水や人権のプロジェクトを展開していた飲料大手のSABミラーのように、優れた仕事をしている組織が3Gのコスト削減圧力に屈してその仕事を断念した。3Gの買収から逃れた多くの会社が、パーパス重視の企業との協業を求めてユニリーバにアプローチしていた。

この大事な局面に、ユニリーバのリーダーたちはコスト管理や利益率アップに魅力を感じないわけではなかった。彼らも事業パフォーマンスや効率を大切にしていたが、同時に、成功への近道はないとも知っていた。投資家に利益率アップという目先の甘い汁を吸わせるために、人件費や研究開発費やブランドへの支出を減らせば、後に必ず災いがやってくる。自分たちが最もよく知っているビジネスモデルを利用すれば、長期的には3G以上の価値を創出できると、ユニリーバのリーダーは信じていた。パーパスを重んじ、未来への投資を続け、売上高と利益の両方を高めるやり方だ（実際、7年続けてそれを実現していた）。

売却を迫られるのは大きなストレスだった。ポールは、1世紀の歴史がある責任ある企業を3Gのような会社に明け渡す経営者になりたくなかった。「私の目が黒いうちは売ったりしない」。買収提案を拒絶するには、友人たちからの支援と素早い対応が必要だった。

思わぬ味方

ユニリーバに対する「懐疑派」の人たちは長年、同社がつまずくのを待ちわびていた。株主第一を説く主流投資家の多くは、サステナビリティはヒッピー的だと感じていた。だが、ユニリーバのビジネスモデルはうまくいっていた。買収提案があったとき、同社の営業利益率は業界トップではなかったものの、ネスレやダノン、モンデリーズなどの競合よりは高かった。売上高と純利益の伸びも速く、投下資本利益率は常に19％を超えていた。同社は長期的な株主価値を着実に創造していたが、それは一番の目標だったわけではなく、ビジネスモデルの結果にすぎなかった。

それでも、3Gが提案する18％のプレミアム（市場価格への上乗せ分）は、「現経営陣が当面の大きな価値を残していってくれる」というメッセージを送るものだった。そうした印象を与えることができれば、普通なら買収の成功は間違いないが、3Gとユニリーバ批判派は、ユニリーバの経営陣、取締役会、そして予想外の支援者たちがユニリーバのビジネス手法にどれだけ思い入れがあるかを過小評価していた。ユニリーバは地域社会や政府、国連とばかり時間を費やして、短期的利益の最大化を軽視していると批判派は述べた。だが、こうしたつながりをつくっていたことが功を奏した。

ユニリーバへの支援を表明した者のなかには、NGOや労働組合のリーダーもいた。グリーンピース英国支部（企業の不正に抗議するため、ユニリーバ、P&G、ネスレをはじめ数多くの企業の本社ビルによじ登った組織）の責任者ジョン・ソーベンはユニリーバという会社を信用するようになっており、何かできることはないかと声をかけた。国際食品関連産業労働組合連合会（IUF。農業や宿泊業などに従事する1000万人の労働者が属する労働組合連合）の書記長ロン・オズワルドは買収への反対を公に表明した。オズワルドによれば、ユニリーバのモデルが「地球上から消える」ことをIUFは恐れていた。「クラフトハインツは金融工学のみで動く会社、つまりあるべきではない姿の典型です」[4]

買収反対の世論は高まった。ある投資家によると、ユニリーバの取締役会には「クラフトハインツの（短期的価値の）罠にはまらない」よう求める手紙が相次いだ[5]。何人かの著名な支援者はウォーレン・バフェットに直接連絡をとって不満を表明した。それでもユニリーバの経営陣は、大多数の投資家が自分たちの味方についてくれるかどうかの確証がなかった。投資家は自らの四半期目標を達成するために株を手放す強い動機があった（すると短期的なリターンも最大化できる）。

最終的に、買収反対派の勢いはとどまるところを知らず、支持を失った3Gは提案を撤回せざるを得なかった。パートナーに投資し、ステークホルダーとともにネットポジティブを目指すことでやっと手に入れた信用のおかげもあって、ユニリーバはこの危機をどうにか脱することができた。

その後

クラフトハインツのベーリングがユニリーバ本社に足を踏み入れた瞬間、投資家たちは試練に直面した。すなわち、どちらのビジネスモデルに投資するか？　その決定の経済的影響は甚大だった。消費財大手2社の株価は異なる道筋をたどることになった。ユニリーバに投じられた資金は数年で、クラフトハインツの4倍の株主リターンをもたらした。インドの株式市場に上場しているユニリーバの子会社、ヒンドゥスタン・ユニリーバは現在、クラフトハインツよりも企業価値が高い。ポールの10年間の在任期間中、株主は300％近いリターンを手にすることができた。[6]

２０２０年のコロナ禍に伴う金融危機が起きたとき、ユニリーバのモデルの相対的な強さが明らかになった。同社は３Ｇに比べて財務状況がはるかによく、バランスシートが健全だった。ユニリーバは直接・間接雇用のどちらの従業員にも３カ月間仕事を保証する余裕があった。[7] また、５億ドルをパートナー企業の支援に充て、一部の仕入れ先への支払いを早めたり、販売先に対して信用枠を拡大したりして、彼らがなんとか苦境をしのげるようにした。[8] 一方、クラフトハインツは２０１９年に１５０億ドルの評価損を計上し、配当を減らさざるを得なかった。また、パンデミックによるロックダウン前に債務格付けが「投機的（ジャンク債）」に急落し、その後、緊急融資枠を利用しなければならなくなった。[9]

ここで重要なのは３Ｇの不幸を喜ぶことではなく、ビジネスモデルや業績の違いを浮き彫りにすることだ。変動が激しく、不確実、複雑かつ不明瞭（ＶＵＣＡ）な世の中では、レジリエンス（強靭さ）がすべてだ。ユニリーバのモデルは強固な財務基盤と、従業員や地域社会、ビジネスパートナー、政府との深いつながりを生み出した。そうした関係性がスピードをもたらした。ロックダウンから何日もたたずに、ユニリーバは医療用品を製造・輸送するためのサプライチェーンを再構築し、例えば手指の消毒剤の生産数を１万４０００倍に増やした。[10] 何十億もの人の消費習慣が一夜にして変わったため、ユニリーバは部門間や地域間で人員を素早くシフトさせた。世界に2000人いた調達担当マネジャーのうち300人を、中国の緊急サプライチェーンに振り向けた。何年もかけて築き上げたステークホルダーとの信頼関係があったから、ライバルより迅速に動けた。

混乱が激しい過酷な経済環境のなかでも、ユニリーバは長期的なマルチステークホルダー・ビジネスモデルへの取り組みを中断していたわけではない。2039年までのカーボンニュートラルの実現、7万点の製品にCO_2排出量データを貼付する計画など、意欲的な目標を新たに打ち出した。

3Gによる買収の失敗後、ユニリーバの経営陣と取締役会は短期的な財務状況の改善に力を入れたが、パーパス主導《ドリブン》の戦略にはこだわり続けた。ステークホルダーへの貢献を長く重視する姿勢が組織にしっかり根づいており、その価値もはっきりしていた。

すべての企業は今、大事な選択を迫られている。近視眼的な意思決定を強要し、事業を損ない、人々のウェルビーイングを危険にさらす、株主第一のモデルを目指し続けるか、それとも、世界に貢献することで（つまり「奪う（take）」よりも「与える（give）」を重んじることで）長きにわたって成長・繁栄する事業を築くか――。

よりよいモデル――ネットポジティブなビジネス

ユニリーバとクラフトハインツの対立は、どちらのほうが優れた儲かる製品をつくるかという問題ではなかった。ビジネススクールで議論する学問的な話でもなかった。それはもっと大きな、ビジネスの精神をめぐる戦いだった。

両社は正反対といってもいい2つのモデルを代表していた。片や一握りの資本家に仕え、利得を還元する。株主リターンを最大化し、今の利益を高めるために費用を削ることにこだわる。事業の外部性（企業の活動が他者（環境・社会）に与える影響）には限られた責任しか負わない。もう一方のモデルは事業の目的が異なり、すべてのステークホルダーに貢献することで長期的に成功を収めたいと考える。気候変動、貧困と不平等、生物多様性の喪失、人種格差など、世界が抱える最大の課題の解決をサポートする。株主資本主義とステークホルダー資本主義の違いは、この2つのモデルの違いでもある。

2番目のモデルを目指す企業は少ないながら増えており、これは未来の繁栄や社会の安定にふさわしい唯一のモデルだ。しかし、事業や製品・サービスの向上を通じて価値をもっと生み出し、顧客やパートナーをもっと引きつけ、地球を救い、影響を与えるすべての人のウェルビーイングを高めるためには、このモデルをさらに推し進める必要がある。このモデルを目指す企業は未来へ向けて有利なポジションを占め、最終的に成功を収めやすい。その出番がやってきた。

私たちはこれまでにない時代に生きている。世界を再構築し、ビジネスを「ネットポジティブ」にするためのまたとないチャンスが目の前にある。

ネットポジティブとは？

サステナブルデザインの第一人者、ビル・マクドノーとミヒャエル・ブラウンガルトは*The Upcycle*（『アップサイクル』未邦訳）という著書のなかで、環境負荷をゼロにして「悪いところを減らす」という発想は間違っていると述べる。そうではなく、「よいところを増やす」べきだという。例えば、廃棄物、事故、炭素など、ビジネスのなかでゼロにしたい影響について考えてみよう。通常は、取り組みが進むに従って指標の値が下がっていく図を描くだろう。ところが彼らは、図を逆さまにしろと言う。ゼロが「最終地点ではなく通過地点になる」よう、マイナスからゼロへ上がるグラフを描き、さらにそのままプラスの領域に入っていく。[11] 安全指標がプラスになれば、それは事故がゼロになっただけでなく、「健康を増進する職場」がつくられたことを意味する。さらには、地域社会や顧客がもっと健康になるかもしれない。そうしたポジティブな効果はビジネスのいわゆる「ハンドプリント（ポジティブな影響）」に寄与する。もっとネガティブな意味合いを持つ「フットプリント」とは対照的だ。

ネットポジティブなビジネスは他者のためになる。「自分がしてもらいたいことを他の人にもしなさい」という黄金律《ゴールデンルール》が昔からあるが、それを実践する。キム・ポルマンは *Imaginal Cells*（『変革のビジョン』未邦訳）という著書で、この格言は「人類の基本原理であり、最も成功した宗教や文化の根底にあるもの」と書く。(12) この原則を守るため、ネットポジティブな企業は地球の限界の範囲内で活動し、地球とその住人を尊重する。人がお互いをどう扱うかという道徳的な境界を守り、修復や再活性化、再生を図る。

その枠組みを念頭に、我々が考えるネットポジティブな企業とは、影響を与えるすべての人のウェルビーイングを、すべての製品、すべての事業、すべての国・地域において向上させ、従業員、サプライヤー、地域社会、顧客、さらには将来世代や地球そのものなど、すべてのステークホルダーに貢献する企業である。

これが目指すべき北極星だ。すべてを一度に達成できる企業はないが、経済や地球を存続させようとするなら、そこを目指さなければならない。今、必要とされる企業であるためには、世界を豊かにしなければならない。

究極の問いはこうだ。あなたの会社があることで世界はよりよくなっているだろうか？

基本原則

第1章では、ネットポジティブな企業を支える5つの原則を検討する。❶自社が世界に与える影響に責任を持つ、❷（あらゆる時間軸で好結果を目指しながら）より長期的な視点を持つ、❸複数のステークホルダーに貢献し、そのニーズを優先する、❹他社との協業や社会変革を受け入れる、❺それらすべての結果として、株主に確かなリターンを提供する。サステナビリティの支持者にとっては馴染みのあることかもしれないが、言うは易し、行うは難し。「責任を持ちます」と言うのと、そのとおりに行動するのは、まったく別のことだ。株主よりステークホルダーを優先するのは、50年の歴史がある経済学の主流の教義、すなわちビジネスの目的は株主価値の向上だというミルトン・フリードマンの考え方に背いている（次のコラムを参照）。

Column

ミルトン・フリードマンは死んだ

市場経済に身を置くあらゆるビジネスリーダーは、50年もの間、「ビジネスの目的は株主だけに尽くすことだ」というイデオロギーで教育されてきた。その支柱はミルトン・フリードマンだ。新自由主義経済においてウェルビーイングの唯一の指標はお金である。企業にとっては利益、経済にとっては株式市場、国にとってはGDP。ほんの一握りの企業が長年、それとは別の考え方を提示してきたが、たいていは非主流扱いされた。上場している大企業では、フリードマンの哲学はほぼ疑問視されてこなかった。しかし亀裂が生じ始めている。フリードマン自身、今なら違う見方をしているかもしれない。企業の成功の基準は、昔のようにお金だけではないからだ。いずれにせよ、気候変動の規模や緊急性、不平等に立ち向かう道徳的責務、金融市場の変動性を考えると、四半期ごとの業績にこだわる、株主第一の方針は今の世の中にまったく合っておらず、いずれは自滅を招く。生き残って成功を収めたければ、古い哲学を捨て去らなければならない。それに気づくのは早ければ早いほどよい。

ネットポジティブではないアプローチ

企業は「ネットポジティブ」というフレーズを、カーボンフットプリントについて語るために狭い意味で使うことが多い（「カーボンネガティブ」「カーボンポジティブ」という言い方を耳にするが、紛らわしいことに同じ意味だ）。その狭い意味で使う場合のアプローチは本当の意味の責任を回避している。つまり、カーボンオフセット（植林や排出権の購入などで、自社のCO_2排出量を相殺すること）をして帳尻を合わせれば、「うちはネットポジティブ」と主張できる。我々はオフセットをすることが長期的な目標だとは考えない。ある場所で環境汚染を減らすことができても、別の場所でぜん息を引き起こす微粒子を低所得層が数多く住む地域でまき散らしていたら何にもならない。あるいは、自社の事業ではエネルギー源をすべて再生可能エネルギー（再エネ）に切り替えていても、仕入れ先の工場がディーゼル依存では話にならない。本当の意味でのネットポジティブの基準はもっと高い。

ネットポジティブは共有価値《シェアードバリュー》とも異なる。これはインパクト投資家のジェド・エマーソンが提唱し（彼は「複合的価値《ブレンディッドバリュー》」という言い方をした）、経営学者のマイケル・ポーターとマーク・クラマーが発展させた考え方だ。重要な概念ではあるが、株主価値へのこだわりと同じくらい、私たちをまだ尻込みさせる可能性がある。シェアードバリューは企業のネガティブな行為を否定せず、目指すべき高みも十分ではない。すべての大企業がシェアードバリューを追求したとして、企業は十分に広い視野を持ち、必要とされる規模やスピードで気候変動、格差、人種差別に立ち向かうだろうか？　相乗効果が生まれ、みんなが勇気をもって行動を起こすだろうか？

ネットポジティブは完璧であることとも違う。ネガティブな影響を引き起こす問題を正し、さらに他者のためにポジティブな価値を生み出すことを指す。

ネットポジティブはどのようなものか

ネットポジティブな企業は現在の「普通」とは違う取り組みをする。例えば、排出するCO_2より多くのCO_2を取り除く。再エネや再生可能素材だけを使う。廃棄物を出さず、完全な循環性を目指す。汲み上げた水をきれいに浄化して補充する……。人間主体の企業として、バリューチェーンで働く全員が尊厳をもって生活賃金を稼げるようにする。あらゆる人種や能力の持ち主に幅広く機会を提供し、管理職のジェンダーバランスや平等な賃金を実現する。その製品やサービス、パーパス主導の活動（慈善活動ではない）を通じて、消費者や地域社会はもっと潤う。NGOは敵対者ではなく、対等な協力者として処遇される。政府のリーダーにとっては、ネットポジティブ企業は利己的なロビイストではなく、すべての関係者に資するルール体系をつくろうとする、口うるさいパートナーだ。そして、長期的な価値の創出を支援する投資家は、健全な金銭的報酬を得る。

何かの産業がその仕事を通じて顧客や世界に貢献することで利益をあげ、成長する様子を思い浮かべてみよう。企業が大きな課題を生み出すのではなく解決する——そこからネットポジティブはどのようなものかを想像してみてほしい。

- **農業・食品企業が、環境再生型モデルを受け入れ、土壌を豊かにし、生物多様性を保護し、**

大量のCO_2を固定する。

・アルミニウム、セメント、鉄鋼のメーカーが、カーボンフリー製品を開発し、大気中からCO_2を除去する。

・消費財メーカーが、販売するすべての製品で人間と地球のウェルビーイングを高める。

・天然資源・素材企業が、地球への還元を重視し、自社が影響を及ぼす先住民コミュニティの暮らしを向上させる。

・ソーシャルメディア企業が、真実を見極める手助けをし、民主的プロセスを強化する。

・アパレル企業が、自社の成長をさらなる資源の利用から切り離し、製造に携わる労働者に十分な生活賃金を提供し、尊厳を回復させ、世界中のサプライチェーン内のコミュニティ開発を支援する。

・金融機関が、クリーン技術だけに資金を出し、裕福な人よりも貧しい人に尽くし、人々を手助けし、すべての人に均等な機会を提供する。

このような企業が世界を再生する。グリーンである（環境にやさしい）ことがダメージを減らし、サステナビリティ経営がマイナスの影響をゼロにすることを意味するとしたら、ネットポジティブは物事《ものごと》をもっとよくすることを意味する。

リアリティチェック

そんなふうにはなかなかいかないと言われれば、たぶんそうだろう。現実的には、あちらを立てればこちらが立たずというトレードオフが起き、一度にすべての面で前進することはできない。例えば、ユニリーバは途上国のなかの辺ぴな地域に工場を建て、現地の経済を発展させようとしてきた。それらの地域はまだクリーン技術にアクセスできないかもしれない。石炭や石油を燃料にするのは、再エネに関する会社の世界的目標を後退させることになるが、ステークホルダーのウェルビーイングには役立つ。さまざまなニーズのバランスをとりながら、企業は全体として正しい方向へ進まなければならない。それは長く複雑な道のりであり、一足飛びにゴールへたどり着けるものではない。今日よりも明日と、一歩ずつ前進するだけだ。

率直に言えば、我々がここで提案する高い目標を受け入れる企業はまだないだろう。ユニリーバを含め、どの企業も十分前へ進んだとはいえない。だが、ネットポジティブなビジネスモデルの各要素を受け入れる企業は増え始めている。未上場企業や同族企業では、イケア、インターフェイス、マース、パタゴニア、タタ、トリオドスなど。上場企業では、アリアンツ、ダノン、DSM、FIFCO、リーバイス、ロレアル、マークス&スペンサー、マスターカード、マイクロソフト、ナチュラ、オーステッド、オラム、セールスフォース、トレイン・テクノロジーズなど（他にもあるはずだ）。どの会社も完璧とは程遠く、問題もいろいろあるが、正しい方向へは進んでいる。これらの企業のほとんどが、最もサステナブルな企業を専門家に挙げてもらうグローバルスキャン調査の常連だ。ユニリーバは2011年から毎年、ナンバー1にランクされている。[13]私たちは健全なトップ争いを加速できればと思っている。

ただ道のりは平坦ではない。ユニリーバも数々の戦傷を負い、誤りを犯してきた。何千もの原材料を対象にした100％持続可能な調達は、まだ完全には実現していない。パーム油産業が社会に及ぼす影響などの重要な問題については、ここまでの取り組みの成果はまちまちだ。プラスチック包装や廃棄物、人種の多様性、大量消費といった喫緊の課題には、もっとスピーディーかつ大規模に対処すべきだった（人々の習慣を変えるのは難しい）。だがユニリーバは、安易で間違ったことを選ぶのではなく、困難だが正しいことを常に目指す。目標を高く持ち、安全地帯にとどまらない。この苦労を伴う大きな志に、みなさんもぜひ参加してほしい。

チャンスは途方もなく大きく、やりがいがあり、しかも楽しむことさえできる。これは事業価値の創出をめぐる新しい考え方だ。「奪う」より「与える」が多い企業は、「利益重視で慈善活動は付け足し」という経営ではない。ビジネスの中心にパーパスを据え、価値観から価値を生み出す。

これは現代のビジネスにおける革命的な考え方だが、真のイノベーションは必ずと言ってよいほど、破壊を強いる反逆者が主導する。企業が信頼される存在になり重要な課題を解決できるようになるには、企業のあり方を大きく転換する必要がある。資本主義、人類、地球の未来はそこにかかっている。

企業よ、立ち上がれ

市民社会やNGOの多くの人たちにとって、企業が世界の繁栄を築くという発想は笑止千万だ。懐疑的な人々は、利益追求の企業が世の中をこれだけ混乱させたと言う。もっともな指摘だ。産業界は資源を乱用し、コストを外部化し、汚職や政治的影響力を通じて公益よりも自社のニーズを優先する。また、私たちが直面する課題は社会的なものだから、解決するのは政府の仕事だと言う人もいる。それはある程度正しい。外部性に対する規制を設け、カーボンプライシングなどを強制できるのは政府だけだ。また、産業を後押しするための政策を決定する。

他方、リバタリアン（市場至上主義者）は、企業はどんな問題でも解決できると言う。民営化さえすれば、利益が動機になって何でも片が付く、という主張だ。どの見解も正しくない。世界経済フォーラムのグローバル公共財センターを運営するドミニク・ウォーレイは、「大企業か政府が何もかも解決してくれるというのは、魅力的だけれど甘い考えです」と言う。企業のイノベーション、スピード、実行力を、政府の統括力や守備範囲と組み合わせたパートナーシップが必要だ、と彼は言う[14]。

企業は経済に占める比率が大きいからこそ、大きな役割を果たす。途上国の場合、民間セクターはGDPの6割、資本フローの8割、雇用の9割を占める[15]。だが、企業が立ち上がらなければならない理由はあと2つある。第一に、国境を越えた問題が拡大するにつれ、グローバルガバナンスが機能しなくなっていること。国連などが80年前（第2次世界大戦後）につくった多国間制度は、気候変動、サイバーセキュリティ、パンデミックなど、現在の広大かつ複雑な問題には対応できない。

第二に、世界を変えるには、莫大な資本をもっとクリーンで公正な方向へ振り向ける必要がある。新自由主義者《ネオリベラル》が税率を引き下げ続け、公共事業の予算を減らしたため、各国政府は財政的制約に直面している。また、汚職も公共財から資金を吸い上げている。必要十分な資金を保有している政府はほとんどない。国連の推計によると、世界の持続可能な開発目標を達成するための資金ギャップは年間3兆～5兆ドルで、現在の国際開発援助資金トータルの約20倍に相当する[16]。ちなみに世界が新型コロナへの対応にここまで費やしたのは16兆ドルで、それに比べれば大きな額ではない。また、世界のGDPは80兆ドル、銀行がつくり上げたデリバティブなどの金融商品の市場規模は600兆ドルに上る[17]。

人々は企業が立ち上がるのを望んでいる。米国のPR会社、エデルマンが全世界で実施したある調査によると、回答者の4分の3が、社会変革について、政府に強要されるのを待つのではなく、CEOに主導権を握ってほしいと述べている。また同じく4分の3の回答者が、気候や格差などの大きな問題に関して、自社のCEOに声を上げてほしいと考えている。[18] リーダーたちにはこのメッセージが届いている。ウォルマートのCEO、ダグ・マクミロンは次のように述べている。「今こそ企業が率先して、雇用機会、人種平等、気候、持続可能で責任あるサプライチェーンなどの深刻な問題に関して、政府やNGOとともに取り組むべきです[19]」。マクミロンはタイム誌にもこう語っている。「私たちの存在を可能にしているものを大切にしなければ、私たちはいずれ存在できなくなるでしょう[20]」

企業は社会において大きな役割を担い、現在の混乱を招いた大きな責任もある。だからネットポジティブな行動へ移行して、混乱を一掃しなければならない。環境が損なわれ、社会が衰退するのを、人ごとのように眺めていてはならない。自分たちの存立基盤に対して、企業は傍観者ではいられない。

なぜ企業は立ち上がらなければならないのか、つまり何がどう差し迫っているのか？　そう問いたくなるのは当然だ。残念ながら、緊急事態はたくさんあるのに、時間はあまりない（ただし朗報もある）。

地球と道徳の緊急事態

人類は商品・サービスを取引し、需要と供給を効率的にマッチングさせるため、資本主義という驚くべき非情な仕組みを生み出した。資本主義は経済を飛躍的に成長させ、何億もの人々を貧困から救い出した。だが同時に、人類の存続の危機をもたらした。現在の経済システムには基本的な弱点が2つある。ひとつは、限りある地球上で無限の成長を前提にしていること、もうひとつは、すべての人ではなく、少数の人だけに恩恵を及ぼすことだ。

別の惑星を見つけない限り、人類は今のペースで資源を消費し続けることはできない。近年の「アース・オーバーシュート・デー」（その年に地球が回復できる量を超えて人間が資源を使ってしまう日）は8月22日前後だ。[21]　その日以降は毎日、私たちは将来の世代から盗んでいることになる。このシステムは継続不可能だ。経済学者のケネス・ボールディングは冗談めかしてこう言ったことがある。「有限な環境のなかで無限の成長ができると考えるのは、狂人か経済学者のどちらかだ[22]」

無限の資本主義の主なツールは市場《マーケット》だ。しかし現在の市場には致命的な欠陥がある。私たちが強制しない限り、負の外部性（汚染や健康被害などのマイナスの影響）の価格が盛り込まれず、私たちが使い果たす共有の天然資源の対価が請求されることもない。また、市場は何十億もの人々を置き去りにし、資金を上方の富裕層へ送り込む。全員のウェルビーイングどころか、人類の生存を最適化することもない。

私たちは人類の生存の危機について話すとき、地球や人間の健康を脅かす、互いに絡まり合った幅広い課題を「気候や格差」と簡略化して表現する。「気候」が表すのは、大気や水の質、生物多様性の低下などの環境課題のことで、「格差」とは、不平等なアクセス、制度的人種差別、ジェンダー差別、インクルージョンの欠如などの社会課題を指す。極度の貧困状態にある人々の割合の減少など、社会的健全性の指標のなかには改善したものもあるが、私たちが抱える課題のほとんどは非常に大きく、なお拡大を続けている。

安定した気候、生態系、天然資源（大気や水）など、この社会や経済を支える生物物理学的な基盤はことごとく脅かされている。哺乳類、鳥類、両生類、魚類の個体数は50年足らずで68％も減少した[23]。私たちはモノの生産を増やし、インドネシアやアマゾンの森林を破壊し続け（世界の熱帯雨林の半分が失われた）、大気を汚染し（毎年900万人近くが、若くして命を落としている）、気候変動を加速させている。[24] 経済成長と、生物多様性、気候、人間の健康、社会の発展の関連性はより明確になりつつある。不健康な惑星で健康な人間は暮らせない。[25]

地球温暖化が進むと、気温の上昇や洪水の増加により、10億～30億の人々が気候難民になると予想される。[26] 気候変動に立ち向かわなければ、他の何もかもが意味をなさなくなる。アップルCEOのティム・クックは「リスクは大きく、失敗は許されません。気候変動に対応する計画を立案しなければ、あなたの会社は失敗したことになります」と述べている。[27]

同時に、格差が拡大している。資本主義経済は、富や権力、ウェルビーイングがすべての人の手に入る公正な世界を築くことに失敗している。人種による不平等が広がっていることは、新型コロナのパンデミックではっきりした。米国の有色人種の入院・死亡率が白人の2～4倍に上ったことは同国に長く残る汚点になるだろう[28]（ブラジルの先住民も新型コロナによる死亡率が平均の2倍だった）。[29] 女性の機会平等も遅々として進んでいない。今のままのペースだと、賃金のジェンダーギャップを埋めるのに257年かかる。[30]

過去30年余りの富や所得の増加はすべて上位1％、いや0・1％の人たちの懐に入った。中所得層の所得はまったく増えていない。パンデミック以前でも、世界人口の約半分は1日の収入が5・50ドルに満たず、2億6000万の子どもが教育を受けられず、8億2000万人が飢えに苦しみ、毎年520万の子どもが予防可能な感染症で5歳未満で命を落としていた。[31] 今、状況はさらに悪化している。国連事務総長のアントニオ・グテーレスが言うように、ごく少数の人たちが「豪華なヨットで航海を楽しむ一方、他の人々は漂う瓦礫《がれき》にしがみついている」[32]。

格差は道徳的に受け入れられないとしても、なぜビジネス上の問題なのかと尋ねる人がいる。可処分所得がある人の数が増えないと景気が上向かないというのが基本的な答えだが、もっと厳しい現実として、格差は社会を不安定にする。アリエル・インベストメンツの共同CEOでスターバックスの取締役会議長を務めるメロディ・ホブソンは、格差は成長にとっての脅威だと言う。なぜなら「市民の不安はビジネスにとってよくない。その不安は経済格差に根差している」からだ[33]。

私たちが抱えている課題は経済的にも高くつく。米シンクタンクのランド研究所の調査によると、もし米国の所得分配が1970年代半ばからずっと安定していたら、下位90%の人々の富が50兆ドル増え[34]、平均所得は5万ドルから約10万ドルに倍増していたはずだ[35]。

環境面では、スイスの保険会社のスイス・リーが、世界のGDPの半分（42兆ドル）が「手つかずの生態系と生物多様性に依存している」ため危険にさらされているとの推計を出している[36]。気候変動に関しては、世界のGDPの損失がゆうに数兆ドル規模になるという推計を簡単に見つけることができる。スイス・リーによれば、これから2050年までに世界のGDPの5分の1近くが失われる[37]。具体的で恐ろしい数字だが、生存の脅威はその比ではない。マイアミ、ダッカ、マニラなどの沿岸部の都市に人が住めなくなった場合、その「コスト」は無限大だ。特定の組織にとってのコストについては、もっと簡単に理解できるかもしれない。AT&Tは異常気象で損害を受けた機器やインフラの修復に5年間で10億ドルを費やしている[38]。コスト上昇という厳しい現実を前に、企業はなぜサステナビリティを目指さないのかを説明する必要に迫られている（コラム『なぜ目指すのか』から『なぜ目指さないのか』へ」を参照）。

環境・社会面の大きな課題に加え、ナショナリストやポピュリストの指導者が権力を握り、80以上の国で民主主義が弱体化している[39]。米国は2020年の選挙で民主主義へ回帰したものの、個人も国も相変わらず自己利益を優先している。ナショナリストの政府は共通の課題に協力して立ち向かうことはないだろう。

壊れかけた私たちのシステムを考えれば、パンデミックの初めの頃、元のような世の中に戻りたいと考える英国民が9％しかいなかったのも不思議ではない（これは世界的な現象だ[40]）。人々は「よりよい再建」またはグリーンニューディールを実行したいと考えている。政府が景気刺激に莫大な資金をつぎ込むなか、壊れた古いシステムを再生させようとしても人生や資金の無駄だろう。２００８年の金融危機の際、銀行は大きすぎてつぶせなかったのに、民衆に関しては小さすぎて問題にされなかった。私たちは今こそ雇用創出、社会的結束の強化、クリーン経済の加速に力を注がなければならない。

Column

「なぜ目指すのか」から「なぜ目指さないのか」へ

投資に価値があることを説明せよと社員に求めるのは普通だが、サステナビリティに関しては、それはお金の間違った使い方だと長く考えられてきた。CFOの多くは、利益や成長が犠牲になると考え、経営者からは「なぜこんなことをしなければならないのか」という質問がよく寄せられる。だが、人類が抱える大きな課題のコストが上昇し、世界の繁栄を築くための行動がもっと容易、安価、重要になるにつれ、議論は変化している。株主至上主義は自然環境や社会的結束を壊す誤った理論だということが、だんだん明らかになりつつある。私たちは転機を迎えている。ADMのCEO、ファン・ルシアノは「最近まで、先導者になるのはリスクだと思われていたが、今は後れをとるほうがリスクだ」と言う。(注) このように説明責任の問い方が逆になった。「何を大切にするのか教えてほしい」と従業員は声を上げる。「なぜパーパスやサステナビリティを目指さないのか」とステークホルダーは迫る。あなたはこの壮大でエキサイティングな道程になぜ加わらないのだろうか?

(注) 2020年5月15日の著者との会話。

80億人のための商品・サービスを生み出しながらビジネスや経済のあり方を変えるのは、飛行中に航空機のエンジンを変えるようなものだとよく言われる。イノベーションのジレンマを具体的に表す、優れたたとえだ。機能を止めることなく古いものを壊して新しいものに変えていくのは、技術的には至難の業だ。また、それは新しい世界で敗れ去る人たちにとっては恐ろしいことでもある。恐れや絶望、不安に陥るのは簡単だが、積極性や思いやりがあればより多くのことを成し遂げられるだろう。

低炭素社会や世界中の人々のウェルビーイングへの投資について私たちが今行う選択が、将来の可能性や、人類の繁栄や生存の可能性を決定する。経済学者のハーマン・デイリーはビジネスやグローバル経済は「地球の100%子会社」だと述べたが、その子会社は最大のリスクにさらされている。サステナビリティ経営の草分けである米インターフェイスのレイ・アンダーソンは「死んだ惑星で商売をしてどうなるのか」といみじくも述べた。同様に、貧困を放置していたらビジネスのためにならない。何十億もの人の生活水準を引き上げることに大きなビジネスチャンスがある。

要するに、破綻した社会で企業は成功することができない。

思い切った行動とシステム思考

私たちが直面している問題の大きさを考えると、サステナビリティの取り組みの規模やスピードはまったく不十分だ。特に気候危機に関しては、対策に時間がかかったら意味がない。世界の大企業トップ500社のほぼすべてがエネルギーや炭素関連の目標を設定しているが、科学が要求するスピードで排出量を削減しようとしているのは15%にすぎない（この割合は増えている）[41]。私たちは危険な状況にある。企業は何らかの対策を打とうとしているから、それで十分と思うのかもしれない。例えばファッション・アパレル業界は素早い動きを見せ、サステナブルアパレル連合をつくってサプライチェーンに関する評価基準などを開発した。だがその一方で、ファストファッション企業はアパレルの売り上げを飛躍的に伸ばし、それに伴ってエネルギーや水、廃棄物関連の負の影響も拡大した。

こうした食い違いはシステム思考を取り入れれば回避できる。持続可能な開発を目指す国際NPO、フォーラム・フォー・ザ・フューチャーは、システムを「共通の目的へ向けて、網の目のような関係性によってつながり合うパーツ」と説明し、海洋環境のような自然生態系や、教育などの社会的システムの例を挙げている。人体、家、近隣地域、組織、市、惑星……これらはどれもシステムだ。

私たちの食料システムでは、機械メーカー、自然資本（土壌の健康状態など）、農家、労働者、卸売業者、食品会社、小売業者、そして私たち消費者が網の目のようにつながっている。短期的で視野の狭い金銭的インセンティブがこのシステムを動かしており、農家への報酬は低く、土壌の豊かさは奪われ、作物は健康状態や栄養価が低下し、労働者の権利は弱まった（それ以外の悪影響もある）。食料システムは一見壊れているように思えるが、フォーラム・フォー・ザ・フューチャーのCEO、サリー・ウレンは、食料システムはその設計意図どおりに機能していると指摘する。その意図とはつまり、「環境・社会上の影響をほとんど考えずに安価な食料を生産する」ことだ。[42] システムを変えるのは、その目的を変えることでもある。

私たちのシステムは恐ろしく複雑で、互いにつながり合っているため、ひとつの働きかけが予想外の部分に影響を与え、ちょっとしたことで制御不能に陥りかねない。今、気候変動のフィードバックループが強化される段階に入っている。永久凍土層が融けると温室効果ガスの放出が増え、北極海氷がかつて浮かんでいた暗い海面は多くの熱を吸収する。どこがティッピングポイント（すべてが一気に変わる臨界点）かよくわからないので、もっと切迫感を抱く必要がある。システム思考とは、根本原因を知ることでもある。そうして初めて、ウレンが言うように、私たちは「人類の大きな課題を解決するため、どこに注力すべきか」を理解できる。

幸い、クモの巣のように複雑なシステムでは、プラスに働くフィードバックループも存在する。あるひとつの問題を解決することで他の多くの問題を解決できることがある。経済発展によって熱帯雨林周辺に暮らす人々の安全が高まり、収穫量を増やすための教育がそこに加われば、森林破壊やCO_2排出量が減り、生物多様性が高まり、パンデミックのリスクも減少する。開発資金を投じるだけの価値は大いにある。比喩的に言うなら、企業や政府は森のなかで働くのではなく、森自体に働きかけなければならない。

システム思考の第一人者、故ドネラ・メドウズはかつてこう言った。「私たち人間は複雑なシステムを築き、驚くべき生産性を実現するだけの賢さを備えている。そしてもちろん、この豊かな自然をみんなで分かち合い、すべての人が依存する自然界の持続可能性を守るだけの賢さも備えている[43]」

追い風となる材料

各種の課題やシステムの不具合だけに目を向けると悲観的になってしまうが、世界の繁栄を築こうとする取り組みはそれだけの価値がある。それはかつてないほど大きなビジネスチャンスをもたらす。ネットポジティブへの道のりは困難だが、人々の賛同を集め、サステナビリティの価値を証明し、変革を容易にするような素晴らしい動きが起き始めている。

ネットポジティブはビジネスになる

長期的なマルチステークホルダー・モデルを目指す企業は、さまざまな方法で価値を生み出す。すべての策が自ずとウィンウィンになるわけではないが、長期的には、そのような企業は資金を貯め、リスクを減らし、イノベーションを起こし、企業の評判やブランドを築き、人材を引きつけ、従業員エンゲージメントを高めていく。ギャラップ社の有名な職場環境調査によると、エンゲージメントの高い組織は生産性が17%、売り上げが20%、収益性が21%それぞれ高くなる。(44) 消費者は自分と地球にとってよい製品を求めるようになっている。したがって、サステナブルな企業は売上高の増加という「聖杯」を手にしやすい。

ユニリーバはその恩恵にあずかっている。パーパス主導のブランド、すなわち公衆衛生や子どもの健康など、大きな社会課題とつながりを持ち、その解決をサポートするブランドは、他社の製品よりも69%早く成長し、利益率も高い。(45) 事業展開する国のニーズに応えることで、現地と強い信頼を築き、新しい市場や成長機会にアクセスすることができる。また、こうした実績があるからこそ、成長著しいパーパス主導企業（そうした企業はユニリーバにしか会社を売ろうとしない）を買収できた。これも成功のひとつの要因だ。

数字がそれをことごとく裏づけている。ニューヨーク大学が何千もの研究結果をメタ分析したところ、企業によるサステナビリティの実践と財務パフォーマンスの向上の間には、特に長期間にわたって強い相関関係があった。[46] 非営利団体のジャスト・キャピタルは、米国を本拠とする上場企業900社以上を環境・社会パフォーマンスで格付けし、上位企業のリスト「ジャスト100」をつくっている。これら先進企業は給与が18％高く、使用するグリーンエネルギーが123％多く、ダイバーシティの目標を設定する確率が6倍に上り、自己資本利益率（ROE）が7・2％高い。[47]

ネットポジティブは投資家に報いる

ステークホルダーを公平に処遇すると、株主にもよいことがある。何年もの研究により、環境・社会・ガバナンス（ESG）を重視する企業は、そうでない企業に比べて同等以上のリターンを市場で得られることが、確かなデータで示されるようになった。2020年、サステナブル指数の81％がベンチマーク指標を上回り、4年間では、ESGスコアの高い企業に重点を置くポートフォリオがベンチマークを0・81～2・43％上回った。[48] だがそれでも投資家は、ESGが本当にベンチマーク指標を上回るのかと神経質に尋ねてくる。これは妙な質問だ。どんな種類の投資対象が必ず好業績を出せるかを保証できるはずがない。

資金は一方向へ速い流れを見せている。サステナブル投資の資産残高は40兆ドルを超え、さらに拡大を続けている。[49] ムーディーズによると、サステナブル債券市場の規模は2021年に

6500億ドルに達した。[50] そうしたなか、投資家は企業に気候変動対策やESGへの取り組みについて説明するよう求めている。気候変動に関する株主の行動が及ぼす影響力は高まる一方だ。2021年、エクソンモービルの株主は、長期的なステークホルダー価値を重視するヘッジファンドが推薦した（経営陣が推薦したわけではない）取締役2名を選任した。

世界最大の資産運用会社、ブラックロックのCEO、ラリー・フィンクほど厳しい問いかけをしている投資家はいない。9兆ドルのファンドを運営するフィンクは長年、CEOや顧客向けのレターでESGの重要性を強調してきた。企業トップに対しては、CO_2排出量や気候リスクに関するデータの提供を求めるなど要求を強めている。2021年、フィンクはCEOたちに次のように述べた。「ネットゼロ経済への移行によってビジネスモデルが甚大な影響を受けない企業はありません。素早く準備を整えない企業は事業が苦戦を強いられ、評価が下がるでしょう」[51]。サステナビリティ経営に対する評価アップが見込まれるのは、ネットポジティブを目指すうえで強い追い風になる。

金融分野は、長期的な価値創造を重視する企業を評価するようになってきたが、業界全体としてはまだ変革に及び腰だ。ネットポジティブな銀行はデリバティブの狂奔から抜け出し、本当の金融市場に資本を向けるだろう。私たちは人間の価値や生活に奉仕する経済（その逆であってはならない）にこそ資金を供給し、現実の人々に現実の商品・サービスを届ける必要がある。

ビジネスリーダーは事業の目的を再考しつつある

2019年8月、米国の大企業のCEO180人以上の集まりであるビジネスラウンドテーブル（BRT）は、事業の目的に関する声明を発表した。「我々は株主だけでなく、さまざまなステークホルダーに奉仕する」。数カ月後、世界経済フォーラムのダボス・マニフェストは次のように宣言した。「企業は社会に奉仕し、地域社会を支援し、適正な税金を支払い、環境を守り、生物圏を保護し、循環・共有・再生型経済を擁護する」。これらは単なる声明にすぎず、BRT声明の効果はぱっとしなかった（ほとんどの企業は大して変化しなかった）。それでも言葉で表現するのは重要だ。BRTやWEFは、企業はもはや株主利益を最大化するだけではだめだと明言している。フォーチュン500社のCEOで、「企業は利益を出すことに主に集中すべきであり、社会課題に気を奪われるべきではない」と考えているのは7％にすぎない[52]。新たなコンセンサスが生まれている。

指針となる強力な枠組みがある

2015年、193カ国が国連の持続可能な開発目標（SDGs。グローバルゴールズとも呼ばれる）に合意した。SDGsは互いに関連する17の目標と169のターゲットから成り、飢餓ゼロ、安全な水、すべての人への教育、ジェンダー平等、働きがい、クリーンエネルギー、気候変動対策など、繁栄する世界が2030年までにどうあるべきかという道筋や目標値を示している。すべての目標を等しく優先する企業や国はないが、企業が（時にパートナーシップを通じて）目標達成を目指す限り、SDGsは長期的な成長へのよきモデルとなる。ウォルマートの最高サステナビリティ責任者、キャスリーン・マクラフリンは言う。「SDGsは私たちにとってのロゼッタストーン（大切なカギ）、共通言語です[53]」

SDGsという青写真以外にも、参考にすべき優れた枠組みがある。ストックホルム・レジリエンス・センターの「プラネタリーバウンダリー（地球の限界）」（気候や水など15の自然システムのうち9つが臨界点に近づいているとされる）、経済学者ケイト・ラワースの「ドーナツ経済学」、ボブ・ウィラードの「フューチャーフィット」は、いずれも重要な視点を提供してくれる。これらの枠組みはもっと深く検討する価値があり、すべての人によく理解してもらいたい。なかなかうまく表現できないが、煎じ詰めればこういうことだ。すなわち、世界は有限で、生物物理学的な限界があり、それを超えると人類の生存が脅かされる。また、人間には尊厳を持って生活するための最低限必要な水準があり、すべての人に十分な生活が送れる水準が提供されなければならない。この最低限界と最大限界の間にあるのが、ラワースが言う「人類が繁栄できる、安全で社会的に公正なスペース」だ[54]。ネットポジティブ企業はそのスペースで活動し、他の企業がそこに到達するのも手助けする。

ネットポジティブは世界に報いる

ＳＤＧｓを達成すれば、社会的に公正で、環境的に安全で、経済的に豊かで、インクルーシブな、もっと予測しやすく強靭な世界が築かれる。「ベタービジネス・ベターワールド」レポートの計算によれば、ＳＤＧｓの目標を達成すると最低でも12兆ドルのビジネスチャンスが生まれ、２０３０年までに（わずか4つの産業分野で）３億８０００万の雇用が創出される。[55]ＳＤＧｓの先には、あらゆるところにチャンスがある。排出量実質ゼロを達成するためにＧＤＰの１〜１・５％を費やせば、30年間で気候関連のコストを１６０兆ドル削減できる。[56]資源の利用について分析した「サーキュラリティギャップ」レポートの推計では、世界経済は使用する素材や材料の８・６％しかリサイクルしていない。[57]これは大きな不手際だが、循環型ビジネスモデルを通じて何兆ドルもの価値を引き出す余地があるともいえる。

行動を起こすよりも起こさないほうがコストが高い

世界経済フォーラムの「ネイチャー・リスク・ライジング」レポートによると、世界のＧＤＰの半分以上が自然に中程度、あるいは高度に依存している。米国では２０２０年に過去最多の22の気象災害が発生し、それぞれが10億ドル以上の被害をもたらしたが、今後もそうした事象が重なれば、何兆ドルものコストが簡単にかかってしまう。[58]経済全体がリスクにさらされており、先ほど述べた財務面の追い風要因と考え合わせれば、意外ともいえる結論が導き出される。つまり、人類最大の課題に対して何もしないほうが、行動を起こした場合よりも桁違いのコストがかかる。しかも、その行動の多くは、もっと低コストで健全な事業や経済への投資だ。

テクノロジーが（たいてい）味方をしてくれる

２０１４年、国際エネルギー機関は太陽光発電が２０５０年までにキロワット時当たり０・05ドルになると予想したが、これは30年早く２０２０年に実現した。[59] 太陽光発電と風力発電のコストはこの10年でそれぞれ90％、70％低下した。[60] 再エネは今や、平均すると他のどんなエネルギーよりも安い。[61] バッテリー価格も同じように低下し、電気自動車市場を後押ししている。大手自動車メーカーのほとんどはガソリン車やディーゼル車を段階的に削減し、すべてを電気自動車にすると表明している（例えばＧＭは２０３５年までに、ホンダはＥＵ市場で２０２２年までに）。[62] ダイムラーは内燃エンジンの研究開発をすべて中止した。[63] 再エネや電気自動車への迅速な移行はもはや簡単な話だ。米国の国家気候アドバイザー、ジーナ・マッカーシーは言う。「問題は企業がそれを受け入れるかどうかではなく、推進していけるかどうかです」[64]

クリーンテクノロジーだけではない。ビッグデータ処理、ＧＰＳモデリング、ドローンによる空撮、ロボティクス、コンピュータービジョン、ＡＩなど多くのテクノロジーが、ＷＥＦの言う「第４次産業革命」の原動力となり、テクノロジーが世界に及ぼす指数関数的《エクスポネンシャル》な変化の後押しをしている。これら新しいツールは人類の大きな課題を解決する助けになる。食料システムでは、「精密農業」によって種子や水、肥料、農薬が必要な場所に必要な量だけ使われるので、無駄が激減する。米国の農業機械メーカー、ディア・アンド・カンパニーの近代的トラクターはいわばＡＩ駆動のコンピューターだ。フランスの電気機器大手のシュナイダーエレクトリックなどの企業は、エネルギーの無駄を減らす先進的なビル管理システムを提供している。私たちはよりスマートな住宅、配電網、都市、食料・輸送システムを築くためのテクノロジーやノウハウを持っている。そしてテクノロジー（とりわけモバイル技術）へのアクセスによって、格差や極度の貧困を減らせることもわかってきた。

　注意しなければならないのはテクノロジーの負の側面だ。ソーシャルメディアが生み出すフィルターバブル（自分の見たい情報しか見えなくなること）は憎しみや嘘を助長し、共通の課題に立ち向かうのに必要な連帯感を生み出す妨げになっている。これらの企業は自社が世界に及ぼす影響をもっと広く認識し、それに責任を負わなければならない。そうした当事者意識《オーナーシップ》は、ネットポジティブ企業の核となる特徴だ。

Column

本書を読まなくて結構

私たちが直面する地球規模の問題や道徳的な緊急事態について、もっと時間をかけて説明したり、具体的な事例をさらに挙げたりすることもできるが、もうそろそろ説得を試みるのはやめて動き出す時だ。ビジネスリーダーのなかには、気候変動が人類の脅威であることや、格差や人種差別が私たちの制度に組み込まれていることをいまだに疑う者がいる。彼らは、従業員や顧客、地域社会から問題の解決を求められるとは思っていないかもしれない。そのことを理解できなければ後れをとり、大きな変化の到来を見抜けなかった企業の墓場へと向かうことになるかもしれない。墓場では、ブロックバスター、シアーズ、エンロン、リーマン・ブラザーズや、この10年間に破綻した米国の石炭会社50社などに両手を広げて歓迎され、歴史上最大のビジネスチャンスを逃すことになるだろう。企業が世界の繁栄を築く手助けをしなければならないということを疑ったり、問題解決への個人的責任を感じなかったりする人は本書を読まなくていい。私たちが必要とするのは、よい影響を与えたいと願い、大きな変革を起こして改善したいと考える人たちだ。思い切って行動せよ、さもなくば引っ込んでいろというわけだ。

若者は変革を望む

ミレニアル世代やZ世代の若者は先輩たちよりもサステナビリティや気候変動を気にかけ、企業は何かをしなければならないと強く信じている。Z世代の10人に9人は、企業は環境や社会の問題を解決する義務があると考えている。[65] マッキンゼーの「トゥルージェネレーション」レポートは、「透明性の高い世界では、若い消費者はブランドの倫理とパートナーやサプライヤーのネットワークを区別しない。理想に見合った行動が必要であり、その理想はステークホルダーシステム全体に浸透しなければならない」と結論づけている。[66] 若い世代は、どんな企業で働くか、どんな企業から買うかの選択が他の世代とは異なる。また、自らの信念に従って行動する。10代の環境活動家グレタ・トゥーンベリがその代表だ。企業のなかにはいずれ複数のグレタが現れるだろう。

このようなプレッシャーがかかることはよいことだ。私たちは次のような強く信じられている俗説や先入観と闘わなければならない。再エネは高すぎる。有色人種には適格者が少ないので、ダイバーシティやインクルージョンの目標の達成は不可能だ。廃棄物は必ず発生する……。どれも間違いだ。人類は必要なテクノロジーやソリューションを数多く備えており、新たな解決策を生み出す者や起業家もたくさんいる。資本も豊富にある。何が私たちを尻込みさせるかというと、それは意志の力、道徳的リーダーシップ、想像力の欠如だ。ネットポジティブな企業にはそれがある。

私たちは選択できる。あまり繁栄せず、成長が遅く、格差が広がり、国境で分断された世界か、それともイノベーションが起き、生産性が高く、インクルーシブな成長が実現し、産業のレジリエンスが高まり、つながりを取り戻した世界か……。正しい方向へ動き出した勇敢なリーダーの数は増えている。企業は最も困難な問題に立ち向かう準備ができており、風向きもこちらの味方だ。

私たちにできないはずがない。

本書の構成

本書は、私たちが内部のことを熟知しているユニリーバがこれまでやってきたことを中心にまとめている。同社は長年、ネットポジティブへの道を歩んできた。だが、そういう企業は他にもあり、そこからも学ぶことがある。

本書は、CO_2排出量削減などの目標をどう達成するか解説したハウツー本ではない。我々の目的は、さまざまな企業が事業活動の自然な成り行きとしてそうした大きな目標を達成できるよう、その自己変革を支援することにある。世界に貢献する新しい組織を築くための核となる原則や戦略を提供できればと思う。いろいろなことをただちに実行する必要があるけれども、この後本書で述べる大まかな「部隊編成」で臨むことをお勧めしたい。

各章の概要を紹介する。

第1章「壊したら責任をとっていただきます――ネットポジティブ企業の重要原則」では、新しい長期的なマルチステークホルダー・モデルの5つの基礎を説明する。この章の中心となるストーリーは、ユニリーバが四半期決算発表をやめることをどのように投資家に納得させ、長期的な思考を重視できるようになったか。この重要な事例はその後もたびたび登場する。

次に、変革や行動の内部コアを構成する3つの領域を手始めに、「戦略」編に移行する。第一ステップは自社のパーパス（とあなた自身のパーパス）を掘り下げることだ。第2章「目配りは十分か？――勇気あるネットポジティブなリーダーになる」ではまず、ネットポジティブな企業を経営するために必要なリーダーの特徴を解説する。求められるのは、パーパス、人間性、謙虚さ、積極性、インスピレーション、協調性、そして何よりも勇気だ。パーパス志向のリーダーは、自分がもっと大きな何かのためにここにいることを理解し、現在の世界と未来の世代に貢献する。

第3章「会社の魂を解き放つ――組織と社員のパーパスやパッションを見いだす」では、個人から組織へ焦点を移す。ユニリーバの歴史を踏まえながら、同社の10年間の成功を支えた

USLPについて検討する。しかし追って詳しく述べるように、準備が万全に整って事業が順調で、リーダーがネットポジティブな行動を促すシグナルを送っている場合にしか、企業はその「魂《ソウル》」を見つけることができない。従業員が自らのパーパスを見つけ、それを組織のミッションと結びつけることも重要だ。

第4章「限界を打ち破る――大きく考え、野心的でネットポジティブな目標を設定する」では、基本的で重要な緊張関係を解き明かしていく。変革は個人や組織の内部からスタートするが、外部からの視点も指針となる。世界の最も大きな課題や限界が、企業の設定する目標に影響を与える。企業がCO_2排出量の実質ゼロを目指すのは、何よりも気候変動という地球規模の緊急事態が迫っているからだ。この章では目標設定について助言する。「科学に基づく」目標、つまり事実や科学が求めるスピードで行動するというコミットメントが必要最低限の条件だ。より大きな目標は世界のニーズを満たすだけでなく、組織から精神的な制約を取り除き、もっと大きくシステミックな（システム全体に関わる総合的な）変革に備える助けとなる。

第5章「オープンであれ――信頼を築き、透明性を確保する」では、企業内部の仕事と、外部ステークホルダーとの必要なパートナーシップとをつなぐ、オープンな架け橋になることの重要性を説明する。信頼が低下する一方で透明性が高まる昨今は、企業にとって難しい時代だ。自身よりも他者のニーズを優先し、すべてのステークホルダー（普段あなたの会社に貢献するサプライヤーなど）に貢献すれば、深い信頼が築かれる。その信頼を得た者は、市場やパートナーシップへの特別なアクセスを体験できる。

「外部コア」的な仕事は3つの基本戦略で行われる。第6章「1＋1＝11を目指す――相乗効果をもたらすパートナーシップの構築」ではまず、2つの大きなカテゴリーでパートナーシップについて考えるためのモデルを提供する。まず、あなたの業界内で共有できる可能性のある問題（リスクとチャンスの両方）における協業や、主要サプライヤーが共同で効率的に管理できる問題での協業だ。こうしたパートナーシップは非常に効果的だが、システムそのものを変えることはない。

第7章「タンゴは3人で――システム全体のリセットと、ネットポジティブなアドボカシー」では、システム全体を変えるためのパートナーシップについて説明する。それを実現するには、企業、政府、市民社会の3つが新たな形で協力し、ゲームのルールを変え、私たちが地球の限界の範囲内で暮らすための、もっと公正な政策枠組みを構築しなければならない。昔ながらの利己的なロビー活動は終わりを迎え、地域や業界をよりよい方向へ動かす、ネットポジティブなアドボカシー（社会のシステムなどに影響を与える活動）が本格化する。このパートナーシップは、国や経済全体の発展をサポートし、企業や人々を繁栄させることも目指している。

外部コアの最後の柱は、企業が懸命に回避しようとする問題についてだ。第8章「象を受け入れる——誰も話題にしたがらないが避けられない問題に取り組む」では、経営幹部の過大な報酬、租税回避、汚職、人権、政治とカネ、ダイバーシティ、インクルージョンといったタフな問題を扱う。これらの問題は人類最大の課題、なかでも格差や権力の不均衡に寄与している。こうした困難な問題に対応しない企業は真のネットポジティブにはなれない。

最後に、戦略や行動について第9章「文化は接着剤——価値観を組織とブランドに深く浸透させ、行動に移す」で締めくくる。文化はすべての戦略に反映されるものであり、我々はそれを仕事の集大成として捉える。ユニリーバで有名な手洗いの「ライフボーイ」、自己肯定感を高める「ダヴ」のように、ブランドレベルで企業に文化を根づかせるのが次のレベルの仕事だ。また、ダイバーシティやインクルージョンを通じてどのように強力なネットポジティブ文化が生まれ、報酬制度の改変、新しい事業やリーダーの育成、不寛容な文化規範への挑戦につながるのかも見ていく。

最終章（第10章）「ネットポジティブな世界——間近に控える大きな課題と機会を見通す」では、近い将来に企業がどうなり、何がネットポジティブの課題を大きく、難しく、やりがいのあるものにするかを検討する。資本主義、ＧＤＰのような経済指標、ウェルビーイングの本質、消費型経済の目的、あるいは民主主義や自由といった社会の柱を守るうえでのビジネスの役割——そうしたものの見直しを、企業はサポートしなければならない。これは、みんなで世界の繁栄を築きたいと考えるすべての人に向けた行動への呼びかけだ。

私たちは人類の歴史上、極めて重要な時代に生きている。すべての企業や人間に対してもっ、い、い、い、とよくなることへの期待が高まっている。国連事務総長だった潘基文《パン・ギムン》は「私たちは貧困を撲滅する最初の世代、そして手遅れになる前に気候変動に対応する最後の世代になることができる」と言った。(67) 時間はあまり残されていないが、チャンスは豊富にある。

正しいリーダーシップの下、最も困難な問題に力を合わせて取り組めば、世界を救うことができる。私たちはネットポジティブになることができる。

では始めよう。

第1章

壊したら責任をとっていただきます

ネットポジティブ企業の重要原則

世界を完璧なものにするという仕事を完了させるのは、あなたの責任ではない。
しかし、それをやめてしまう自由もあなたにはない。

――ラビ・タルフォン（1世紀の学者）

陶器やガラス製品のような割れやすい品物を売る店には、「壊したらお買い求めいただきます」といった注意書きがあったりする。高価なものだから扱いには気をつけろという警告だ。

この半世紀、世界の経済学者や民間セクターは何が壊れるかを真面目に考えることなく、世界的な実験に打ち込んできた。彼らは結果に強い自信を持ちながら、短期的な利益や株主第一にこだわった。効率は高まるように思えたが、全員がたったひとつの指標を重視したらどうなるかは、ほとんど考慮されていなかった。その結果は、よきにつけ悪しきにつけ極端だった。すでに述べたように、ほんの数十年で、主に経済成長を通じて10億人が極度の貧困から抜け出した。[1] だが、今やその負の側面がせっかくの改善点をご破算にし、あらゆる人々のウェルビーイングを損なおうとしている。要するに、我々企業は、消費者としてのすべての人間や政府から強い援助を受けながら、この世界を壊しかけているのだ。

気候変動や格差による生存上の脅威はみるみる悪化してきた。このまま何もしなければ、生じた亀裂は大きな割れ目となり、企業や人類を飲み込んでしまう。誰も私たちを助けに来てくれない。壊したら責任をとらなければならない。つまり私たちは今、自分自身の会社、パートナー、従業員、投資家だけでなく、社会全体に責任を負っている。そのような企業観を持ってユニリーバを経営するのは、時に、世界最大のＮＧＯ（しかし利益を出そうとはする）を率いるような気分だった。

責任——それが普通の企業とネットポジティブな企業を分ける中心的要素だ。結局のところ、現行の株主資本主義モデルは明らかに責任を負わず、汚染や格差などの問題を「人ごと」と見なすことで、多大な利益を企業にもたらしている。したがって、責任を負うことが最初の一歩だ。パタゴニアのＣＥＯだったローズ・マーカリオは言った。「企業が環境を悪化させているのは疑う余地がない。問題は彼らが責任を負わないこと、環境悪化をどうやって抑制するかに関心を持たないことです[2]」

責任を中心とした5つの重要原則が、企業パフォーマンスを新たな次元に引き上げる。これらの原則を支えに、企業リーダーは視野を広げ、仕事について考え直し、社会における企業の役割をつくり変えることができる。この5つをしっかり実践することが、単に経営状態のよい善意の企業と、ネットポジティブ企業を分けるポイントになる。

- 意図するかしないかにかかわらず、自社が及ぼすすべての影響・結果に責任を負う。
- 企業と社会の長期的ベネフィットのために活動する。
- すべてのステークホルダーにプラスのリターンをもたらす。
- 目標ではなく結果として、株主価値を高める。
- システミックな変革を推進するためにパートナーと協業する。

これらを重要な行動理念として採用するのはラジカルで困難だが、この5つは互いに強化し合い、「奪う」よりも「与える」の多いハイパフォーマンス企業を築きやすくする。

1 意図するかしないかにかかわらず、自社が及ぼすすべての影響・結果に責任を負う

製造や物流、資金運用を外部に委託するとしても、その責任は外部には出せない。企業が社会に負わせる環境・社会的なコストを外部化するのは日々難しくなっている。自然が強いる地球の限界（異常気象や水不足など）は、今や企業にコスト負担を強いている。ステークホルダーからの重圧により、企業はその社会的影響も内部化しなければならない。今こそ、サプライヤーや顧客に起きるすべてのこと、製品ライフサイクルのすべてに責任を負うと積極的に宣言しなければならない。とてつもない飛躍に思えるかもしれないが、それはネットポジティブになるために必要なことだ。

あなたの会社は化石燃料を使ってエネルギーを生み出したり、製品を安く製造したりしているだろうか？　もしそうなら、健康状態の悪化から世界的な気候変動まで、CO_2や大気汚染が社会に課すコストを回避したおかげで、多くの利益を出していることになる。あなたの会社は利益率の高い食料品をつくっているだろうか？　その高い利益率は、サプライチェーンにおける奴隷労働や森林破壊に依存している可能性がある。あなたの会社は富裕層に低コストの投資機会を提供しながら、貧困層には高利息の金融商品を提供していないだろうか？　自分たち

が格差をどれだけ広げようが知ったことではないというのなら、それで構わない。

これらはどれも予測できる結果だ。予期せぬ影響はもっとたちが悪い。テック企業は幅広い知識を提供し、人間同士のつながりを強化したいとの思いで、あらゆる人がいろいろな情報にアクセスできるようにすることを目指した。だが残念なことに、彼らはそのつもりがないのにフィルターバブルを生み出し、それが社会をむしばむ卑劣なヘイト思想を広めている。なかには事前の予測が難しいものもあるが、悪い結果が出ても経営者が責任をとることはない。

この新しい世界では、サプライチェーン全般から製品ライフサイクルの終わりまで、ビジネスのあらゆる影響に企業は責任を負わなければならない。家具オンライン販売のウェイフェアが米政府にマットレスを販売したとき、経営陣はそれが移民の子どもたちの抑留施設に使われるとは知らず、その心配もしていなかったが、やがて顧客による不買運動が始まり、従業員500人が抗議のストライキを起こした。マットレスの売り上げ20万ドルと引き換えに、大トラブルとブランド価値の毀損を被った。[3]

コカ・コーラはペットボトルの原料にアンチモンを使ったとき（飲料に影響はない）、ごみ廃棄場に住む人たちがそれを燃やした場合に生じる健康問題については考えなかった。タイドはカラフルな洗剤容器（タイドポッド）をデザインしたとき、そのキャンディのようなパッケージが小さな子どもの食欲をそそることを（あるいはティーンエージャーがそれを食べようとする無謀なチャレンジを始めることを）よく考えなかった。こうした事例は枚挙にいとまがない。

ユニリーバは美白製品をめぐってインドで激しい批判を受けた。多くのインド人女性は、色白という「理想」を目指すのは自由だと言って、美白製品の使用を擁護している。だがユニリーバにとって、美白というメッセージと、ダヴなどのブランドのパーパス（女性が自己肯定感を高め、自分だけの美を認識できるよう支援する）の間には大きなギャップがあった。ユニリーバは2年ほど前にそうしたフェイスクリームから美白成分を取り除き、ブランド名を「フェア&ラブリー（色白美人）」から「グロー&ラブリー（輝き美人）」に変更した。だが、ブランドへのダメージは小さくなかった。

こうした誤りから学ぶべき教訓は、たとえ不都合な真実が明らかになるとしても積極的に行動し、関係者への対応を、ウェルビーイングの多様な側面から総合的《ホリスティック》に検討すべきということだ。例えば、ユニリーバはインドで何百万ものトイレをつくり、コンロ用の電気を地域社会に届けていたが、自社が運営する茶畑で働く人々のなかには、自宅に電気や水道がないケースがあることに気づいた。他人にとやかく言う前に、自らの足元をちゃんとしなければならない。

企業が人々や地球に及ぼす影響すべてに責任を負うというのは、リスクや問題点を見つけることに限定されない。あらゆる影響を綿密に調べることで、効率アップやコスト削減の機会が生まれたり、成長のためのイノベーションが起きたり、人々のつながりが深まったりするプラス面もある。すべてに責任を持てば企業の文化や重点を置く課題が変わり、人間らしさが増す。経営幹部と従業員はもっと幅広い影響について考え、すべての関係者のウェルビーイングを増進させ、ネットポジティブへ向けて努力するようになる。

2 企業と社会の長期的ベネフィットのために活動する

短期的思考には抗しがたい魅力がある。解決するのに何年もかかる複雑でシステミックな問題について心配するよりも、目先の利益の最大化だけに集中するほうが簡単だ。多くの投資家は今すぐ利益が欲しい。ストックオプションを持つ幹部や引退間近の幹部にとっては、短期的業績を重視することが自分の利益につながる。

レガシーを残したいと語る経営者でさえ、在任期間がどんどん短くなっているため、手近な勝利を目指そうとすることがある。世界最大クラスの上場企業の3分の1以上で、わずか10年のうちにCEOが3人以上交代している。[4] 社会に奉仕するネットポジティブ企業を築くのは長い道のりだ。果実の大部分は現在の経営陣が去ってから得られる。企業そのものも長続きするとは限らない。短期的な利益重視とテクノロジーが相まって、S&P500を構成する企業の寿命は1958年の61年から現在は18年に短縮した（そして今も低下している）[5]。上場企業の数は

1990年代半ばから半減している。[6]

CEOが短期的なパフォーマンスを重視するのは、取締役会にも原因がある。経営幹部の報酬プランの対象期間は、世界平均でたったの1・7年だ。[7] また、上級幹部に対するある調査によると、短期的利益を重視せよとの圧力は取締役会からのものが最も大きく、それは投資家からの重圧を上回る。[8] こうした環境下で経営者の関心が目先のことに向かうのは当然だろう。

短期的な収益性を無視しろとか、社会奉仕のために利益を先延ばしにしろと言っているのではない。ただ、経営者には大きな課題を解決する自由や機会が必要だ。それには何四半期にもわたるハードワークが求められる。四半期決算ばかりに神経をすり減らしていては、気候変動や格差問題に立ち向かうことはできない。私たちが必要とするシステム思考や深いコラボレーションは、短期的思考からは得られない。

長期的な価値の創造とは、単年で大きな目標達成を狙うのではなく、一貫した取り組みによる複合的効果を得るために毎年投資し続けることを意味する。ポールがCEOだった10年間、ユニリーバは売上高と利益が毎年増加した。工場や知的財産にそのように投資できるのなら、コラボレーションや人類の未来になぜ投資しないのか？　短期重視は価値創造のチャンスをつぶしてしまう。何が何でも四半期で利益をたくさん出したいなら、この話はあなたには向いていないかもしれない。

10年先を視野に入れて2010年に導入されたユニリーバ・サステナブル・リビング・プラン（USLP）により、ユニリーバは長期的な思考をせざるを得なかった。USLPは企業経営の長期的哲学を行動に移すためのツールであり、会社を他者への奉仕に向かわせるためのロードマップである。

変化が激しく、（パンデミックなど）突然の事態が生じやすい世界では、長期的な計画は役に立たないと言う経営者もいる。だが、企業はシナリオプランニングのような方法を使って、思考範囲を広げるべきだ。このときに重要なのは、10年とか20年の間に何をするかという詳細な戦略を策定することではなく、「己は誰なのか」を考えることだ。個人や会社の変わらぬ価値観は何か？　あなたの会社の存在理由は何か？　どのようにして世界の繁栄を築く手助けをするのか？　つまり、パーパスは何かということだ。

長期志向が効果をあげることはデータでも実証されている。マッキンゼー・グローバル・インスティテュートとFCLTグローバルの調査によると、真の長期志向の下に運営されている企業は「平均的な売り上げと利益の伸びがそれぞれ47％、36％高く、時価総額の伸びも早かった」。また、研究開発費を増やし、厳しい時代をうまく乗り切っていた。(9)

先見性がありすぎてつまずいた企業より、短期主義のせいでしくじった企業のほうが多いはずだ。短期的な業績でライバルを凌駕し続けろという重圧により、企業は正しいとわかっている軌道から外れてしまう。安全への目配りを怠ったボーイング、倫理より売り上げを優先したウェルズ・ファーゴなどの例がよく知られている。こうした行動は信用を損なう。失敗から立ち直り、自身を再発見することはできても、ブランドへのダメージは計り知れないほど大きい。問題が極めて大きいのだから短期志向も仕方ない、と皮肉めいて言う人もいるだろう。必要性や緊急性が高まれば高まるほど、私たちの行動は受け身で短期志向になる。闘争・逃走本能というやつだ。しかし、今に集中するのは安全に思えるかもしれないが、長期的・道徳的な視点で会社を運営するほうがそれに勝る。そうすることで、来るべき変化の犠牲になるのではなく、変化を先取りして主導的に行動できる。会社はもっと強靭になり、長い目で見れば、どんな嵐も乗り越えることができる。いや、その禍を福に転じることもできる。

3 すべてのステークホルダーにプラスのリターンをもたらす

かつて企業責任といえば、広報活動や地域社会の問題に重きを置いていた。目標はNGOなどのステークホルダーとの対立を回避することだった。現在、ほとんどの大企業は外部集団と誠実に協業しているが、それでも最初は「我々にどんなメリットがあるのか」と問いがちだ。ネットポジティブ企業はステークホルダーのニーズを最優先する。これは不思議なことではない。どんな企業も顧客のニーズを満たし、顧客の暮らしをよくするために存在する。そこでこの理屈を発展させ、従業員や地域社会の繁栄にも手を貸せないか考えてみよう。彼らは決してないがしろにしてよい相手ではない。

これはネットポジティブになるうえで中心となる原則だ。というのも「ポジティブ」とは、ステークホルダーにもっとよい影響をもたらすことを意味するからだ。具体的には、次のとおりだ。イノベーションを起こして、生活を向上させ地球を救う新しい商品・サービスを提供する。従業員が自らのパーパスを見つけ、健康やウェルビーイングを向上させるのをサポートしながら、多様でインクルーシブな職場をつくる。サプライヤーの事業がもっと効率的で持続可能になるのを手助けして、関係を強化し、共同でイノベーションを促進する。企業は雇用を提供し、税金を納めれば十分だという古い考え方にとどまることなく、地域社会の繁栄を支援する（国際社会のニーズは、学校の建設・運営、水・エネルギーインフラの整備など、もっと幅広い）。

国に対しては、ほとんどの企業は自社のためのロビー活動で政治家と話をするだけだ。結果的に、規制に抵抗するようになることが多い。それはもはやよい戦略ではない（よい戦略だったことがあったとして）。自社が事業展開する国の発展に貢献するよう注力しなければならない。産業を興して資本を呼び込み、汚職を減らし、税制のほころびを直して税収を増やし、企業の競争条件を平等にする……。国や経済の機能が高まることは、誰にとっても望ましい。

こうした関係の強化を足がかりに利益をあげたり、成長したりしようとするのは間違いではない。市民社会のパートナーは、企業が世界に奉仕するとき、NPOのように振る舞うのを期待することがある。CEO就任直後のある会議で、ポールはユニセフの事務局長から、出産時の死亡率を下げるため、新生児用キットに石鹸を寄付してほしいと頼まれた。ポールは、「石鹸」はないけれども「ライフボーイ」〔ユニリーバの石鹸ブランド〕ならあるから、好きなだけ差し上げると言った。最初、事務局長はショックを受け、この活動にブランド名を出すのは利己的だと言った。だが時間とともに、ユニセフはライフボーイでも問題ないと感じるようになった。現在では、ユニセフとユニリーバは公衆衛生やコミュニティ支援に関して、全世界で長期的なパートナーシップを築いている。

ウェルビーイングを向上させる大規模プログラムの一環としてブランド製品を提供するのは、企業と相手の双方にメリットがあり、何も不都合はない。世界が必要とするものに本気で誠実に応えようとする取り組みであれば、ブランドの「手柄」が認められて悪いことはない。アップルやデルが開発プログラムの一環として地域社会にテクノロジーを提供するとしたら、間違いなく自社のコンピューターを使うだろう。すべての関係者にとってのポジティブな結果は、利益をもたらすものであるべきだ。だが、もっと重要なのは、長続きすることだ。こうしたプログラムに企業の中核的な事業が関わるのは素晴らしいことである。マーケティングやブランドの予算は企業が財団を組織して支援する場合より予算の規模が大きい。会社がこれらの取り組みを通じて成長すればするほど、さらに優れた貢献が可能になる。企業が大きくなれば、インパクトも大きくなる。

また、将来世代や地球そのものなど、基本的に発言権のない重要なステークホルダーに対しても、ウィンウィンの解決策を提示する必要がある。子や孫に引き継ぐ問題は減らさなければならない。資源を使い尽くし、居住不能な環境をつくるのは問題外だ。さらに、私たちはすべての人が十分に生活できるように投資を行っていないため、何億もの人が貧困に苦しむ世界を次世代に残そうとしている。さまざまな生物種や生態系を擁するこの地球は、最も大きなステークホルダーだ。地球はしゃべれないが、メッセージは発する。近年の異常気象は今後への警告シグナルだ。よく言われるように、母なる自然はいつも勝つ。

以上のことには重要なニュアンスと戦略が伴う。つまり、ステークホルダーにプラスのリターンをもたらすといっても、全員を同時に満足させる必要はなく、等しく注意を払い、等しく資源を配分する必要もない。全員を同時に優先することはできない。従業員の育成を重視する年もあれば、消費者に役立つ製品やブランドに投資する年もある。あるいは、株主に短期的リターンを我慢してもらい、地域社会への投資やCO_2排出量削減、再エネへの投資を優先することもあるだろう。ただし、それぞれのグループにとっての長期的アウトカムはプラスでなければならず、そこには株主も含まれる。

要するに、さまざまなステークホルダーのために結果を最適化するか、それともただひとつのステークホルダーのために結果を最大化するかの違いである。ひとつのグループのための価値創造にこだわってバランスを壊すのが後者だ。

4 目標ではなく結果として、株主価値を高める

ピーター・ドラッカーは次のように言ったとされる。「企業にとっての利益は、人間にとっての酸素のようなものだ。それが十分なければ生きていけない。しかし、人生とは呼吸することに他ならないと思っているなら、その人は何かを見落としている[10]」。それに先立ってヘンリー・フォードも、利益目的だけの企業は存在理由がないから滅びると言った。「ビジネスでお金を儲ける最善の方法は、儲けについて考えすぎないことだ[11]」

半世紀もの間、我々に染みついた利益へのこだわりから、そろそろ抜け出すときではないか。株主価値は結果であり、目的ではない。世界に貢献する長期志向の企業をつくるうえで唯一最大のハードルは、四半期決算に対する執拗な重圧だ。それは企業や経済をねじ曲げてしまう。年金基金や政府系ファンドなどの一部の機関投資家は、長期的な視点を重視し、気候変動のよ

うなシステミック・リスクについて心配している。だが、上場企業に多大な影響を与えるのは（そして影響を波及させるのは）、やはり投資家や証券アナリストだ。

一般的に株主は利益が順調に増えることを望み、企業は彼らを満足させようとして経営にあたる。上級幹部向けのインセンティブとしてストックオプションが広まると、合法的に、あるいは法律すれすれのやり方で利益を操作しようとする動きがさらに強まった。例えば自社株買いはたいていの場合、短期的に株価を上昇させ、企業価値を高める投資をしていない事実から注意をそらすための戦術だ。

多くの投資家は企業の長い友人にはならない。株式の平均保有期間は20世紀半ばには8年だったが、２０２０年には約5カ月に急減した[12]。株主を崇《あが》めたてまつっている限り、長期的な思考を要する、すべてのステークホルダーのウェルビーイングに資する最適なシステムは構築できない。残念ながら、気候変動のような、人類の生存を脅かす長期的課題に直面しても、グローバル企業はますます短期志向になっている。ある大規模な研究は、企業が長期的思考をもっと採り入れれば、「投下資本利益が年に1兆５０００億ドル増える」と結論づけている[13]。これは相当な株主価値だ。

株主への執着をいったん捨てろという主張には哲学的な理由がある。市場は経済的な現実とまったく切り離されていることが少なくないからだ。２０２０年のパンデミックのさなか、世界ではおよそ4億人が失業したが、主要株価指数はいったん大きく下げたあと、すぐに回復して過去最高値を記録した。[14] だから、株価は最終的に将来のキャッシュフローとリンクすると考えるなら（本来はそうなるはずだ）、株主にアピールして株を買ってもらう必要はない。長期的なキャッシュフローを増やせば、買い手はついてくる。そして、もし株式市場が実際の企業業績やキャッシュフローとリンクしていないのなら、それはカジノだ。短期志向の株主にわざわざ気を遣う必要などない。

株主リターンは結果であり、唯一の目標ではないと大部分の企業が理解するまでには、まだ時間がかかるだろう。ＣＥＯの頭のなかではいまだに投資家が大きな位置を占めていると、ダウ・ケミカルのＣＥＯだったアンドリュー・リバリスは言う。[15] 残念ながら、データがそれを裏づけている。スタンフォード大学がＣＥＯとＣＦＯ（最高財務責任者）を対象に実施した２０１９年の調査によると、89％が事業計画においてステークホルダーの利益を考慮することが重要だと考えているが（これは朗報だ）、ステークホルダーの利益が株主の利益より重要だと答えたのは５％にすぎなかった。[16]

ＣＥＯとＣＦＯは短期重視が最も抵抗が少ない道だと明らかに考えているが、いずれは後悔することになる。エコラボ会長のダグ・ベイカーが言うように、企業を経営するうえで短期的なプレッシャーは必要な部分もあるが、短期の業績だけを重視したら、投資家との会議はうまくいっても、その後にもっと大きな問題が待っている。

四半期決算発表の中止

短期重視の圧力から逃れる最善の方法は、投資家とあまり話さないようにすることだ。投資家と世間に向けて、「四半期ごとの決算発表も業績予測も行いません」とはっきり言おう。

ポールはCEOになって約3週間で、この思い切った策を実行した。結果が凶と出ても、取締役会はそんなにすぐクビにはできないだろうと考えたのだ。四半期決算発表の中止は極めて珍しかった(今でも珍しい)。たいていのCEOは投資家と年に何百回もミーティングを持つ。

戦略、成長、イノベーション、顧客満足などとは無関係の時間がずいぶん費やされている。利益一辺倒を続けていると、金融市場の人質になってしまう。利益は目的ではなく、最終的な成果だ。そして10年の在任期間で、ポールは優れた最終成果を残した。トータルの株主リターンはFTSE指数の131%をはるかに上回る292%を記録した。

その成果については、四半期ごとに投資家と話すのではなく、USLPの目標を目指すことで実現した。このような姿勢は過去に前例がないわけではない。ミルトン・フリードマンが利益第一を説く40年近く前、ジョンソン・エンド・ジョンソン会長のロバート・ウッド・ジョンソンは「我が信条」と呼ばれる文書を起草し、同社は患者、医師、看護師に対して何よりも責任を負うと宣言した。第二の責任は社員に対して、第三が地域社会（環境保護もここに含まれる）、そして最後に株主がくる。株主は「正当な報酬」を享受することができるが[17]、今すぐ最大限のリターンを得るのではなく、「正当な」リターンを受け取る。

残念ながら、ユニリーバに続いて四半期決算発表をやめる企業はほとんど現れなかったが、ネットポジティブな企業はこれにならうだろう。ユニリーバほど大胆ではないものの、同じように投資家に抵抗したＣＥＯもいる。２０１４年、アップルは気候変動とエネルギーに関する新しい目標を発表した。ＣＥＯのティム・クックは、明らかに利益が出る気候プロジェクトだけを手がけるよう迫る投資家に対して、気候変動を信じていないのならアップルの株を売るべきだと言った（そのミーティング以降、株価は５００％上昇した）。クックは、短期的な利益を超えた理由でいろいろな選択をしていることを指摘したうえでこう言った。「ＲＯＩ（投資収益率）だけを目的に経営してほしいのなら、うちの株を手放すべきです[18]」

こうした方向転換への道筋は他にもある。資産運用会社が長期的な価値の創造に意味を見いだしていれば、株主に対する優先度を下げるために苦労する必要はない。ＦＣＬＴグローバルという組織はこの変化を起こすために活動しており、ブルームバーグ、シスコ、ダウ、ＤＳＭ、タタ、ユニリーバ、ウォルマートなどの多国籍企業を、バークレイズ、ブラックロック、カーライル・グループ、フィデリティ、ゴールドマン・サックス、ステート・ストリート、ＴＰＧ

などの大手資産運用会社や投資家と結びつけている。FCLTは、長期的視点に立つ企業のほうが優れたパフォーマンスにつながることを示す分析を行うほか、企業の実践をサポートするためのロードマップやツールを開発している。投資家は正しい方向へ向かい始めているが、その大部分が長期的視点に立った経営へ舵を切るまでは、四半期利益への執着に背を向けるのが最善策だろう。

5 システミックな変革を推進するためパートナーと協業する

あらゆるステークホルダーに結果の改善をもたらそうとしても、その結果を特定・理解し、それに責任を負わなければ、改善のしようがない。だが、独りで責任をかぶる必要はなく、独りですべてを進める必要もない。世界に生じた亀裂を修復するにはパートナーが必要だ。

どんな企業も（特に多国籍企業は）自分たちが思っている以上に地球や人々に影響を及ぼしている。たいていの場合、その影響を自身では制御できない。したがって、自社の影響について何かしら対応しようとすれば、ましてや私たちのウェルビーイングに脅威を与えるシステミックな問題を解決しようとすれば、他者との協力が欠かせない。人権や脱炭素化のような大きな問題に単独で取り組めば、自社の事業が抱える問題の30～40％を解決できるかもしれないが、

１００％の解決のためには大元のシステムを変えなければならない。

例えば、インドや中国、アフリカなどでは、ゼロカーボンを達成するのはほぼ不可能だ。これらの国ではまだ石炭やディーゼルエンジンに依存しており、再エネの強化に取り組み始めたところだ。そうした国から工場を移転させないとすれば、幅広い協力体制を築いて、利用可能なエネルギーの選択肢を変えようとするのが順当な方策だ。

プラスチック廃棄物も、さまざまな業種や多数の消費者に関わる厄介な問題だ。企業が単独で取り組んでも成果は少ない。自社製品の海洋プラスチックを回収し、それをマーケティングで大いに宣伝することもできるが、それでは根本的な問題解決にはつながらない。同様に、生活賃金の確保や、サプライチェーンにおける児童労働の撲滅は、業界全体の幅広い協力や、文化・政策の抜本的変革がなければ実現しない。

協業の必要性が高まっている業界もある。食品業界では、消費者と接する企業が多くの複雑な課題に直面するようになっている。ある食品・飲料大手のＣＥＯがアンドリューに語ったところによると、かつては安全で味がよければよい製品とされた。それだけでよかった。だが今は、責任をもって調達、製造、販売することも求められる。これはもはや最低条件だ。食品セクターにおける責任のとり方は、全世界の食品廃棄物、栄養不良や健康障害など、より大きな社会問題に取り組むという次なるレベルに入っている。これらの問題に対応するためのパートナーシップがどんどん増えている。

私たちは生産する食品の40％を食べていない。信じられないほどの資源の無駄だ。食料システムが世界の温室効果ガス排出量の最大30％に寄与し、浄水の70％を使っていることを考えるとなおさらだ。これを受けて、ネスレ、ケロッグ、テスコ、ユニリーバなどから成る「チャンピオンズ12・3」は、食品ロスを2030年までに半減というSDGsの目標12・3の達成を目指している。この闘いは責任を負うにふさわしい関係者が一堂に会することで始まる。

同様に、栄養や健康面の課題は幅広いプレーヤーが関与しなければ解決できない。この世界ではおかしなことに、両極端の2つの問題が起きている。6億5000万人以上が肥満なのに対し、4億6000万人が低体重、20億人が微量栄養素欠乏症[19]（鉄、ビタミンA、ヨウ素の欠乏）、さらには5歳未満の5000万人以上の子どもが「衰弱」（身長に比べて体重が少ない）状態にある[20]。生後1000日間の栄養不足によって知力がダメージを受ける「発育阻害」に苦しむ国も多い[21]。ユニリーバは、複数のステークホルダーが協力して栄養不良をなくすための運動、「栄養への取り組み拡充《スケーリング・アップ・ニュートリション》」の立ち上げに一役買った。ユニリーバは自社製品600億食分にビタミン、鉄分、ヨウ素を加えて栄養価を高めている（2022年までに2000億食が目標）。こうした目標により、数々の問題を一度に解決することができる。

大がかりなシステム変革には、企業のコントロール外にあるグループ（他社、地域社会、

ＮＧＯ、政府、消費者、サプライヤーなど）とのパートナーシップが不可欠だ。うまくいけば、ステークホルダーのネットワークは相乗効果を発揮し、より大きな成果をより早く実現できる。ネットワークが効果的であるためには信頼が必要であり、それは自身の課題や失敗をさらけ出すことで醸成される。そうした信頼を築き、パートナーシップを成功させるためには、ここまでに紹介したネットポジティブ企業の４つの原則を満たすことも必要だ。責任を負い、長期的に考え、他者のために働き、株主を適切に扱う――それができなければ、物事を大きく捉えることはできず、ステークホルダーに信頼されることもない。

最大規模のシステムを対象とした協業の場合、正しい法規制も成功のカギとなる。ただ乗り《フリーライダー》をなくすための拘束力ある枠組みがなければ、実施した政策が予想外の影響を及ぼしたり、効果を発揮しなかったりするからだ。気候目標、人権基準、児童労働法、税法、平等な条件をつくる補助金制度などの政策について、企業には建設的な関与が求められる。

これらすべての要素を束ねる枠組みとして、ＳＤＧｓがヒントになるはずだ。私たちはＳＤＧｓを使って社会契約を見直し、社会における企業の役割について考え直し、必要な政策を設計し直すことができる。ＳＤＧｓは地球環境についてもっと深く考え、社会のバランスを目指すきっかけになる。

組織としてベストを尽くす

これら5つの原則を組み合わせたものが、ネットポジティブモデルの中核を成す。5つの原則を絶対に譲れない条件とすることで、サステナビリティに長けたプレーヤーが一定の成果を出すだけでなく、世界的な企業が人類のためにより多くの価値を創造することができる。私たちが直面する問題は大きい。だから、企業やその経営者は今までとは違うレベルで行動を起こし、ベストを尽くさなければならない。

一流の企業は「基本」も大事にしなければならない。5つのネットポジティブ原則を支えるのは、もっと根本的な原則だ。つまり、ネットポジティブを新たに目指すとしても、優れた企業経営が必要ということだ。製品はおいしく（あるいは、きちんと機能し）なければならない。顧客を美しく見せる。手頃な価格で高い品質を提供する。優れた人材を雇うのは必須要件だ。企業は自らを律して、効率的なサプライチェーンや製造ライン、販売チャネル、革新的な研究開発、効果的なマーケティングに注力する必要がある。揺るぎない基本と妥協なきパフォーマンスの文化があってこそ、ネットポジティブを目指すことが可能になる。

ユニリーバのような企業の社員は、サステナビリティという高い基準を維持することを負担や難題に感じることがよくある。そんなときは、ネットポジティブ原則を基本に上乗せされる要素ではなく、あらゆるものの基盤となるモデルだと考えよう。コスト重視の姿勢を容赦なく打ち出すことがあってもよいが、それは戦略の中心ではなく、あくまでこのモデルのなかの手段のひとつでなければならない。例えば、地域社会づくりをサポートするには、どこに予算を使うかを慎重に判断しなければならないが、地域の人々のウェルビーイング向上という考え方は不変である。そして最後に、事業への投資（品質向上やイノベーションへの投資）も必要だが、その場合は多くのステークホルダーに長期的なベネフィットを提供することを重視しなければならない。一度に何もかもはできないので、時には妥協が必要になるかもしれないが、進捗を絶えずチェックしながら、あらゆる方面で改善を目指すというビジョンを忘れてはならない。正しくやり切れば、ビジネスモデルの向上によって途方もないメリットが得られるだろう。

ネットポジティブは一流の証しだ。私たちはパイオニアとして新たな領域を生み出し、会社と未来を改革し続けなければならない。このレベルの思考ができなければ、すぐに取り残されてしまう。会社をよくすることに本気で専念する必要もあるが、「よくする」といってもいろいろな意味がある。ネットポジティブ企業の場合は、そのひとつとして、利益を出しながら、自社の目先の利害を超えた変革を実践することが挙げられる。よりよい企業は人々と地球のウェルビーイングを創造する。

ネットポジティブ企業の流儀

より広く責任を負うための基本原則

- 事業オペレーションからバリューチェーンまで、あるいは地域社会から地球環境まで、自社が世界に及ぼす影響を深く理解し、その責任を負う。
- さまざまな次元で会社の意味を広げる。

バリューチェーン

自社だけでなく、サプライヤーの業務や顧客の暮らしも最適化できるよう努力する。

時間

会社と世界のために、長期に及ぶ複合的ベネフィットを追求する。

ステークホルダー

社員や顧客だけでなく、自社とつながりのあるすべての関係者に目を向ける。

資金

資本投資のあり方を考え直し、投資家（の利益）に対する優先度を下げる。

独立性

単独主義や自社開発主義を捨て去り、本当のパートナーシップを受け入れる。

第2章

目配りは十分か？

勇気あるネットポジティブなリーダーになる

以前、賢かった私は世界を変えようとした。今、分別のある私は自分を変えようとしている。

——ルーミー（13世紀のイランの詩人）

西欧の経済システムは主に2つの悲劇的な誤解に基づいている。ひとつは自然界に関するもの、もうひとつは人間性に関するものだ。過去300年を代表する重要な思想家、アダム・スミスとチャールズ・ダーウィンは、誰もが彼らの言葉と思っていることを言っていない。チャールズ・ダーウィンは「適者生存」という言葉をつくったわけではない。生物学者のジャニン・ベニュスによると、ダーウィンは生存への適応性については書いたが、適者生存についてはコメントしていない。多くの生物種は、他の種を破滅させるのではなく、むしろ協力することで、自然界のすき間で繁栄している。生態系全体が健康やレジリエンスを保つために協力している。自然とは私たちが考えるような、「生存に向けた死闘が繰り広げられている場」ではないのだ。

一方、人間界における「自由」市場へのこだわりは、主に、1776年に出版されたアダム・スミスの『国富論』の誤読に基づくものだ。リバタリアンやネオリベラルは、スミスの有名な「見えざる手」という言葉を頼りに、資本主義に制約を与えないよう求めている。規制のない自由な市場は最善の結果を生むという。だが、スミスに関するその理解は間違っている。見えざる手は、スミスの著作ではあまり重要なポイントではなく、ほんの数回しか言及されていない。彼がその言葉を最初に使ったのは、『国富論』の17年前、あまり知られていない『道徳感情論』という論考のなかだ。自己利益の追求が公益をもたらすとスミスは述べたが、彼が強調したのは後者（公益）のほうだった。市場で成功する者（つまり金持ち）は「見えざる手に導かれて、大地がすべての住民の間で平等に分割されていた場合とほぼ同じように生活必需品の分配を行う[1]」。アダム・スミスがそんな社会主義者だったとは驚きだ。

富の分配に関する彼の信念は、現代の教義よりも楽観的な人間観に基づいていた。自己利益は共感や正義と矛盾しない、とスミスは考えていた。[2]『道徳感情論』の冒頭にはこうある。「人間がいかに利己的だとしても、その本性のなかには明らかに一定の原理がある。その原理ゆえに人間は他者の幸不幸に関心を持ち、彼らの幸福を自分にとって必要なものと感じる。その幸福を見る喜びの他には何もそこから引き出さないのに（傍点筆者）[3]」

　つまり、私たちは他人の幸福を見ると幸せになれる。私たちは生まれつき思いやりがあり、共感することを心地よく感じる。その意味で、他人の幸福につながる気配りは利己的である。

　スミスとダーウィンの誤用というワンツーパンチにより、ビジネスや経済から人間らしさが失われた。20世紀の経済学は、人々や組織が効用を最大化するだけのモデルをつくり出した。そこからは「人間」が失われ、市場は無機的な歯車が集まったマシンになった。さらに、企業の財務諸表では社員は資産ではなく、バランスシート上の負債として表示される。

　そうである必然性はない。私たちは成功や富と同時に、公正、公平、正義を目指すこともできる。行動経済学や心理学は、冷淡で合理的な人間観を打ち破り、思いやり、偏見、過ち、感情を伴う、実生活における人間の振る舞いを認識するようになっている。

　ＣＥＯをはじめとする経営幹部は自己のすべてを仕事に注ぎ込むべきなのに、短期的な成果が絶えず求められるせいでそれが難しい。企業にプレッシャーを与えるＮＧＯもその問題に気づいている。グリーンピースやアムネスティの事務局長を務めたクミ・ナイドゥは言う。「見識のある経営者でさえも、四半期ごとの決算発表という過酷なシステムに縛られ、物事を前へ進めるのがほぼ不可能になっています」[4]。そのシステムに抗うには、何よりも勇気が必要だ。

もちろん、自分がとらわれているシステムを好む人もいる。ビジネスに携わるすべての人が世界の状況を気にしているわけではない。ポールは、ヨルダンのザータリ難民キャンプを訪れたとき、嫌々やって来たと思われるCEOたちに出会った。ある億万長者のヘッジファンドマネジャーは、地中海でヨットクルーズを楽しむはずだったのに、「いまいましい難民たち」のおかげで台無しになったと不平を漏らしていた。企業を目の敵にする人たちの気持ちもわかるような話だが、悲しいことに、権力者たちの間でこういう例は珍しくない。

しかし、大部分のCEOやエグゼクティブはもっと人間味がある。子どもや孫がいて、自分たちの行動について問い詰められる。世の中で何が起きているかを気にかけ、世界がもっと健康、安全、公正になることを望んでいる。会社のためにあえて目をつぶらないといけないと思っている人がいるかもしれないが、汚染や気候変動や人間の苦しみがもっと増えたほうがいいと考える人はまずいないだろう。多くの経営者が、個人的にも組織的にも、信条や信念に従って行動できないと思っているのではないか。でも、気配り、目配りはできる。真のリーダーであるためには、むしろそうしなければならない。

ネットポジティブなリーダー――意志の力に気づく

　リーダーシップについては、数え切れない本やビジネススクールのケーススタディなどで検討されてきた。周囲のよきお手本となるのに必要な資質は何なのか、我々はずっと考えてきた。そして、これはCEOだけでなく、すべての人に当てはまる。多くの人が組織内の何らかのピラミッドの頂点に立ち、目的達成へ向けて部下やメンバーを管理したり、影響を与えたりしている。インスピレーションをもたらすリーダーはいろいろな場所にいる。

　CEOであれ何であれ、50年前も50年後も大切な、色あせないリーダーシップスキルというものがある。有能なリーダーに共通する特徴は、規律、タフネス、あるいは部下に高い目標を持たせ、戦略的思考や知性、好奇心を促し、ビジネスの重要なドライバー（テクノロジーなど）を理解したいと思わせる能力だ。変化が激しく、不確かで、複雑かつ曖昧な今の世の中では、適応力や復元力（レジリエンス）など、それ以外の特徴・能力も重要になる。

　だが、ネットポジティブな企業のリーダーであるためには、基本だけでは足りない。最も優れたリーダー、つまりみんながついていきたいと思う新しい時代のリーダーは、何よりもよき人間でなければならない。心にゆとりがあり、誠実で、言行が一致している。ネットポジティブなリーダーシップとは、自分より他人の利益を優先することだ。それは自身の強みや情熱を知る助けにもなる。あなたが得意なこと、好きなこと、そして世界が必要とすることが重なる場所でリーダーシップを発揮できたら、言うことはない。そこへたどり着くためには、新しいスキルを身につけ、安全地帯から出なければならない。

ネットポジティブなリーダーには5つの重要な特徴が見られる。本章ではそれを検討する。

・目的意識、責任感、奉仕精神
・共感――高いレベルの思いやり、謙虚さ、人間性
・人一倍の勇気
・インスピレーションを与え、道徳的リーダーシップを示す能力
・変革パートナーシップの追求

世界が必要としているのは、利益の最大化だけを冷徹に目指す古い「会社人間」とは正反対のリーダー、傷つきやすく、開放的で、思いやりと共感にあふれ、人間らしいことを受け入れるリーダーだ。組織もそうした特徴を目指さなければならない。株主価値へのこだわりは、企業を魂のないマネーマシンに変えてしまった。すべてが数字、統計、利益に集約される。企業

はロボットと化し、信頼に基づくオープンな関係の代わりに契約関係だけを重んじる（筆者はどちらも契約があまり好きではないので、本書を書くのに正式な契約は交わしていない）。

企業は効率ばかりを優先し、アダム・スミスが述べた倫理のバランスを拒絶した。オックスフォード大学の経営学教授、コリン・メイヤーが著書『株式会社規範のコペルニクス的転回』で述べているように、ビジネスの方程式から人間がいなくなり、「私たちがコントロールできない匿名の市場や株主」に取って代わられた。[5] 私たちは仕事から「個」を切り離すことに成功したが、それには大きな犠牲が伴う。ビジネスとはリアルな人間が他のリアルな人間のニーズに応えることであり、もっと人間的でなければならないはずだ、と考えている。短期的な利益を目指すのではなく、ビジネスの中心に人間を据えることからまず始めるとしたら、もっと人間らしい会社を築くための第一歩は、自身の内側を見つめて、企業のあり方を変える強さを探すことだ。

今までどおりのやり方に異を唱える勇気を持つリーダー、利益は世界の問題をつくることからではなく、それを解決することから生み出さなければならないとわかっているリーダーがいてこそ、企業はネットポジティブに向かって進むことができる。世界が燃え盛っているときに、せっせと稼ぎ続けられるだろうか？　私たちが抱える課題の多くには解決策があり、投資資本もたっぷりある。何が行動を阻んでいるのか？　答えのひとつは、抵抗が強いことであり、特にやる気のない人と既得権者が反対する。したがって、最後に、リーダーには障害をはねのけて闘い通す決意が必要だ。パーパス、謙虚さ、勇気といった、ネットポジティブなリーダーシップの原則を身につけることが、意志の力の源泉となる。そうした特徴を支える基本的な人間の価値観が、新しいリーダーシップ（正義、思いやり、誠実さ、敬意）の指針・基礎となる。それもやはりゴールデンルールだ。何が正しい行動かを知ったとき、あなたは立ち上がる勇気を得るだろう。

傍観をやめる

世界には道徳的リーダーシップが不足している。企業幹部は大事をとりすぎ、社会や環境に関わる面倒な問題で対立するのを避けてきた。だが、黙っていることはもうできない。政治は自分たちとは無関係とCEOはよく言うが、戦略的にも道徳的にもそれは間違っている。黙っていたら、それは共犯だ。政府や企業のリーダーが民主主義や科学や市民権を損なうのを指をくわえて見ていたら、独裁や無知の支配に手を貸していることになる。多くの哲学者が言うように、悪が勝つためには、善人が何もしなければいい。

状況は変わりつつある。企業は積極的に発言し、LGBTQの権利、銃、移民、気候政策などをめぐる厄介な議論に加わるようになった。トランスジェンダーの人たちが自分の選んだトイレを使うのを禁じる法案を米国ノースカロライナ州が可決したとき、ＣＥＯたちは反対の声を上げた。トレイン・テクノロジーズの当時のＣＥＯ、マイク・ラマック(6)、バンク・オブ・アメリカのブライアン・モイニハン(7)など、同州でよく知られたリーダーたちが厳しい文面の手紙を知事に送り、他に何十人ものＣＥＯ（ポールも含む）が後に続き、この法律は自分たちの価値観にそぐわないと訴えた。

「ブラック・ライブズ・マター」運動が勢いを増したとき、ありとあらゆる組織が人種平等への声明を発表した。企業は、経営陣のダイバーシティに関する具体的目標や、サプライチェーンにおける黒人所有企業への支出増の約束など、新しい方針を打ち出した。アカデミー賞でさえ、表現・インクルージョンの基準を満たさないと作品賞にノミネートしないと発表した(8)。

経営者にとっては、声を上げるタイミングが時にわかりづらい。だが、自分だけでは完全に制御できるわけではなく、従業員をはじめとする主要なステークホルダーが、何らかの立場を明確にするよう会社に求めることもある。民主主義を守る、科学を守るなど、すべての企業が関与すべき普遍的な問題もある。２０２０年の大統領選の前、米国の多くの企業が投票や民主主義を支持し、２０２１年の暴動を受けてやはり声を上げた。カーボンプライシングなどの気候変動対策にも、あらゆる組織が賛同を表明するべきだ。これは経済・社会にとっての死活問題である。例えばプラスチック廃棄物など、自社にあまり関係のない問題もあるかもしれない。

その場合は他社に主導権を握らせよう。ＣＥＯはどこにでも顔を出せるわけではない。

こうしたアドボカシーへの参加は必然だが、リスクがないわけではない。思わぬしっぺ返しを受けることもある。コカ・コーラは２０１４年のスーパーボウルで、若い女性たちが「アメリカ・ザ・ビューティフル」をさまざまな言語で歌うＣＭを流した。ソーシャルメディア上では、第2の国歌とも言える曲を英語以外で歌うことに対する不満の声があふれた。数年後、ナイキは同社の30周年を記念する「Just Do It」キャンペーンで、アメリカンフットボール選手のコリン・キャパニックを起用した。国歌斉唱中にひざまずいて、人種間の暴力や警察による暴力に抗議した人物だ。ナイキは論争の嵐に巻き込まれ、同社製の靴を燃やす人々の動画がただちに出回り始めた。しかし、よい影響もあった。コカ・コーラでは、肯定的な反応の第2波が起きて否定的な声をかき消した。ナイキは広告を流してからのオンライン売り上げが31％増加した（ブランド価値も60億ドル増えた）[9]。両社の社員は誇り高い気持ちになった。

傍観をやめると、真実の瞬間、インスピレーションの瞬間が訪れることがある。米国フロリダ州で（またしても）起きた学校での銃乱射事件のあと、ディックス・スポーティング・グッズのＣＥＯ、エド・スタックは心をかき乱された。自社の店舗で銃器を売っていたのが大きな理由だった。*It's How We Play the Game*（『それが私たちのゲームのやり方』未邦訳）という著書によると、スタックはその日、「誰かが何かをしなければならない。もう終わりにしなければ」と考え続けた。そして突然、「誰かとは私でなければならないと気づいた(10)」という。

1 目的意識、責任感、奉仕精神

2000年代の初め、ジョン・ルプロールは公私ともに順調だった。英国の酒造メーカー、ディアジオ社の「ギネス」ブランドのトップを務め、家族といっしょに心地よい町の瀟洒《しょうしゃ》な家に住んでいた。だがある日、自分自身のミッション・ステートメントについてメンターと相談したあと、2人の小さい娘と車に乗り、彼女たちを見て、ふいに取り乱した。本当のパーパスを持った仕事を自分がしていないことに気づいたのだ。

ビールを売ること自体に問題はなく、ディアジオの業界での評判もよかった。でもルプロールは、それだけでは満足できなかった。これからはサステナビリティ・マインドを持った企業でしか働くまいと決心した。「モノクロの暮らしからカラフルな暮らしへ移行しました」と彼は言う。その道を進んだ彼は大きな成功を収め、バーツビーズとセブンスジェネレーションという、パーパス志向の2つの有名企業のCEOになった。後者はユニリーバに売却されている。

Column

パーソナルパーパス（個人のパーパス）

自分は誰で、なぜここにいるのか？　これは何千年もの間、哲学者たちが答えようとしてきた問いだ。だが、パーパスを見つけるのは決して困難な作業ではない。答えが自然にわかる人も多い。自身のスーパーパワー、すなわち最も得意なことを見つけるのがパーパスだと表現する人もいる。オプラ・ウィンフリーは「教師になって、生徒たちが自分で可能だと思う以上の成長を遂げられるように動機づける」ことがパーパスだと述べている。（注）ネットポジティブの触媒として自分のパーパスを見つけ出すための重要な質問はこれだ。「この世界をもっとよくするため、あなたにしかできないことは何か？」

（注）Stephanie Vozza, "Personal Mission Statements of 5 Famous CEOs (and Why You Should Write One Too)," Fast Company, February 25, 2014, https://www.fastcompany.com/3026791.

多くの人が言うように、情熱とは自己を見いだすことだが、パーパスとは自己を超えて、もっと大きなものに没頭することだ。私たちは関心のおもむくまま趣味を楽しんだり、好きな仕事をしたりできる。多くの人は何かに情熱を傾け、キャリアアップを謳歌するが、すべての人が仕事上のパーパスを見つけるとは限らない。真の達成感は、自分が楽しめることだけではなく、もっと大きなミッションのために力を尽くし、他の人たちの人生に有意義に働きかけることからも得られる（コラム「パーソナルパーパス」を参照）。それは変化をもたらそうとすること――助け、与え、奉仕することだ。個人としての使命感は、より大きな可能性を引き出し、自分自身よりも大きな存在になるために必要なもの、パーパスのあるブランドとネットポジティブな会社をつくる基礎となるものだ。

自らのパーパスを理解している人は、利益だけを重んじる職場では違和感を覚えやすい。そんな職場のミッションには中身がない。もし、利益と給料しか気にしないのであれば、文字どおりお金になるものは何でも売って構わない。だが、私たちのほとんどは自分や家族に対してもっと深い願望を持っている。自分のパーパスを知る努力をしてきた人は、道徳的リーダーになるための正しい道しるべを自分のなかに持っている。自身の価値観を仕事に反映させ、パーパスに従って行動すれば、人は生き生きとする。そして周囲の人たちの能力を最大限に引き出すことができる。

「意味」を軸にして会社をつくり、成功に導いた最高の例は、パタゴニアの創業者、イヴォン・シュイナードだ。シュイナードは米国メイン州で育ち、アウトドアをこよなく愛した。世界屈指の登山家となった彼は、登山用具を販売するパタゴニアを創業した。同社は品質の高いアウトドア用衣料を提供し、人々から愛されるブランドへと進化した。この10年は、健康でエシカルな原材料を使った食品も扱っている。パタゴニアの価値観はシンプルだ。「最高の製品をつくる、不必要な悪影響を最小限に抑える、ビジネスを手段に自然を保護する」

だが、シュイナードはビジネスリーダーであることを決して心地よく思わなかった。その著書『社員をサーフィンに行かせよう』で述べているように、ビジネスの世界に60年もいることを認めるのは彼にとって難しい。それは「アルコール依存症や法律家であることを認めるのが難しい人」がいるのと同じことだ。それでもシュイナードはビジネスの力を知っている。それは「食べ物をつくり、病気を治し、人々を雇い、我々の暮らしを豊かにする……そうしたよい行いをし、魂を失わずに利益をあげることができる」(11)。

パタゴニアは人々がアウトドアを楽しむのを手伝うため、そして環境を守るために存在している。同社は35年間、売り上げの1%を草の根環境保護団体に寄付してきた。業績は驚くほどよい。成長を目指したことはないのに、あっという間に大きくなり、売上高は10億ドルを超えている（もっと成長することもできたはずだ）。顧客をわくわくさせ、少ない資源利用、リサイクル、製品修理の生涯保証、社員にとっての素晴らしい福利厚生やクオリティ・オブ・ライフなど、優れたオペレーションを実証することで、パタゴニアは成長した。ウォルマートなど、シュイナードに助言を求める大企業も多い。

シュイナードや、2014～2020年の同社の躍進を率いたCEOたち（ローズ・マーカリオなど）は、中核となるパーパスや地球への責務に忠実であり続けた。米国政府が2018年に法人税の減税を決めたとき、マーカリオはそれによって節減できる1000万ドルを環境保護運動に寄付した。同社はまた、正しいと思うことをして売り上げが下がることも恐れない。消費に関する人々の考え方を一貫して疑い、必要がなければ商品を買うべきではないとの考えを広めてきた。米政府が国立・国定公園の指定面積を縮小したとき、パタゴニアは会社のホームページをまるまる変更し、「大統領があなたの土地を盗んだ」と訴えた。

シュイナードは常に個人と企業の価値観を一致させてきた。適応しながらコアとなる使命を育んだ。「長く続く企業では、ビジネスの実行方法が絶えず変化するとしても、価値観や文化、哲学は不変だ」と彼は書く。コアとなるパーパスや価値観は、目配りを行動に変え、「奪う」以上に「与える」ネットポジティブ企業を築くための勇気を与えてくれる。

パーパス志向のリーダーが経営するパーパス志向の企業は、社会のためになり、他社を上回る業績をあげ、優れた人材を引きつける。パタゴニアもユニリーバも就職先として世界で最も人気の高い企業群のひとつだ。仕事はいつも楽しいわけではないが、目的があると思えば苦しくない。ジョン・ルプロールは、サステナビリティ重視に切り替えて以降、「たとえ大変な日があっても、苦労のしがいがあります」と言う。そして、私たちにはこれからたくさんの苦闘が待ち構えている。気候変動や、正義や平等のために闘いながらビジネスも成功させるのは簡単ではない。

パーパスの導きがあれば、人生の最悪の事態も切り抜けられる。精神科医のヴィクトール・フランクルは1942年から1945年までアウシュビッツやダッハウの強制収容所で過ごした。ホロコーストで両親、妻、兄を失ったが、それでも希望を持ち続けようとした。20世紀を代表する名著『夜と霧』のなかで彼はこう書いている。「人生は状況によって耐えがたくなるのではない。意義やパーパスが見いだせないときに初めて耐えがたくなる」[12]。彼がパーパスを使ってあの最悪の状況を生き抜いたのだとしたら、私たちも力を合わせて人類の生存上の脅威に立ち向かうことができるはずだ。

2 共感——高いレベルの思いやり、謙虚さ、人間性

「今の私があるのは神のご加護のおかげ」。ことわざや格言はたいていそうだが、この考え方も何世紀もの間、社会や宗教に浸透してきた。つまり、人生にはたくさんの幸運があるということだ。CEOやリーダーのそれまでの努力をおとしめるつもりはないが、スタート時点から

アドバンテージに恵まれている人は少なくない。筆者の2人も裕福な国に生まれた白人男性で、両親から成功を後押しする支援を受けた。人生の当たりくじを手渡されたようなものだ。

自分の幸運を認め、他人の立場でものを考えるのは、簡単にできることではない。また、ビジネスの世界では残念ながらそれが日常的な行為になっていない。自社のCEOは他人に共感できる、と考えている社員は45%しかいない(13)。悲しいかな、特に男性は、情け深いことは弱さだと教わってきた。

現代のリーダーは他者を「ヒューマン・ドゥーイング」ではなく「ヒューマン・ビーイング」と見なす必要がある。つまり、何をするかという視点だけで人を捉えるのではなく、その人の存在そのものを大切にし、あらゆる人の能力やアイデアを尊重しなければならない。たとえ違和感があっても、共感や思いやりを身につける必要がある。ベン&ジェリーズのCEOを務めたヨースタイン・ソルヘイムは言う。「母なる自然に負わせている痛みを感じず、米国の黒人が感じている不安や恐怖に共感できなければ、持続可能な企業は経営できません(14)」

共感力を養うためのひとつの方法に、20世紀の哲学者ジョン・ロールズが広めた「無知のベール」という思考実験がある。あなたが政治・経済システムをつくろうとしているとする。ただし、「社会での立場や地位、階級……もって生まれた資産や能力、知性、体力などの分配においてどれほど運がよいか」について、あなたは何も知らない。自分が裕福な国の白人男性に生まれるか、難民キャンプのシリア人の少女として生まれるかがわからないとしたら、あなたはどのようなシステムを設計するだろう？　どのような政策を準備したいだろう？　企業にはどう振る舞ってほしいだろう？

答えは明らかだ。敬意、公正さ、思いやり、人間らしさ、正義がコアとなるだろう。お金ではなく人が中心となり、ウェルビーイングや誠実さの基礎となるものをすべての人に提供するシステムだ。経営幹部はそのビジョンへ向けて積極的に努力する。世界がもっと健全かつ公正になるのが待ち遠しい。

マスターカードの会長、アジェイ・バンガによれば、今の世の中で光り輝くために必要なのは、知性（ＩＱ）や感情スキル（ＥＱ）のような古い尺度だけではない。「日々仕事をするうえで必要なのはＤＱ（Decency Quotient）、すなわち良識指数です」と彼は言う。「あなたといっしょに働く人、あなたのために働く人、あなたの上に立つ人、あなたの周りで働く人たちを大切にする必要があります[15]」

人間性で会社を率いている経営者はたくさんいる。インドのソフトウェア大手、ウィプロの会長であるアジム・プレムジは、人間性を人生の中心に据えている。彼は持ち株のかなりの部分を、自身が設立した財団に提供した。２１０億ドル規模のこの財団は、貧しい人や弱い立場の人の生活を変えるのが主な目標だ。プレムジは言う。「謙虚さを大事な資質として持ち続けていれば、誠実に生きることがもっと簡単になります[16]」

2021年、ナイジェリア人のンゴジ・オコンジョ＝イウェアラが世界貿易機関（WTO）の事務局長に任命された。このグローバル組織を率いる初の女性、初のアフリカ人だ[17]。彼女は、ワクチンと予防接種のための世界同盟（GAVI）の議長や、スタンダードチャータード銀行とツイッターの取締役も務めた。要するに、素晴らしい人物だ。彼女は自分自身のことよりも仕事のミッションを優先する。「仕事をするときはエゴをハンドバッグにしまっておきます[18]」。同じように、イケアのCEO、イェスパー・ブローディンは業績を順調に伸ばしているが、気取ることがない。会社や社会のサステナビリティを積極的に目指す有能なリーダーだが、スウェーデン的な控えめな態度を変えず、他者への敬意を示す。「自分自身とその強みを信じよう」と彼は言う。「ただ、他人の強みに頼るのも忘れてはなりません。なぜなら、いっしょに行動すれば、本当の意味でもっと強くなれるからです[19]」

謙虚だから大きなことをなし遂げられないわけではない。非営利組織アキュメンファンドのCEO、ジャクリーン・ノヴォグラッツは、2つの価値観が緊張関係をもって機能するのがよいと話す。「世界をありのままに見る謙虚さが必要ですが、同時に、世界がどうなれるかを想像する大胆さも必要です[20]」

簡単に答えが出ない課題は数多くある。パーム油の生産に対するインドネシアの取り組み方を変えるにはどうすればよいか？ アパレルや電気機器のサプライチェーンで働くすべての人が十分に生活できる賃金を稼げるようにするにはどうすればよいか？ 再エネと蓄電池で工場やデータセンターの電気をすべてまかなうには何が必要か？ こうした難題を解決する唯一の方法は、「私だけでは答えが出せないので助けが必要です」と、世界へ謙虚に呼びかけることだ。ウィプロのプレムジは言う。「リーダーシップとは、あなたより賢い人たちと協力する自信です」

3 人一倍の勇気

ネットポジティブなリーダーの5つの特徴はどれも重要で、お互いを強め合うが、そのすべてを統率するのは勇気だ。米国の詩人マヤ・アンジェロウはそれを見事に表現した。「勇気は最も重要な美徳です。勇気がなければ、他の美徳を実践し続けることができないからです(21)」

「勇気（courage）」という語は、ラテン語や古フランス語で「心臓、ハート」を意味するcorageからきている。断固たる態度を表明するには、頭（論理や理由）とハートの両方が必要だ。共感と目的意識があれば、決断し、一層の努力を払い、不安や困難な気持ちを乗り越える勇気が出る。不安がなければ、まだ取り組みが十分ではない。セブンスジェネレーションの共同創業者で、アメリカン・サステナブル・ビジネス・カウンシルの議長であるジェフ・ホランダーが言うには、サステナビリティに関する目標や公式声明は、あらゆる人をひやひやさせるアグレッシブなものでなければならない。「サステナビリティレポートを発表するときは、弁護士の心臓が止まるくらいじゃないとダメです」

安全地帯から出て、自分や周囲の人たちの普段の発想と比べて10倍大きく考えるためには、そして誰もひとりではできないような無謀な目標を掲げるためには、勇気が必要だ。企業幹部は物事を予測可能な状態でコントロールしたがる傾向があるため、目標を小さくしてしまう。勝つためではなく、負けないための経営だ。それではビジネスや世界を変革するポテンシャルが低減する。

ネットポジティブなリーダーは最も難しい課題に照準を合わせる。例えば、セメント業界は温室効果ガスの最大の排出源のひとつで、全世界のCO_2排出量の約8％を占める。[22] インドのダルミアセメントは2040年までにカーボンネガティブを目指すという高い目標を掲げている。世界にはもっと意欲的な目標を掲げている企業もあるが、製品のエネルギー強度が高いセメント業界にあって、これは相当思い切った挑戦だ。CEOのマヘンドラ・シンは、業界最大のCO_2回収・貯留施設を建設するという大きな実験に投資している。生産工程で出るCO_2を回収し、それを燃料や化学品、材料に再利用することでカーボンニュートラルなセメントをつくろうという試みだ。[23]ダルミアの2040年の目標は「理解するのも視覚化するのも難しいが、夢想するのはやさしい」と彼は言う。[24]大きな夢を持つには、不屈の精神が求められる。

人類最大の課題はどれも手強く、これに立ち向かう勇敢な人々を必要とする。クリスティアナ・フィゲレスは2010年から2016年まで国連気候変動枠組条約（UNFCCC）の事務局長を務めた。あの歴史的なパリ協定（2015年）を実現させたことで高い評価を得ている。

ニューヨーカー誌の記事は、彼女の職務がいかにハードだったかを述べている。「世界のあらゆる仕事のなかで、フィゲレスの仕事ほど責任（世界の崩壊を防ぐ）の割合が権限（ほとんどなし）に比べて高いものはないかもしれない[25]」。フィゲレスは約190カ国の首脳をなんとか説得して気候変動に関する合意へと導いた。気候変動問題に企業がどう対処すべきかについて、彼女は次のように語っている。「リーダーシップが必要です。（長期間の）冷徹な費用便益分析が必要です。そして率直に言えば、道徳的勇気が必要です[26]」。彼女はそのスキルを存分に発揮した。

勇気と道徳的指針があれば、リーダーは自分が正しいと思うことを実行できる。たとえ大きな犠牲を払うリスクがあっても、そして、武器を持つ人々を怒らせる危険があっても……。エド・スタックは銃について傍観者をやめる決心をしたが、この問題は米国で賛否が分かれていた（今も分かれている）。彼は、フロリダの銃乱射事件を生き延びた高校生たちが、銃器の安全な取り扱いに関する世界的な運動をスタートさせたのを見た（これに触発されてスウェーデンのグレタ・トゥーンベリは学校で気候ストライキを始めた）。スタックは思った。「この子たちが勇気を奮い起こして国に闘いを挑むことができたのだから、私たちもこのような行動を起こす勇敢さを持たなければならない」[27]

スタックは父親が始めた会社を、売上高80億ドル、店舗数850、従業員3万人にまで大きくしていた。銃などを扱うハンティング部門は約10億ドルの売り上げがあった。自社ブランドのひとつ「フィールド&ストリーム」は、学校で子どもたちを殺害するのに用いられているような対人殺傷用銃器を販売していた。スタックは銃器ビジネスから撤退したいと経営陣に告げた。試算によると、長いつきあいがある多くの顧客と、最低でも2億5000万ドルの売り上げを失う。[28] 利益への影響は気にしない、とスタックは言った。この決定は全国から注目を集め、彼は何百というインタビューの誘いを受けた。結局、大手ネットワークで2つだけインタビューに応じたあとは、もう十分しゃべったと考えた。高いレベルの謙虚さを示す話でもある。

その後、思ったよりも悪い影響とよい影響が出た。数多くの社員が辞め、当初は売り上げが大きく落ち込んだ。スタックは殺しの脅迫を受け、警備を必要とした。しかしその後、好意的な反応が波のように起き、ボイコットならぬ「バイコット（購買運動）」によってディックス・スポーティング・グッズは売り上げを増やした。ウォルマート、クローガー、REIなども銃の販売を制限したため、競争上の重圧も減少した。[29] 同社は猟銃関連事業の売り上げを失った店舗において別の商品で売り上げをカバーするなどの工夫で、[30]業績をすぐに回復させた。[31]

スタックの取り組みは、勇気の、ある重要な側面を実践するものだった。つまり権力者に真実を語るということだ。彼の場合、権力者とは銃のロビイスト、政治家、熱心な顧客など。同じように、ポールがユニリーバの投資家に四半期決算発表をもう行わないと述べたとき、全能の投資家たちをはねつけるには相当の図太さが必要だった。他のCEOのなかにも同じように感じていた者もいた。売上高150億ドルを誇るある企業のCEOは、アンドリューにかつてこう言った。「28歳の証券アナリストが望むように会社を経営したい者など誰もいませんよ」。だが、そのCEOは上場しようとしなかった。1980年代から90年代にかけてGEを率いた故ジャック・ウェルチも「株主価値は世界で最もばかげた考えだ」と認めていた。[32]残念ながら、彼がそう言ったのは引退してからだ。多くのCEOや政治家は退任すると勇気が出るようだ。

企業の将来を気にしない投資家に立ち向かうことができないCEOは、恐らくリーダーにふさわしくない。『True North リーダーたちの羅針盤』の著者で、メドトロニックのCEOを務めたリーダーシップの専門家、ビル・ジョージによると、勇気のない経営者は「数字をどうにか達成することに重点を置きすぎている。リスクのある意思決定を避け、失敗を恐れている」。[33]書籍ではペプシコのCEOだったインドラ・ヌーイが、単なる砂糖水だけでなく製品を多様化させるための戦略「パフォーマンス・ウィズ・パーパス」を策定後、それに徹した例を取り上げている。アクティビスト投資家は彼女を会社から追い出そうとしたが、ヌーイは短期的な成果と変革への投資のバランスをとった。それこそ勇気である。

あまりにも多くの企業が重要な問題に対して、「我々はファストフォロワー（迅速な追随者）だから」、あるいは「うちだってもっと取り組みたいけど、ユニリーバじゃないからね」と言って尻込みしている。アップル（とても創造的で影響力の大きな会社だ）のようになれないことについても、同じような発言をいろいろ耳にする。悲しいことだ。他社をしのぎ、人材を引きつける、魅力的で生き生きとした会社をなぜつくろうとしないのか？　偉大な企業は追随するのではなく先導する。

投資家との対決はなかなかハードだが、強力な権力を持つ世界的リーダーを公然と非難することを想像してみてほしい。メルクのＣＥＯだったケン・フレージャーは強い道徳精神を発揮して、米国製造業協議会（トランプ大統領への助言組織）の会長職を辞任した。その決断は、バージニア州シャーロッツビルでの悪名高いネオナチ集会の直後に下された。白人至上主義者とこれに抗議する人たちとの衝突について、トランプは「どちらの側にもとてもいい人たち」がいると述べた[34]。その後、フレージャーは良心に照らしてこの大統領と仕事をすることができなかった。彼は次のように述べて同協議会を去った。「米国のリーダーは、万人は平等に創られているという米国の理想に反する、憎悪や偏見、集団至上主義の表明を明確に拒絶しなければなりません[35]」。ジョージ・フロイドが白人警察官に殺されたときも、フレージャーは次のように声を上げげた。「フロイドは私や、他のアフリカ系アメリカ人だったかもしれません[36]」。彼はビジネス界に呼びかけた。実業界は「警察改革や資本へのアクセスについてリーダーシップをとるべきであり、失業や機会の問題に対しても、一方的に影響を及ぼすことができます[37]」。

フレージャーのストーリーがニュースであってはならない。それが珍しい出来事として取り上げられるのは悲劇だ。なぜリーダーたちは、私たちが望む世界について賛同を表明しづらいのか？　なぜ人権や奴隷労働撲滅のために闘うことが危険に感じられるのか？　さまざまな性的指向、肌の色、能力の人たちに同じチャンスを与える多様性のある組織を求めて闘うこと、あるいはこの地球の破滅を回避するために闘うことが、なぜ危険を伴うと思うのか？　そこへ到達する方法を知るのは簡単ではないかもしれないが、自分が正しいと思うことを言うのはもっと簡単になっていい。勇気を持とう。そうすれば他の人もついてくる。

4 インスピレーションを与え、道徳的リーダーシップを示す能力

リーダーの責任とはつまるところ、共通のパーパスに基づいて人々を束ね、鼓舞することに他ならない。エネルギーを与えるだけではなく、エネルギーを解き放つ。それはメンバーを動

機づけ、パフォーマンスの向上へと導き、彼らが自身の進むべき方向を明確にし、そのパーパスをどう表現するかについて考える手助けをする能力だ。あるいは、ビル・ジョージ（ポールのメンターのひとり）が言ったように、人々が自らの「北極星（真の目標）」を知り、「正真正銘の」リーダーになれるよう後押しすることだ。ジョージはまた、従業員の仕事が世界で果たす役割を彼らに示すよう努めた。メドトロニックのCEOだったときは、同社のペースメーカーのおかげで命を救われたという人たちを定期的に招いて、社員に話をしてもらった。

ビジネスの（または人生の）リーダーは、その言行が一致していれば、さらに信頼や影響力が高まる。社員は偽善を嗅ぎ分ける。どの経営幹部も自身の発言、行動、優先順位を通じてコミットメントのレベルを周りに見せている。それらが「リーダーの影」をつくり、組織文化を形成していく。今日のように透明性の高い時代では、職場での行動だけでなく、プライベートで何をするかも重要な要素だ。テレワークやビデオ会議が急速に増えるなか、同僚は文字どおり私たちの家庭をのぞき込む。ソーシャルメディアなどによって私たちの行動は常に人前にさらされている。名の知れたリーダーはなおさらだ。

なぜ自身の価値観を隠し、それが仕事には当てはまらないと思うのか？　自然保護団体の幹部に名を連ねながら、自身の会社では環境を保護する活動を一切しない人がいる。もう暗闇で演じる必要はなく、受け身になることもなく何もしないというアクションもある。２０２０年、フェイスブックCEOのマーク・ザッカーバーグが暴力をあおる投稿を削除しなかったとき、従業員はストライキを起こした[38]。

自分の価値観を行動で示すことが大切だ。リーダーが普段口にしている価値観に従っていないと、従業員はそれを見抜き、士気が低下する。リーダーは自分が何を優先するかを職場や家庭で見せなければならない。例えば、ワークライフバランスやウェルビーイングへのコミットメントを自身の行動を通じて実証すればいい。健康でバランスのとれた生活を人々に奨励しよう。疲弊した人間は誰かのためにはなれない。燃え尽きた地球上の燃え尽きた人間になるのがオチだ。他の人たちのメンターになり、彼らが仕事でフルに自己実現できるよう支援しよう。そうやって相乗効果が生まれていく。

ポールは個人的なつながりをリーダーシップスタイルの中心に置いた。さまざまな市場を知るために世界を回るときは、現地オフィスへ行く前にいろいろな家庭を訪ねて人々と語らい、その暮らしぶりを把握した。ユニリーバの毎年のリーダー会議では、新たな思考を促すための本を何百人もの幹部に配り、時間をとって一人ひとりに個人的なメモを書いた。ユニリーバのエコシステム内にいる人々とも（たとえ難しくても）つながろうとした。ユニリーバの施設で勤務中に亡くなった男性の妻を訪ねたのも、そのひとつだ。会社の直接のコントロール下にない人であっても、その安全に責任を負っていることをリーダーが示せば、心遣いとコミットメントが相手に伝わる。それは正しい行為でもある。

大きな出来事やストレス要因は、リーダーのよい部分と悪い部分を浮き彫りにする。新型コロナが世界を襲ったとき、いくつかの企業は市場が厳しくなると顧客との契約を破棄し、一番高く買ってくれるところに製品を販売した。社員との約束を守らず、何の手助けもせずに彼らを一時解雇した企業もあれば、約束を守り、思いやりをもって厳しい選択に対処した企業もあった。エアビーアンドビーのCEO、ブライアン・チェスキーは危機のさなか、「一時解雇に関する共感的で透明性の高いメッセージ」で称賛を受けた[39]。有言実行のリーダーもいた。ジョンソン・エンド・ジョンソンのコンシューマー部門のチーフメディカルオフィサー、エド・カフナー博士は、パンデミック発生直後の最悪の時期にニューヨーク市の病院でボランティア活動をした[40]。彼はそれを「比較的簡単な意思決定」と言ったが、大変危険であり、社員たちもそれをわかっていたに違いない。

2021年1月に米国の議事堂で起きた暴動は、企業の価値観が試される事件でもあった。多くの企業は静観したが、モラルが欠如していると言わざるをえない。しかし、マリオットのアーン・ソレンソン（この優れたリーダーは最近、若くしてがんで亡くなった）など、ただちに態度を明確にし、このクーデター未遂事件を支持した政治家へのあらゆる寄付を停止した勇敢なCEOもいた。こうした行動は多くの従業員や潜在顧客の感情を害する恐れがあり、リスクを伴った。だが、それは正しい行動だった。

価値観やパーパスと合致し、リーダーの目配りを実証する行動こそが、人々を動機づける。

5 変革パートナーシップの追求

ネットポジティブなリーダーシップに役立つ、内面的な特徴についてここまで話してきた。企業戦略は長い間、会社の内側、つまり自社にどんな能力があり、そこからどのように戦略・戦術を構築するかに焦点を当ててきた。しかし、そのように内側から会社を見るのは方程式の一部にすぎない。ネットポジティブなマインドの最も重要な要素は、世界のニーズを知ること、つまり外からの視点だ。自社が何を得意とし何を世界に提供できるかに加えて、世界の限界や制約がどんなものか、私たちがどんなところで期待を裏切っているかを見てみよう。

こうした外部のニーズや視点をすべて取り込んで初めて、私たちが抱える大きな問題の解決を大きく前進させることができる。それにはまず経営者が謙虚に聞く姿勢を持ち、より大きな目標へ向けてステークホルダーと協力しようとしなければならない。日常的な企業活動においてNGOや批判者から学び、消費者の行動に影響を与えようとし、サステナビリティを重んじる政府の政策を支援し、最新の科学を受け入れる。これらすべてが通常の事業運営の一部であるべきだとするのは、新しい考え方だ。

会社のサステナビリティを高めようとする最初の頃は、社内で簡単に達成できる成果が山のようにある。すぐに効率がアップし、何年もの間、高い目標をクリアし続ける可能性もある。だがじきに、自分たちだけではできないことがたくさんあることに気づく。変革には幅広いパートナーシップが必要だ。リーダーは机の向こうから命令するだけでなく、他者との協業にも寛容であることを示さなければならない。さらに、他者を受け入れるだけでなく、積極的に探し出し、より大きな課題をいっしょに解決しようと努める必要がある。優れたリーダーは基本的に行動志向だが、それは変革のための協調的な行動でなければならない。

ネットポジティブな企業はあらゆる相手を尊敬や協調に値するものとして捉える。バリューチェーン全体を変えるとは、つまり、サプライヤーに改善への圧力をかけることだけではなく、サプライヤーとともにイノベーションを起こし、商品・サービスの提供方法を考え直すことを意味する。そして、正しい政策への変更がなければ基盤となる仕組み（システム）は変わらない。つまり、政府とオープンで建設的なパートナーシップを築かなければ変わらない。

こうした多様な集団とうまく協業するのは、リーダーにとって必要な新しいスキルだ。どのステークホルダーもあなたやあなたの会社のために働くのではない。自身をすべてのパートナーと同等の立場に置くには、いや、むしろ彼らに奉仕するためには、謙虚さが求められる。また、相手を見下したような態度（NGOにはビジネスの才覚がないと思い込むなど）に気づき、これをなくさなければならない。NGOリーダーの場合は、ビジネスパーソンには魂がないと考えるのもよくない。人を勝手に判断したり、自分の意に沿わせようとしたりしてはならない。

協調体制というのは、関係者全員が真に対等なパートナーシップを受け入れたときにのみ、変革をもたらすことができる。また、その仕事がもたらす恩恵を全員が理解する必要もある。何を当たり前のことを、と思われるかもしれないが、みんなが価値を共有できるウィン・ウィン・ウィンのポイントを素早く見つけることが、共通の基盤を築き、それぞれの間のギャップを埋め、信頼を築くことにつながる。

変革に真剣に向き合っている企業やCEOは少なくない。フランソワ＝アンリ・ピノーは、グッチ、イヴ・サン＝ローラン、バレンシアガなどのラグジュアリーブランドを擁し、売上高190億ドルを誇るフランスのコングロマリット、ケリングを率いている。彼は長年、自然保護について積極的に発言し、革新的な取り組みを行ってきた。ケリング傘下のプーマは、自然が事業にもたらす金銭的価値を初めて推計した大手企業だ。同社の画期的な「環境損益計算書」は、企業が自然システムからどれだけの価値を無償で引き出しているかの認識を高めた。

ケリングはステークホルダーと協力して、土地や水、CO_2のフットプリント（生産活動で使用される土地と水、排出されるCO_2）が大きいファッション業界の変革に取り組んでいる。ケンブリッジ大学と共同で、ファッション企業が生物多様性戦略をどのように改革できるかを研究してきたほか、コンサベーション・インターナショナルとともに、100万ヘクタールの農地を2025年までに環境再生型農業に転換させようとしている。ケリングはサプライチェーン全体が使用する土地面積の6倍の土地を回復させるというコミットメントを出しており、いずれもその一環だ。(41)ネットポジティブな仕事である。

フランスのエマニュエル・マクロン大統領から、環境保護に関してファッション業界をとりまとめてほしいとのミッションを受けたピノーは、ポールの組織「イマジン」の助けを得て「ファッション協定」を立ち上げた。この協定の下、数十の大手ファッションブランドが気候変動、生物多様性、海洋保護などの問題に対応している。

ファッション業界の大手企業数十社のグループがどれだけの影響力を持つか？　どの程度の規模の環境再生型農業をつくり出せるか？　そのブランドを通じてどれだけの人々の行動を促すことができるか？　答えはまだわからないが、みんなが力を合わせたときにどんな変化が本当に起きるのか、その可能性を探るのは実に刺激的な挑戦だ。

孫たちに語りかける

聖書の一節にこうある。「収穫は多いが、働き手が少ない」（マタイ9章37節）。世界には必要とされることがたくさんあり、素晴らしい仕事もたくさんあるのに、それに携わる人が十分にはいない。

慎み深く、心やさしく、他人に共感でき、すべての人にとってよい社会をつくらなければならないという責任感を感じるリーダーがもっと必要だ。ネットポジティブな企業は、人を気遣い、人を優先することで成功する。世界をもっと人間らしくする運動のリーダーには見えない企業もあるかもしれないが、それはそれで構わない。顔のないロボットのような組織や経済であるのをやめ、お互いの人間らしさを認め合えばいい。

第一歩は、世界で何が起きているかに目を向けることだ。何億もの人々が空腹なまま眠りにつき、翌日に目が覚めるかどうかもわからないという状況が気になるか？ あるいは、25億人がきれいな飲み水や公衆衛生をいまだに利用できないことが気になるか？ ほとんどの国で女性が男性と同じ権利をまだ手にしていないことはどうか？

何も恐れることなく、問題解決に向けて努力し、魂を養えばいい。アダム・スミスが言ったように、他人のために尽くせば、自分も幸福になる。したがって、「気になるか」という問いへの答えは、「誰に尽くすか」とさらに問うことだ（その答えが「株主」だったら、どれほどのやりがいがあるだろうか?）。

何年か前、ポールは米国のラジオでインタビューを受けた。なぜサステナビリティにこだわるのか、会社のためになるからか、それとも孫たちのためかと聞かれて、彼は間髪を入れずに「もちろん孫たちのためです」と答えた。このインタビューを聞いていたアンドリューは、最初、サステナビリティがビジネスに役立つと言う機会を逃したと思った。だが結局のところ、「大切な人のために」というのが正しい答えなのだ。他者のためではないとしたら（たとえそれが「身内」だったとしても）、私たちはいったい何のために働いているのか？

どのようにして世界を救うか？　解決策は恐らく、ごくシンプルに「愛」だろう。とどのつまり、仕事に人間らしさを見いだすというのは、自分が誰のために働いているのか、自分が送った人生について最愛の人にどう言われたいのかを知ることだ。ヨーロッパのある大手自動車メーカーのCEOは最近、戦略会議のための宿題を取締役に出した。「この取締役会で何をしたか、孫に手紙で説明しなさい」

あなたなら何を書くだろう？

ネットポジティブ企業の流儀

勇気と気遣いのあるリーダーシップを養う

- 「自分がどんな境遇に生まれるかを知らないとしたら、どのような世界を望むだろうか？」と問う（「無知のベール」）。
- 世界に奉仕するという責任感を育み、チームメンバーに自身の価値観を仕事で発揮するよう促す。
- 従業員が世界のためにできる自分ならではの仕事（パーパス）を見つけられるよう手助けする。
- 共感や思いやり、人間らしさを尊重し、他者からの支援や協力を率直に求める。
- 勇気に報い、権力者に真実を述べ、たとえコストがかかっても正しいことをする。

第3章

会社の魂を解き放つ

組織と社員のパーパスやパッションを見いだす

良心が支配する会社は、たとえ小さくても偉大である。
誠実さや兄弟愛のない会社は、たとえ大きくても愚かで貧相である。
——ウィリアム・リーバ卿（ユニリーバ創業者）

何が人を動機づけるか？　何が人を幸福にするか？　哲学者は何千年もの間、この問いに答えようとしてきたが、シカゴ学派を中心とする20世紀の経済学者たちは、こう考えた。「答えは簡単だ。人はお金や物への欲で動く」

アンドリューが経済学の学位を取った当時は、人は効用を最大化し、他人を打ち負かすことだけを目指していると仮定した経済モデルが主流だった。行動経済学などの新しい研究分野は、もっと現実的な異なる結論を導いている。つまり、人は常に合理的であるとは限らず、意思決定に影響を与える認知バイアスをいくつも抱えているというのだ。例えば、すでに持っている考えを裏づける情報を欲しがったり、最初に（または最後に）聞いた情報に依存しすぎたりする。

別の研究では、私たちの行動の本当の原動力をもっとしっかり把握しようとした。ハーバード大学で経営論を担当する2人の教授、ニティン・ノーリア（ハーバード・ビジネス・スクールの学長になった）とポール・ローレンスは、著書『人を突き動かす4つの衝動』でこの問題を掘り下げた。彼らの研究によると、食うか食われるかの経済モデルにふさわしい基本的な衝動が2つある。それは「獲得」と「防衛」だ。[1]

だが、彼らはこれに2つの基本的衝動を付け加える。「他者とのつながり」「自分たちの世界への理解」だ。私たちはつながり、意義、パーパスを必要とする。これは疑いようのない真実ではないか？　フォーダム大学教授のマイケル・ピアソンは、ノーリアとローレンスの研究をもとに *Humanistic Management*（『人間的経営』未邦訳）という本を書いた。先の4つの衝動すべてを満足させようとする会社を想像してみてほしい、とピアソンは言う。その会社は利益の最大化を目指す企業のように業績や成長を経営の中心に据えるだろうが、同時に、つながりやパーパスをも目指すはずだ。

個人と組織にとっての意義を見いだすのは、情に流された反ビジネス的な戦略ではない。それどころか、人間としての基本的ニーズを満たすのは、ビジネスを成功させる確かな手段といえる。ネットポジティブな企業は社員の4つの衝動をすべて満たそうとする。高い賃金を払うのは当然として、社員がパーパスを見いだし、解き放つのを支援することによって、彼らの暮らしを向上させる。いわば社員の知性と感情をつなぐわけだ。

それにはまず組織のパーパスを明らかにしなければならない。

ユニリーバ精神の復活

2000年、ユニリーバはベストフーズを243億ドルで買収した。[2] ユニリーバとしては最大規模の企業買収で、食品業界の歴史上も最大の買収となった。ユニリーバは楽観的で、立て続けに企業を買収した。その効果への期待は高かったが、2008年頃には事態は想定とは違う方向へ進み始める。

株価は10年間、動いていなかった。ブランドによっては成長が減速しており、米国での洗剤事業など、大きな事業をいくつか売却したあとは、売上高がピーク時の550億ユーロから380億ユーロに減少した。ユニリーバはそれまでの20年間、利益率や成長率でライバルたちの後塵を拝していた。2000年代に売上高が大幅に下がったのはユニリーバだけだった。世界最大の消費財企業としての地位を失い、売上高や株式時価評価額でネスレとP&Gに大きく引き離された3番手企業になった。

何が起きたのかというと、よくある話で、シナジーと成長を期待して高値で企業買収したものの結果が出なかった。株主はリターンを要求するので、経営陣は現実離れした短期的な利益目標の達成を重視した。そのせいで、消費財企業の生命線である投資とイノベーションが大幅に減った。ユニリーバは何年もの間、工場を建設せず、これといった新ブランドを出さず、「不採算」事業の売却以外の意味あるM&Aを実施しなかった（「不採算事業というものはなく、あるのは不採算組織だけだ」との言い分にも一理ある）。主力ブランドは広告やプロモーション不足の影響で、業績の低下が加速した。「マーケティング」「イノベーション」という語は「ファイナンス」「リストラクチャリング」に取って代わられた。多くの企業が経験する死のスパイラルだ。

ユニリーバは株主至上主義の犠牲になっていた。

まるで業績低下を受け入れているように見えた。主要拠点での市場シェアは急落し、警報ベルが鳴りやむ気配はなかった。ドイツでは売り上げが直近の20年で半分以下になり、縮小している事業の売却と市場からの撤退が計画された。だが、なぜ投資家とのあつれきを避けるのか？　困難な問題から逃げるのではなく、それに立ち向かうべきだ。最もタフな場所で勝利できれば、どんな場所でも勝利できる。そして、チャレンジしなければ勝利できない。

会社が傾くと文化にも影響が及び、ユニリーバはますます内向きになった。「ひとつのユニリーバ」を掲げて全社一丸を目指したものの、会社は権限の分散化が進んでおり、社員は会社全体よりも自分たちの部門の予算達成やブランド、機能、地域に忠誠を尽くした。誇りや団結が不足しているように見えた。会社のトイレではライバルの石鹸が使われ、カフェテリアではライバルの紅茶が出され、ユニリーバのマーガリンの代わりにバターが使われた。

ポールは消費財分野でキャリアを積んだあと、ユニリーバにやって来た。直近の3年はネスレでCFOと南北アメリカの責任者を務めていた。ユニリーバが社外からCEOを起用したのは初めてだった。ユニリーバが直面する数々の問題は今なら悲惨に思えるかもしれないが、そこには途方もない可能性があった。人々に愛される商品を販売する素晴らしい社員がたくさんいた。パーパスを備えたエキサイティングな組織の精神は、弱まっていたがまだ生きていた。

ユニリーバを改革する時だった。基本となる価値観、能力、リーダー企業としての長い歴史など、価値あるものは残しつつ、システムにショックを与え、会社に活力を取り戻さなければならない。(ジム・コリンズの『ビジョナリーカンパニー2』の表現を借りれば) 基本理念を維持し、進歩を促す必要がある。成長、投資、イノベーション、プライド、結束、新しいアイデアへの寛容さなど、基本ができていなければ、残りの部分は崩れ去り、大きな仕事は何もできない。

「廃棄物ゼロ」のような一見単純な目標も不可能に思えるだろう。

ユニリーバはその魅力を取り戻し、闘う必要があった。落ち目の会社で働くのは楽しくない。まず優先すべきは基本だった。つまり、会社のなかの準備を万全に整え、適切な人材を雇い、戦略を研ぎ澄まし、成長マインドセットや成長文化を取り戻し、スタートを切ることだ。

準備を万全に整える

健全な会社の基礎ができていなければ、ミッション主導の戦略やネットポジティブなモデルを目指したところで、失敗する可能性が高い。必要な経営資源やエネルギーが得られず、パーパスに集中できなくなる。ユニリーバの「万全な準備」はいくつかの分野が中心になった。

基本を重視し、事業に再投資する

品質を改善し、競争力を確保し、主力事業の活力と成長を取り戻すため、ポールは人材、ブランド、研究開発、製造への投資を増やした。成長分野を特定し、コストを削減し、再投資用の資金を確保するための新しいツールや手法を導入した。他の企業と同じことをしたにすぎないけれども、大変な仕事だった。

最初の年、「9 for 09（2009年の9つの目標）」プログラムによって、成長とコスト削減に関する揺るぎない、しかし達成可能な目標が全員に与えられた。一致団結し、世界的な規模を利用すれば、きっとなし遂げられるという目標だ。「私たちはユニリーバ」というスローガンが共感を呼んだ。サステナビリティ担当役員だったジェフ・シーブライトによると、社員たちはユニリーバのなかに「ユニ（統一性）」を見いだした。もうひとつの「マックス・ザ・ミックス」というプログラムは、消費者にもっと価値を届け、会社に大きな利益をもたらす革新的な製品の開発を重視した。研究開発の効果を高めるため、イノベーションの4分の3が利益率を高め、一定レベル以上の事業規模を達成しなければならないという目標を設定した。それまで新しいプロジェクトは売上高を年平均250万ポンドしか増やしていなかった。総売上高が380億ポンドの会社にしては誤差のようなものだ。

再び成長を目指し、付加価値のないコストを排除し、資本管理（ポジティブからネガティブまで）を厳格化することにより、パーパスのある長期的な優先事項への再投資とM&Aを加速させる資金を確保した。事業が盛り返すにつれ、会社に対する信頼や情熱が生まれ、それがさらなる投資につながり、弾み車が勢いよく回り始めた。ポジティブな好循環のスタートだった。

基本となる価値観に基づいて説得力のあるビジョンを生み出す

成長メッセージは明確だったが、トップの言葉は別の点でも重要な変化を見せた。「パーパス」「マルチステークホルダー」「長期」などの用語を絶えず使用し、これに基づく行動を示すことが、企業文化を変え始めた。ユニリーバはさらに「コンパス」という新しい戦略フレームワークをつくった。消費財ビジネスで勝つための基本を説明した、2ページのシンプルな文書だ。コンパスは会社のそもそもの存在理由を明らかにするとともに、組織としての規律、共通の価値観、スピードある行動の重要性、リーダーシップの明確な基準（成長マインドセットの維持、人への投資、責任ある行動など）を定めた。一定の枠組みのなかで原理・原則によって経営される企業は、ルールに基づいて経営される企業よりはるかに成果を出しやすい。

1年後のUSLPの導入に伴って、コンパスの中心となる「なぜ」は新たなミッションに合致するよう変化した。これによって戦略とサステナビリティ・ロードマップのが足並みを揃えた。プライドを築くための小さな用語変更に関して、ポールは、新しい戦略は（一般的なサステナブル・リビング・プランではなく）必ず「ユニリーバ・サステナブル・リビング・プラン」でなければならないと述べた。我が道を迷わず進むのが大切だ。人ごとだと思っていたら、大きく水をあけられた2番手止まりになる。

スピードアップのために組織体制を簡素化する

ユニリーバは組織の分散や複雑さを減らすために組織を再編成した。さまざまな地域や市場の近くにいてその実情を理解するのは重要だが、一体感や共通のパーパスを持つことも重要だった。経営陣はユニリーバが、独立の縦割り組織が集まったコングロマリットではなく、数々の強力なブランドを持つひとつの会社でありながら、競争の激しい各市場で勝つだけの俊敏性も備えていることを目指した。ユニリーバは市場から迅速なフィードバックを得るために組織体制を簡素化し、伝言ゲームを繰り返すうちに重要事項が伝わらなくなる大企業特有の症状を最小限に抑えようとした。自社の利益を中心に考える内向きの視点から、顧客である一般市民を中心に据えた外から（アウトサイド・イン）の視点に、重点をシフトさせる必要があった。今までの製品や国ごとの縄張りを解体するため、ユニリーバは主な製品カテゴリー（食品・スナック、健康・美容、ホーム&パーソナルケア）を中心とする組織再編を実施した。

取締役会を変革する

どんな企業も取締役会のサポートがなければ長期的に成功を収めることはできない。だが、すでに述べたように、短期的業績を重視せよとの圧力は取締役会から一番受けやすいと経営幹部は考えている。[3] そうなるひとつの理由は、取締役がＥＳＧ（環境・社会・ガバナンス）の意味やその戦略との関連性、ＥＳＧに対する積極的な監督方法、外部からの高い期待に対応する方法をうまく理解できていないからだ。ＥＵの企業を対象にしたある調査では、気候変動に関する必要な知識を持っていると答えた取締役は34％しかいなかった（財務に関する知識を持っていると答えたのは91％）[4]。ほとんどの取締役は育った時代が違うので、パーパス重視と言われると居心地が悪い。彼らはよく、ESGに対応したら取締役会がより大きなリスクにさらされるのではないかと心配するが、それはまったく逆だ。サステナビリティの諸問題を理解し、これに対応すれば、リスクが低減し、チャンスが増大する。気候変動やパンデミックなど、人類が直面する大きな課題は、こうした取締役会の欠点を顕在化させ、コーポレートガバナンスをどう改善するかという問題をさらに突きつけている。

ユニリーバは長期的なマルチステークホルダー・モデルを支えるために取締役会を変革した。例えば人種の多様性を増やし、ジェンダーバランスを考慮した。悲しいことに、英国の大企業の取締役会でジェンダーバランスがとれているのは、いまだにユニリーバだけだ。幸運にも、気候変動から食料の未来まで、さまざまな分野の優れた人材を招くことができた。また取締役会のメンバーに、会社の数多くのパートナーシップやミッション主導の活動に触れてもらい、賛同者を増やすことができた。取締役会が同調すれば、サステナビリティは会社のDNAに深く根づく。クラフトハインツに乗っ取られかけたときも、取締役会はその価値が試されたが、結束してUSLPに忠実であろうとしたばかりか、USLPをさらに強化した。

社員をミッションと結びつける

考え方を変えるのは、組織体制を変えるほどやさしくはなかった。CEOが新しくなり、幹部クラスが入れ替わり、厳しいミッションが新たに課されると、多くの社員は疑念を抱いた。会社の再活性化を図ろうとする取り組みが過去にたびたび失敗していたため、なおさらだった。USLPは目標が高すぎると感じる社員もいた。ユニリーバは前述のコンパスを使って社員全員を関与させた。パフォーマンスを高めるため、ラリー・ボシディの著書『経営は「実行」』の1ページを拝借し、17万人の社員全員に自身の「3＋1」プランを作成させた。つまり、コンパスに関連する3つのビジネス目標と、個人として取り組む1つの分野を書いてもらった。当時、人事担当のシニアバイスプレジデントだったサンディ・オッグによると、シニアリーダーたちはこのプランの実例を見て、その相手に電話をかけ、「いいね。なかなかの取り組みだ」と言ったり、あるいはスウェーデンにいる男性社員に電話をかけて、「きみの3＋1を見たけど、ちょっとダメだな。もっと力を入れたまえ」と言ったりした。(5)

正しい環境をつくるために正しいシグナルを送る

基本に戻ることで、パーパスから利益を得るための基礎が築かれたが、それだけでは十分ではなかった。ポールら経営陣は、新しい方向性に関する明確なシグナルを送る必要もあった。

リーダーはメッセージ、コミットメント、アクションの一貫性を保ち、言行不一致を避けなければならない。部下は上司の発言よりも行動をよく覚えている。言っていることとやっていることが違ったら、誰も上司の話を真剣に聞かないだろう。

ポールによる四半期決算発表の取りやめは、投資家に対する強力なシグナルになった。だが、それは会社に対してもっと大きなインパクトを及ぼした。マネジャーたちは、もっと大きな発想をしてよいというメッセージを受け取った。イノベーションと停滞気味のブランドに投資し、長期的な意思決定をすることが許された。四半期目標を達成するために利益を操作するという、よくある悪癖とは大違いだ。

ユニリーバは新たなミッションや長期重視の姿勢を組織に徹底させるため全社員にシグナルを送った。例えば、四半期利益にこだわるゲームから抜け出すのと併せて、260億ドルの自社年金基金がどう運用されているかを調査した。他の基金と同様に、ユニリーバの年金基金も石炭企業を含めた市場全体に投資していた。長期的思考や気候変動について語りながら、短期的な収益を求めて年金を運用し、石炭企業に投資するのは一貫性がない。システム的な見方をすると、ユニリーバのビジネスは気候変動で大きなダメージを受ける。つまり、自社の衰退を手助けするために資金を供給していたことになる。

ユニリーバは国連の「責任ある投資原則」に沿って年金基金を運用することにした。この原則は資金運用者にESGパフォーマンスを考慮することを求めている（かってはガイドラインがなかった）。年金基金の運用担当者のインセンティブは、四半期の業績からもっと長期的な業績を評価するように変化し、年金基金の運用成績は上向き始めた。資金調達においても一貫性と創造性を発揮した。南アフリカ、中国、トルコ、米国に持続可能な工場を建設するため、2億5000万ポンドの初のサステナビリティ社債を発行した。[6] こうしたファイナンスの動きはユニリーバの信用を高め、金融市場にもっと長期的な発想を要請できる立場になった。

経営幹部の報酬も刷新された。2000年代は売り上げの伸びが鈍ってもボーナスは高いままだった。この矛盾は成長や進化への意欲をそいだ。一貫性を保つため、同じ職位の従業員は世界のどこに勤めていても（税引き後で）同じ給与水準になるよう給与制度を調整した（これにより、自分本位の給与論議は姿を消した）。本書でこれから触れるさまざまな方法で、ユニリーバは組織にシグナルを送った。例えば、USLPの目標や優先順位を反映させるためのサプライヤー・コード（行動規範）の改定、統合報告書のいち早い発行（つまり財務情報とESGパフォーマンスをひとつの文書で報告する）、人権や現代版奴隷制に関する報告書の発表、税務行動規範の発表、採用方針の変更、経営陣や給与のジェンダー格差の改善（2019年に男女比同等を実現）、取締役会のジェンダー公正と人種多様性の向上……。これらの施策が相乗効果をもたらし、変革は加速した。一貫性が信頼を築き、さらなる行動を生み出した。

適正な重要業績評価指標（ＫＰＩ）の選択も、長期的なマルチステークホルダー・ビジョンを支援するための明確なシグナルを送った。当初のＵＳＬＰはいろいろな指標を公表していたが、他にもネットポジティブへの進捗を追跡するための重要な内部目標、すなわち、多様性、賃金格差、会社が雇用主としてどの程度必要とされているかを表す指標などがあった。

正しいシグナルを送るためには、重点を絞ったコミットメントや勇気が必要だったが、ほとんど必要とされないものもあった。それはお金だ。もちろん、資源配分の方法や予算の優先順位の決め方は強力なシグナルとなり、ユニリーバでもそうした手法が使われた。だが、会社が大事にするものについて重要なシグナルを送ったり、すべての事業に同じ価値観を浸透させたりするのに、お金は一切かからない。だったら、それをやらない手はない。

トップから始める

ユニリーバの元マーケティング責任者で、ブランドにパーパスを取り戻す立役者となったマーク・マシューは、「消費者の心のなかのブランドを変えたかったら、従業員、なかでもリーダーの心のなかのブランドをまず変えなければならない」と言う。(7)

変革の取り組みは、車が走行・加速している間にエンジンを修理するようなものだ。会社のなかの準備を整えるために一番やることが多い分野は人事だった。これだけ大きな変化を起こすには、「適切な人材」、つまり世界やその課題に目を配り、パーパスに対して情熱を持つ幹部を雇う必要があった。ユニリーバは外部の会社に依頼して上級幹部のインタビューを実施し、スキルと職務を対応させた。このプロジェクトでは、文化や能力に関する気がかりな事実が明らかになった。好奇心の低さ、思考の多様性の欠如、世界の主要トレンドに対する認識不足である。2011年に人事のトップを引き継いだダグ・ベイルによると、この調査で「我々がシステマティックな思考に弱い」ことがわかった。

改革が始まって間もないその頃、大がかりな人事刷新が行われた。建設的な懐疑派は構わないが、皮肉屋は百害あって一利なしだ。時間をかけて人の性格を変えようとする余裕はどんな企業にもない。当時のマーケティング部長をはじめ、パーパスなどには何の興味もないと考える幹部もいた。取締役の入れ替えと併せて、100人の上級幹部のうち70人前後が刷新され、役員も大幅に入れ替わった。

同時に、新しい戦略に命を吹き込むため、人事制度も手直しする必要があった。例えば、パーパス志向の企業文化をつくるため、職務記述書や職務要件をＵＳＬＰとリンクさせた。もしパーパス志向の道のりを選び、業績が低迷したら、懐疑的な株主は「それ見たことか」と言うだろう。自分たちの事業が世のためになると実証するための実験が台無しになる。パーパスを目指すからこそ、好業績へのプレッシャーをいっそう大きく感じるようになった。

上級幹部の入れ替えに当たって、優秀な人間には大きな仕事ではなく、将来の成功に欠かせない役割を担わせた。また、コミュニケーション、マーケティング、サステナビリティをひとつの仕事（最高マーケティング責任者）に統合し、会社にUSLPを根づかせる役割をを任務とした。組織の末端でサステナビリティを担当する特別なグループではなく、会社の中心的な存在だった。最初にこの任に就いたキース・ウィードによれば、このポジションは社内向けと社外向けのコミュニケーションの足並みが揃うようにし、パーパスについて会社がどう語るかを明確にした。この役職を設けるに当たって、ユニリーバは「USLPとその大きな目標を実現するための組織的な仕掛けを築いた」と彼は言う[8]。

さらに、戦略を統合し、一貫性を築くためには、研究開発、営業・顧客開拓、マーケティング、サプライチェーン、財務などの主要部門が会社の方向性に賛同し、能力を発揮することも必要だった。これらの部門を巻き込むのは骨の折れる作業だ。特に財務は、どの企業でも変えるのが最も難しい部署であり、それはユニリーバでも同じだった。会社のなかで財務の幹部ほど、投資家やアナリストにうるさくつきまとわれるリーダーはいない。また、財務担当者はリスクを回避する傾向があるが、それはネットポジティブ企業にふさわしくない。

知識を増やし、責任感を植えつけるため、「持続可能な開発のための世界経済人会議」の「価値再定義」プロジェクトなど、世界規模の主要なサステナビリティ・パートナーシップで、ポールはCFOのグレアム・ピケスリーにユニリーバの代表を務めさせた。ピケスリーは他にも、今やすべてのCFOが理解しておかなければならないプロトコル、気候関連財務情報開示タスクフォース（TCFD）の副議長も務めた。

人事関連の動きに後押しされて、社員はミッションを理解し、そこに魂を込めるようになった。社内体制を整え、正しいシグナルを送り、組織のベクトルを揃えるという取り組みによって、ユニリーバの心臓は強く鼓動し始めた。だが、これらはあくまで基本だ。ハードワークだが、正直、目新しさはない。次のレベルへ進むには、パーパスが不可欠だった。

パーパスの追求

自社の存在理由の核心に迫り、その存在理由（すなわちパーパス）を活性化できれば、組織にとってこれほど心強いことはない。それは全社に波及し、消費者、サプライヤー、地域社会などのステークホルダーとの信頼を築くことができる。明確な北極星を持つことが、レジリエンスを築き、失敗ではなく成功を、無関心ではなく関与を、軽蔑ではなく尊重をもたらす隠れた要因だ。

だが、会社のパーパスとは何か？　オックスフォード大学サイード・ビジネス・スクールの

「企業の未来」プログラムの責任者、コリン・メイヤーは、「企業のパーパスは問題を解決して利益をあげることであり、問題を起こしたり利用したりして利益をあげることではない」と言う。(9)「奪うよりも与える」を戦術的に表現すれば、そのようになるだろう。もっと深いレベルでは、パーパスは組織が存在する有意義で持続的な理由を表現しなければならない。あらゆる企業活動は、このパーパスを長期的に実現して利益を出すことを中心に展開される（コラム「5つの重要な問いかけ」を参照）。

ユニリーバ（「サステナビリティを暮らしの〝あたりまえ〟に」）と同様に、人々の心を動かすパーパスは他にもたくさんある。

- バイエル――すべての人に健康を、飢餓をゼロに
- リンクトイン――世界で働くすべての人のために、経済的チャンスをつくり出す
- テスラ――世界の持続可能エネルギーへの移行を加速する
- ティンバーランド――人々が世界で個性を発揮できるように
- イケア――より快適な毎日を、より多くの方々に
- シュナイダーエレクトリック――すべての人がエネルギーとリソースを最大限に活用できるように

Column

5つの重要な問いかけ

パーパスの実践は、（製品よりも）まず会社のレベルから始める必要がある。森林破壊ゼロ、人権の尊重といったミッション主導のコミットメントは、会社全体に当てはまらなければ、信頼が生まれない。次の5つの問いに「イエス」と答えられれば、パーパスが戦略の中心になっていることがわかる。あなたの会社のパーパスは……

1　会社の今の成長や利益の増大に貢献しているか？
2　戦略的意思決定や投資選択に大きな影響を与えているか？
3　中核となる提供価値を形づくっているか？
4　チームや組織の能力をどう構築し、管理するかに影響を及ぼしているか？
5　経営幹部の会議や取締役会の議題に毎回のぼっているか？

会社レベルのコミットメントが確かなものになったら、それを組織全体に根づかせるため、各製品ラインのパーパスをつくる。米国の食品・菓子大手のマースは、世界最大のペットケアビジネス(アイムス、ペディグリー、ウィスカス)も展開しており、そのパーパスは「ペットのためによりよい世界をつくる」だ。ユニリーバのダヴ・ブランドは「女性が自己肯定感を高めるのを支援」し、クノールは「健康によい栄養豊かな食品をすべての人が手頃な価格で利用できる」ようにしたいと考えている。ブランドにパーパスを持たせるのは、いわば黒帯レベルのネットポジティブ活動だ(これについては第9章で詳しく検討する)。

ブランドのミッションは、ステークホルダーとともに正しい方向を目指すための道しるべだ。パーパスはまた、買収や戦略的拡大の際に的を絞るための目安にもなる。ユニリーバはパーパス主導の企業をいくつも買収し、経営再建の強力な手段としてパーパスを利用したが、そうした企業は他にもある。ユベール・ジョリーは2012年に業績不振の家電量販店、ベストバイのトップに就任したとき、売り上げを増やし、コストを削減する必要があった。すぐに経営陣から「成長したときの目標はどのあたりですか」と尋ねられた。答えは「製品の販売だけにとどまらず、テクノロジーを通じて暮らしを豊かにするというパーパスを目指す」だった。[10] 小売業が低迷する時代に、ベストバイのミッションは製品・サービスにおけるイノベーションを推進した。同社の現在の市場価値は2012年の4倍になっている。

パーパスは高層ビルの支柱のように強い組織を支える大きな柱だ。しかし、なかには支柱を十分に深く埋めない企業もある。パーパスを書いたステッカーを会社に貼りつけ、口先だけはうまいことを言う。自社が及ぼす損害や、なりふり構わず利益を最大化したいという本音を隠蔽しようとするパーパスは、すぐにわかる。

エンロンの破綻、ボーイング737MAXの安全問題など、一見力強いミッションを掲げている企業で崩壊が起きることがある。パーパスだけでは、世界に貢献するという保証にはならない。世界の繁栄に役立つ行動やサービス、共通の価値観がそこへ加わらなければならない。フィリップモリスは喫煙の権利をめぐる明確なパーパスを持ち、化石燃料企業はエネルギーを提供することで世界に貢献すると述べる。だが、会社の主力製品が地球を破壊したり、住めなくしたりするとしたら、パーパスにどれほどの価値があるだろうか？

パーパスについて語る銀行は多いが、融資先の企業がサステナブルでなければ、その資金は地球を消耗させる企業に相変わらず流れていることになる。フランスの保険大手アクサは2015年に石炭企業から資金を引き揚げ始めた。「すべての人々のより良い未来のために。私たちはみなさんの大切なものを守ります」というパーパスをさっそく実践した格好だ。

パーパスはすべての行動に一貫性をもたらす原動力とならなければならない。アラカルトの行動メニューから好みのものを選ぶのではない。

お墨付きを得る

自分たちがマルチステークホルダーの会社であることを明確にしたい企業は、Bラボの認証を受けてBコーポレーションになることができる。従来の企業が利益の最大化を重んじるのに対して、Bコーポレーションは「相互依存宣言」に署名し、パーパス志向で、ビジネスを善のための力として利用する。Bコーポレーションがその原則を実践すれば、確実にネットポジティブの道を歩むことができる。これは中小企業に限った話ではない。フランスの食品大手ダノンは事業のかなりの部分についてBラボの認証を受け、(上場企業として最初に認定されたブラジルのナチュラを抜いて)世界最大のBコーポレーションになった。[11] Bコーポレーションの数は急増しており、(本書執筆時点で)74カ国、3500以上を数える。

さらに、(米国の一部の州で可能な)ベネフィットコーポレーションになることで、パーパスを法的に規定することもできる。ヨーロッパでは、ダノンがフランスの上場企業として初めて「使命を果たす会社(Entreprise à Mission)」となり、パーパスやESG目標が定款に記載された。[12] 驚いたことに株主の99%がこの動きを支持した。ユニリーバは幸運にもBコーポレーション認定をいくつか受けることができた。その草分けはベン&ジェリーズだ。これらの事業はユニリーバの他の事業をしのぐ業績をあげ、文化を改善する助けになった。

パーパス経営は割が合う

高成長企業を対象にしたある研究で、研究者たちは8年間、イノベーションなど、成功の背後にある要因を探していた。ところが、特に探し求めていなかった要因であるパーパスが「より一体的な組織、より意欲的なステークホルダー、より収益性の高い成長」をもたらすことがわかった。[13]他にも、パーパスは人材を引きつけ、従業員の士気を高め、心理的なウェルビーイングを提供する。明確な「なぜ」を持つことは比類のないわくわく感を生み出す。

フォーブス誌とジャスト・キャピタルが毎年発表する「ジャスト100」（パーパスや社会貢献に関して高い評価を受けた100社）に選出された企業は、5年間のトータルで他社（101位以下の企業）より56％高い株主リターンを生んだ。[14]デロイトの調査によると、ミッション主導の企業はイノベーションのレベルが30％高く、従業員の定着率が40％高い。[15]英国では、3年間にわたって、Bコーポレーションは国内平均の28倍のスピードで成長した。[16]

パーパスは顧客も引きつける。消費者の3分の2が、パーパス志向の無名ブランドにスイッチしてもよいと答え、70％が、サステナブルな製品には高いお金を払ってもよいと答えている。[17]グーグルのレポートによると、ネットで製品を検索するときに「サステナブル（持続可能）」というキーワードを使う人が、2020年には2015年の10倍になっていた。[18]パーパス主導の企業は、持続可能で倫理的《エシカル》な製品の、成長著しい数兆ドル市場に参入することができる。[19]

パーパスを見つける方法はたくさんある。例えばユニリーバは次のような方法をとった。創業時のミッションを再評価する。上級幹部が自身のパーパスを見つける手助けをし、次に全社員のパーパス探しを支援する。世界が必要とするものをアウトサイド・インの視点（社会・顧客の課題から発想）で探す（SDGsは取り組むべき分野の全リストを提供してくれた）……。

パーパスはビジネス価値を創造する優れた手段であるが、そもそも経営がうまくいっていれば、その実践はずっと容易になる。企業にはパーパスと好業績が必要だ。ユニリーバはこれまでその両方を活かしてきた。

パーパスを振り返る——社会貢献の歴史

会社が必要とする抜本的な変革をなし遂げるためには、ポールが上から命令するだけでは不十分だった。会社のルーツ、疑いようのない原点に立ち戻る必要があった。そこでポールはCEO就任前の数週間に、ユニリーバの豊かな歴史を調査した。彼はイングランド北西部の小さな村、ポートサンライトを訪れた。創業者であるリーバ兄弟は1878年、彼らの石鹸工場で働く労働者のための居住区をここにつくった。工場がフル稼働する前に、住宅や学校、医療施設、劇場などが建設された。

およそ131年後、ポールはあえて、すべてが始まったこの場所で経営陣との最初の会議を開いた。議論の中心は、会社をここまで長続きさせた偉大な価値観についてだった。リーバ兄弟はビクトリア朝英国の人々の健康を改善するため、会社の最初のブランドとなるサンライトとライフボーイという石鹸を発売した。ウィリアム・リーバ卿はすでに19世紀から、繁栄の共有、社会への貢献という視点を持っていた。彼はまず「清潔さを暮らしの〝あたりまえ〟にし、女性の負担を軽減する」ことを目指し、ある種の道徳的資本主義を唱えた[20]。

何もかもが順調だったわけではない。ベルギー政府とともにポートサンライトのようなコミュニティをコンゴに建設しようと試みたが失敗し、結果的に強制労働のプランテーションにつながってしまった。当時そうしたケースは珍しくなかったものの、極めて厄介な問題だった[21]。だが英国内では、リーバ・ブラザーズは革新的で進歩的な会社だった。英国で初めて企業年金と週休1日を導入した。労働者が第1次世界大戦に駆り出されると、雇用を維持して家族にその賃金を支払った。これは異例の対応だった。1世紀後、ポールが選んだ後継者アラン・ジョープは、新型コロナのパンデミックが始まったあとも雇用を保証し、創業者の先例にならった。

すべての企業がパーパスの参考になる140年の歴史を持っているわけではないが、たいていの企業には創業者にまつわるストーリーがある。そこには存在理由があり、それを見つけることは役に立つ。インドのマヒンドラ・ファイナンスのリーダー、アナンド・マヒンドラは、祖父の創業の理由を振り返り、農村社会の成長を支援するというミッションをあらためて重視した。住宅や小規模アグリビジネスに対する適正な金利での融資を通じて、同社はインドのおよそ半分の村、600万人の顧客にサービスを提供するまでに成長した。[22]

ユニリーバのパーパスの取り組みはその後も続いた。ユニリーバは現代のサステナビリティ経営をリードしてきた。1990年代から2000年代にかけては、漁業を守るために世界自然保護基金とともに海洋管理協議会（MSC）を設立し、「持続可能なパーム油のための円卓会議」を共同設立し、持続可能な農業のための実施基準を策定し、新興市場で数多くのコミュニティプログラムを運営した。すでにパーパスを採り入れ始めているブランドもあった。そのなかで最も規模が大きかったのは、ライフボーイの手洗いプログラムと、ダヴの自己肯定感キャンペーンで、いずれも企業の社会的責任（CSR）のよいお手本だった。だが、それらはばらばらの活動で、事業の中核に結びつくことはなく、典型的なCSR活動にとどまった。

歴史的にそれは見られた。リーバ卿は会社のDNAに意義や善行を植えつけ、他のCEOも同じようなテーマを支援していた。だが、それらは企業戦略の中心にはならず、潜性遺伝子のようにしばしば背景に退いてしまった。

ユニリーバの多くのマネジャーは会社の遺産のありがたみを忘れていた。もう一度、どうにかしてその歴史を前面に押し出す必要があった。枠組み、重点、一貫性、そしてネットポジティブ企業の特徴であるシステムの変革に取り組む意欲が必要だった。

新たな方向へ舵を切るには、それなりの時間と労力を要する。指針となる大きな新しい計画が求められた。

パーパスを前へ——USLP

2年をかけて、ユニリーバの社会貢献の歴史に再び焦点を当て、会社を成長軌道に再び乗せて準備を整えたあとパーパスを中心とした、もっと正式な統一戦略をスタートさせる時を迎えた。過去の歴史と、未来への展望の両方を理解しないと、過去への郷愁に終わってしまう。

2010年、USLPがスタートした。その前提として、業績の低下に歯止めをかけ、パーパスとアイデンティティを再発見する必要があった。パーパスを「あったらいいね」という種類のものから、明確な成功のドライバーへと格上げし、高い目標とともに全社に根づかせていった。サステナビリティ担当役員だったギャビン・ニースによると、ポールは会社の歴史とパーパスを「戦略の中心に据え、それを他の事業活動と同じように扱い、目標や指標を設定し、優れた成果には報いました(23)」。

USLPはビジネス上の理由以外に、もっと深くて基本的・道徳的なところにも拠りどころがあった。企業はもはや悪い影響を少なくすれば済む時代ではない、と経営陣は考えていた。気候変動や格差の問題が待ったなしの今、大企業は善であること、つまりネットポジティブを目指さなければならない。

ＵＳＬＰは「サステナビリティを暮らしの〝あたりまえ〟に」というパーパスを中核的な目標に置き換えた。つまり、力強いパフォーマンスを通じて事業規模を倍にしながら、その成長と環境負荷を切り離し、社会に及ぼすプラスの影響を最適化するというものだ。そして、これは10年で達成すべき3つの大きな目標に落とし込まれた。

- 10億人以上の健康・ウェルビーイングを改善する。
- 環境負荷を半減させる。
- 事業成長を通じて数百万人の生活を向上させる。

環境負荷を減らす目標にはもっと幅広い意味があり、事業と原材料の使用を「デカップリング（切り離して、連動させない）」することを約束した。つまり、使用する原材料などの資源を増やさずに成長することを目指した。実際には、グリーンエネルギーしか使用しないなど、さらに踏み込んだ目標や、持続可能な原材料の調達を１００％にするなど、基準を高くして環境負荷を減らそうとする目標もあった。２０１０年当時、これらは極めて野心的な目標だった。売上高４００億ドルの企業にとってはなおさらだ。社会的な影響に重点を置いた他の２つと合わせて、USLPが意図したのはネットポジティブへの移行だった。

USLPでは、3つの大目標の下に、それぞれ具体的なターゲットを持つ7つのサブカテゴリーがある。健康・衛生、食、温室効果ガス、水、廃棄物、持続可能な調達、生活の向上の7つだ。最後のサブカテゴリーは社会課題全体をカバーする。統合社会的持続可能性担当のグローバルバイスプレジデント、マルセラ・マニュベンの勧めで、これは後に社会課題の3項目（人権・労働者の権利、女性のための機会、包括的なビジネス）に拡大された（図3・1を参照）。行動しつつ学ぶなかで、他にも調整が図られたが、3つの大きな目標は10年間、据え置かれた。

USLPの前には、パタゴニア、イケア、マース、インターフェイス（「ミッションゼロ」を掲げた）など、数少ないミッション主導の非上場企業のリーダーが、ネットポジティブ企業を築くための意欲的な計画を立案していた。だが、上場する大企業がこれだけ広範なサステナビリティ目標を掲げた前例はほとんどなかった。2007年に英国の小売事業者マークス&スペンサーは、事業運営に伴うフットプリント、調達、顧客・製品、健康・ウェルビーイングなどに関する100前後の目標を示した「プランA」を立ち上げた（プランBがないのでプランAというわけだ）。これは最先端の詳細な計画で、ユニリーバをはじめとする他社もこれに刺激を受けた。

USLPは新境地を切り開いた。10億人という規模で大胆な目標や志を掲げ、計画期間を10年先まで広げ、デカップリングという考え方を導入し、すべてのブランドとバリューチェーン

図3・1　ユニリーバ・サステナブル・リビング・プラン（USLP）

目標	分野	目標の内容
10億人のすこやかな暮らしに貢献 2020年までに、10億人以上の人々が健康・ウェルビーイング改善の行動を起こすのを支援する。	健康・衛生	2020年までに、10億人以上の人々の健康・衛生の改善を支援する。これにより、下痢など生命に関わる病気の発生を減らす。
	食	2020年までに、世界的に認められた食事指針に基づいて、当社ポートフォリオのうち、最高レベルの栄養基準を満たすものの割合を倍増させる。これにより、数億人の人々がもっと健康によい食生活を送れるようにする。
製品ライフサイクルからの環境負荷を**半分に** 2030年までに、会社を成長させながら、製品の生産・使用による環境負荷を半減させることを目指す。	温室効果ガス	当社製品のライフサイクル：2030年までに、製品のライフサイクルで生じる温室効果ガス（GHG）の影響を半減させる。
	水	当社製品の使用：2020年までに、消費者の当社製品使用に関係する水の量を半減させる。
	廃棄物	当社製品：2020年までに、製品の処分に伴う廃棄物を半減させる。
	持続可能な調達	2020年までに、原材料に使用する農産物の100%を持続可能な方法で調達する。
数百万人の経済発展を支援 2020年までに、会社を成長させながら、数百万人の人々の生活を向上させる。	人権・労働者の権利	2020年までに、事業活動や拡張サプライチェーン全体で人権を向上させる。
	女性のための機会	2020年までに、500万人の女性に権限を付与する。
	包括的なビジネス	2020年までに、550万人の人々の暮らしにプラスの影響を及ぼす。

全体を対象にした。また、事業だけでなくシステム全体の目標もいくつか設定した。USLPは単なる戦略や戦術ではなく、「P」は哲学（philosophy）のPでもある。USLPは急速に進歩を遂げる世界に備えるための志であると同時に、経営手法でもあった。

USLPは目に見える成果をたくさん生み（コラム「USLPの成功」を参照）、ユニリーバは深さと奥行きのある計画の策定・実行を通じて多くのことを学んだ。何がうまくいったのか、成功に必要な条件は何だったのかを振り返り、どんな行動が他と違っていたのかを見ていこう。

Column

USLPの成功

USLPは10年目の2020年に目標のほとんどをクリアしていた。例えば――

- 12億ユーロ以上のコストを節減
- 13億人の健康・衛生を改善
- 製造用電力の100%再エネ化を達成
- 製造時のエネルギーに由来するCO$_2$排出量を65%削減
- 世界中の管理職におけるジェンダー公正の実現――女性管理職比率51%
- 原材料に使う農産物の67%を持続可能な方法で調達（14%から増加）――パーム油の99・6%、12の主要作物の88%
- 生産量1トン当たりの水使用量を49%削減
- すべての工場で埋め立て廃棄物ゼロを実現（注）

（注）USLPの詳細なデータは、Unilever Sustainable Living Plan 2010 to 2020 Summary of 10 Years' Progress, Unilever, March 2021を参照。

何がうまくいったか

ＵＳＬＰは導入に当たって2つの重要なことをした。「私たちはすべての答えを知っているわけではありません」と世界に告げ、とっつきやすさや人間らしさを感じさせた。それから、「私たちだけではできません」と言い、それが重要なパートナーシップにつながった。

ＵＳＬＰは人々を導く星であったが、会社や世界の変化に応じて柔軟に進化した。ＣＳＲのような本業への付け足しではなく、かつても今もれっきとした戦略だ。それは成長戦略にしっかり組み込まれている。本業から切り離されたものではないので、ＵＳＬＰが成功しなければ会社も成功できない。その逆もしかりだ。早い段階からＵＳＬＰはＰｗＣによる検証を受け、透明性、説明責任、誠実、信頼のツールとして使われた。50を超える目標が公表されたが、目標選択の際には激しい議論があった。達成できない目標があればリスクになると考える者もいた。だが、事業への信頼が低い以上、それを取り戻すには透明性を高めるのが最善策だった。

ＵＳＬＰの運用は厳格だった。マネジャーは、社会を助けるというパーパス主導の取り組み（13億人に健康・衛生プログラムを提供するなど）がミッションとして有効に機能し、事業にもプラスになっている事実を収集・検証し、証拠として提出しなければならなかった。人事担当幹部だったサンディ・オッグはこう述べている。「ＵＳＬＰには（それからポールにも）甘いところなど一切なかった」

成功に必要な条件

社員や主なステークホルダーの賛同は必須条件だ。USLPのように目標が非常に大きいときは、単独で達成できないのは明らかであり、パートナーシップが不可欠になる。また、その計画をブランドや部門に落とし込む前に、会社全体の信用が必要である。信用の源は主に一貫性だ。個々のリーダーも企業も有言実行を貫き、約束を守り通す勇気を持たなければならない。何が正しいかを知ったら、そのために闘う強さを発揮しよう。

重要な学び

ユニリーバが犯した過ちから他者は学ぶことができる。USLPにステークホルダーを巻き込むために必要なコミュニケーションのレベルや頻度を、ユニリーバは過小評価していた。取締役会は特に重要な内部ステークホルダーだったが、地球の限界とそれに対する取り組み方について取締役会のメンバーを教育するのは思った以上に骨の折れる仕事だった。重点を絞って対応するため、ユニリーバはサステナビリティや会社の評判に関する取締役委員会を別途設置した。監査委員会や報酬委員会の議題に追加するよりもよい選択だった（最近は監査の対象が広がりつつあり、監査委員会は非財務報告にも対応できていなければならない。世の中の変化は速い）。

対外的には、ユニリーバは価値創造の議論に株主をもっと関与させるべきだった。四半期決算発表を取りやめたため、ポールは投資家と話す機会が減ってしまった。時折交わす会話は戦略的な色合いが濃くなったものの、パーパスやＥＳＧパフォーマンスと戦略や業績とのつながりについて、もっと強く発信する必要があった。ＥＳＧの重要性に対する理解が乏しく、成果を測定・比較する指標がなかったため、話し合いはいっそう困難を極めた。今でこそデータは充実しているが、当時はＥＳＧと価値創造のつながりを示す裏づけデータがほとんどなかった。利益を目的ではなく結果として扱うモデルを推進する際は、投資家を巻き込んで教育する必要がある。さもないと面倒なことになる。ユニリーバは初期の投資家の一部を失い、長期的なモデルを受け入れてくれる投資家を引き寄せるのに思ったより時間を要した。たいていの企業はいまだに既存の株主に気を遣い、もっとよいパートナーを探そうとはしていない。

振り返ると、最初のプランはＥ（環境）の要素が多すぎ、Ｓ（社会）やＧ（ガバナンス）が手薄で、まだ完全ではなかったのも明らかだ。ユニリーバはそれらの領域を強化してきたが、新型コロナをはじめとするその後の出来事により、社会契約の弱さ、人種差別や所得格差に対応する必要性がさらに認識されるようになった。

大きな計画を公表すると、ＮＧＯなどからの要求がさらに高まる。率先垂範はターゲットにされやすい。パートナーを引きつけるという意味ではそれはよいことだが、もし手助けを必要とする目標（サプライチェーンの変革など）を一部でも達成できなければ、ＮＧＯの批判を受ける。

ユニリーバは時にＮＧＯの先を行き、彼らをしのぐ問題意識を示した。ともに旅をし、お互いに支え合うことを望むＮＧＯが必要だ。ユニリーバはまた、大きな課題に立ち向かうための幅広いパートナーシップ構築には時間がかかることも知った。

ＵＳＬＰのスタート時は皮肉屋や懐疑派がたくさんいた。２０１０年当時、サステナビリティが利益に及ぼす好影響はまだ証明されていなかった。また、何年もの間、業績が低迷していたユニリーバに対しては、生ぬるい「パーパス実験」などしている余裕はないと多くの人が考えた。だが、時間とともにＵＳＬＰの正しさは証明され、会社は成果を上げることができた。それは停滞する会社に待望の「酸素」を持ち込んだ。ＵＳＬＰは人々の士気を高め、一貫性を促し、よりよい選択をするためのレンズを提供し、会社を牽引する、パーパス志向のロードマップだった。ユニリーバは現在、さらなる成功を収め、レジリエンスを高めており、ＵＳＬＰは財務面でも無形資産の面でも、数多くの直接的なプラスの効果を及ぼした。

唯一悔やまれるのは、世界の状況を考えると、ＵＳＬＰがもっと野心的でもよかったということだ。世界を救うにはまだまだ必要なものがある。当初掲げた目標の多くは最低限必要なレベルでしかない。いや、もはや十分ではなくなった。完全なネットポジティブではない。

ＵＳＬＰについてはこの先の章でも触れる。ＵＳＬＰを通じてどのようにしてステークホルダーとの信頼を築き、ステークホルダーに対する透明性を高めたのか、そこで設定した目標がどのように思考の幅を広げたのかを詳しく見ていく。

パーパスを持った本物のリーダーをつくる

組織の至るところに強力なリーダーがいなければ、ＵＳＬＰは成功しない。ポールは早い時点で、リーダーシップ研究の権威ビル・ジョージに、経営陣向けの研修プログラムをつくるよう依頼した。これにはユニリーバのリーダーシップ・育成担当バイスプレジデント、ジョナサン・ドナーが協力した。他にもリーダーシップの専門家を何人か招いて、１週間のユニリーバ・リーダーシップ・ディベロップメント・プログラム（ＵＬＤＰ）を共同開発し、１００人の上級幹部に実施した。

このプログラムの目的は、不安定・不確実・複雑・曖昧（ＶＵＣＡ）を特徴とする世界を前提に、10年後に企業が必要とするリーダー像を探り、経営幹部たちが自らのパーパスを見つけられるよう導くことだ。ドナーはこのプログラムをひとつの旅路にたとえる。「自分が誰なのか、自身の人生で何をしたいのか、それをどのようにして自分自身よりも大きなものへ変えていくのか、じっくり検討する旅[24]」。ドナーはジョージが唱えた「試練の時」という考え方に魅了された。これはその人の人生やリーダーシップスタイルに影響を与えた、転機となる出来事を指す。出席者たちは今の自分をつくった個人的な瞬間の共有を促された。

まずCEOからスタートするのが重要だった。自分の弱さをさらすのは、正直さや信頼の証しであり、人々の間の距離を縮める効果があった。ポールは自身の「試練の時」の体験を話した。父親が子どもたちによい人生を送らせるために2つの仕事をかけ持ちし、過労死したこと。世界中から来た8人の目が不自由な人たちとキリマンジャロに登ったこと（これがきっかけででできた彼の財団は今、アフリカの2万5000人以上の目が不自由な子どもたちを支援している）。インドのムンバイのテロに遭遇し恐ろしい体験をしたが生き残ったこと。CEOが口火を切ると、経営幹部たちは少し安心し、自分たちのストーリーを話し始めた。

彼らは透明性を受け入れた。ハーバード・ビジネス・レビュー（HBR）のケーススタディによると、あるセッションでは「同じポジションをめぐって競争する2人が互いのキャリアプランを披露しあった」[25]。透明性や信頼を大切な価値観として植えつけるには、うってつけの方法だった。ドナーは、このプログラムのおかげでパーパスへの道のりが活性化され、その浸透に必要な信頼やリスクをいとわない姿勢が育まれたと言う。

ユニリーバはさらに経営陣のスカウトや調査で有名な英国のMWMコンサルティングに依頼して、すべての経営幹部と面談を行い、彼らのキャリアや目標についてきめ細かなフィードバックを提供した。経営幹部たちはこのプログラムを通じて、自己を見つめ直し、率直な評価内容をもとに詳細な自己啓発計画を作成した。自身のキャリアで何を望むかを考え、そのためのスキルや経験があるかを吟味した。ポールは最終的に何百もの自己啓発計画を読み、自分なりの考えを各人に返した。おかげで人材への理解が深まり、チームの面々が仕事や自己開発に関して何を望んでいるかを知ることができた。

ユニリーバはこの1週間のプログラムの実施対象をリーダークラスの1800人の社員にも拡大した。次に取りかかったのは、その組織的エネルギーをもっと目に見える行動に移し替えることだった。各分野の第一人者（システム分野のピーター・センゲ、リーダーシップ分野のボブ・トーマス、サステナブル・ビジネス分野のレベッカ・ヘンダーソン）の協力を得て、経営幹部たちがパーパスをミッションから行動へ移す手助けをした。また、C・K・プラハラードにはアドバイザーとして、途上国の「ピラミッドの底辺（ボトム・オブ・ピラミッド。所得は最も低いが人口では多数を占める層のこと。BOPと略される）」市場について幹部たちに講義をしてもらった。

やがてユニリーバは、パーパス・トレーニングの1日半バージョンを全社員に実施するようになり、現在までに6万人以上がプログラムを修了している。最高人事責任者だったレーナ・ナーイル（現シャネルCEO）によれば、参加者は自身のパーパスやパッション、スキルギャップ、そしてどのように身体的・精神的ウェルビーイングをコントロールしたいのかを発見する。この情報は各人の「フューチャーフィット」プランに採り入れられる。

パーパスは組織全体を活性化させ、潜在能力を引き出す最高の方法だ。それにはまず自分の内側を見つめ、個人のパーパスを見いだす必要がある。会社の魂を解き放つためには、まず自分自身の魂をさらけ出さなければならない。

チャレンジ精神旺盛な社員をつくる

経営幹部を集めたパーパス合宿を何度開いても、ＵＳＬＰのように守備範囲の広いプランは、組織全体の賛同がなければ行き詰まってしまう。ナーイルが言うように、「ＵＳＬＰは従業員がいるからこそ現実のものになります。働く人たちがこれに命を吹き込む」。目標は常に、全組織を同じ方向へ向かわせながら、社員個人のパーパスのニーズも満たすことにあった。全世界でスタッフの若返りが進むと、このアプローチはいっそう重要性を増した。

マースのＣＥＯ、グラント・リードは、Ｚ世代がすでに職場の改革に影響を与え、透明性を要求するようになっていると指摘する。Ｚ世代は世界をホリスティックに捉える視点を望み、製品の確かなサステナビリティを求めている。[26] 革新的で要求水準が高く、やがて新たな経済勢力となる。２０３０年には、ミレニアル世代がベビーブーマーの親たちから68兆ドル以上を引き継ぐとされる。[27]

デロイトがこの2つの若い世代（ミレニアル世代とZ世代）を対象に全世界で実施した調査によると、彼らが一番の懸念事項として選んだのは気候変動や環境保護(28)で、消費者と被雇用者として価値観やサステナビリティを大切にするという姿勢を明確にしている。また、ミレニアル世代の3分の2が、CSRの実績が乏しい企業には就職しないと述べている。(29)ギャラップのある調査は「パーパスへの高い意識がミレニアル世代を仕事に結びつけている」と結論づける。この調査によると、自分たちの組織が何を大事にしているかがわかったら、71%がそこに勤務し続けると答えた。一方、組織のパーパスがわからない場合、数年間勤め続けると答えたのは30%にすぎなかった。(30)これほどの差ではないものの、同じようなパーパスのギャップは上の世代にも見られる。

ユニリーバのトレーニングプログラムはパーソナルパーパスと、もっと大きな会社の目標をつなぐ働きがある。会社がネットポジティブを目指すなか、従業員は会社の取り組み方法やその強みと弱みを理解しなければならない。夕食の席で家族や友人から次のような厳しい質問を受けたらどう答えるか、その準備をするようなものだ。なぜたくさんのプラスチックを包装に使うのか？　サプライチェーンで子どもや奴隷が働いていないか？　なぜ農家に十分な報酬を払わないのか？　なぜいまだに化石燃料を使っているのか？

従業員の知識を深め、賛意を促すには、2日間のプログラムでは十分ではない。広範囲なコミュニケーションを継続する必要がある。ポールは10年間ブログを書き続け、パーパスやパートナーシップ、パフォーマンスの大切さを繰り返し強調した。新入社員たちとの電話会議や、約1万人の社員が参加する全社タウンホールミーティングを定期的に開催した。これとは別に、国や地域ごとに毎週80の全体会議が運営された。経営陣は優れた仕事ぶりの人を称える機会や、USLPの進捗を伝え、目標を徹底させる機会を積極的に設けている。

価値観に従った生き方が許される会社は人材を引きつける。ユニリーバには毎年、1万5000人の募集に対して200万人の志望者が押し寄せる。インターンシップも600前後の募集に対して100万人の学生が応募する。新入社員の4分の3が、ミッションが理由でユニリーバに来たという。この10年間で、就職人気の高い雇用主としてのユニリーバの地位は飛躍的に高まった。リンクトイン上では、ユニリーバはアップルやグーグルなどのテクノロジー大手に次いで、世界で最もフォローされている企業のひとつだ。ユニリーバは大学生を採用している54カ国中52カ国で、消費財部門の雇用主としてナンバー1の人気を誇る。また20カ国で、部門を問わず最も人気が高い。2010年代の初めは、英国やインドなどのコア市場でも消費財部門のトップ10に入っていなかった。

個人のパーパスを見つけるメリットはなかなか表現しづらい。マーク・トウェインが（恐らく）言ったように、「人生で最も重要な日は2つある。生まれた日と、その理由を知った日だ」。

自分が本来の自分になろうとしていると感じるとき、人は帰属意識を抱き、人生には意義が満ちあふれる。パーパスがある仕事は人間の深いニーズに応えることができる。

深いエンゲージメントのメリットと危うさ

パーパスには人材を引きつけるだけでなく、従業員エンゲージメントを高める効果もあった。人事責任者のナーイルによると、人事部は何十年も前からデータをとっており、ユニリーバで働くことに満足している従業員の割合は毎年増え続けているという。今や90％以上が会社に誇りを持っている。ちなみに世界のエンゲージメント・スコアは平均15％にすぎない(31)。

シンガポールを本拠とする売上高240億ドルのアグリビジネス企業、オラムの創業者であるサニー・ベルギーズは、従業員エンゲージメントに関して確固たる見解を持っている。彼によると、ベーシックな部分では、トレーニングや安全な職務環境、公正な目標が社員を満足させる要因だ。そこを超えたレベルが「エンゲージメント」で、社員は自主性が高まり、成功するチームの一員としてスキルを身につけるチャンスがある。だが、社員を「インスパイア」するのはまったく別の次元だとベルギーズは言う。「社員がパーパスを理解し、あらゆる努力が報われると感じなければなりません」。それは利益を増やすことでもなければ、カカオの栽培量を増やすことでもない。意義を見いだすことだ。特に若いスタッフにとってはそれが肝心だ。

オラムのパーパスは「世界の農業・食品システムを再構築する」ことだ。社員をそのミッションへといざなうため、今のリソースの何分の一かで90億～100億の人たちの食料をまかなうには世界の農業システムをどのように再構築すればよいかを考える研修を実施し、1万8000人以上が参加した。食料システムの別の部分では、ビルや住宅の空調機器や食品の冷蔵輸送を手がけるトレイン・テクノロジーズが、「オペレーション・ポッシブル」という世界規模のイノベーションブレインストームに3万5000人の社員を参加させた。目標は「よりよい未来の妨げになる不合理」を明らかにし、ランク付けすること。社員たちがトップに選んだのは「飢えと食品廃棄の共存」という深刻な問題だった。彼らはその解決に一役買いたいと考えた。USLPの導入から間もない頃、ユニリーバも全社員をこのような取り組みに巻き込もうと考えた。USLPのスタート時に渉外・サステナビリティのグローバル責任者だったミゲル・ヴェイガ＝ペスタナは、24時間のオンライン・グローバル・ブレインストームの企画立案をサポートした。これには社内外の2万人が参加し、USLPの目標達成についてのさまざまな問いを投げかけ、答えを探し求めた。人々をビジョンに関与させるには絶好の手段だった。数年後、2020年以降のUSLPを設計するときも同じように議論をスタートさせ、5万5000人の従業員が参加した。それだけ大勢の人が会社の将来に関わっていることがわかる出来事だ。

従業員のエンゲージメントが高まるにつれて生じる興味深い問題（と機会）がある。つまり、社内の期待が非常に高まることだ。世界を変える意気込みでやって来た社員は、サステナビリティと無関係の仕事を担当するとがっかりする。だが、どんな仕事にも、ネットポジティブなシステム思考ができ、世界の繁栄をどう手助けするかを考える人が必要だ。こうした意識の高い新入社員は会社をせきたて、スピードアップを要求する。

従業員は今、特に気候変動に関して、企業にさらなる行動を要求するようになっている。アマゾンは2020年に気候変動に率先して取り組むようになったが、それ以前はサステナビリティについて何か発言することはなかった。状況が変わったのは、9000人近い従業員がCEOのジェフ・ベゾス宛ての公開書簡に署名したときだ。これには、ゼロエミッション目標、気候変動否定論者への政治献金のカットなどの要求事項を並べたリストが添えられていた。[32]「気候正義のためのアマゾン従業員」というグループを立ち上げて会社にプレッシャーをかけ続ける従業員もいた。[33]企業が倫理にもとる行動や、公表している価値観に背く行動をしたとき、従業員はソーシャルメディア上や時には記者会見の場でこれを非難し始めている。このトレンドが減速する可能性は低いだろう。だからこそ、若手従業員を寛容に受け入れ、未来を案じる彼らの声に耳を傾けよう。

会社が正しい方向へ進んでいるのであれば、従業員からのプレッシャーは問題ではなく、むしろアドバンテージだ。ネットポジティブへ向けて加速しようとする企業にとって、至るところに積極派の仲間がいるのは心強い財産だ。この機に乗じて、世界のために会社や自分自身に厳しい要求をする社会活動家や起業家を社内に増やしていこう。

従業員に奉仕し、人間らしさを発揮させる

従業員エンゲージメントに関する議論は、生産性向上など、企業のメリットに重点を置くことが多い。だが、もし企業が従業員のメリットのために行動したとしたらどうか？　従業員のウェルビーイングを高め（ネットポジティブな成果）、仕事で自分らしさを発揮させるよう心がける。子どもが生まれた人や身内の介護をしなければならない人に長期休暇を与えるなど、人生の節目を応援する——そんな会社だとしたら？

新型コロナ危機ではその点が試された。企業は従業員のニーズにどう対応したか。数字や資産のように彼らを扱ったか、それとも敬意を払うべき人間として扱ったか。従業員や地域社会、政府は企業を注意深く見張っていた。サプライヤーへの支払いを続けているか、レイオフに際して、メンタルヘルスやローン、再教育などの面で支援を提供したか？　なかにはこの「コロナテスト」でさんざんな結果を出し、エンゲージメントがぼろぼろになった企業や、十分な防御手段を提供せず、スタッフを危険にさらした企業もある。食肉加工工場は特にずさんだった。

この危機で成功を収めた企業は直接・間接のスタッフをきちんとケアし、サプライヤーや顧客に対して一定の金銭的安定を確保した。これには多額の費用がかかるわけではない。在宅勤務にシフトするなか、ユニリーバは従業員のメンタルヘルスに気を配り、孤独感や疎外感を覚える人がいないようにした。

危機に直面していないときでも、企業は従業員がもっとサステナブルな暮らしを送れるよう支援できる。例えばゴールドマン・サックスでは、米国のすべての従業員が自宅でクリーンエネルギーを利用できる。電気自動車を買うための補助金制度もある。[34] 従業員に積極的な社会参加を促す組織も増えている。HP、ロレアル、PVH、SAP、ウォルマートなど数百の企業は「タイム・トゥ・ヴォート（投票へ行こう）」というプロジェクトに参加し、選挙の投票日を休みにして従業員が市民の義務を果たせるようにした。2020年、（ギャップ傘下の）オールドネイビーは、投票所で係員として働いたスタッフに8時間分の賃金を支払った。[35]

自ら声を上げたいと考える人々が増え、抗議デモが日常化するにつれて、企業は今以上に選択を迫られるようになるだろう。問われるのは、従業員をどれだけ支援できるか。2021年の初め、コンサルティング大手のマッキンゼーは選択を誤った。ロシアで野党指導者アレクセイ・ナワリヌイを支持する抗議活動が盛んになると、マッキンゼーのモスクワ事務所はスタッフに次のようなメールを送信した。「デモは認められません。公共の場に近づかないでください。メディアに関連投稿をすることも控えてください。これは従業員の義務です」。いくらロシアとはいえ、シベリア並みの冷たさだ。そして従業員の意気をくじく命令だった。

対照的に、2019年9月のグローバル気候マーチのさなか、パタゴニアとカナダの化粧品小売事業者ラッシュは、従業員が運動に参加できるよう店を閉めた。オーストラリアの企業向けソフトウェア企業、アトラシアンはさらに先を行き、従業員に環境活動家になることを推奨している。共同創業者のマイク・キャノン＝ブルックスは「Don't @#$% the planet」と題した歯に衣着せぬブログを書き、従業員にチャリティーやデモ、ストのために毎年1週間の有給休暇を与えると発表した。

企業は今、従業員が直面するシステミックな問題（人種差別など）にも対応する必要があると考え始めている。我々の調査では、雇用主の87%が「今後3年間で障害を克服し、尊厳の文化を築くための対策を講じる予定」だという。ほんの数年前は59%だったので大きな進歩だ[36]。

従業員には、本人がそうされたいと思うように接しよう。これを「プラチナルール」と呼ぶ人もいる（自分がそうされたいと思うように人に接するという「ゴールデンルール」のもじり）。社会にどのように貢献したいのかを従業員に尋ね、ネットポジティブなインパクトを与えられるように後押しをしよう。

「解き放ち」の魔法

どんな組織にもその起源にまつわるストーリーがある。リーバ卿が健康とウェルビーイングに焦点を当てたような、はっきりわかりやすい物語ばかりではないにしても、その会社が生まれた理由は必ずある。どんな人にもパーパスの1つや2つはある。たとえ本人がそんなふうに考えたことはないにしても、パーパスは必ずある。

とはいえ、タイミングが重要なのは間違いない。正しいことをしてもタイミングが悪いというケースがある。典型例は、BPが未来のエネルギー企業として自社を売り込もうとした、1990年代後半の「石油を超えて(Beyond Petroleum)」キャンペーンだろう。BPの投資は化石燃料を対象としたものがほとんどで、企業文化もコスト削減モードのなかで行き詰まりを見せていた。意図はよかったのだが、実行が伴わなかった。我々の友人デビッド・クレーンは長年、米国の電力企業NRGのトップを務め、石炭からの脱却を図ろうとした。彼は正しく、長期的な視点で物事を考えていたが、組織文化も株主もまだそれに追いついていなかった。結局、取締役会は激しく抵抗した。

組織としての準備が整い、必要な条件が揃っていれば、企業と個人のパーパスを明らかにし、そのつながりを見いだすことで好循環が生まれる。そのようにして企業のポテンシャルが解き放たれる。これを裏づける学術データも充実してきた。企業のパーパスと財務指標に関するある研究によれば、パーパスの明確さと財務指標（と株式市場でのパフォーマンス）との間には明らかな相関関係があった。[37] パーパスについて評価が高い企業は、総資産利益率（ROA）も4％高かった。論文の著者のひとり、ハーバード・ビジネス・スクールのジョージ・セラフェイム教授が発表した一連の分析によると、サステナビリティに関する重要課題に対応している企業は、そうでない企業よりも業績がかなりよい。

そうした確かなデータとは別に、米家電量販店のベストバイのCEO、ユベール・ジョリーは「個人の存在意義を探るなかで、それを会社のパーパスと結びつけられれば、魔法のようなことが起きる」と言う。魔法にせよ現実にせよ、個人、ブランド、会社のパーパスが結びついたとき、企業はもっと強く、成功しやすくなる。その先のタフな道のりにも耐えられる。

ネットポジティブ企業をつくるには勇気、大きな発想、そして関係者と密接に協力しながらシステムの変革に取り組むことが必要だ。パーパスがあれば、企業とその経営者は思考を広げ、可能性を見つめ直すことができる。ポールが会社を去ろうとするとき、ユニリーバはコンサルタントのヴァレリー・ケラーの指導の下、パーパスに関する重要な取り組みを行った。そのひとつの成果が、戦略ツール「コンパス」を中心とした新たなスローガンだ。「パーパスを持つ人材は成功する。パーパスを持つブランドは成長する。パーパスを持つ企業は存続する」

ネットポジティブ企業の流儀

パーパスを見いだし、高いパフォーマンスを発揮する

- 創業の原点に立ち返って、そもそものパーパスや存在理由を理解し、そのDNAを利用してステークホルダーにもっと貢献する。
- 世界のニーズがこれからどのように変化するかを見極め、自社のパーパスがどこで最も役に立てるかを知る。
- 会社のなかの準備を万全に整え、人材、ブランド、イノベーションに投資してネットポジティブの探求をスピードアップさせる。
- ネットポジティブな思考や行動を後押しするために正しいシグナルを送り、ポリシーを設定する。
- 経営者は、上級幹部が本物のリーダーになれるよう支援し、会社のパーパスを実現するために言行を一致させる。
- 全従業員が自身のパーパスを見つけ、それを会社のパーパスと結びつけられるようにする。

第4章

限界を打ち破る

大きく考え、
野心的でネットポジティブな
目標を設定する

「そんなことできるわけない」と言う人は、それをしている人の邪魔をしてはならない。

——中国のことわざ

音速を超える、1マイル（約1・6キロ）を4分で走る、宇宙に行って生還する。どれも不可能だと思われていたが、やがて当たり前になった。1947年、超音速（時速760マイル）に近づいた飛行機が空中分解を起こし、テストパイロットが命を落とした。当時、そのスピードでは機体がもたないと考える科学者もいたが、わずか数カ月後、チャック・イェーガーはベル

X1号でマッハ1・0を達成した。[1] 英国のランナー、ロジャー・バニスターは1マイルを3分59秒4で走り、人間が1マイルを4分未満で走れることを実証した。それから1年とたたずに、ひとつのレースで3人が1マイル4分の壁を破った。

これまでの限界を打ち破るには勇気と忍耐が必要だ。そこがまだ限界ではないことがひとたび明らかになれば、ものの見方が変わり、多くの人が繰り返しその壁を越えるようになる。

ネットポジティブ企業の目標も4分の壁みたいなものだ。ほぼ不可能に思えても、そこを打破しようとする取り組みはエキサイティングで、いったん限界を突破したら一気に勢いがつく。一度できたら、それはもう可能だ。廃棄物ゼロの工場なんてつくれるわけがないと思われたが、今はよくある話になった。高すぎると言われていたグリーンエネルギーも、今は世界のほとんどの地域で化石燃料より安い。何百マイルも走れる電気自動車はSFの世界の話だったが、今やその実現によって内燃機関が時代遅れになろうとしている。ポリオの撲滅は夢だったが、今、患者数は99・9%減少している。大企業でジェンダー公正を達成するには人材が不足していると主張する経営者もいるが、ユニリーバのようにすでに実現している企業もある。

さらに進んで、ネガティブな影響を減らすだけでなく、ポジティブな影響を及ぼそうとするのは大変な作業に思えるかもしれない。しかし、音速を超えるのは人類の繁栄に必要ではなかったけれど、ネットポジティブな目標の達成は、私たちの社会・経済が長く繁栄するために必要不可欠だ。循環型経済、さらには再生型経済の確立、産業・輸送の脱炭素化、極度の貧困の撲滅、インクルーシブで公正な社会の実現など、私たちの前には困難な仕事が待ち受けている。どれも不可能ではない。だが、そうした高い理想めがけて、たったひとつの企業、たったひとりの個人でも前進できると信じる勇気が必要だ。

ネットポジティブの追求を足踏みさせる、思考や組織の壁を今こそ打ち破る時だ。こんなふうに考えよう。もし企業が自社の事業領域という「狭い世界」にこだわるなら、つまり小さくまとまっていたら、私たちが達成できるのは最大でも影響をゼロにすることまでだ。例えば、廃棄物ゼロ、炭素ゼロ、事故ゼロなど。これはこれで素晴らしいが、ネットポジティブの領域へ踏み込むためには、視野を広げなければならない。

思考を広げる

気候変動ほどの大きな問題に対しては、形だけのコミットメントは許されない。目標は時宜を得たものでなければならない。実行できそうかどうかは関係ない。私たちは時間との闘いに挑んでいる。しかし、私たちが必要とするシステムの変革を目指す前に、企業はまず自身を変革しなければならない。大きな思考を阻むサイロ（縦割り構造）を見つけ、壁を壊す。安全策をとるのも、過去の延長線上で思考するのも、もうやめにしよう。負けることがないよう慎重に事を運んだり、答えがすべてわかるまでは目標にコミットするのを避けたい気持ちもあるだろう。だが、小さくまとまっていてはダメだ。どうやって勝つかを考えなければならない。

システムを変革しようとするとき、実際の障壁に劣らず邪魔になるのは私たち自身だ。あまりに大きな目標はなかなか受け入れにくいが、それは新たな思考を刺激する。ユニリーバの石鹸ブランド「ライフボーイ」が10億人の人々に健康な手洗い習慣を教えるという目標を掲げたとき、同ブランドのグローバル責任者だったサミール・シンは、この数字は大きすぎて不可能だと考えた。だが、「おかげで公共衛生機関やNGOとパートナーシップを築くことができました。貧しい山村地域にどうやってもっと効果的に働きかけるかを知り、行動変容における強力なイノベーションを見いだし、衛生について子どもや母親にどう教えれば習慣を根本的に変えさせられるかを探るなど、あらゆることについて創造的に考えられるようになりました」と言う。

居心地の悪さを感じない目標は十分に野心的とは言えず、誰かがあなたの邪魔をする可能性もある。私たちはイノベーションのジレンマに陥る。ただし、それは、歴史の長い大企業は現状にたくさん投資してきたため、新しい破壊的《ディスラプティブ》なテクノロジーに移行できないという、クレイトン・クリステンセンが言う伝統的な意味のジレンマではない。私たちが陥るのは、感情面のイノベーションのジレンマだ。例えば、サプライチェーンにおける人権侵害は許されないとはわかっているのに、臆病だから、他に誰も行動していないから、あるいは株主価値にどう影響するかわからないから、行動を起こさない。

より大きな目標（「ゼロ」や「すべての」がつくことが多い）は、視野を広げ、極めて重要なシステム思考を強いる。こうした目標を達成することで得られる利益や影響をすべて理解するには、もっと全体を見渡す必要がある。廃棄物ゼロの工場は概して安全性に優れ、運営状態がよく、なおかつスタッフの士気も高い。古い考え方をやめると、工場の廃棄物ゼロを達成し、なおかつコストを節減できることがわかる。サステナブルな建物はエネルギーコストを節減する（または必要以上の利益を生む）が、そこで働く人も生産性が高まり、満足感を得る。病院であれば患者の治癒が早まる。時に思わぬ因果関係が生じる。ここでのキーワードは「なおかつ」だ。

トレードオフでしか考えないのは、一種の知的怠慢、時代遅れの考え方だ。課題に対する第一の限界は、自身の頭のなかにある。テクノロジーが進化し、新しいプロセスが当たり前になるなか、大きな目標の多くはトレードオフでなくても実現できる。上司が想定する部下の限界が、彼らの思考や行動を決める。狭く限定しすぎると、行動の可能性も狭まってしまう。組織がネットポジティブな目標を設定できるようにするには、2つのことが必要だ。つまり、世界が何を必要としているかを理解し（アウトサイド・インの視点）、もっと大きく自由に考える（成功するための余力）ことだ。

アウトサイド・イン

なぜゼロインパクトを目指さなければならないのか、さらにネットポジティブの領域に足を踏み入れる必要があるのか？　企業幹部がこれを常にはっきり理解しているとは限らない。結局、ひとつの事業分野でどれだけのコストをどれだけの早さで削減するかの決定は、しかるべき見返りがいつ得られるか、資金にいつ余裕ができるかに左右される。なぜ急ぐのか？

それは単に社内の問題ではない。資源利用、廃棄物、気候変動などをめぐるグローバルな問題の解決にはそれだけの規模が必要になるからだ。もっと大きな目標を引き受けるためには、外部の現実を企業内部に持ち込む必要がある。1・5℃または2℃の温暖化など、そこを超えれば深刻な影響が生じる限界について考えるのがカギである。

ストックホルム・レジリエンス・センターは、超えてはならない地球の限界（プラネタリー・バウンダリー）をモデル化した。当初のリストに盛り込まれたのは、気候変動、生物多様性の喪失（種の絶滅）、海洋酸性化、淡水利用、有害物質（マイクロプラスチックを含む）による環境汚染など9つの要素だった。主執筆者のひとり、ヨハン・ロックストロームは現在、15の自然システムのうち、臨界点に近づいているものがいくつあるかについて語っている。彼によると、北極海氷の喪失、西南極氷河の滑落、サンゴ礁の死滅の3つは、後戻りできない臨界点をすでに超えたと考えられる[2]。

社内の精神的限界を打破するための最善策が、世界の物理的限界を理解することだというのは皮肉だが、限界は確かに存在する。地球の限界値に関して数値が正確か、そもそも正確に測定できるのかも含めて議論されている。だが、地球の回復力には限界があるという基本的な考え方は揺るがない。世界のあらゆる組織でこれを思考の指針としなければならない。

それは科学に対する「アウトサイド・イン」の視点だ。だがもうひとつ、事業と相互作用しているシステム（自然なものと人為的なもの）の範囲をもっとよく理解する必要もある。経営陣は自社の優先課題について、ステークホルダーの率直な意見を聞かなければならない。ユニリーバは社外の諮問委員会から率直な意見や助言を受け取り、経営者が戦略や対応策を準備できるような早期警戒システムを提供してきた。諮問委員会には、NGOや批判派の視点を重視したもの、もっと戦略的な支援に焦点を当てたもの、深い知識が必要になる具体的テーマに絞ったものなどさまざまな種類がある。例えば、サステナビリティに関するグローバルな諮問委員会に加えて、2000年には持続可能な農業に関する専門委員会をつくった。この委員会はその後、持続可能な調達全般に焦点を当てるようになった。

アンドリューは、シーザーズ・エンターテインメント、HP、キンバリークラーク、トレイン・テクノロジーズ、ユニリーバ（北米）など多くの企業で、こうした戦略的諮問グループに加わってきた。優れた諮問委員会は、アドバイザーが経営幹部や取締役会と頻繁に接触する。また、経営トップが自ら諮問委員会を率いているところもある。当時、北米ユニリーバの責任者だったキース・クルイトフもそのひとりで、彼はサステナビリティ担当役員ではなかったが、諮問委員会をリードしていた。

サステナビリティ専門家のジョナサン・ポリットなど、ユニリーバで長くアドバイザーを務めてきた人たちは、多くの時間を費やして世界中の事業拠点を訪れ、その様子をポールに報告した。経営者はこうした委員会の声に謙虚に耳を傾け、外の世界で何が起きているかを語ってもらい、自分の思考を広げよう。万事順調みたいなプレゼンテーションは役に立たない。

NGO、批判者、賛同者にも働きかけるとよい。彼らは会社が対応すべき問題、彼らの助けを必要としている問題を教えてくれるかもしれない。株主第一という考え方の人にとっては、NGOの関心事はコストや企業イメージに影響する場合にしか意味を持たないだろう。だが、その問題を本当に理解したい、その解決に一役買いたいという気持ちでNGOに接すれば、知識豊富な彼らとともにもっとイノベーションを起こせるだろう。あるいは、愛のむちを受けて過ちを回避できるかもしれない。

ユニリーバは使用済みの「サシェイ」（インドなどで多くの廃棄物を生み出す、食品・化粧品などの小包装）から石油をつくる技術を発見した際、あるＮＧＯに接触してこのイノベーションについて話し合った。ＮＧＯはその技術にあまり熱意を示さず、「壊れたパラダイムへの投資に関心はない」と言った。厳しい見方だが、プラスチックのリサイクルは、状況の悪さを少し減らすだけで、本当の問題、すなわち製品の包装・流通システムそのものをどう変えるかから目を背けている点で解決策とは言えないというのが理由だった。

このＮＧＯは消費財業界に対して、素材やビジネスモデルのもっと抜本的な変革（無包装店など）が必要だと指摘した。学びたいという気持ちや謙虚さがあって初めて、こうした率直な評価が耳に入ってくる。ユニリーバで最高サステナビリティ責任者を務めたジェフ・シーブライトは、ＮＧＯの助けを借りれば、準備を万全に整える以上の効果が得られると言う。「ＮＧＯを招き入れ、建設的な緊張を生み出しましょう。たくさんの人々が出入りし、協力し合い、事業を変革することで、ユニリーバはより大きくなっていく」と彼は言う。

これは昔から主流の事業マインドや「インサイド・アウト」の戦略とは大きく異なる。インサイド・アウトとは、製品やイノベーションを顧客に押しつけるやり方で、それが真のニーズに応えているか、より広範囲な課題を解決しているかは関係ない。変化の激しい不安定な世界では、内向きになって自社（や株主）に奉仕していたら、すぐに時代遅れの会社になってしまう。「アウトサイド・イン」の視点のよさは、人類共通の課題の解決を中心に据えていることだ。それはＵＳＬＰの重要なドライバーだった。

成功するための余力

会社で従業員がどう行動し、何を優先するかは価値観によって左右されるが、ルールや規範、境界にも同じように影響される。人を狭い枠組みに押し込め、その役割や会社の責任を小さく規定すると、創造性が妨げられ、必要な規模のイノベーションが起きなくなる。人材の評価ポイントを間違えると、間違った結果が出る。

組織設計は時に従業員を狭い場所に閉じ込めたり、障害物をつくり出したりする。互いに足を引っ張り合うことがないよう、会社のさまざまな部分が首尾一貫してつながり合っていなければならない。例えば製造部門はコスト最小化という目標を立てる可能性があるが、それは迅速な対応やカスタマイズといった目標とは矛盾しかねない。多国籍企業の場合、ブランドの利益はグローバルに測定され、成長目標は世界で均等に適用されるかもしれない。だが、そのやり方は、新しい市場への参入や定着に時間を要するブランドに投資するのに適していない。

その解決法は、長期的視点で考える余裕を社員に与えることだ。ポールは四半期決算の発表をやめ、90日後に成果を出すというプレッシャーから社員を解放し、組織にゆとりを持たせた。あらゆる選択の正しさを3カ月以内に実証せよと経営陣から求められないのであれば、社員はもっと大きな目標を立てられる。といっても、業績目標を達成する必要は依然としてあり、だからこそ優先順位をめぐる厳しい選択を社員は迫られたが、それは結果的に吉と出た。絶妙なバランスだった。ただし、大きく考えるのは重要だが、資金と人材には限りがあることも認めなければならない。高い目標を目指して計画を立てるべきだが、一度に全部はできない。

共通の価値観やパーパスを重視すれば、マネジャーは優先順位をつけやすい。ユニリーバでは、密接に関連した2つの戦略（USLPとコンパス）が道しるべになった。その結果、工場長は廃棄物ゼロ達成に向けた投資に重心を移し、四半期の生産コスト削減の優先順位は自ずと下がった。各ブランドの統括責任者は、パーパス主導の社会変革に対する最善の投資方法を選択できるようになった。ユニリーバは、人種、ダイバーシティ、インクルージョン、LGBTQの権利、公衆衛生などの難しい社会課題を優先事項の一部に位置づけた。すると、手洗いプログラムのような地域社会のプロジェクトにマーケティング予算を投じることが、慈善活動やCSR活動ではなく、本業のなかでの意思決定となる。

限界や境界が少ないと、会社の向かう先について誰もがもっと柔軟に発想できるようになる。何を達成したいかを経営陣が大きな視点で考えた結果、ユニリーバはミッション重視のBコーポレーションをますます買収するようになった。

させる効果もあった。その発想の源は地球が直面する現実と、世界のあらゆる地域の人々が抱えるニーズだった。2015年に国連の持続可能な開発目標（SDGs）がスタートすると、ユニリーバの計画はグローバルな目標をいっそう重要視するようになった。

USLP——限界を打ち破るための武器

USLPはユニリーバの再生に役立っただけでなく、視野が狭かった会社の目を外界に向け

USLPはインサイド・アウトのプロセスから生まれたわけでもなければ、コンセンサス重視でつくられたわけでもない。ポールが議論した相手は、当時のサステナビリティ担当リーダだったカレン・ハミルトンとギャビン・ニースだ。2人はグリーンピースや世界自然保護基金（WWF）など、NGOや外部アドバイザーの意見に耳を傾け、持続可能な農業、ライフサイクル分析、栄養、衛生に関する社内の専門知識も活用した。だが、USLPの大部分は彼ら3人が書いた。経営陣のなかには、それがすぐに実現できるものではなく、望ましい計画でもないと考える者がいるのはわかっていた。社内の賛同を得るには時間がかかる。ニースが言うには、社内の多くの人々は「ポールが完全に本気だと気づいて」からようやく注目し始めた。[3]

「10億人の健康・ウェルビーイングを改善する」「売上高を倍増させながら環境負荷を半減さ

せる」「数百万人の生活を向上させる」というＵＳＬＰの３大目標は限界を打ち破るものだった。ライフボーイの手洗いトレーニングなど、既存のパーパス志向のプログラムは数百万の人々を巻き込んでおり、それはそれで見事な成果だったが、10億人にはとうてい及ばなかった。目標が１００倍以上になったことで社員はより視野を広げて考えるようになった。「すべての原材料を持続可能なものにする」など、多くの下位目標もこれまでより高いレベルで設定された。ＣＳＲの旗の下、善意に基づくけれど社内の一部がばらばらに動くのではなく、それは全社を巻き込んだ取り組みだった。

ＵＳＬＰには「ゼロ」「すべての」といった言葉が頻繁に登場する。ゼロ目標だけでネットポジティブになれるわけではないが、それは間違いなく限界を打ち破る。このような目標を達成するには、パートナーの協力を得たり、システム設計の問題に取り組んだりする必要がある。例えば、ゼロエミッションという目標を達成するため、ユニリーバはCO_2のあらゆる排出源に目を向け、アイスクリーム保管庫に使う冷媒などの問題にポイントを絞った。業界パートナーと協力して温暖化効果が低い自然冷媒を開発するには、何年もの時間を要した。そのためパートナー企業も、四半期思考の限界を打破せざるを得なくなる。

ユニリーバは中間目標を使ってちょっとした達成感を与えることで、自信を植えつけ、行動や文化をよい方向へ変えていった。他にもＵＳＬＰを根づかせるためのツールを考案し改変した。例えば社内で設定した炭素価格は、排出量削減に本気で取り組むよう従業員にシグナルを送った。マーケティング責任者だったマーク・マシューの功績も大きい。彼は、製品の中核となるコンセプトや消費者にとってのベネフィットを説明する「ブランド・ラブ・キー」に「ブランドパーパス」を加えた（詳しくは第9章を参照）。

ネットポジティブ企業はブランドの中心にパーパスを据え、それがイノベーションを自由に追求する原動力となる。「サステナビリティを暮らしの〝あたりまえ〟に」というUSLPのミッションに後押しされて、研究開発やブランドのチームは「その製品が世界のために何ができるか」を、機能的なベネフィットだけでなく、システミックな変革に及ぼす大きな影響についても限界に縛られることなく発想できた。例えば除菌クリーナーブランドの「ドメスト」はそれまで、洗浄効果について小さな改善を続けてきたが事業としてぱっとせず、その後、屋外排泄という衛生問題などに焦点を当てるようになった。まったく新しい視野が開けていった。

USLPは10年間の固定的な計画ではなく、いわば発展する計画だった。ネットポジティブ企業が必要とするのは、世界やその限界に対する理解が深まるにつれて進化する目標だ。温室効果ガスの排出量を半減させたユニリーバは、さらに野心的な目標を導入した。ハードルは常に上げていかなければならない。限界やシステムに対する理解が広がるとともに、計画のビジョンも広がる。

エネルギーをめぐる取り組み

マテリアリティ分析〔重要課題の特定〕に加え、自社が世界に与える影響を知るためにまず行うことのひとつは、事業全体のライフ・サイクル・アセスメント（LCA）だ。企業が本当はどんなところに影響を及ぼしているのかを調べると大きな発見があり、限界を打ち破る効果もある。ほとんどの業界にとって、特にCO_2排出量は、その大部分が企業の直接のコントロール下にはない。ユニリーバのデータも他の消費財企業と同様で、製造や流通での排出量は4%にすぎない。[4] 排出量の比率が最も大きいのはサプライチェーンと、消費者が製品を使用する段階（洗濯や食器洗浄、入浴のために水を温めるときなど）だ。

森林破壊と闘うのはサプライチェーン上流の排出量の削減に有効であり、消費者のエネルギー利用法を変えれば（例えば冷水で洗浄できる製品の開発）下流の排出量削減に最も効果がある。最終的にはサプライチェーン上のすべてをターゲットにすべきだが、世界が限界に近づいていることを考えると、まずは自社の排出量をコントロールしなければならない。ユニリーバがより強力な気候変動対策を提唱するなら、言行一致を徹底させ、自社の直接の排出量をまず大幅に削減する必要があった。

当初のUSLPは、各事業所からの排出量と、配電網から購入する電力に関連した排出量の両方について、生産量1トン当たり40％の削減を目指していた。これができれば、CO_2の年間排出量をまったく増やさずに売上高を倍増させるという目標を達成できる。つまり、期待される事業成長と排出量を切り離すデカップリングが可能になる。

その後、ユニリーバはさらに野心的な目標を立て、1トン当たりではなく、削減の絶対量を掲げた。2015年にパリで気候変動枠組条約締約国会議（COP）が開かれる頃には、事業展開する地域でのカーボンポジティブを目指していた。そのような目標を設定したのはユニリーバがほぼ初めてだった。例えば、再エネを購入して英国のポートサンライト工場の電力排出分をカバーするだけでなく、施設内にある別の会社（ボトルブロー成形業者）の工場の排出分も対象にした。ユニリーバは目標をさらに拡張し、2030年までに全社でカーボンポジティブを目指すとした。そのためにすべてのエネルギー（電力と熱エネルギー）を再エネでまかない、2020年までに石炭由来の電力の使用をなくす必要があった。だが多くの企業が直面するように、脱炭素化で難しいのは、産業用熱源は石炭やディーゼル発電が主流であり、それをどう変えるかという問題だ。

英国のような一部の先進国ではバイオガスを利用できたが、インドや中国では、農産物を買い取っている畑から出る農業廃棄物をバイオマス用のペレットやブリケットにする現地企業の設立を支援する必要があった。ケニアなど太陽光が豊富な地域では太陽熱発電システムを設置し、ディーゼル発電の利用をやめた。2016年にドバイに開設したパーソナルケア製品の最先端工場では、エネルギーの25％が太陽光・熱でまかなわれている。(5)

この10年間でユニリーバは効率を大きく向上させ、2019年には（事業を成長させながら）エネルギー需要の絶対量を29％削減した。2008年以降の節減額は7億3300万ユーロに達しており、絶対的な目標を設定してもクリア可能なことが実証された。再生可能電力100％の目標は達成され、すべてのエネルギーを再エネにするという目標も5合目あたりまで来た。

事業の脱炭素化は重要だが、それは今や最低限必要な基本要素であり、ユニリーバの直近の目標もその現実を反映している。2039年までにすべての製品についてサプライチェーンから販売まで、カーボンニュートラルを実現することを目指している。それを実現するには、行動を変える目標が必要だ。

勇敢で居心地の悪い目標

USLPは3つの大きなミッション（10億人の暮らしの改善など）の下にいくつもの下位目標があるが、マース、オラム、3M、デュポンなど、多くの企業も同様の構成を採り入れている。

マースの「次世代に向けた持続可能な環境整備プログラム」は、健全な地球、人々の繁栄、ウェルビーイングの充実という3つの主要分野に重点を置く。(6) チョコレート製品やペットフードを扱う同社は気候変動との闘いに10億ドルの予算を確保した。ユニリーバの次世代USLPも2年後に同様の予算規模になった。各社がベストプラクティスを共有しながら競い合うことで、こうした大局を捉えた計画の数が増えている。

同じ構成の計画にする必要はないが、幅広いアプローチで断固たる（時に恐ろしくもある）目標を設定しようとするとき、欠かせない要素がある。ここでは、組織をネットポジティブへ向かわせる効果的なサステナビリティ目標について、5つの側面から見ていく。その5つとは、SMARTな目標を意識する、「何」と「どのように」の両方を重視する、科学に立脚する（場合によってはその先を行く）、バリューチェーン全体に目標を適用する、ポジティブな「ハンドプリント」（プラスの影響。「フットプリント」とは逆の意味）を目標にする。

SMART2・0

この後、カテゴリーごとに手早く紹介する。組織は少しずつ異なっているが、どの組織にも外せない目標がいくつかある。前にも言ったように、居心地の悪さを感じない目標は十分に野心的とは言えず、まだまだ甘い。インドのIT大手、ウィプロの会長アジム・プレムジは言う。「人から笑われないような目標は小さすぎる」(7)

名演説家と言われる人たちは、よい目標を設定するためにはSMARTを心がけよと言う。具体的（Specific）、測定可能（Measurable）、達成可能（Achievable）、現実的（Realistic）、期限あり（Time-bound）でSMARTだ。「具体的」「測定可能（定量的）」「期限あり」には大賛成だが、残る2つはどうかと思う。現実的とは、やり方をすでに知っているということだ。でも、創意工夫をこらしてやってみるまでは、何ができそうかは誰にもわからない。一歩離れてシステム全体を眺めたら、思わぬ大きな転換が可能になるかもしれない(8)。

いずれにせよ、目標は大きくなければならず、アウトサイド・インの視点をしっかり反映させなければならない。CO_2の排出量をゼロにするのが現実的なのは、2040年までか、それとも2050年か――気候にとってそんな事情は関係ない。アップルのCEO、ティム・クックが言うように、「ちょっとクレイジーな目標を設定すると、魔法のようなことが起き、必ずもっとよい結果が出ます(9)」。だから「R」は「結果重視（Results-oriented）」を使おうと思う。「達成可能」にも賛成できない。実現できるとわかっている目標は大きな目標ではない。企業の目標は長い間、ボトムアップ（とインサイド・アウト）で設定されてきた。何ができそうかを全員に尋ね、それを少しだけ上回るレベルを目標にする方法だ。「今年は10％のエネルギー削減ができそうですか？　わかりました。それでは目標は12％にしましょう」。だが、達成への道筋が明確な場合、それは目標ではなくアクションプランだ。

「A」については「野心的（aspirational, ambitious)」「大胆（audacious)」がいいと思う。2030年までにカーボンニュートラルを達成、10億人の生活改善を目指すなど、思い切り高い目標を掲げて10％届かなかったとしても、それでいい。少しずつの改善を目指して達成したときよりも到達距離は長い。高い目標は気持ちを奮い立たせる効果もある。

「A」に関してもうひとつのおすすめは「絶対的（absolute)」な目標だ。相対的な目標に比べて、組織の方向性をより明確にできる。成長を考慮に入れて影響を再検討するではなく、トータルの削減目標を設定し、どこで削減するのが一番よいかを組織に考えさせよう。もうひとつの「A」、すなわち「責任（accountability)」も重要だ。誰が目標に対して責任を負い、役割を担うのか？

SMARTの「M」、つまり測定可能（定量的）について簡単に触れておく。定性的な目標で用が足りるケースもあるが、近年は環境・社会・ガバナンス（ESG）の成果を測定する定量的指標も改良されつつある。大企業200社のESG目標を集めたアンドリューのデータベースwww.pivotgoals.com（サステナビリティコンサルタントのジェフ・ガウディとサステインサーブが共同で運営）を見ると、10年前に社会・ガバナンスの定量的目標を設定している企業はほとんどなかった。意図を漠然と記述している企業はたくさんあったが、数字に基づいてはいなかった。

現在は大企業の4分の1以上が、人権侵害ゼロ、女性管理職比率の目標など、社会的目標を数字で表している。新しい目標も数多く登場している。「ブラック・ライブズ・マター」運動を受けて、美容・化粧品チェーンのセフォラは販売する製品の15％を黒人所有企業から仕入れると約束した。[10] この目標達成のため、同社は創業者がＢＩＰＯＣ（黒人、先住民、有色人種）である小規模の美容製品企業を支援するインキュベーション・プログラムも再開した。[11] ユニリーバも、不平等な扱いを受けている人たちが経営するサプライヤーと毎年20億ユーロの取引をする目標を定めた。[12]

アンドリューのデータベースによれば、「すべて」「ゼロ」「100％」という表現を使った目標も増えている。目標が大きくなるにつれて、いわゆるＢＨＡＧ（大きく困難で大胆な目標）も明らかに増え、経営者は安全地帯から出て行かざるを得なくなっている。だが、ゼロ目標は単に居心地の悪さを感じる目標ではなく、チャンスを広げる目標でもある。それをきっかけに組織は問題の本質をもっとよく理解し、協力するパートナーを見つけ、最終的にゼロを通り越してネットポジティブの領域に至る、もっとよいシステムを構築する。

「何」と「どのように」

ＥＳＧ目標はたいてい具体的な結果（「何」）を伴うので、イメージしやすい。例えば、排出量の30％削減というのは典型的な「Ｅ」目標であり、明確でアクションを促す。「Ｓ」目標の優れた事例は、所得平等へ向けた豪小売業ウールワースのコミットメントだ。「会社のあらゆる階層で、仕事内容が同じなら時間当たりの賃金を男女で区別しない」。これには解釈の入る余地がない。

結果目標は単純に思えるが、それでも企業に限界を打破させる力がある。組織を活性化させ、事業のあり方や協力相手を変化させる。USLPの導入後、ユニリーバの製造関連のサステナビリティマネジャーだったトニー・ダンネージは、グローバル製造部門の廃棄物をゼロにする目標を与えられた。彼はすぐに各方面に協力を求め、学者やサプライヤー、外部企業といっしょに廃棄物源ごとに計画を立案した。インドネシアのある工場では非毒性の汚泥を処理する必要があったが、通常の廃棄物システム内では行き場がなかった。廃棄物ゼロの目標により、会社はその受け入れ先を探す必要に迫られた。結局、それはユニリーバの工場の近くにあったスイスのセメント大手、ラファージュホルシムの工場で原材料として使用されることになった。この取り組みは製造用のエネルギー源として化石燃料を相殺《オフセット》し、ホルシムのカーボンフットプリントを削減した。

ユニリーバは予定より6年早い2014年に、242の工場すべてで埋め立て無害廃棄物ゼロを達成し、残る期間で材料費と処理費を約2億2300万ユーロ削減した。これによってバリューチェーン全体での廃棄物削減について考えられるようになり、同業者やサプライヤーとともに業界レベルで廃棄物問題への対応策を練った。こうした波及効果は、大胆な結果目標を最初から設定したおかげだった。

しかし多くの目標では、結果を明言するだけでは十分ではない。そこへたどり着く方法を明確にする必要がある。こうした場合に役立つのがプロセス目標であり、その違いは重要だ。例えば、健康を改善するという個人目標があったとする。それでは大まかすぎるので、「半年で5キロやせる」のように具体的な目標を定める。だが、計画を立てずに結果目標を壁に貼っておくだけでは意味がない。プロセス目標なら「毎週3回ランニングをする」といった形で運動に焦点を当てることができる。これでもかなり具体的だが、「毎週日曜の夜に、その週の3回のランニング予定をカレンダーに書き込む」のような目標だとなおいい。

マリオットは世界最大のホテルチェーンになったとき、詳細なサステナビリティ目標を新たに設定した（アンドリューは1年以上にわたってマリオットに助言した）。「サーブ360」と呼ばれるこのプログラムでは、主要カテゴリーごとに具体的なプロセス目標が掲げられている。事業面では、650のホテルでLEED認証（環境に配慮した建物に与えられる）の取得を目指すことを約束した。その下位目標のひとつは、すべてのホテルのウェブサイトにインパクト指標を掲示させ、オーナーが関連データを測定せざるを得なくすることだった。これで結果の改善が促される。

ホスピタリティ業界にとってもうひとつ重要な問題は人身売買だ。これはホテルが舞台になることが多い。このテーマに関する結果目標は約束するのが難しいため、マリオットは人権や人身売買について全従業員を教育するという目標を定めた。また、採用や調達の方針に人権基準を盛り込むことも約束した。

大きな結果目標に加えて適切なプロセス目標を設定すれば、成功確率が高まり、全社的な一貫性が保たれる。

科学に基づく目標——必要最低限の条件

もし医師から、がんがあるので6カ月の化学療法が必要だと言われたら、あなたは「4カ月を目標に、6カ月はストレッチ目標としてやってみよう」とか、「うちの政党は化学療法を支持していません」とは言わないだろう。気候変動やパンデミックへの対応において科学は政治化している。だが、真実と事実こそが重要だ。CO_2に関しては、地球に明らかな診断が下されている。世界は2030年までに排出量を半減させ、2050年（またはそれ以前）までに排出をなくす必要がある。そのペースよりも遅い目標設定は自殺行為に加担するようなものだ。

科学が要求する排出量削減のための目標を「サイエンス・ベースド・ターゲット（科学に基づく目標、SBT）」という。この目標はマストであり、達成できそうな目標、ステークホルダーが納得しそうな目標ではない。その原動力はアウトサイド・インの視点だ。つまり地球の限界に目を向け、そこから目標を設定する。だが「科学に基づく」という表現では、私たちが必要とする「限界突破目標」を十分にはカバーできない。「コンテクスト・ベースド（背景状況に基づく）」というもっと幅広い表現なら、科学が示す限界値よりも目標を広くカバーできる。そこでは人間の許容限度（倫理性や公正性）や地理的・社会的・経済的な側面の微妙なニュアンスが加味される。例えば、水に関する目標は流域ごとに設定し、利用可能な総量と、その地域の企業への公正な分配の両方を視野に入れなければならない。幅広いコンテクストのなかには、サプライチェーンでの「現代奴隷」を容認しないなど道徳的な限度も含まれる。我々はSBTという言葉を、科学と道徳を包含する大きなコンテクストに代わるものとして使っている。

地球の限界というレンズを通して見るとき、SBTはストレッチ目標ではなく、生物物理学的にも道徳的にも必要最低限の条件だ。2010年代半ばまで、CO_2に関するSBTはほとんどなかった。今は、世界資源研究所のサイエンス・ベースド・ターゲット・イニシアティブ（SBTi）から1300社が認定を取得し、RE100（100％再エネ調達を目標にする国際的イニシアチブ）にも数百社が加盟している。[13]こうした目標は間違いなく成果を後押しする。2015年から2020年にかけて、SBTiの認定取得済み企業は排出量を25％削減した。同時期、エネルギー・産業プロセスからの排出量が3・4％増加したのに比べると、実に大きな成果だ[14]。

気候関連のSBTを設定している企業は増えているが、まだ十分とはいえない。フォーチュン・グローバル500社のうち、100%再エネ、カーボンニュートラル、または科学に基づく目標を定めているのは30%にすぎない[15]。だが、先進企業は日々、ハードルを上げようとしている。2020年初め、マイクロソフトは世界で最も野心的な気候変動対策の目標を掲げた。2030年までにカーボンネガティブ（すなわちネットポジティブ）を達成するだけでなく、創業以来排出してきたCO_2を2050年までに世界から除去するという内容だ[16]。過去にさかのぼって排出量を取り除くという取り組みは、マイクロソフトが初めてだった。

その実現に向けて、同社は炭素隔離プロジェクトに対する最大級の投資家になった。米国の農業協同組合ランド・オー・レイクスは、農家が効率的な土壌管理によってカーボンクレジットを取得する手助けをしているが、このクレジットを最初に買ったのがマイクロソフトだった[17]。環境再生型農業によるこのようなCO_2削減は、正当性や価値に大きな幅があるカーボンオフセットや再エネによるオフセットとは違い、CO_2を実際に削減する。

ユニリーバがステークホルダー向けに定期的に開催しているUSLPイベントで、現CEOのアラン・ジョープは、マイクロソフトがCO_2排出量削減の先鞭をつけており、大きな成果を生むだろうと熱弁した[18]。企業同士が相手をあっと言わせながら切磋琢磨するのは素晴らしい。

グーグルはマイクロソフトの取り組みを手がかりに、もっと大きな目標を掲げている。創業来の排出量を、2050年までどころか、すぐにも相殺するというのだ。[19] グーグルはこれを、電力の購入契約と完璧とは言えない再エネ証書（REC）によって実現した。RECではクリーンエネルギーという属性をお金で買うことができるため、発電事業者でなくてもCO_2の排出量削減を主張できる。だがグーグルは、2030年までに全世界のすべてのデータセンターで再エネ由来の電力（とバッテリー蓄電）だけを使うとも約束している。つまり、再エネのクレジットやオフセットは利用しないということだ。同社はこれをどう実行するかはまだわからないとしているが、ぜひ期待して見守りたい（IBMもカーボンのオフセットや炭素隔離を利用せずに、2030年までに再エネ90～100％を目指している[20]）。

カーボンニュートラルへ向けた競争は加速している。実行した企業はまだほとんどないが、世界経済フォーラムはすべての会員企業に、2050年までに排出量を実質ゼロにする目標を設定するよう求めた。[21] リーダー企業はすでに先を行っている。アマゾンは2040年までにCO_2の排出量実質ゼロを目指す「クライメート・プレッジ（気候変動対策に関する誓約）」を立ち上げ、100社以上の大企業がこれに署名している。ユニリーバは2039年を目指しており、競り合いが激しくなる格好だ。イケアは2030年までの気候ポジティブ（温室効果ガスの排出量より削減量を多くすること）を目標に、成長と温室効果ガス排出量をデカップリングした

（5年間で売上高は14％増加、排出量は14％減少）。同社はすでに事業運営に必要な水準より32％多い電力を風力と太陽光から得ている[22]。ウォルマートも2040年までのカーボンゼロを目指し、再生型ビジネスへの転換を表明している。売上高6000億ドルの同社は、環境再生型農業の導入などにより、2030年までに100万平方マイルの海洋と5000万エーカーの土地を「保全または修復」するとしている[23]。

生物多様性のような分野では、目標設定はまだ緒についたばかりだが、それでも果敢に挑戦している企業や組織もある。SBTネットワーク（SBTN）はナチュラ、ユニリーバ、ラファージュホルシムなどの企業と共同で、地球の限界に関する信頼できるデータをもとに、「自然に関する科学に基づく目標設定」の方法を開発している。科学的な解明は進行中だが、生物多様性の手近な目標としては、地球の陸と海の半分の保全を目指す、生物学者E・O・ウィルソンの「ハーフアース・プロジェクト」や、自然破壊からの回復と生態系保護のための包括的アクションを企業に求めていく国際的な連合体で、900の大企業や主要NGOが参加する「ビジネス・フォー・ネイチャー」を応援するのがよいだろう。

マイクロソフトやナチュラなどのリーダー企業は、カーボンニュートラルにとどまらず、自社が排出する以上の量のCO_2を除去しようとしたり、相乗効果を生み出すための新たな基準づくりに協力したりしている。こうしたネットポジティブなアクションは科学の枠を越え、

「自社の狭い世界」という限界を超えている。

科学が必ずしも明確でないときや、野心的な目標に対する居心地のよさ（悪さ）の感覚がわからないときは、それを逆さまから見て、自分がどう感じるかを検討してみよう（次のコラムを参照）。

Column

目標を逆方向から眺めてみる（リバース目標）

科学に基づく目標がなぜ最低条件なのか、「ゼロ」や「すべて」という目標がなぜ最も有効なのかを知るためには、検討中の目標を逆さまにし、それを声に出して言ってみるとよい。もし「再エネ60％」という目標を設定するなら、それは「当社のエネルギーの40％は温暖化ガスを生み出し、コスト負担を大きくする」ということでもある。2025年までに製品群の半分について持続可能性を達成するという目標は、「製品の半分は環境・社会への悪影響を改善せず、恐らく事態を悪化させる」ことを意味する。投資ポートフォリオの一定割合を責任投資ファンドに運用委託するとしたら、残りは無責任に投資していることになるかもしれない。

自社の「狭い世界」を超える

事業上の目標は（「ゼロ」がつくものであっても）言行一致の助けになるが、その会社の活動範囲内に限られる。もっと大きな、そしてネットポジティブな影響をもたらすには、もっと大きなライフサイクル全体のフットプリントに関する目標を設定しなければならない。製品の設計やサービスの提供における企業の選択は、バリューチェーン全体に波及効果を生む。例えば、アップルはバリューチェーン全体でのカーボンニュートラルを宣言しているが、原材料の使用についても異例とも言える目標を設定している。電子部品に使用される金属がそのまま廃棄物になって終わるプロセスを見直し、クローズドループのサプライチェーンを構築したいと考えた。「採鉱への依存を完全になくすことに挑戦したい」のだという。[24]

ネットポジティブ企業はサプライヤーや顧客に関する野心的目標を必要とするが、どこに焦点を当てるかは業種によって違う。エネルギーを使って製品をつくる企業は、下流に改革の機会を見いだそうとしている。アイルランドの空調機器大手トレイン・テクノロジーズ（時価総額440億ドル）は、顧客によるCO_2排出量を2030年までに1ギガトン（10億トン）削減する目標を掲げた。技術系企業も下流で目標を設定する傾向が強い。製品生産で直接排出するよりも多くのCO_2排出を削減（顧客の事業などで）できるという主張だ。例えば、リモート会議によって交通手段を使った（つまりCO_2を出す）移動が不要になり、ビッグデータ分析によって輸送や建物の効率が高まる。英通信大手のBTやデルはこうした他社の排出削減を手助けする「イネーブルメント」目標をいち早く導入した。最近ではテレフォニカが、2025年までに顧客の排出量を自社の排出量の10倍削減するとの目標を掲げている。

金融業界は事情が異なる。オフィスや従業員の移動による物理的影響は、投融資先の企業からの排出量に比べたら微々たるものだ（エネルギー資源の開発プロジェクトへの投融資を考えてみるとよい）。こうした「ファイナンスト・エミッション（融資先の排出量）」は銀行自身の直接排出量の700倍にも上る。一部の銀行は石炭企業への融資を取りやめ、直近では大手銀行のほとんどが投資ポートフォリオに対する目標を設定するようになってきた。モルガン・スタンレーやバンク・オブ・アメリカは2050年までにファイナンスト・エミッションを実質ゼロにするとしており、シティグループもCEOのジェーン・フレイザーが就任初日に同様の発表をした（それだけ優先順位が高いということだ）[25]。アリアンツとそのCEOオリバー・ベイトなどが立ち上げた投資家連合「アセット・オーナー・アライアンス」は、投資ポートフォリオのうち5兆5000億ドルを2050年までにネットゼロにすると約束している。

こうした動きはよいことには違いないが、地球の限界という視点から見るとあまりに遅すぎる。もし2049年まで化石燃料のインフラに融資していたら、2050年の最終期限を何十年も超えて存続するCO_2排出施設をつくり続けることになる。オーストラリアの保険大手サンコープはもっとよいアプローチをしている。同社は石油・ガスへの新しい投資の保険引き受けを停止し、既存プロジェクトの保険を2025年までに終了し、石油・ガス業界への投資を2040年までに完全にやめると発表した。[26] 30の大手投資家（資産総額5兆ドル）は2025年までのポートフォリオ脱炭素化に合意した。これらの目標はクリーンエコノミーへの移行を加速させるだろう。

サプライチェーンの目標はもっと一般的になり、サプライヤーにSBTを課す多国籍企業が増えている。食品大手は、原材料の調達において工業型農業がライフサイクルで見たフットプリントの大半を占めるため早くからSBTを採り入れた。ゼネラル・ミルズ、ケロッグ、キャンベル・スープは購入先の農園やアグリ企業に対してCO_2のSBTを設定している。他にも、製薬のグラクソ・スミスクライン、ファッション小売業のH&M、シュナイダーエレクトリック、ウォルマート（「プロジェクト・ギガトン」を展開）など、さまざまな業種の企業がバリューチェーン全体のカーボンニュートラルを目標に掲げている。また、サプライヤーに目標を課すのではなく、サプライヤー自身に主体性を持たせる方法もある。米小売大手のターゲットは、サプライヤーの80％が自らSBTを設定することを目標にしている。[27]

先進企業はアメとムチをうまく使って、特に気候変動対策に関して、サプライヤーに対するよい意味のプレッシャーを高めている。英小売大手のテスコはサンタンデール銀行と協力して、野心的な目標の設定など、気候問題で優れた取り組みをしているサプライヤーに有利な条件で融資をした。[28] ムチのほうでは、セールスフォースはまるで契約書のような文書（「サステナビリティに関する別紙」と呼んでいる）のなかで、気候変動対策に関する厳しい条件をサプライヤーに課した。サプライヤーはバリューチェーン全体の排出量を測定し、製品・サービスを「カーボンニュートラル基準」で提供しなければならない。[29] それができなければ「気候違反」となり、決して安くはない「改善料」をセールスフォースに支払う（この手の仕組みはいまだ聞いたことがない）。ムチというよりこん棒に近いが、サプライヤーのためになる。

バリューチェーンの目標をネットポジティブにすることで、企業全体をひとつのサプライチェーンからもっと多様でサステナブルな選択肢に移行させることもできる。ユニリーバは洗濯・洗浄製品に使われているすべての炭素成分を、非化石燃料由来にすると発表した。回収したCO_2や植物、藻類、廃棄物など、多様な炭素源の活用を目指しており、ユニリーバはこれを「カーボンレインボー」と呼んでいる。[30]

スターバックスもコーヒーのサプライチェーンの一部をもっと持続可能な調達に置き換えようとしている。自社のCO_2排出量を詳しく分析したところ、3万1000の店舗でエネルギーを利用しているにもかかわらず、ライフサイクルで見た排出量の最大部分を占めるのはサプライチェーン上流の牛乳生産者だった。[31] 乳製品の生産現場と牧場で飼われている牛が、カーボンフットプリントの21％を占めていた。環境再生型の酪農が広く行き渡るまでは、スターバックスがサプライチェーンの排出量を削減する最善の方法は、乳牛の利用を減らすことだ。

ＣＥＯのケビン・ジョンソンは「代替ミルクが解決策の中心になる」と述べた。来店客に乳成分不使用のメニューを注文してもらう必要があるが、それは簡単ではない。消費者の行動を効果的に変えた企業はわずかしかない。スウェーデンの食品チェーン、マックスハンバーガーは長年、肉を使わないメニューを増やし、典型的な生産・流通過程で生じる肉のカーボンフットプリントに関するデータを消費者にうまく伝えてきた。その結果、肉の注文は大幅に減少した。カフェチェーンのパネラ・ブレッドも同じように、メニューの半分を植物由来のものにすることを決めた。[32]

サプライヤーや顧客に関する目標設定は、組織が自分自身を見つめる際の限界を打ち破るのに効果的だ。もちろん、目標が製品のライフサイクルを広くカバーすればするほど、企業のコントロールはききにくくなり、居心地の悪さが増すだろう。それはよいことだ。その企業を新しい領域へ導くからだ。スターバックスはまさか牛のげっぷについて態度表明を迫られることになるとは考えもしなかっただろう。でも、もうそういう時代なのだ。

ポジティブな影響を拡大させる

目標に関する考え方には順序がある。まず足元のフットプリント（CO_2排出量など）に対応し、言行を一致させる。次に視野を広げてバリューチェーン、さらには業界全体に目をやる。そうした基礎ができたら、もっと広い世界にポジティブな影響を与えたり、自身の「ハンドプリント」を目に見える形で増やしたりするための目標を設定する。

ＵＳＬＰは、事業上のフットプリント削減目標から、10億人の生活改善といった大きなハンドプリント目標まで、あらゆるレベルの目標を活用した。また、自社ではなく、自社が事業展開する国のリサイクル率を目標にするなど当時としては珍しい目標もあった。つまり、システム全体のリサイクル率を高めようとしていた。そのような目標は間違いなく限界を打ち破り、協業を促進させる。ＵＳＬＰは進化を続けるなかで、システムの変革に関するネットポジティブな目標を増やしている。

ＳＢＴを遥かに超えるハンドプリント目標は、企業のパーパスやサステナビリティに関する声明の「常連」になりつつある。環境分野での例を挙げると——

- **ティンバーランド**　「2030年までに環境に対するネットポジティブな影響を生み出す」。

CEOは「奪う以上に与える」ことについても語っている。我々も明らかに同じ認識だ。

・クローガー「飢餓ゼロ、廃棄物ゼロの社会を目指す」。2750以上のスーパーマーケットを持つ同社は、2025年までに30億食を寄付するとともに、食品廃棄物を減らす斬新なアイデアを促進するためのイノベーション基金（1000万ドル相当）を立ち上げる。[33]

・ケリング「生物多様性にネットポジティブな影響を及ぼす」。そのために自社のサプライチェーンで利用する土地面積の6倍の土地を再生させる。[34]

主要な環境NGOのグループは、地域社会という枠を越え、人類共通のシステミックな問題に目を向け、「ネイチャーポジティブ」という旗印の下、「自然のためのグローバル目標」をつくった。そこでは、自然生息地の喪失を今すぐ実質ゼロにする、生息地全体を2030年までに増やす、生態系の繁栄を2050年までに取り戻すことを呼びかけている。

社会的な面では、企業は人間の繁栄という視点から、投資や成果に関してより具体的に表明するようになった。

・**ヘンリー・フォード・ヘルス・システム**　「患者の自殺をなくす」。病気を治すだけでなく、(デトロイトで)地域の健康を改善するために積極的に努力した。テクノロジーを使って患者のそばに寄り添い、迅速に医療を受けられるようにした。2年後に患者の自殺は75%減り、ゼロを記録した年もあった[35]。他の医療関係者もフォードの先例にならい始めている。絶望死が増えるなか、このようなプログラムはプラスの波及効果をもたらすことができる。

・**シティグループ**　「制度的な人種差別を撤廃し、有色人種コミュニティにおける経済的流動性を高める」。そのために10億ドル以上を拠出する[36]。

・**マスターカード**　「10億人の人々、5000万の中小零細企業をデジタルエコノミーに参加させる」。また、2500万人の女性起業家の事業立ち上げを支援する。会長のアジェイ・バンガは、この取り組みが、コロナ後の社会の再建や、世界のレジリエンスを高めることにつながると考えている。「長期的かつ持続可能な形で復興を遂げるためには、すべての人が参加できるようにしなければなりません。これは社会全体の繁栄を後押しするチャンスです[37]」

全世界を見据えた極めて野心的な目標もある。ダウは「社会における企業の役割を再定義し、循環型経済への世界の移行を促進する」を、トヨタは「循環型社会の構築」を目標に掲げている。こうした声明には具体的な指標が必要だが、実際に行動が伴えばよい刺激となるだろう。

自身を変え、他者を変える

現在のように破壊的《ディスラプティブ》な世界では、変化は不可欠だ。地球の限界が自社にどんな影響を及ぼすかを率直に調査し、経営の根幹が揺らぐことを発見するかもしれない。そうした企業は徹底した方向転換を図り、事業を変化させて時代に適応する必要がある。だがそれは、新しい大規模市場に参入する大きなチャンスでもある。

2006年、デンマーク石油・天然ガス（DONG）の経営陣はアウトサイド・インの視点で会社をチェックし、自分たちの将来を予測した。危機感を覚えた同社は、限界を打ち破る以上の野心的な目標を新たに設定した。具体的には、会社のあり方を完全に見直し、低炭素の未来にふさわしい事業への大転換を図った。化石燃料85%からグリーンエネルギー85%への転換という新ビジョンを掲げて2009年の気候変動枠組条約締約国会議（COP15）に参加したほか、その後の10年間で資産を売却し、社名をオーステッドに変更し、世界最大の洋上風力事業（世界の設備容量の29%）を構築した。[38] グリーンエネルギー85%の目標を達成した後、新しい目標を設定した。CO_2排出量を2025年までに（2006年比で）98％削減し、石炭からの段階的撤退を2023年までに完了させるほか、サプライチェーンの排出量を2032年までに50％削減し、バリューチェーンのカーボンニュートラルを2040年までに達成する[39]。

オーステッドの将来に対する市場の評価は石油大手よりもかなり高い。例えばBPの売上高（2790億ドル）はオーステッド（84億ドル）の33倍だが、時価総額（920億ドル）はオーステッド（650億ドル）の1・4倍にすぎない（本書執筆時[40]）。

オーステッドのような計画を持たない化石燃料企業は気候変動対策に本気で取り組んでいない。CO_2排出量をなくす必要が世界的に叫ばれるなか、彼らは存続が危ぶまれている。だが、そこまで尻に火がつかなくてもネットポジティブへ向けた事業モデルの転換は可能だ。2014年、ヘルスケア大手のCVSヘルスは約8000の店舗（現在は1万）でたばこの販売をやめた。約20億ドルの売り上げが失われたものの、これはドラッグストアから健康全般を扱う企業へ変身するための賢い戦略であり、また勇気のある決断だった。同様に、インガソール・ランドの冷暖房事業部門が単独企業としてスピンアウトしたとき、この会社は社名をトレイン・テクノロジーズとした。空調設備業界が気候変動に及ぼす負の影響は大きく（冷房は全世界の排出量の約5％を占める）、それを改善する必要があった。

もっと小規模なレベルでは、中堅企業のクラークス・エンバイロンメンタルは何十年もの間、蚊の殺虫剤をつくっていたが、創業者の孫ライエル・クラークが会社を新たなステージへ導いた。同社は有機防虫剤を開発し（米国のグリーンケミストリー賞を獲得）、ミッションを公衆衛生の保護と「世界中のコミュニティをもっと住みやすく、安全・快適にすること」に変更した。

こうした勇敢でタフな方向転換は、他社が同じように方向転換するきっかけ（ないし圧力）となった。フィンランドのネステはオーステッドと同じように石油精製企業から路線変更し、廃棄物を原料とする再生可能ディーゼル燃料とジェット燃料の世界最大の生産者になった。ネステの2020年の利益の94％が再エネ事業によるものだった。[41] オーステッドやネステが10年から15年先を行っているため、他のエネルギー企業は焦りを感じるはずだ。イタリアの大手エネルも科学に基づく目標を設定し、2030年までの石炭からの段階的撤退、2050年までの脱炭素化を確約している。[42]

他社に変革を強く促す場合、ビジネスモデルの完全な見直しが必要になるわけではない。先進的な企業は業界を牽引し、他の企業を困難な問題に正面から向き合わせることができる。ユニリーバはこれを何度も繰り返してきた。2014年、ユニリーバはマイクロビーズ（超微粒子プラスチック原料）の使用をやめた。自発的または義務的な使用禁止が議論される1年前のことだ。2018年、ユニリーバはフェイスブックやグーグルに、違法コンテンツや過激主義的なコンテンツの取り締まり強化を迫り始めた。2020年にはソーシャルメディア広告を中止し、コカ・コーラ、リーバイスなどの大手広告主も追随した。(43) これ以外にも、人権報告書の作成、香料成分の開示、グリーンボンドの発行など、ユニリーバのさまざまなアクションにより、競合他社も抜本的な変化を余儀なくされた。

こうした動きは変化のスピードを速める。最初に自分たちの考えをオープンにし、限界を打ち破った企業は、さらに行動を起こし、その規模を拡大し、他社をリードする。そのほうが後を追うよりもいい。後塵を拝するくらいなら塵《ちり》を立てるほうに回りたい。

長続きしている企業はたいてい自社の中核となる事業を転換した経験が一度はある。IBMは長年コンピューターだけをつくっていたが、その後、技術サービスやコンサルティングサービスを主に提供する方向へ進化した。数多くの企業を長年所有しているスウェーデンのヴァレンベリ家には、1946年にまでさかのぼる信条がある。「古いものから、今にも起きようとする新しいものへ乗り換える――それが守るべき唯一の伝統である」

ネットポジティブ企業の流儀

限界を打ち破るためにやるべきこと

- 地球の限界（生物物理学的な限界、社会・道徳的な限界）を知り、自分たちの会社がそうした限界の範囲内でどのようにやっていくかを評価する。
・自社の事業のあり方を考え直し、現状のモデルが未来にふさわしいかどうかを考える。
・会社の取り組みに対する制約を取り払うとともに、大きく考え、長期的な視野で活動し、未来に投資する余裕を従業員に与える。
・少なくとも科学に基づき、サプライヤーや消費者をカバーし、フットプリントの削減だけでなくハンドプリントの改善を促すような、会社をネットポジティブへ向かわせる野心的な目標を設定する。
・あらゆる目標を逆方向から再検討する（リバース目標）。「我々は何をすることをコミットしていい、いけないのか?」と問いかけ、その目標に誇りを持てるのかどうかを確認する。

第5章

オープンであれ

信頼を築き、
透明性を確保する

隠されているもので、露わにならないものはない。
秘密にされているもので、いずれ明るみに出ないものはない。

――ルカによる福音書8章17節

米環境保護庁は2015年9月、フォルクスワーゲン(VW)が大気浄化法に違反し、自社のディーゼル車の排ガス試験で、カリフォルニア州法の基準より低い濃度の汚染物質しか排出していないように見せかけるため不正プログラミングをしていたと発表した。現実の走行条件では、NOx(窒素酸化物)の排出量が規制値の最大40倍に達していた。[1] 健康に有害なNOxを原因とする大気汚染によって年間何百万人もが亡くなっている。[2] ＶＷはこうした不正な自動車を米国で50万台、全世界で１１００万台販売した。[3]

この「ディーゼルゲート」事件のニュースが流れた日、ＶＷは時価総額の4分の1を失い、世界最大の自動車メーカーという地位も失った。[4] 同社は数年間、売り上げが落ち、３３０億ドル以上の罰金を支払った。[5] ウェルズ・ファーゴやボーイングの例を見るまでもなく、社会の信頼を裏切るとダメージを受ける。アクセンチュアの調査「信頼が損益に与える影響」は、それがどれくらいかを試算した。[6]「競争に打ち勝つ俊敏性」の3つのドライバー（成長、収益性、持続可能性・信頼）について７０００社を評価したところ、驚いたことに、信頼の要素だけでも「会社の競争力や利益に莫大な影響を与える」ことがわかったという。競争力スコアの低下につながる「信頼を損なう出来事」が起きるたびに、売り上げと利益が大きな打撃を受け、業種によっては20％も減少した。このような数字を見たら、経営者は不安になるだろう。信頼は築くのに時間がかかるが、失うのは一瞬だ。

悪事は発覚する。ＶＷのスキャンダルが驚きなのは、7年も明るみに出なかったことだ。今のように従業員がどこにでもカメラを携帯し、ソーシャルメディアに投稿する透明性の高い時代において、これほど大きな不正を隠し通すことはできないだろう。

低下する信頼、高まる透明性

注目を浴びるスキャンダルが頻繁に起き、企業への信頼は低いままだ。だが企業に限らず、あらゆる組織に対する信頼が何十年も落ちている。全世界で実施された信頼度調査「2021エデルマン・トラストバロメーター」によると、回答者の73%が科学者を信頼すると答えたのに対し、CEOを信頼する人は48%、政府の指導者は41%にとどまった。[7] 信頼の欠如はすべての人にコスト負担をもたらす。弁護士費用は高くなり、協業は妨げられて効率は低下する。信頼の低下は従業員に犠牲を強いるが、信頼が高まればその逆が生じる。信頼の高い組織で働く人はエンゲージメント（組織への愛着）が76%強く、生産性が50%高く、忠誠心も極めて高い。バーンアウト（燃え尽き症候群）に陥る確率は40%低く、病欠の確率も13%低い。[8]

危機の際には信頼がなおさら重要だ。新型コロナのパンデミック後、ブランドが正しい行いをするという信頼度が、消費者の81%にとって重要なポイントだった。[9] エデルマンのまとめによれば、主要ステークホルダーから信頼されることで、企業は「操業の許可」を得やすい。また、敵対的買収をされそうになったときにユニリーバがNGOから受けた支援を思い出してほしい。それは信頼がベースにあった。

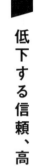

マイクロソフトのCEO、サティア・ナデラは「我々のビジネスモデルが依存しているのはただひとつ、テクノロジーに対する世界の信頼です」と述べている。[10] 世界の大きな課題を解決するためには深い協業関係を築く必要があり、信頼はその基礎となるネットポジティブ企業の生命線であり、企業が得られる最も価値の高い資産だ。

ここから、もっと大きな真実が浮かび上がる。信頼があれば人は幸福になり、不信にさいなまれると恐れや怒り、疎外感が生まれる。現代の暮らしは社会的連帯、言い換えれば「私」ではなく「私たち」を大切にする感覚の上に築かれている。信頼という基礎がなければ、どんな社会も長く繁栄しない。では、信頼の源泉はそもそも何か？　それはオープンであることだ。

高まる透明性

ウォーレン・バフェットが好きな格言に「潮が引いて初めて、誰が裸で泳いでいたかがわかる」というのがある。[11] 何ごとにつけオープンであることが求められる世界では、潮はいつも引いている。自社の（またはパートナーの）事業の問題点をよく把握し、絶えず誠実にその解決を目指していれば、透明性が高くても怖くはない。だが、サプライチェーンでの人権侵害など、公表している価値観や目標との齟齬《そご》があれば、潮が引くと困ったことになる。

信頼と透明性はマルチステークホルダー・モデルの潤滑油だ。役員室に閉じこもってNGO

を敵視し、他社をすべてライバル視する経営者は、貝のように黙っていればいい。情報を共有しすぎて不利になったり、優位性を失ったりする恐れはない。一般的にCEOはオープンになりすぎることをためらってきた。法務部や広報部から、評判が落ちる、法的責任を問われる（米国ではこれが特に懸念される）と脅されてきたことも理由のひとつにある。でもそれは言い訳だ。秘密主義はよい戦略ではない。何でも隠していると信頼の構築が難しくなる。また、課題をオープンにすることで得られる、学習や関係づくりのチャンスもつかめない。

透明性は、いずれ秘密をあぶり出す。従業員や顧客、地域社会、投資家は企業が何のために存在し、誰に奉仕しているのか、厳しい質問をぶつけてくる。今や株主総会での決議事案の3分の2は、環境・社会・ガバナンス（ＥＳＧ）に関わるものだ。[12]ＥＳＧパフォーマンスは広く開示されるようになってきた。２０２１年、Ｓ＆Ｐグローバルは９２００社のＥＳＧスコアを発表し、このスコアをもとにダウ・ジョーンズ・サステナビリティ・インデックス（ＤＪＳＩ）の企業を選定している。[13]大手投資会社のブラックロックも、温室効果ガス（ＧＨＧ）の削減目標を企業は開示するべきだと述べている。[14]

食品・消費財業界では、「クリーンラベル」運動に主な問題は集約される。消費者は自分たちが購入するもの、特にその成分についてもっと知りたがっている。人工的なもの、不要なものが入っていないか。長い名前の化学物質は含まれていないか。オーガニックフード（有機食品）が急成長したのは、それも背景にある。だが「クリーンラベル」の哲学は食品にとどまらず、とりわけ若い消費者や働き手（ミレニアル世代やZ世代）は、自分たちが購入・使用するあらゆるものについて、もっと情報を欲しがっている。例えば、投資銀行の若いクライアントは、世界にポジティブな影響を及ぼす「クリーンな」投資先を求め始めている。

テクノロジーの飛躍的進歩が透明性をさらに高めている。誰もがカメラ付きのスマートフォンを携帯し、ブロックチェーンなど、あらゆるものを追跡するツールが新たに生まれている。悪い行いはすぐに知れ渡る。スターバックスの店長が2人の有色人種が店内をうろついているとして警察を呼んだとき（来店客の半数はうろつくと思うが）、その様子を撮影した動画は数時間で800万回も視聴された。スマホを持つすべての人が監査役となり得る。

透明性に裏づけられた信頼は強力な武器だ。透明性と信頼はネットポジティブを可能にし、無形の価値を生み出す。40年前、S&P500社の価値の8割以上は、工場、建物、在庫といった有形資産が占めていたが、現在は無形資産の価値が8割以上を占める。(15)

無形資産は測定が難しかったが、最近は徐々に改善され、ブランド価値、顧客ロイヤルティ、従業員エンゲージメント、信頼などの数値化が進められている。企業は（なかでもネットポジティブへ向かおうとする企業は）この価値を絶えず金融市場に伝達し、無形資産と会社の価値創造モデルを明確に結びつける必要がある。

信頼を築く

オランダの格言に「信頼は徒歩でやってきて、馬に乗って走り去る」というものがある。信頼を築くには、時間、一貫性、謙虚さが必要だ。企業は表向きの事業内容だけで信頼を得ることはできない。水面下で起きていることが非常に重要だ。口先だけではダメで、信頼を実証し、獲得しなければならない。「やり方がわからないので助けてもらえますか」と言える謙虚さと、何がうまくいっていないかを共有する繊細さが必要だ。自分が間違っているかもしれないと素直に考え、他者に貢献し、自分より他者のニーズを優先し、正しいことをするために最善を尽くそう。人はそれを評価し、その企業を信頼するだろう。パーパスと同様、信頼も一つひとつボトムアップで築かれることが多い。信頼を築くために企業が心がけるべき5つのポイントを見ていこう。

1 自社の計画、成功例、失敗例を共有する

ＵＳＬＰはユニリーバを復活させ、ネットポジティブへ向かわせるための青写真だったが、

同時に、強力な透明性ツールでもあった。3つの大きな目標、7つ（後に9つ）のサブカテゴリー、50以上の個別目標を備えた計画の詳細が、最初から批判覚悟で包み隠さず公開された。具体的な数字の発表によって説明責任が生まれる。これはとても重要なことだ。いったん目標を公表したら、それはもう任意の取り組みではなくとなる。

最も困難な目標のひとつは、原材料に使う農産物の調達を2020年までに100％持続可能にすることだった。何千もの製品に多種多様な原材料が使われているため、ハードルが非常に高い。そもそも「持続可能」とは何を意味するのか、ほとんどの農産物にはそのちゃんとした定義もない状態だった。目標を公にすることでユニリーバは助けを求めることができ、答えを探すなかで信頼を得られた。

ユニリーバで持続可能な調達を担当するグローバルディレクター、ジャン・キーズ・ビスは長年、持続可能な農業の基準や規範をつくるのに奔走してきた。さまざまな厄介な問題と向き合うには、仲間や地域社会、NGOからの信頼が必要だった。会社のコミットメントがあったおかげで、みんなに強く迫ることができたと彼は言う。「USLPを示してサプライヤーやパートナーに『私だけが言っているのではありません。これは私の達成目標のひとつであり、労働者の公正な処遇や土壌管理の改善は方針としてやってもらわなければなりません。本気かどうか疑うのなら、うちのCEOを連れてきて同じことを言ってもらいます[16]』と伝えることができできました」。基準づくりをオープンにすることで、NGOにさまざまな要求をされる前に企業とパートナーは目標達成の責任を負うことになる。

目標の大きさも関係づくりに役立った。「10億人の衛生習慣を改善したい」と言えば、それは明らかに大きな発想であり、自分たちだけでは実現できない。「我々は答えをすべて知っているわけではない」と言っているのも同然であり、それが信頼の源になる。この尊大さと謙虚さの組み合わせが、NGO、新しいテクノロジーを持つ起業家、意欲ある政府リーダーを引きつけ、協力者にする。ユニリーバで最高サプライチェーン責任者を務めたピエール・ルイギ・シギスモンディは言う。「助けが必要だと公の場で言ったら、その動きに加わりたいという要望やメールがたくさん来ます」

透明性と信頼を保つため、ユニリーバはPwCの監査を受けたUSLP進捗レポートを発表した。それぞれの目標に緑、黄、赤のマークをつけ、うまくいっていないものには説明を加えた。例えば、最も達成が難しい目標は、消費者が製品を使用する際のCO_2排出量を削減することだった。石鹸やシャンプーで使うお湯を沸かすのに必要なエネルギーが、バリューチェーンのCO_2排出量のおよそ3分の2を占める。ユニリーバは、製品を革新できても、この人間行動に関わる問題（長時間のシャワーなど）は解決してこなかった。だが、ポジティブであることが重要だ。正直でありながら、希望を与えなければならない。最善の方法は、そうした課題についてオープンに語り、うまくいった方法について知識を共有することだ。

USLPレベルの透明性は今では当たり前になったが、10年前はそうではなかった。インターフェイスやイケア、マークス&スペンサーなどの先進企業を除けば、具体的で野心的な目標を発表している企業はほとんどなく、自社の排出量を把握している企業さえほぼなかった。多くの経営者はここまでオープンになることをいまだに嫌っている。昔風の考え方が根強く残っており、内なる声がこう言う。「市場に多くを語りすぎるな。責任を問われ、追及されるぞ」

しかし、真実は逆だ。オープンになれば、それまで批判していた人たちが、往々にしてパートナーに転じたりする。

2 相手が知りたいことを伝える（隠さない）

顧客や地域社会の人々があなたの会社の事業や製品について何を知りたいかは、あなたの会社が決めることではない。彼らの要求が高まり続けるのはまず間違いない。だから、透明性を受け入れるということは、自らを解放することでもある。ネットポジティブ企業は、会社は自分たちのものではなく、すべてのステークホルダーのものだと考える。

ユニリーバは他社がオープンにしない情報を積極的に公開してきた。例えば、（公正な納税を通じて社会を支えるという信念に基づく）税務原則を早くからオンラインで公表し、通常は機密扱いされる事業データを公表した。サプライチェーン中の1800のパーム油精製所のリスト（緯度、経度、社名）を発表したのはその一例だ。ジェフ・シーブライトがチーフ・サステナビリティ・オフィサーだったとき、その透明性の高さから記憶に残る出来事が起きた。

彼が先住民の人たちと会合を持っているとき、コロンビア出身のある女性が発言した。パーム油会社が自分たちのコミュニティを破壊しているという。シーブライトは精製所のリストを見せた。女性は驚いた様子で言った。「ここよ、カルタヘナの近くです。その会社が私の故郷を汚染し、人々の命を奪っています」。こうして、そのサプライヤーに何が起きているのかを調査することができた。シーブライトは言う。「人間的で胸を刺すような出来事、透明性の力を示す出来事でした」。また、ユニリーバは経営の改善を手伝わないといけない（あるいは取引を打ち切るべき）サプライヤーを特定できた。

事業の透明性はオープンであることの一例にすぎない。主なステークホルダーが何を知りたがっているか、いずれ何を知りたがるかについて考えてみよう。従業員（これから従業員になる人を含む）は、給料がどの程度公正かについての情報を求めているかもしれない。今では「グラスドア」などのサイトで給与情報を調べられるので、企業は性別や人種による給与格差を放置しづらくなっている。

投資家は、ＥＳＧ指標や、サステナビリティに関わる重大リスクの開示を求めるようになってきた。ブラックロックのＣＥＯであるラリー・フィンクはすべての企業に対して「気候関連財務情報開示タスクフォース（ＴＣＦＤ）と、サステナビリティに関する重要ファクターを幅広くカバーする持続可能性会計基準機構（ＳＡＳＢ）の勧告に沿った報告」を求めている。[17] 彼は２０２１年に、ＳＡＳＢに基づく開示は１年で３６３％増えたと指摘した。

消費者の要求レベルも高まっており、あらゆる製品のなかに何が含まれているかを知りたがっている。ユニリーバは、製品ラベルに「香料」と記載されている成分の新しい開示方法を編み出した。一口に香料といっても、数十種類の化学物質が含まれている可能性があり、その内訳は消費者から見えないようになっていた。ユニリーバは１０００を超す自社製品をチェックし、含有量が１００ｐｐｍ（０・01％）以上の香料の成分をネットで公表し、その成分の説明も加えた。消費者はネットで詳細を確認できるほか、スマホアプリ「スマートラベル」を使ってバーコードをスキャンすれば、買い物中にチェックすることもできる。[18]

人々の健康を守り、化学物質への暴露を減らすために活動するＮＧＯ、環境ワーキンググループはユニリーバを高く評価した。創設者のケン・クックは、ユニリーバが透明性のレベルを上げ、「香料に使われる化学物質のブラックボックスをこじ開けた」と称賛している。[19] 最初の頃、主な香料サプライヤー（ＩＦＦ、ジボダン、フィルメニッヒ、シムライズなどの長年のパートナー）

は及び腰だった。彼らは風味や香りの知的財産権を持っていた。だがユニリーバの最高研究開発責任者だったデビッド・ブランチャードは、透明性を求める消費者の動向は明確だったので、先手を打つのが賢明だったと言う。列車はすでに走り始めていた。いったん消費者に情報を提供したら、「透明性はもう止めようがありません」。

急成長中のベーカリーカフェチェーン、パネラ・ブレッドはオープンであることをブランドの中心に据えている。同社の「約束」には「透明性」「責任をもって栽培」「クリーン」といった言葉が並ぶ。クリーンの定義は「人工保存料、甘味料、香料、着色料を使わない」ことだ。また、独自の「ノー・ノー・リスト」を作成し、そこに掲載された成分は一切使用しない。そうした取り組みは「すべて信頼のため」とパネラは言う。[20] ユニリーバも2020年に、「販売する全製品のカーボンフットプリントをパッケージに記載する」という新しい目標を発表した。7万点もの製品を売る企業にとって、一筋縄ではいかない目標だ。[21]

法人顧客も自社のサプライチェーンのフットプリントに関する情報を欲しがっており、それを提供することは競争上の強みになる。シンガポールを拠点とする農産物商社のオラムは「アットソース」というデータプラットフォームを立ち上げた。同社が販売するすべての原材料や成分について、CO_2排出量、廃棄物、農家の数、多様性など、90のサステナビリティ指標に関する情報を販売先に提供する。このアットソースを通じてオラムは、食品メーカーが消費者にデータに基づいた情報開示をする手助けをしている。

そうしたデータを提供できないと顧客が離れていくかもしれない。グローバル・フォレスト・ウォッチは森林破壊の状況を追跡するため、森林やパーム油プランテーションの人工衛星画像を大量に収集している。ユニリーバは問題のある農園を衛星画像から特定するため、AIベンチャーのデカルトラボの技術を導入した。[22] 現在はパーム油サプライヤーの協力の有無にかかわらず、サプライチェーンにおける森林破壊の様子をリアルタイムで把握しようとしている。データ主導の透明性はビジネスに革命を起こそうとしている。情報の強化と併せて、第三者に事業を評価してもらえば、ラベル表示の信頼性が高まり、表示内容が真実であることを顧客に証明できる。ユニリーバは長年、名高いＮＧＯであるレインフォレスト・アライアンスの認証を受けた紅茶を販売してきた。認証は完全なものではないけれども、消費者はそれによって背景情報を知り、製品がどうつくられたかある程度理解できる。つまり安心して購入できるようになる。

3 地域社会のニーズを優先する

操業の許可というのは文字どおりの紙切れではなく、もっとリアルなものだ。地域社会に信頼してもらえなければ、たとえ許可されても、そこで事業展開するのは難しいだろう。よき奉仕者であるためには、地域の人々のウェルビーイングに対するコミットメントを示さなければならない。ハリケーンやパンデミックなどの危機に際して地域社会に手を差し延べれば、企業が地域社会のためになっていることをわかってもらえる。ただし、長く続く信頼を築くには時間がかかる。

パーパスを通じて利益を目指すことで、企業やブランドは事業活動の一環として地域社会に働きかけ、繁栄を支援することができる。それはこんな質問から始まる。「私たちの製品やスキルでどんなお手伝いができますか？」。決して「この人たちからどうやってお金儲けするか？」であってはならない。その国に投資し、長期的な関係を築き、長続きする事業を立ち上げたいと本気で考えていれば、地域の人々にはそれがわかる。

ユニリーバの多くのブランドは、地域社会の発展・繁栄を後押しするプログラムを世界中で展開している。ヨーロッパの衛生ブランドの「リゾフォーム」や「クリネクス」は、安全や健康維持に関する教材とともに洗浄関連の製品を学校に提供している。ギリシャとイタリアでは、1000万人に衛生プログラムを提供する目標を2年で達成した。インドネシアのユニリーバも衛生プログラムを展開し、毎年何百万人もの子どもたちを支援している。エチオピアでの手洗いプログラムは、重度の下痢や、汚い手で目をこすることで発症し失明につながる病気トラコーマと闘っている。ユニリーバの各ブランドは幅広い課題に取り組んでいる。食器用洗剤のサンライトはナイジェリアの村々に給水所をつくるプログラムを運営し、他にも多数のブランドが小規模農家の生活改善を助けるプログラムを農山村部で実施している。ネットポジティブ企業は事業展開する地域コミュニティの暮らしを向上させる。

こうした取り組みはすべて、10億人の暮らしの改善というUSLPの上位目標に寄与するが、地域社会の人々は、それがユニリーバのビジネスにもプラスになることを知っている。例えば、衛生や栄養面の向上に力を注ぐと、歯磨き粉のペプソデントやクノールのフレーバーミックス製品の売り上げが伸びる。先に挙げたプログラムのほとんどでユニリーバの洗浄剤や浄水器が使われている。重要なのは「本物」の取り組みであることだ。ベトナムのある経営幹部は言う。「我々が真剣にやろうとしていることが彼らに伝わる」。地域の力になりたいと心から願い、ビジネス上のメリットも正直に伝えることで、信頼を築くことができる。

こうしたメリットは間違いなく現実になる。USLPの成長目標の一環として「生活・衛生」のプラットフォームは、業績不振のある洗浄剤ブランドの売り上げを世界で2倍にする強気の目標を立てた。この取り組みを主導したドイナ・ココバヌによると、売り上げは2倍以上になったが、その原因はひとつではなかった。新しい市場とイノベーション（パーパス主導のとそうではないものがあった）が成長の足がかりになった。[23] パーパスプログラムだけに頼らないことで、地域社会に貢献する自由度が増したという。ネットポジティブになるには、ミッション主導の取り組みだけに集中するだけでは足りない。それは確かに重要だが、すべてではない。長年にわたって各国政府と協働し、各国に投資し、人々の健康・衛生の改善などを手助けすることによって、信頼関係が構築されていった。それは経営上の哲学であり、単発のプログラムの積み重ねではない。

4 信頼できる批判者をあえて招き入れる

その道に詳しい批判者を探して招き入れよう。それは信頼の価値を高め、これから必要な改善策を学ぶ絶好の機会となる。先進企業はこれを戦略的に実践している。資本市場を持続可能なものにするために活動するオランダの投資家組織、ＶＢＤＯは、責任ある投資家として年金基金がどんな成果を上げているかについての指標を出している。ＶＢＤＯのエグゼクティブディレクター、アンジェリーク・ラスケビッツは、先進企業の長所について「オープンであることと」と述べている。評価が高い企業は、ＶＢＤＯや労働組合など、批判的なステークホルダーを招き入れ、「私たちの会社のサステナブル投資の方針をどう思いますか」と率直に尋ねる。(24)

手痛い指摘があるかもしれないが、企業は建設的な批判者を進んで受け入れ、現代版の奴隷制や児童労働などの人権問題を含む困難なテーマについて話し合うべきだ。ユニリーバは2011年に国際NGOのオックスファムに依頼して、自社の経営状況やサプライチェーンの労働条件について彼らの自由裁量でチェックしてもらった。隠し立ては一切なし。オックスファムはベトナムでの事業を対象として選び、結社と団体交渉の自由、生活賃金、労働時間、契約労働の4つの問題を評価した。

ユニリーバの弁護士は法的な責任を問われるのではないかと心配し、取締役会は外部の者に攻撃材料を与えるのを嫌がった。だが経営陣は、リスクを冒す価値はあると考えた。率直に胸襟を開けば、NGOも無茶なマネはしないだろう。よいことをしていれば、むしろ先導役として期待されるはずだ。透明性というのは、何もかも正しくなければならないという意味ではない。オープンになることをためらわず、改善を目指して行動を起こせばよい。

ユニリーバは理屈のうえでは十分な方針を持っているが、現実面では大きな問題を抱えている、とオックスファムは結論づけた。例えば、最低賃金は支払っているが、生活賃金にはまだ届いていない点を指摘した。オックスファムの報告書は、さまざまなNGOにとって、企業が置かれている現状を理解する助けになった。もしユニリーバがサプライヤーの抱える複雑な問題に対処しきれていないとしたら、どの会社もそうである可能性が高い。この報告書をきっかけに他の企業も比較的安心してオープンになることができた。

ユニリーバはこれを受けて、2020年までに直接雇用の社員16万9000人のうち、誰ひとりとして生活賃金を下回らないという目標を定めた。これをほぼ達成したあと、2021年には、サプライチェーンに対象を広げた。「ユニリーバに製品・サービスを提供する」あらゆる組織に対して、2030年までに生活賃金を支払うことを義務づけるという。[25] これらはそもそも何年も前の透明性重視の取り組みによって始まったものだ。

ベトナムの報告書が発表された2013年は、ビジネス史上最大の悲劇のひとつ、バングラデシュのラナ・プラザ崩落事故が起きた年だ。縫製工場などが入居するこのビルの崩落によって1100人もの労働者が亡くなり、私たちの衣服や電子機器をつくる人たちの劣悪な労働条件を世間は知ることになった。各企業はこの問題をつぶさに検討し始め、ユニリーバはUSLPの社会的側面をより重視するようになった。

オックスファムの報告書を手がかりに、ユニリーバは2015年に企業として初めて全社的な人権報告書を発表した。人権に関する法律や規範、意識がまったく異なる世界190カ国での事業について、隠すことなく情報を開示した。そうする必要があったのだ。国際労働組合総連合のシャラン・バロウ書記長によれば、こうした問題について本当のことを言う会社は本気なのだという。「よいことばかり書いている人権報告書は、中身が嘘だらけということです」。悪いことを書く企業は「自分が完璧ではないことを知っており、人権や労働問題について適切な調査を実施し、隠し事をせずに問題解決への協力を求めてきます」[26]。

ユニリーバの統合社会的持続可能性担当グローバルバイスプレジデント、マルセラ・マニュベンは2013年から社会的サステナビリティと人権の問題を担当している。最初の報告書がその後の進展にとって重要だったと彼女は考えている。「透明性がカギでした。それがあるから私は話ができます」。透明性のおかげで彼女やユニリーバはNGOや地域社会から信頼され、困難な問題について協業できた。「ビジネスと人権に関する国連指導原則」（いわゆるラギー原則）で有名なジョン・ラギーの助けを借りて懸命に努力したからこそ、ユニリーバの活動は真剣に受け止めてもらうことができた。

人権報告書がきっかけで、ユニリーバ社内でもこの問題について話しやすい雰囲気ができた。マニュベンは人権の専門家だけでなく、ステークホルダーも含めた全スタッフにこれを読んで理解してもらい、「私の役割は何だろう？」と考えてほしかった。ユニリーバは人権問題に詳しくなるにつれて、労働条件の改善、結社の権利の強化、人権侵害を把握するための苦情申し立て手続きの改善など、さまざまな対策を打った。それまではほとんどの地域で、匿名で苦情を通報できるホットラインや人権侵害を調査する監査人との定期面談など、気軽に相談できる仕組みがなかった。また、ユニリーバはコンシューマー・グッズ・フォーラムにパーム油のサプライチェーンやエビ養殖産業における労働や人権を詳しく調査するよう要請した。そしてサプライチェーンに関わる1000社以上に、強制労働をどうやってなくすかを教育した。

多国籍企業は背中に大きな的をつけているようなものであり、善行をアピールする企業はさらに注目を浴びる。批判を受けたときは、誰が批判者かを知ることが重要だ（コラム「批判者を知る」を参照）。手厳しい相手でも、手助けをしてくれる組織は味方にしたい。一方、誠実さに欠ける単なる皮肉屋は困る。問題解決を望む人たちもいれば、ただ非難したいだけの人たちもいる。正しいパートナーを見つけて信頼関係を築き、ともに大きなテーマに取り組もう。

Column

批判者を知る

多くのステークホルダーは、海洋プラスチック、気候変動、再エネ、インクルージョンなど、企業の取り組みが遅いと考える問題の進展を求めている。だが、彼らからの批判には役立つものもあれば、そうでないものもある。何らかの批判を受けたときは、相手がどういう人たちかをまず見極めよう。

- 「知識豊富な憂慮派」は心から心配している問題を指摘し、農産物の基準や農業従事者の労働条件を改善するためのもっとよい方法など、自分たちが見逃しているかもしれない点を指摘してくれる。彼らには耳を傾けよう。

- 「懐疑派」は、グリーンウォッシング（見せかけの環境保護）を非難したり、「それはできない」と言う企業に反発したりして、現状に異を唱える。彼らは複雑なシステムや予想外の結果に対処するための解決案を持っていることがあり、こちらが変に身構えなければ、助けになる。
- 「絶対主義者」はひとつの問題にフォーカスした声高な少数派で、過度に単純な答えを導き出すことがある。例えば、パーム油の使用を完全にやめるよう企業に要求するが、それでは何百万という人が貧困に陥りかねない。動物実験をゼロにせよと主張する人もいるが、中国やロシアでは消費財メーカーに動物実験を法律で義務づけている。そうした問題に立ち向かうため、企業にはもっとできることがある。市場のなかから法規制を変えるのも一案だ。目標への道筋について現実的な発想ができるなら、絶対主義者も助けになる。
- 「皮肉屋」は、企業は問題を起こしてばかりの嘘つきだと考え、その誤りにしか目を向けない。有用な解決策をともに探そうという責任感はない。心を閉ざした人たちであり、彼らを喜ばそうとしても時間の無駄だ。脇目もふらずにネットポジティブを目指していれば、彼らからの批判も自ずと減っていくだろう。

5 迷ったら正しいことをする

新型コロナのパンデミックの際、誤った選択をした企業があった。セインズベリーズ、テスコ、ウォルマート傘下のアズダなどの英国のスーパーマーケットは、株主に高額の配当を支払いながら、パンデミックに伴う税額控除を受けたことで非難された（その後、どの企業も税金を追納した）[27]。どの国も企業を救済するための融資を実行した。米国では中小企業を対象にしたある融資制度に申し込みが殺到し、多くの上場企業が、現金を山ほど持っているにもかかわらず多額の緊急融資を受けた[28]。また、従業員を解雇する一方で経営幹部がボーナスをたっぷり受け取る企業も数多く見られた。

それらの行動と、イケアの対応を比較してみよう。政府のなかには、一時解雇された労働者に給与の80％以上を補填するところがあった。思ったより早く業績が回復したイケアは、米国とヨーロッパの８つの政府にこれを返金すると発表した[29]。正しい行動だった。素晴らしいことに、イケアだけでなく、多くの企業が危機のさなかに社会の大義に貢献しようとした。

フランスのラグジュアリー大手ＬＶＭＨはハンドサニタイザー（手指消毒剤）をつくり、アップルはマスクをつくった。フォード、ＧＥ、３Ｍは人工呼吸器を製造した。こうした企業が不慣れなものをつくるのを支援するため、アイルランドの医療機器メーカー、メドトロニックはポータブル人工呼吸器の設計仕様書やソフトウェアコードを無償で公開した。[30] ユニリーバは生産体制を医療機器へシフトしただけでなく、ケニアとタンザニアの紅茶プランテーション内にある建物を学校から臨時の病院に転換した。これらの企業は道徳的な選択をし、当面は事業目標の追求よりも人々の直近のニーズを優先するとともに、自分たちがどんな会社かを地域コミュニティに示した。

世界でどのように事業を展開し、何を大事にするか――企業はその選択をますます迫られている。ステークホルダーが目を光らせるなか、企業が正しい（または間違った）ことをする機会が増えている。2020年半ば、人種差別や警察の暴力に対する抗議行動が米国で盛んになったとき、IBMのCEO、アービンド・クリシュナは各国政府に制度的な人種差別と闘うよう呼びかけた。同社は警察などの治安当局に対する顔認証ソフトウェアの販売を中止した。顔認証ソフトのアルゴリズムに人種偏見の傾向があり、有色人種を誤認する恐れがあったためだ。[31] マイクロソフトとアマゾンもすぐにIBMに同調した。これもやはり正しい行動だった。

正しいことをする企業が増えれば増えるほど、期待は高くなる。USLPを公表しているユニリーバは、サプライチェーンの端々にも目を配り、あらゆる環境・社会問題を解決してくれるだろう、とステークホルダーから期待されやすい。高いハードルではあるが、少なくとも問題の特定は難しいことではない。何が問題かは、多くのNGOや労働組合が知っている。

ユニリーバの人権報告書が問題をあぶり出す前から、ステークホルダーはサプライチェーンでの問題点をはっきり指摘していた。2000年代の終わり、国際食品関連産業労働組合連合会（IUF）はパキスタンの紅茶工場を問題視し、反ユニリーバキャンペーンを展開した。従業員800人中、常勤者は22人にすぎず、残りは臨時雇用、つまり低賃金で雇用の保障もない、日雇いの契約労働者だった。IUFはこのキャンペーンを皮肉を込めて「カジュアルT」と呼んだ〔紅茶のティーと、災害やその犠牲者を表すcasualtyをかけている〕。

全社で臨時雇用を減らそうとしていたポールは、その一環としてIUFのロン・オズワルド書記長とともにこの問題の解決策を考えた。数百人の正社員を雇用し、手当もつける計画だった。しかし、その実行前に、彼らは現地を訪れて労働者たちの要望を尋ねた。数は減るが条件のいい仕事がいいか、それとも契約仕事の数を増やすほうがいいか。労働者たちは安定を選んだ。最初の日、新しく雇用された人たちは家族を連れてきて祝杯を挙げた。

ネットポジティブな解決策はたいていそうだが、これも結果的にユニリーバに奏功した。人をきちんと雇うと経営状態も上向く。契約社員を絶えず採用する必要もなく、社員の士気は高まり、会社の一員だという気持ちになる。ユニリーバは自社に対する労働訴訟に備えてロンドンで高給スタッフを抱える必要もなくなり、その経費を工場労働者の増員に回すことができた。

長年の誠実な取り組みと信頼関係があったからこそ、労働組合は今、ユニリーバが問題を発見し、手遅れにならないうちに解決できるよう支援している。オズワルドは物流の問題点を指摘した。西ヨーロッパの多くのトラック運送会社が、リトアニア、ブルガリア、ポーランドなど、劣悪な労働環境と低賃金が横行する東ヨーロッパの国々に登録されているというのだ。ドライバーは物価が高い西側諸国に暮らしているのに、長時間勤務を続けても月に300〜400ドルしか稼げない。こうした話が出てきたとき、経営幹部は実態を調査し、「これが我が身に起きていることだとしたら？」と人間性に照らして考えなければならない。

だが、共感は始まりにすぎない。この場合、簡単な解決策はない。オズワルドによれば、この問題はヨーロッパ中に蔓延しているため、あくどい運送会社との取引を打ち切れば済む話ではない。オズワルドは仕事でいろいろな経験をしてきたが、「西ヨーロッパの制度的な人権問題に取り組むことになるとは思ってもみなかった」と言う。ユニリーバとIUFはこうしたトラック運転手の暮らしをよくするため、飲料メーカーや消費財メーカーとの協力体制を構築しようとしている。まだ途上ではあるが、企業が長い間放置してきた状況を改善しようとする試みだ。埋もれていた問題に光が当たったときに正しい行動を起こさなければ、社会との信頼関係を維持するのは難しい。

そして、埋もれていた問題は必ず顕在化する。

世界的な問題への関与

信頼されていれば、重要な会話が交わされる場に招待されやすい。国連が2000年のミレニアム開発目標（MDGs）を発展させる形で、2013年にSDGsの策定作業を始めたとき、企業はこれといった声を上げなかった。各国政府や国連の代表者は多国籍企業を信用していなかった。だが、いくつかの国は、関係者すべてが参加しないとSDGsの達成は不可能であり、話し合いの席に企業を招く必要があると認識していた(32)。

英国とオランダはポールを信頼しており、候補者として推薦した。ユニリーバはそれまでMDGsに取り組み、国連の世界食糧計画と連携し、国連事務総長のコフィ・アナンや潘基文にも協力してきた。この会社なら自社の利益追求だけでなく、世界の大きなニーズを優先してくれるだろうとの信頼があった。ポールはSDGsワーキンググループで唯一の、企業からの代表者となった。最初の頃のミーティングはやや張り詰めた雰囲気になった。資本主義の罪を償えと言わんばかりに、全員の目がポールに向けられた。しかし彼らとの関係は改善し、ユニリーバは世界の開発課題を考える場の最前列を占め続けた。これはポールとユニリーバのその後を決定づける瞬間でもあった。

ユニリーバは世界の開発分野に関する最新の考え方に触れると同時に、各国の首脳にも接することができた。どの企業よりも先にSDGsの中身を知り、そのビジョンやパワーを理解し、SDGsを自社の経営にいち早く導入し始めた。年次報告書でSDGsについて語ったのはユニリーバが初めてだ。だが、そこにはプラスとマイナス、両方の影響が生じた。パーパス志向の取り組みで最大だったのは、子どもが命に関わる病気にならないようにするための手洗いプログラムだった。ちょっとした後押しがあって、手洗いの目標はSDGsの最終リストの仲間入りをした。公衆衛生にとっても、ユニリーバの事業にとってもよいことだった。

SDGsの策定に取り組んだ2年半の間に、ユニリーバは莫大な信用を築いた。当初の信頼がさらに高まったわけだ。国連と同様、多くの国がユニリーバを信頼し、接点を持った。英国政府がサプライチェーンの人権改善のための委員会をつくったとき、そのメンバーには赤十字、オックスファム、アムネスティ・インターナショナル、学術研究者の他、ユニリーバの人権対応の責任者、マルセラ・マニュベンもいた。彼女は現代奴隷法の制定に当たり英政府に協力していた。企業の代表者は彼女ひとりだった。同様に、エチオピアが新型コロナとどう闘うかという国家フォーラムを創設したとき、企業で招かれたのはユニリーバだけだった。

ユニリーバは長い間、各国政府と信頼関係を築いてきた。インドは英国からの独立後の1950年代、外国企業がインドの子会社の過半数の所有権を握ることを禁じていた。ただし、ユニリーバはインドで長期にわたって事業を展開し、インド人の経営幹部もいたことから特例扱いされ、今日までヒンドゥスタン・ユニリーバの過半数の所有権を持ち続けている。[33]

だが、重要な問題が話し合われる場に同席するのは痛しかゆしの面もある。政府やNGOからは、他の企業よりも多くのことをやってほしいと期待される。他社の先を行けるのはよいことだが、不利になるほどやりすぎてはいけない。ただ、こうした場面では興味深いことが起きる。誰がその場にいないかが、ステークホルダーに明らかになるのだ。批判者は同じ業界の他社をターゲットにして、なぜリーダー企業のようにもっと行動しないのかと問いただす。これで条件は平等になり、後れをとっていた企業も動き始める。

信頼が築かれると、昔からの批判者が支援を求めてくることがある。ユニリーバは過去に何度も反ユニリーバキャンペーンを展開してきたグリーンピースと時間をかけて強固な関係を築いていた。グリーンピースの事務局長だったクミ・ナイドゥはかつて厄介な状況に直面し、助けを求めてきたことがある。ロシアの石油掘削基地に侵入しようとした活動家たちが逮捕され、海賊行為の罪で懲役15年の刑を言い渡された。[34]ナイドゥーは彼らを解放するために手を尽くし、ポールとも頻繁に話をした。ポールはロシアの首脳と直接交渉し、ロシアとの太いパイプを生かして活動家たちの解放を手助けした。そのことでユニリーバに直接のメリットがあったとは思えないとナイドゥーは言う。むしろ、成長市場であるロシアの政治指導者たちとの関係を悪化させる危険があった。

ロシアでの手助けに深く感謝しながらも、グリーンピースは、インド産の紅茶への殺虫剤の使用など、問題ありと見なした案件についてはユニリーバに圧力をかけた。両者の間には、互いを尊重する建設的な関係が築かれている。ナイドゥーによると、ロシアでの出来事により築かれた信頼は、グリーンピースとユニリーバが「意見が一致することについて協力し、一致しないことについて対話する」素地となっている。[35] 企業と市民団体との関係は構築確かに難しく、そこには常に緊張がある。だが、その関係づくりは必要なことであり、生産的な成果を生む。重要な変化は単独では起こせない。謙虚さ、正直さ、そして他者を優先する姿勢が信頼を築く。オープンになれば、パートナーシップが成功する可能性は格段に高まる。

ネットポジティブ企業の流儀

信頼を築く

- 常に透明性を保ち、何を達成しようとしているかをオープンにする。
- 社会から叩かれるのを待つのではなく、批判者を積極的に招き入れて協業する。
- 社会のための共通目標をつくり、ステークホルダーと協力する。

- 進捗状況に関する報告書を発表し、成功・失敗事例についてオープンに議論し、助けを求める。
- 新しい市場に参入したり、新しいパートナーシップを結んだりするときは、自社のためではなくステークホルダーのために何ができるかをまず考える。
- 自社の価値観を貫くために立ち上がり、発言する（特にそれが困難なときは）。勇気をもって声を上げる。

第6章

1+1＝11を目指す

相乗効果がある
パートナーシップを築く

速く行きたいなら、ひとりで行け。遠くまで行きたいなら、みんなで行け。

——アフリカのことわざ

火を消すのにバケツ何杯もの水が必要、あるいは洪水を止めるのに土嚢がたくさん必要となる緊急時には、「バケツリレー」がよく用いられる。これは各人がバケツをひとつずつ運ぶよりもスピードが速く、パートナーシップによって「非線形」のリターンが生まれる典型例だ。協業による相乗効果を我々なりの言い方で表現すれば、「1＋1＝11」ということになる。

環境・社会面の課題に立ち向かうためには、パートナーシップによって生産性を急速に高める必要がある。全業界あるいは全世界が直面する問題に、たったひとつの企業が大きく影響を及ぼすことはできない。業界や地域が協力して初めて、建築効率化技術や再エネ、持続可能なパーム油などに関する基本常識やコスト構造を変えることができる。ネットポジティブ企業の目標のなかにも、他者の助けなしには達成できないものがあるだろう。例えば、素材によっては廃棄物ゼロの達成は難しいかもしれない。半分は自社で解決できたとしても、あとはその素材を利用できる企業や、リサイクルインフラをともに構築してくれるバリューチェーンパートナーを探す必要がある。

ユニリーバの製造関連のサステナビリティ・マネジャーだったトニー・ダンネージは、200余りある工場の廃棄物をゼロにせよとの任務を言い渡された。上司に「必要な予算は？　人員とコンサルタントは何人くらい？」と聞かれて、彼は「人も予算もいりません。必要なのはパートナーシップです」と答え、上司を驚かせたそうだ(1)。

こうした協業がどこよりも必要とされるのは気候変動との闘いだ。ほとんどの大企業は、温室効果ガスプロトコルでいうスコープ1（直接のCO_2排出量）とスコープ2（外部から購入した電気などがつくられる際の排出量）の削減に取り組んでいるが、本当に意味があるのはスコープ3（サプライヤーや顧客の排出量）に責任を負い、その削減へ向けて団結することだ。ほとんどの産業で、スコープ3がバリューチェーン排出量の大部分を占めている。

ネットポジティブ企業はそもそもマルチステークホルダー・モデルを利用するので、共通の利害を持つ者たちのエコシステムのなかで連携を図ることになる。このネットワークは同業他社、サプライヤー、NGO、政府などを巻き込んで拡大していく。それは、ひとりでは解決できない問題があるからというだけではなく、私たちが抱える課題は互いに絡まり合っており、一度にひとつの問題だけに取り組むことはできないからだ。パートナーシップは必然的に重複し、システム思考が要求される。17の目標を持つ持続可能な開発目標（SDGs）は、システム内の相互作用を通じて互いを強化するように設計されている。パートナーシップ自体がSDGsの17番目の目標であり、これがなければ他の16の目標の達成は不可能だ。

SDGsは人類のためのパートナーシップだ。多世代にわたり、パーパスを中心に置き、誰ひとり取り残されないことを目指す。SDGsの世界的な達成により、4つの経済分野（「エネルギーと材料」「都市」「食料と農業」「健康とウェルビーイング」）だけで2030年までに12兆ドルの経済価値と、3億8000万の雇用創出が期待され、この機会を利用する企業は必ず成功を収めるだろう。[2] 歴史上最大のビジネスチャンスが私たちを待ち受けている。

ある賢人（アインシュタインだったか）が言ったように、問題を生み出したのと同レベルの思考で問題を解決することはできない。変革を起こす高次のパートナーシップが今こそ求められる。

2種類の主なパートナーシップ

本章と次章では、大きく2種類のコラボレーションについて検討する（表6・1を参照）。ここでは、現状のシステムのなかで結果を最適化するために、一部のステークホルダーで解決できる問題と、システムそのものを変えるために、すべてのステークホルダー（特に政府）が参加しなければならない問題を区別する。

ライバル企業同士が共通のサプライヤーとともに、リサイクル可能なパッケージ用の新素材の開発を目指しているとする。これはその業界のすべての関係者に利益をもたらす。我々が言う「1＋1＝11」、つまり相乗効果を生むパートナーシップだ。このような問題は政府のサポートがなくてもまずまずの成果を出せるが、企業だけが集まればいいというわけではない。学術研究者やNGOからの専門的な視点も必要になるだろう。この種のパートナーシップは、競合企業に共通する機会やリスクに対応することが多い。例えば、ある業界のサプライチェーンにおける人権問題は関係者全員の問題だ。大まかに言うと、このようなコラボレーションはソリューションを拡張するためのアクションを重視する。

対照的に、システムの変更を目指すパートナーシップは基本となるダイナミクスの変革を目

表6・1　規模が異なる2種類のパートナーシップ

第6章：1+1=11 相乗効果があるパートナーシップを築く	第7章：タンゴは3人で システム全体のリセットと、 ネットポジティブなアドボカシー
システムに対応	システムを変革
ライバル企業との協業の可能性	より多くのプレーヤーが必要（政策、金融）
業界共通のリスクの解決	大義・公益の実現
一部の領域やサプライチェーン	システム全体
市民社会のパートナー	システムの全参加者
アクション（行動）	アクションとアドボカシー（発言）

指す。パッケージをまた例にとると、ネットポジティブ企業は新素材をめぐってライバル企業と協力するだけでなく、政策の改善を訴え、そのために各国政府とも協力する。その政策は、循環型経済を築き、消費者の習慣を変え、プラスチックの利用を減らし、新たなリサイクルインフラに向けた官民ファンドを支援するためのものだ。言ってみれば、パッケージ問題に長期的に対応するための構造改革、ビジネスモデル改革である。システムレベルのパートナーシップを築くには、民間セクター、政府、市民社会の3者がテーブルにつく必要がある。我々はそれを「タンゴは3人で」と呼ぶ。システムをリセットする取り組みはアクションよりもアドボカシーの要素が強い。つまり声を上げるということだ（政策面で何が必要かをアクションが示すこともあるが）。

「タンゴ」的なパートナーシップを実現できるかどうかは、1＋1＝11のアライアンスをまず成功させられるかどうかにかかっている。業界やバリューチェーンにとってプラスの変化を実際に起こすまでは、すべてのステークホルダーが関わる会話のなかで本気で取り合ってはもらえない。

　2つに分類はしたが、現実の世界はもっと複雑で、境界も曖昧だ。まずは業界のプロジェクトからスタートし、やがてもっと大きなシステムへの取り組みに拡大すればよい。だが、パートナーシップに取りかかる前に、企業が手がける各種の取り組みをざっと確認し、ネットポジティブ企業の「行動ポートフォリオ」の全貌を頭に入れておこう。

各種取り組みの現在と未来

サステナビリティの旗印の下で企業が行うプログラムやプロジェクトについて考えてみよう。全体として、これらの取り組みは、ネガティブな状況が減ったり、ポジティブな状況が増えたりなど一定の効果を生む。そうした取り組みと効果の全体像はピラミッドのように捉えることができる（図6・1を参照）。

　最初の取り組み（図の下部）は多くの場合、社内で始まる。自社の事業領域のなかでフットプリントに対処しようとする。例えば、エネルギー利用の削減を通じてCO_2の排出量を減らす。廃棄物ゼロのように、大きく考え、限界を打破（第4章）しないと達成できない目標であっても、その効果は自社のフットプリントの範囲に限られる。しかし、これは必要不可欠な作業であり、ネットポジティブ企業は問題が自社の足元から始まることを知っている。社内の準

図6・1　各種取り組みとその効果（今日）

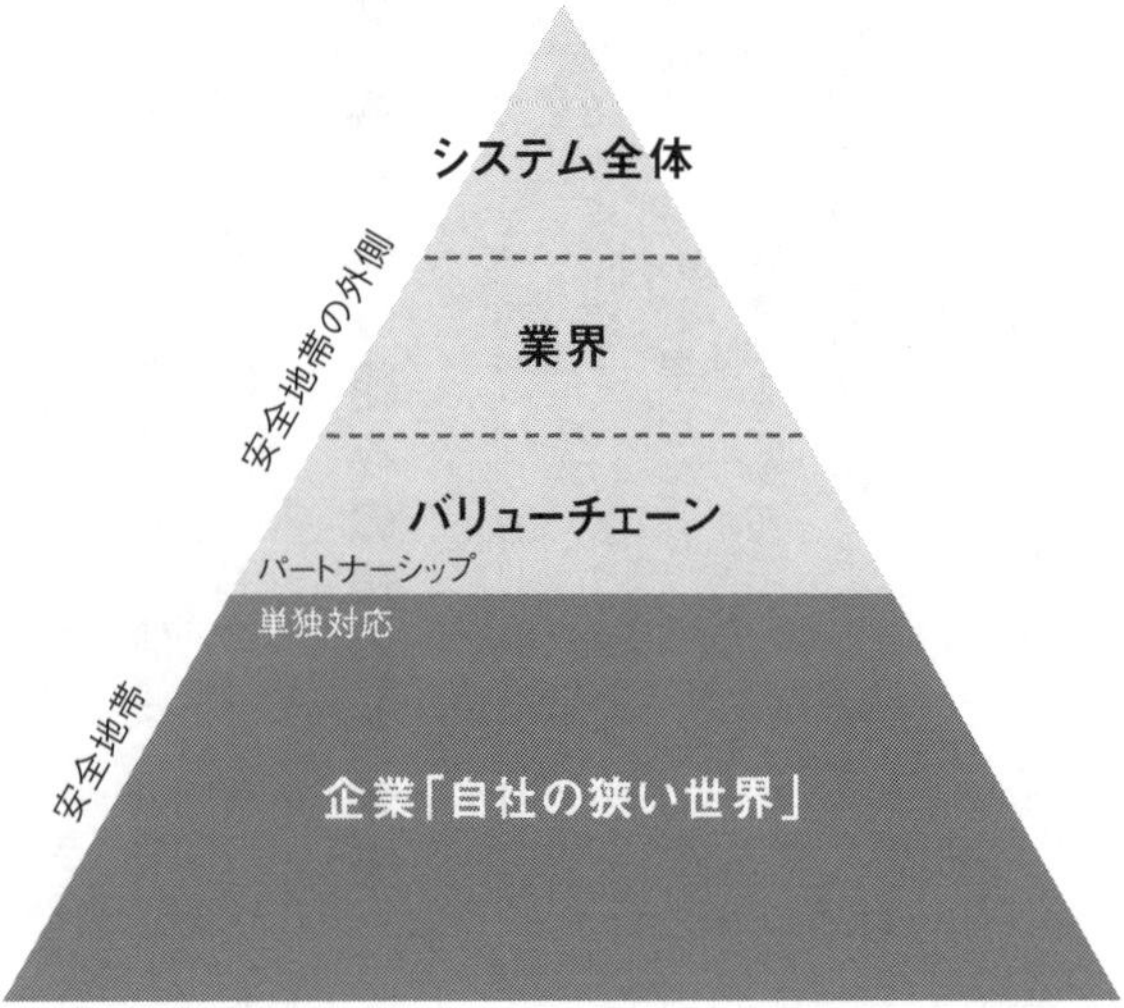

備を万全に整えたうえで、ステークホルダーとの交渉のテーブルにつく必要がある。

その基礎の上に、会社の枠を越えたパートナーシップがある。そのスタートはバリューチェーンだ。ほとんどの業界では、企業が及ぼす環境・社会面の影響はスコープ3排出量が大きいので、改善できた場合の効果も大きくなる。ピラミッドをさらに上ると業界レベルのプロジェクトとなり、プラス効果はさらに大きくなると見込まれる。しかし、こうした業界のパートナーシップは期待外れに終わりやすい。自社のオペレーション以上の責任は負いたくないという企業が多すぎるからだ。あるいは、バリューチェーンのパートナーシップがいまだ利益志向のままで、全員のコストを最小限にすることばかりを重視するから

図6・2　各種取り組みとその効果（未来）

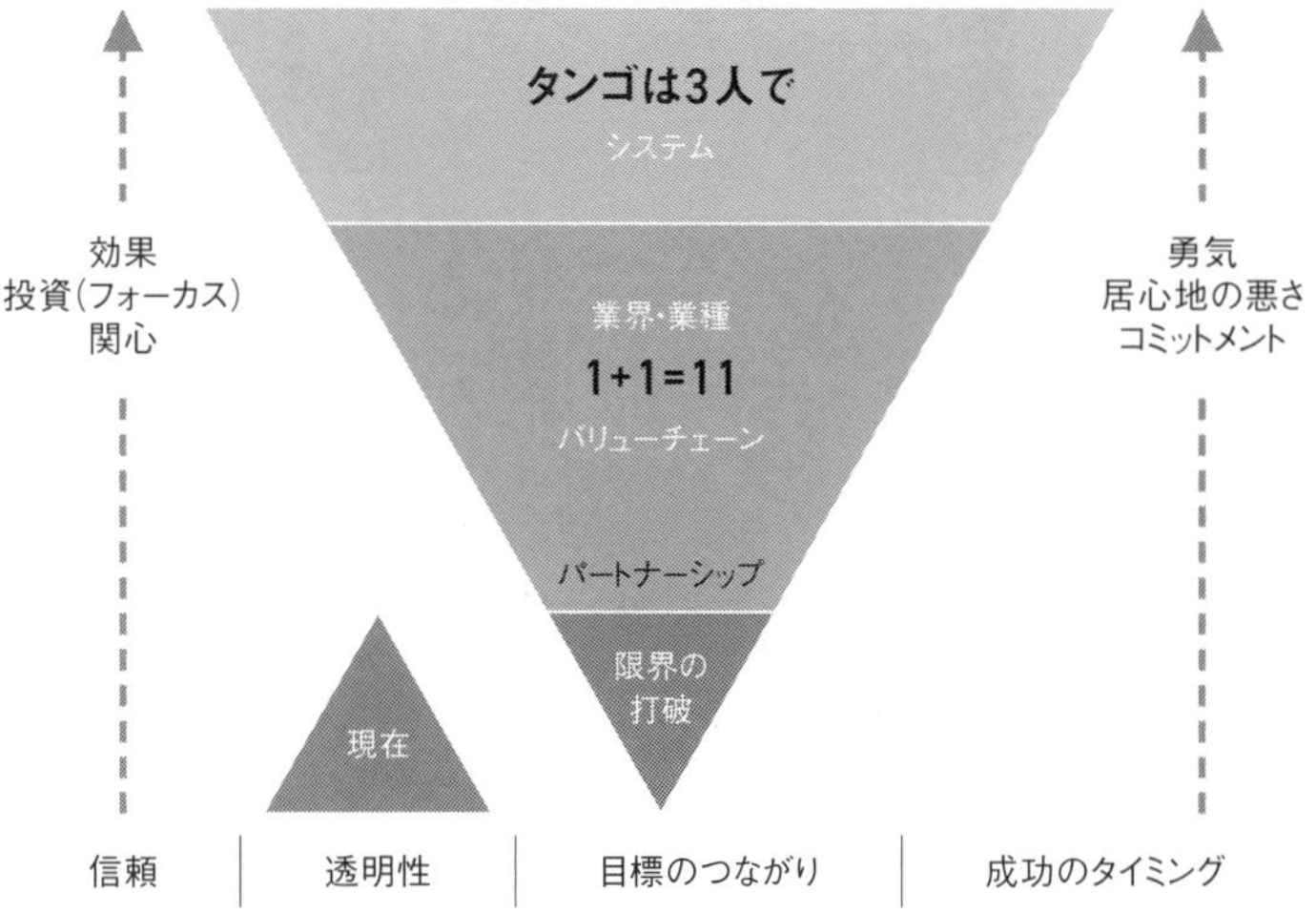

だ。ネットポジティブ企業はパートナーシップに絶大なる力があることを理解しており、もっと広い当事者意識を持ち、もっと大きな勝利を目指す。

ピラミッドの頂上は、システム全体を変革するためのコラボレーションだ（これは第７章で取り上げる）。図６・１に示したピラミッドの形からわかるように、現在の取り組みのほとんどは底の部分、つまり内部の取り組みだ。業界全体の影響を減らすための業界パートナーシップがひとつでもうまくいけば、個々の企業の努力などかすんでしまうだろうが、そうした広範な協業はいまだにほとんど見られない。安全地帯から抜け出してこうしたパートナーシップを結ぶことに企業は慎重だ。したがって現在の取り組みの多くは、比較的管理しやすく、効果の小さい案件に偏っており、ピラミッドの底が厚い状態になっている。

しかし、ネットポジティブ企業はそれとは大違いだ（図6・2を参照）。パーパスや責任感に後押しされて、その取り組みは極めて上方寄りになる。バリューチェーン、業界、またはシステム全体を絡めた強力なアライアンスを築くことで、もっと大きな価値を引き出すことができるようになる。この未来のシナリオでは、現在の「自社の狭い世界での取り組み（大きなピラミッドの隣の小さな三角形）」は科学に基づく広範囲なもの（再エネ100％など）ではあるが、バリューチェーンや業界、システムレベルのパートナーシップに比べれば、その効果は小さい。

上のほうへ行けば行くほど効果は高まり、全ステークホルダーからの関心も高まる。だが、それには勇気、コミットメント、そして重点を絞ったエネルギーの投入が必要だ。成功は成功を呼ぶ。1＋1＝11のパートナーシップを堅実に成功させてこそ、もっと大きな思考が可能になる。

パートナーシップの課題

ネットポジティブのポテンシャルは大きく、努力してその成果を出そうとする価値はあるが、パートナーシップは簡単ではない。関わるプレーヤーが増えればなおさらだ。範囲が広がれば広がるほど複雑さが増し、失敗の確率も高くなる。企業提携の数は年々増えているが、60～70

％は失敗するという。[3] ユニリーバのような協業に長けた企業から見ると、多くのアライアンスが中途半端に終わっている。パートナーシップがうまくいかない理由はいろいろある。

ビジョンや目標がそろっていない

問題があることでは合意していても、話し合いの席につく組織にはさまざまな思惑がある。ダヴ・ブランドのエグゼクティブ・バイス・プレジデントを務めたスティーブ・マイルズは言う。「各組織の利害がどこかで一致しなければなりませんが、完全に一致することは期待できません。特に、相手がNGOの場合、それはあり得ません」[4]。ユニリーバが環境・社会の多様な側面を対象に、持続可能な調達を重視していたとしても、オックスファムなどのNGOは生計手段や適正賃金に照準を合わせているかもしれない。お互い相いれないわけではないが、まったく同じわけでもない。

各自の重要テーマについて明確な理解や合意がない

ユニリーバと米国の電力・エネルギー会社NRGエナジーとのパートナーシップは、有望と期待されたが計画どおりには進まなかった。目標は北米の数多くの施設でクリーンエネルギープロジェクトの戦略的ポートフォリオを提供するための、新しい取引関係を築くことだった。

だが、両社ともその目標を遂行できるだけの準備ができておらず、しかも相手には自分にない能力があると思い込んでいた。結果的に、毎回、単発の再エネプロジェクトを協議するはめになり、戦略的に取り組めなかった。同じく、ユニリーバとNGOのアキュメンは、原則では一致していたが、両者が思い描く規模がまったく違うことに気づいた。アキュメンは小規模農家や生協と協働していたが、ユニリーバはもっと大きな規模で持続可能な調達のソリューションを見いだす必要があった。

ビジネス上の価値に関する指標がない（または不十分）

株主価値の最大化を優先する、昔ながらの短期的な発想をしていたら、パートナーシップ、とりわけシステム全体に関わるパートナーシップに価値を見いだすのは難しい。食品会社が、塩分や脂肪分、糖分を減らして健康食の基準を満たすためにコストをかけていたとする。短期的な見方をすれば、それは価値を生まない行為だ。だがその投資は、拡大する健康食市場でいずれ回収できるかもしれない。不健康な社会は繁栄しないので、公益こそ社会にとって大事だという考え方もある。また、適切な指標がないと、協業の軌道修正に必要なフィードバックループが生まれない可能性がある。

文化的な難しさがある

企業幹部は、ライバル企業やNGO、政府と同じテーブルで交渉するのを苦手に感じることがある。そうした席では、耳を傾ける、共通点を見いだす、時間やリソースの提供を約束させるなどの新しいスキルが必要になる。最高サステナビリティ責任者は、社内の諸課題を「マトリックス」で整理・調整せざるを得なかった経験があるので、こうした作業に向いていることが多い。

成功事例があまたあるユニリーバでも、こうした失敗を経験してきた。例えば、ユニリーバ、モンデリーズ、ＤＳＭ、栄養改善のためのグローバルアライアンス、世界食糧計画は、子どもの栄養不良の改善に向けて、５年間の共同プロジェクトを立ち上げた。これは「プロジェクト・レーザービーム」と呼ばれる、さらに大きなマルチステークホルダー・プラットフォームの一環で、企業から２５００万ドルずつとの資金が提供され、パートナーも経験豊富だった。だが、改善が長続きすることはなかった。このプロジェクトはトップダウンでグローバルに設計され、地域社会レベルでの調整や課題の絞り込みが不十分だった。確たる指標やアウトプットの測定基準もなかったため、フィードバックループが築かれなかった。だがほとんどの場合、失敗の原因は目標の不一致にあった。

パートナーシップは規模や効果に欠ける懇親会のようになりかねない。しかし、ネットポジティブ企業はパートナーシップの力を引き出すことができる。少数の大規模な協業によって、上手に運営すれば、少ないほうが効果が出る。強力で長持ちするパートナーシップには、長期的なコミットメントもつきものだ。そうしたパートナーシップは事業の一部に組み込まれ、経営者がサポートしなくてもよくなる。

では次に、ハードルを取り除き大きな成果を出す方法を考えてみよう。ハードルは跳び越えることが可能であり、まだ数は多くないが、参考になる優れた成功事例がいくつかある。

1＋1を11にする

ここでは優れたパートナーシップの一般的な条件などに焦点を当てることはしない。それらの条件の解明は理論的にはそれほど難しくない（課題の裏返しを考えればいい）。優れたパートナーシップやコラボレーションは、運営の仕方が他と違うのではなく、全体を貫くパーパスやアプローチが違う。それらはパートナー自身を手助けすると同時に、もっと大きな「善」の実現を目指す。そして効果、規模、持続力がある。

さまざまなパートナーとのネットポジティブなパートナーシップについて、6つの異なるアプローチによる事例を紹介する。

・バリューチェーン内のパートナーシップ
・業界内のパートナーシップ
・業界を越えたパートナーシップ
・市民社会とのパートナーシップ
・政府とのパートナーシップ（非システムレベル）
・マルチステークホルダー・グループとのパートナーシップ（非システムレベル）

ここでの分類は明確ではなく、ひとつのパートナーシップが時間とともに複数のアプローチを経験する可能性もある。だが、まずは解決しようとする共通の問題を特定し、誰がテーブルにつくべきかを明らかにするのが効果的だ。ここでの目標は、単なる「排出量削減」や「サプライヤーの人権問題の削減」ではなく、もっと深いレベルで協業することにある。

成果と実績があり、長期的なコミットメントや一貫性がある事例をもとに、6つのアプローチを見ていこう。

バリューチェーン内のパートナーシップ

自社の狭い世界から抜け出すための第一歩は、誠実なパートナーシップを通じてバリューチェーンに直接働きかけることだ。それはあなたの当事者意識を高める起点となる。ネットポジティブ企業は製品ライフサイクルの責任をアウトソーシングしたりしない。フットプリントは自社内よりもバリューチェーンのほうが圧倒的に大きいため、それに取り組めばすぐに大きな価値を引き出すことができる。サプライヤーや顧客と信頼に基づく協業ができれば、大きなコスト削減や売り上げアップが実現することも少なくない。

短期的利益の最大化の視点に立てば、サプライヤーは純粋に機能でしかなく、できるだけ安い費用で貢献してくれる会社にすぎない（だからあなたの会社は高い利益率を保ち、投資家を喜ばせることができる）。もちろんこれはいささか誇張した言い方で、何年もいっしょに仕事をしてきたサプライヤーをそれほど冷淡に突き放す企業はあまりない。だが、多くのセクターでそうしたモデルが一般化しつつある。例えばファッション企業は、コストをわずかでも削減できるのならサプライヤーを変える。ユニリーバのサプライヤーも長い間、ユニリーバとは純粋に取引の関係があるにすぎないと考えていたし、実際にそうだった。ユニリーバの仕入れ担当者は伝統的なコスト削減マインドを持ち、費用を節減していったが、その過程でもっと大きな価値を失った。

考え方を変えてサプライヤーに尽くすと、最終的には両者とも、バリューチェーン末端の顧客や市民に喜ばれやすくなる。ネットポジティブ効果を生み出すには、そうした変化がどうしても必要だ。パイの分け方を変えるのではなく、いっしょにパイをつくるという発想だ。USLPの作成当初、ユニリーバは難易度の高い目標を設定し、単独では達成できないと明言した。パートナーシップをあえて前提とし、サプライヤーとの結びつきを強化するために「パートナー・トゥ・ウィン」というプログラムを新しく立ち上げた。

ユニリーバの最高サプライチェーン責任者、マーク・エンゲルは「サプライヤーにもぜひわくわくしながら参加してほしかった」と言う[5]。自社のフットプリントを削減し、USLPの目標を達成するには、製品の大きなイノベーションも必要だった。他の消費財企業と同様、ユニリーバもイノベーションを自分たちの手柄にするが、たいていはサプライヤーが、製品の新しい原材料やベネフィットを生み出している。その新しいアイデアをユニリーバは実行・拡張できるが、イノベーションの大部分はサプライヤーの研究開発から得ている。

USLPのスタート前、サプライヤーはユニリーバをイノベーションが起きる場所と見なしておらず、新しいアイデアを持ち込むこともなかった。それはユニリーバにとって莫大な機会損失だった。エンゲルは言う。「あなたの会社が大口の顧客であれば、サプライヤーの研究開発費の一部を負担していることになります。ですから問題は、あなたの会社がちゃんと恩恵にあずかっているかということです。他の誰かではなくてね⑥」

パートナー・トゥ・ウィンの目標は、主なサプライヤーに信頼され選ばれる顧客になること、イノベーションパートナーとして優先されることだった。最初はぴんとこなかった、とエンゲルは認める。だがポールは出張にエンゲルを同行させた。4つの主要サプライヤーと会い、彼らとの関係にいかに戦略性がないかを体感させるためだ。新しいプログラムでは、上位100のサプライヤー（合わせるとユニリーバの仕入れ額の大半を占める）に、今後5年間を見据えた共同ビジネスプランの策定を依頼した。ユニリーバは上位50人のエグゼクティブのそれぞれに、サプライヤーとの関係に対する責任を負わせた。仕入れ担当者ではなく、50人全員がエグゼクティブ、つまり経営幹部というのがミソである。ポールは2つのサプライヤー（最大の取引先であるBASFを含む）を担当した。最高研究開発責任者も2社、デオドラント製品の責任者は3社、という具合だ。

パートナー・トゥ・ウィンを通じてつながりを深めた結果、サプライヤーは新しいアイデアを少しずつ持ち込むようになった。サプライヤーの優れた技術を使って社会的ニーズを解決する、そんな共同イノベーションの事例は今や枚挙にいとまがない。例えば、水不足の地域の人たちを支援する製品ひとつをとっても、殺菌スピードが速い石鹸、すすぎ1回の柔軟剤、水不要のシャンプーなどが発売されている。ユニリーバはまた、サステナビリティを牽引するデンマークのバイオ企業、ノボザイムズと協力して、洗剤中の化学物質を酵素に置き換えた。これは今までよりも低い水温で衣服を洗浄できるため、製品使用時のCO_2排出量の削減につながった。

より深い関係は逆説的な効果も生む。価格だけに注目していたら、最低の価格は得られない。おかしな話に聞こえるかもしれないが、単価にこだわらず、サプライヤーと協力してイノベーション投資を検討し、コスト構造全体を改善したときにしか、価格の大幅ダウンは実現しない。つまり、数字ではなく共同の価値創造に注力する必要がある。取引ではなく、両社の顧客を重視しよう。ただし、両社の間に深い信頼関係がなければ、これだけ緊密に力を合わせ、双方でコストを削減することはやはりできない。

セールスフォースのCEO、マーク・ベニオフは顧客とサプライヤーの意義深いつながりについて語っている。その著書『トレイルブレイザー』によると、彼はカーギルのCEO、デビッド・マクレナンを訪れる機会があった。カーギルといえば米国最大の非公開会社で、セールスフォースの得意客だ。ふたりがマクレナンのオフィスから出ると、相当数の人々がセールスフォースの「トレイルブレイザー」Tシャツを着ていた。マクレナンが「あなたの会社の社員ですか」と聞くと、ベニオフは答えた。「いいえ、あなたの会社の社員ですよ。……でも彼らはうちの技術を使っているので、我々のファミリーの一員です」[7]

ネットポジティブ企業は革新的なサプライヤーと協力して、フットプリントの削減や生活の改善をもたらす新しいテクノロジーを開発し、テストする。アップルは、自社の事業で実質的にカーボンフリーを達成する一方で、バリューチェーン全体のCO_2排出削減にも乗り出した。そして興味深いことに、鉱業大手のアルコアやリオティントと組んで、アルミニウム製錬時の排出量削減に取り組んだ。アルミニウムは世界で最もリサイクルされている素材のひとつだが、新しくつくるときには莫大なエネルギーを必要とし、全世界の排出量の約1％（アップルの製造時のフットプリントの4分の1）に相当するCO_2を排出する。[8]

3社がつくったジョイントベンチャー、エリシスは酸素だけを排出するカーボンフリーの製錬技術を開発した。規模を拡大すれば、生産性向上によって経費を15％削減できる見込みだ。アップルはこのベンチャーに1300万ドルを出資し、技術支援を提供。2019年末にはエリシスから生まれた最初のアルミニウムを購入した。[9] アップルの環境・政策・社会イニシアティブ担当バイスプレジデントのリサ・ジャクソンはこう述べた。「130年以上、アルミニウムは同じ方法でつくられてきた。それが変わろうとしています」[10]。アップルのアルミ使用量は世界のなかで必ずしも多いわけではない（自動車、缶、建設などとは比べものにならない）。だが、アップルというブランドがこの技術の実証に関わった意義は大きく、他のアルミ利用者を引きつける効果がある。すでにアウディは、新しい電気スポーツカーのホイールにエリシスのゼロカーボンアルミを使っている。[11] さらに勢いがつけば、アルミニウム業界は大規模なCO_2排出量削減へ向かう可能性がある。エリシスはアップルにとってネットポジティブの大きな成果であり、世界にとっての転換点になるかもしれない。

自社の影響にもっと責任を負い、バリューチェーンにおけるハンドプリントを増やそうとしたら、こうした関係づくりがますます必要になる。それは莫大な価値を生み、レジリエンスを築き、透明性や信頼、トレーサビリティを高める。ユニリーバは新型コロナによる最初のロックダウンの際、先に述べたように、サプライヤーや顧客を支援するために５億ユーロを確保して信頼を築いた。[12] これはネットポジティブなファイナンスだ。

ネットポジティブ企業の流儀

バリューチェーンの効果を最大化する

- バリューチェーンが及ぼす影響すべてに責任を負い、協業ポテンシャルが最も大きな分野を見極める。
- サプライヤーを低コストの原材料提供者ではなくパートナーやファミリーとして扱い、価値移転ではなく共同の価値創造を目指す。
・目標やインセンティブを一致させることでサプライヤーや顧客との信頼を築き、透明性を高める。場合によっては、すべてをオープンにさらけ出す。
・業界の妨げになっている大きな課題を特定する。生活を改善したり、新しい技術をともに試したりする機会を見つける。
・顧客である市民を常に念頭に置いて行動する。

業界内のパートナーシップ

視野を広げ、責任意識を高めると、ライバル企業と共通の課題がたくさんあり、協業がメリットを生むことが明らかになる。それらの課題は単独では解決できなかったり、コストがかかりすぎたり、業界全体で取り組まないとみんなの足を引っ張ったりする。例えば、アパレル業界の奴隷労働、ハイテク業界の電子廃棄物などの問題では、どこか1社の印象が悪いと、他のすべての企業も印象が悪くなる（その逆もいえる）。ネットポジティブ企業は競合他社と積極的に協力して業界規範を変え、業界全体の影響を減らし、そのイメージを大幅に改善する。

共通の課題や機会について、企業はライバルの一歩先を行くべきではない。例えば、西アフリカのカカオ生産における児童労働問題に、食品会社1社だけが立ち向かっても意味はない。業界の企業が共同で非競争領域として取り組んだほうが問題を解決しやすい。同様に、メルクは新型コロナワクチンの接種スピードを速めるため、ジョンソン・エンド・ジョンソン（J&J）によるワクチン生産を支援したが、これは自社よりも世界や業界を優先したからだ。おかげで批判の多い製薬業界が喝采を浴びることになった。[13] ネットポジティブ企業は、業績向上の重圧を受けながらも、人類の未来に関わることで競争してはならないと心得ている。

業界の主な企業が集まれば、取り組み全体のリスクやコストを減らすことができる（一般的なコスト削減での協力はあるのだから、サステナビリティ・プログラムでも協働できるはずだ）。1社当たりのコスト負担は少なくなり、システムもより強化されるだろう。ネットポジティブ企業は先導的な役割を果たすのをいとわず、他社がすぐに追随するなら、よりよいソリューションに投資する。だが、危機感を高めてムーブメントを起こし、他に道はないという認識を広げたほうが効果的だ。十分な数の企業を一堂に集めれば、ダウのCEOだったアンドリュー・リバリスが言うように、「スピードと規模が得られる」。

同業他社による連携の数は増えており、目的もさまざまだ。業界全体の協業で目指すことができる目標をいくつか紹介しよう。これらの取り組みは幅広いプラスの影響を及ぼし、企業は将来のもっと大きなシステムやネットポジティブ活動に備えることができる。

業界全体のオペレーションを改善する

業界アライアンスによって、その業界のオペレーションを戦術レベルで大きく改善する方法が見つかることがある（あちこちにいろいろなチャンスがある）。ポールの助力で2009年に設立されたコンシューマー・グッズ・フォーラム（CGF）は、消費財のメーカーや小売事業者400社から成り、売り上げの合計は4兆ドルに上る。CGF以前も業界で協力することはあったが、食品廃棄物、人権、強制労働、健康、包装、森林破壊などの問題で、密度の濃い活動ではなかった。CGFは協力を続けている。とはいえ、CGFはそのポテンシャルを常に発揮してきたわけではない。リスクを避け、難しい問題への対処を先送りするメンバー企業がいるからだ。理事会が55ものメンバーで構成されていると、人権をはじめとする複雑な問題について話し合うのは容易ではない。

しかし、効率アップやコスト削減につながることが明確なら、話し合いは円滑に進みやすい。すべての企業に関わるオペレーション改善で、消費財業界は手堅い成功を収めてきた。その一例は、出荷用パレットのサイズを全世界で標準化したことだ。世界には約100億のパレットがあり、全人口より多い[14]。そのサイズがばらばらだと、トラックや倉庫、店舗からの製品の出し入れが極めて非効率となる。標準パレットサイズが決まっていれば、物流業務は迅速化し、トラックへの積載量は最大で58％増え、結果的に燃料の大幅な節減、CO_2排出量の削減につながる。[15]ＣＧＦのメンバー企業はこうした規格を共同で開発し、実施した。その恩恵は個々の企業にも業界全体にももたらされる。

影響が大きな業界の課題に取り組む

エネルギー移行委員会、ロッキーマウンテン研究所、ウィー・ミーン・ビジネス、世界経済フォーラムが主導する「ミッション・ポッシブル・パートナーシップ」には、エネルギー強度の高い業界、すなわちアルミニウム、航空、セメント、化学、輸送、スチール、トラック業界の企業が集まっている。目標は技術革新と、低炭素社会へのロードマップの作成だ。

ベストプラクティスを共有する

食品・農業業界は世界の地面の40％をカバーし、淡水の70％を使用し、温室効果ガスの3分の1を排出する。[16]ＣＧＦは食品廃棄物を減らすための協力体制を立ち上げた。フランスの施設管理大手ソデクソのＣＥＯ、デニス・マシュエルはこれを「食品業界にとって最も重要な気候変動対策」と呼ぶ。[17]世界の人口は今後も増え続けるため、世界の未来は食品業界が正しい行動をとるかどうかにかかっている。持続可能な開発のための世界経済人会議（WBCSD）と、その議長であるサニー・ベルギーズ（シンガポールを拠点とするアグリ企業オラムのCEO）は、食品サプライヤーのためにグローバル・アグリビジネス・アライアンス（GAA）を創設した。その目的は、事業による環境負荷の削減、土壌・土地利用の管理（これは炭素隔離にもつながる）、生活の向上、水資源の保護、食品廃棄物の削減などのベストプラクティスを共有することだ。ベルギーズによると、企業が得意なのは理論化やモデル化ではなく実行なので、具体的な行動指針の策定に重点が置かれている。

大手企業が参加しているのは、アメとムチの両方が動機になっているからだ。アメは、共同で取り組んだほうが効果的であること、ムチのほうは、ベルギーズによれば、「あくどい大手アグリビジネスと非難される」のを避けたいことだという。「あくどい大手製薬会社とか、あくどい大手エネルギー会社とか言われますから」。ベルギーズは今の課題を見通している。「我々の業界は競争が激烈なので、世界が文字どおり燃え落ちようとしていない限り、協力することはありません」。そして、世界はまさに燃え落ちようとしている、と彼は指摘する。

転換点に達する

業界のパートナーシップを促す触媒として、ポールはユニリーバの幹部だったジェフ・シーブライトとキース・クルイトフ、変革リーダーシップの専門家ヴァレリー・ケラーとともに、財団でもあり企業でもあるイマジンという組織を設立した。転換点に達するためのクリティカルマス（バリューチェーン全体の生産量の25％以上）を結集して、業界を変革することを目指している。最初のターゲットはファッション業界。総売上高2兆5000億ドルの巨大産業で、水や廃棄物に関わる環境フットプリントが大きく（衣服の73％は最終的に埋め立てられるか焼却処分になる）、過剰消費（ファストファッションの成長）という深刻な問題を抱えている。(18)

イマジンは、ケリングのCEOフランソワ＝アンリ・ピノーが率いる「ファッション協定」が、気候、生物多様性、海洋という3つの問題に対応するのをサポートした。メンバー企業はグローバルな1・5℃目標（2030年までに排出量を半減させ、2050年までに実質ゼロにする）を踏まえ、2030年までに再エネ100％への移行など、科学に基づくCO_2排出量削減に合意した。生物多様性の問題では、コットンに関する再生型アプローチなどを約束し、海洋関連では使い捨てプラスチックや衣類から流出するマイクロファイバー汚染の撲滅を重視している。どれも単独の企業では実現が難しい課題だ。

行動規範や行動基準を決める

基準に心ときめく人はいないだろうが、優れた基準やデータは環境・社会課題を大きく改善することがある。「サステナブル・アパレル連合」は10年前、企業や製品のサステナビリティ・パフォーマンスを継続的に測定するためのツール、ヒッグ指数を開発した。同じように、情報通信技術（ICT）業界の「責任あるビジネス連合」は、共通の行動規範（世界人権宣言などの基準と関連している）を自身とティア1サプライヤー（直接の取引先）に適用すると約束している。[19] 大手携帯電話会社の連合も、科学に基づく温室効果ガスの削減目標を共同で掲げている。[20]

これらのコミットメントは業界全体をネットポジティブに向かわせる可能性がある。もちろん、意向や基準は結果ではない。だが、基準によって事業が大きく変化すると、その結果、業界のフットプリントが大幅に削減される。ほとんどの基準はまだネットポジティブな成果を目指したものではないが、業界を巻き込み、企業にもっと大きな思考をさせる効果がある。

新たな問題を早めに解決する

クリーンテクノロジーの利用の急拡大に伴って、クリーンテクノロジー産業自体が大きくなり、環境問題や社会問題を引き起こそうとしている。例えば、風力発電の技術が進歩すると、古いタービンはお払い箱になる。フットボール競技場くらいの長さがある、このタービン翼の寿命がきたときにどうするか？　リサイクルは簡単ではない。タービン翼の強大化を支える素材メーカー、オーウェンス・コーニングの試算では、2年とたたずに25万トンのタービン翼の廃棄が必要になる。同社はそのライフサイクルに責任を負い、米国複合材料製造業者協会に属する他社と協力して、タービン翼の寿命を延ばす、金属をはがしペレットにして包装などに用いる、といった拡張可能な解決策をともに探っている。

新しいビジネスモデルを試す（または強化する）

テラサイクルが主導する「ループ」プログラムは、既存の規範に挑む革新的な取り組みで、ボディショップ、オネスト・カンパニー、ネスレ、P&G、レキットベンキーザー、ユニリーバなどの消費財大手、カルフール、クローガー、ウォルグリーンなどの小売大手と協力している。このプログラムは、消費者のお気に入りのブランドを再利用可能な容器で提供する。シャンプーやアイスクリームなどの容器が空になったら、ループがこれを回収、洗浄し、再充填する。うまくいくかどうかはわからないが、実験の価値はある。

ネットポジティブ企業の流儀

自社が属する業界を変える

・業界のパートナーシップをリードし、世界の繁栄を助けるための共通の大きな課題や機会に対応する。

・クリティカルマス（業界の生産量の約25％以上）を結集し、転換点を目指して一致協力する。

・誰の手柄か、どうやって競争するかはあまり気にせず、幅広いソリューションを重視する。

・オペレーションをどのように変えれば、すべての関係者のコストやリソースの節減、フットプリントの削減につながるかを明らかにする。

・サステナビリティ・パフォーマンスをどうやって測るか、個々のメンバー企業や業界全体が目指すべき「科学に基づく目標」は何かなど、共通の基準を定める。

業界を越えたパートナーシップ

業界内の各社が快く協業できるようになったら、同じような問題に直面する他の業界とも協力できる。例えば、サプライチェーンの一部を両者が共有している可能性がある。これは1＋1＝11パートナーシップのなかでも規模と効果が最も大きく、規模の非効率性を克服するのに役立つ。

この不安定な世界では、思わぬ者同士が協力し合うことがある。新型コロナのパンデミックは、さまざまなの企業が業種を越えて問題を解決するきっかけになった。ウイルスの拡大当初、大量の医療機器がすぐ必要になった。ユニリーバは「ベンチレーターチャレンジUK」というコンソーシアムに加わり、各種のリソースを組み合わせて迅速に人工呼吸器を製造し提供した。パートナーは、エアバス、フォード、フォーミュラ1レースチーム、ロールス・ロイス、シーメンスなど（マイクロソフトはITサポートを担当）。これは短期のパートナーシップだったが、同じような協力体制が長く続くこともある。

長年にわたって成功を収めたあるパートナーシップでは、NGOが重要な支援役を果たすなか、業界を越えて企業がサプライヤーとともに新たな冷媒技術の開発に取り組んでいる。1世紀以上も業界の主流だった冷媒、CFC（クロロフルオロカーボン）やHFC（ハイドロフルオロカーボン）は気候に多大なダメージを与える。その地球温暖化係数は高く、同じ量の CO_2 に比べて熱を閉じ込めやすい（20年間で最大1万1000倍）。また、オゾン層を破壊するものもある。[21]

1990年代、いくつかの企業がその解決策に取り組み始めた。2004年にはグリーンピースとコカ・コーラ、マクドナルド、ユニリーバによって「Refrigerants, Naturally!（自然冷媒で行こう！）」という団体が設立された（現在はペプシコとレッドブルも中核パートナーとして参加）。この団体は主に冷蔵ケースと自動販売機に焦点を当て、化学関連のサプライヤーとともに代替品に対する需要をつくり出した。その新しい選択肢は、皮肉なことに、炭化水素や CO_2 そのものだ。CO_2はオゾン層への影響がなく、地球温暖化係数は1である[22]〔フロンガスや代替フロンの係数は1000以上のものが多い〕。10年かけて取り組みを拡大したあと（この種の活動は時間がかかる）、パートナー企業は2017年、冷媒にフルオロカーボンを使った自販機の調達をやめた。コカ・コーラは2014年に新技術を使った自販機100万台を達成し、グループトータルでは700万台以上を導入している[23]。

グリーンピースのメンバーだったエイミー・ラーキンは、このパートナーシップがうまくいった原因を振り返り、グリーンピースがリーダー的な企業数社とまず協力したことを挙げる。その数社と新技術を前へ進め、「そのうえで巨大な業界を動かしました」（グリーンピースには、世界の規制基準を変えるよう各国政府に迫り、「タンゴは3人で」の領域に進出するだけの影響力もあった）[24]。この相乗効果こそが1＋1＝11であり、ラーキンによれば、20年間で地球温暖化ガスの排出量を1・5％削減できるという。NGOのアイデアをきっかけに新しい技術を大規模に導入できたのは、業界を越えたパートナーシップを正しく機能させたおかげだ。

この幅広いパートナーシップが成功したことで、「非競争領域」がどのようなものかを定義しやすくなった（コラム「協働に躊躇するな」を参照）。当時、冷蔵方法の違いで炭酸飲料やアイスクリームを売り込んでいる会社はどこにもなかった。しかし今、消費者は自分たちが買う商品が環境や社会にどんな負荷をかけているかよく知っており、企業は共通の課題を解決する必要に迫られている。特に包装やプラスチックは喫緊の課題だ。いくつかの革新的なパートナーシップが新しいモデルを探っている。

Column

協働に躊躇するな

大規模な問題解決のためには、ライバル企業と協業する必要がある。だが、どの問題が非競争領域にあり、どの問題が自社に有利に働くかを判断するのは難しい。「Refrigerants, Naturally!」のパートナーシップができたとき、自販機の冷蔵方法で競っている企業はなかった。でも時代は変わった。消費者のなかには、何がどのように製造され、流通しているかを完全に把握し、その知識に基づいて製品を購入する者がいる。いずれにせよ、協業はもはやデフォルトの選択肢だ。一歩引いて自問しよう。「この問題を放っておいたら業界全体の印象が悪くなるだろうか」「これは我々だけでは解決できない問題ではないか」。人種平等のような社会的問題であれば、1社だけが推進しても解決にはつながらないのではないかと考えよう。透明性の確保を受け入れよう。共通の課題に関係する自社の独自情報を出し惜しみすべきではない。透明情報を隠せば短期的には有利になるかもしれないが、全員が問題解決を実感する1＋1＝11のメリットは得られない。まずは信頼を築き、地域や業界にとって正しいことをしよう。自社でどう利用するかを考えるのはそれからでよい。いったん共通の障害が減ったら、その後、素早い行動を起こせるかどうかはそれぞれの企業次第だ。ミッションを負った人たちがパーパスを中心に仕事に取り組む、そんなネットポジティブ企業を築いていれば、他の企業よりも速く行動し、早く成果を得ることができるだろう。

酒造大手のディアジオは最近、サステナブルパッケージの小企業パルペックスと新たなパートナーシップを築いた[25]。彼らはペプシコとユニリーバを誘って、プラスチックではない紙製の容器をテストした。アルコール飲料、ノンアルコール飲料、消費財と、異なる分野の企業による賢いコラボレーションだ。直接の競争がなく、一定の規模の確保が可能になる。

小売事業者や消費財企業は包装を大幅に減らすため、いろいろな実験をしている。包装をなくそうという試みもある。英国のアズダ（ウォルマートの傘下）、モリソンズ、その他30の小売事業者は、店舗で包装のない選択肢を提供できるように協力した[26]。穀類やナッツ類、洗剤、シャンプーなどの各種製品が入った箱から、消費者は自分の袋や瓶に買った商品を入れる。インドネシアのユニリーバは無包装店と組んで、炭酸飲料の自販機のような装置から、トレセメ（シャンプー）、ライフボーイやダヴ（石鹸）など、11のブランドの商品を販売した[27]。パッケージの見た目や形は長い間、ブランドイメージの一部を形成してきたが、結局のところ、それは製品の目的ではない。それに、独自性のあるパッケージでも、再利用できなければ汚染を引き起こす、つまりネットネガティブとなる。

こうした取り組みがすべて失敗する、あるいは思ったほどの効果を生まない可能性もある。再利用可能なボトルを使い、それを洗浄するほうがよいだろうか？　100％リサイクル可能なパッケージで、もっと堅固なリサイクルインフラを整備したほうがよいだろうか？　それを見極める方法はひとつしかない。実際にテストし、結果を測定・共有することだ。これらのパートナーシップは、たとえうまくいかなくても、早く前向きに失敗し、それを次に活かす限り、貴重な学びの機会となる。

ネットポジティブ企業の流儀

業界を越えた問題を解決する

- 業界にまたがる重要課題を明らかにし、それを解決するための幅広い協力体制を築く。例えば教育、エネルギーの共同購買、人権、労働法、気候変動などの課題が挙げられる。

・縁のなさそうな業界を組織化することで、新しいビジネスモデルをつくる。
・ステークホルダーに対する自社の責任を、業界の枠を越えて考える。

市民社会とのパートナーシップ

たいていの大企業は市民社会の組織と基本的なパートナーシップを結んでいる。ユナイテッドウェイ〔米国の代表的な慈善福祉団体〕の資金調達キャンペーンや、途上国市場での社会活動支援、CEO肝いりのプロジェクトなどだ。その多くはCSR的な取り組みで、本質的にはコーズマーケティング（社会貢献を絡めたマーケティング）だ。寄付と大差はなく、本当のコラボレーションではない。お金をばらまくだけなら、人的資源や計画立案があまり必要ないので簡単だ。こうしたプログラムはせいぜいブランドと連動している程度で、会社全体の戦略とはかけ離れている。

企業は学術機関やNGO、慈善団体など、民間セクター以外のステークホルダーと深いパートナーシップを敬遠しがちだ。だがネットポジティブ企業は、ビジネスの効果とレジリエンスを高めるために市民社会のパートナーを探そうとする。パートナーの豊富な知識や情熱、問題解決能力から学び、地域社会との関係を強化する。こうした豊かな協業においては、ステークホルダーは単なる寄付先や会合の招集者ではなく、プログラムの実行に欠かせない当事者だ。

ユニリーバも最初はご多分に漏れず、よくあるCSR的な浅い取り組みからスタートした。同社は「百花繚乱」を目指すかのような方法でNGOに関わった過去がある。これといった調整をせず、慈善活動を広げた。どれも善意から出たものだが、必ずしも効果を発揮しなかった。ポールがユニリーバのCEOになった頃、レベッカ・マーモット（現在のチーフ・サステナビリティ・オフィサー）も加わり、アドボカシーやパートナーシップを統括する役割を担うようになった。彼女はユニリーバのブランド関連の慈善パートナーシップについて情報を収集し、その数の多さに驚いたという。「4000くらいになったとき、もう数がわからなくなりました」(28)

ポールの要請もあり、そのすべてを把握することがマーモットの仕事のひとつになった。彼女たちは健康・衛生、食品・栄養、生活などの主要テーマごとに、全世界の何百ものブランドに及ぶパートナーシップをただちに集約。次いで、5つのグローバルNGOとだけ、より深い戦略的な関係を結ぶようにした。その5つとは、オックスファム、PSI、セーブ・ザ・チルドレン、ユニセフ、世界食糧計画だ。中央への集約が終わると、今度は分散化が可能になる。ただし戦略的に、先の5者との関係を現地市場に適宜カスタマイズさせた。規模の大きなものは効果を最大化するためにグローバルで管理したが、パートナーシップ予算の25％は地方のために確保した。

こうして重点を絞ったモデルにより、ユニリーバは比較的大きな、調整のとれた活動に取り組むことができた。グローバルとローカルな取り組みが互いに補強し合いながら事業に結びついた。例えば「パーフェクトビレッジ」というプログラムはNGOと協力して、地域社会全体のバランスのとれた発展を後押しした。学校と連携して教育を改善し、地元企業への小規模融資を促進し、地域インフラの整備なども手がけた。

ユニリーバとユニセフは10年間、水・衛生問題で建設的に協業してきた。ライフボーイの手洗いキャンペーン、ドメストの安全衛生プロジェクト（3000万人がトイレを利用できるようにした）などもそこに含まれる。ユニリーバのホームケア担当バイスプレジデント、チャーリー・ビーバーは、ユニセフとの協業の最初の頃、ドメスト・ブランドを担当していた。彼によると、このプログラムは同ブランドのパーパスと直接つながっており、「23億人に影響する解決困難な社会問題」に結びつく[29]。衛生改善のために闘うというストーリーはドメストにとって不可欠だった。このミッションはおよそ2億7000万の製品パッケージに誇らしげに表示されたという。マーモットも、このつながりがいかに重要かを強調する。「ビジネスのやり方を本当に変えたいのであれば、こうした考え方を事業の中核に据える必要があります。パートナーシップを別物と捉えていてはなりません[30]」

ＮＧＯと企業がお互いをチームメートとして尊重すると、パフォーマンスをもっと高め合うことができる。ＮＧＯはよく株主総会に出かけて、懸案事項について経営陣に圧力を加えようとする。ユニリーバの株主総会にＮＧＯが来たとき、ポールは可能な限り、自分たちのほうがもっと先の計画を立てていることを示したいと考えた。ＮＧＯには同じセクターの他社に影響を及ぼしてもらい、全員のスピードアップを図るのが狙いだった。ＮＧＯとの良好な関係は極めて重要だ。ポールがＣＥＯだった10年間、彼やユニリーバを本格的に攻撃したＮＧＯはひとつもなかった。グリーンピースもアムネスティ・インターナショナルもトランスペアレンシー・インターナショナルも……。なぜならユニリーバが完璧だったからだ。関係性、パートナーシップ、信頼、そして限界を広げ続けたいという願いがあったからだ。

ＮＧＯは現場での信用を企業にもたらすが、ネットポジティブ企業は地域社会ともっと深い直接の関係を築く必要もある。つまり、途上国のコミュニティにおける真の実力者である女性と協働する。ユニリーバ・ベトナムは歯の衛生について子どもたちに教える地域プログラムを実施した。教育省や保健省と協力してトラックで各学校を回り、無料で歯科検診をした。だが、子どもや家族を参加させるためには、地元の女性団体（最大のものは会員が１００万人もいる）の支援も必要だった。彼女たちの支援を得て、プログラムは大成功を収めた。10年間で参加した子どもは７００万人。10歳未満の子どもの虫歯罹患率は60％から12％に急減した。

「シャクティ」というプログラムも、女性との協働によって地域を強くすることに成功している。これはさまざまな国で（さまざまな名前で）実施されているが、規模が最も大きいのはインドだ。ユニリーバは農山村部の女性たちと協力して、恵まれない境遇の人たちを対象に活動を展開している。具体的には、店を出して少量のユニリーバ製品を販売する方法を指南するのだ。これは辺ぴな村への販売チャネルとなり、商業的にも旨味がある。シャクティは10年間で規模が3倍に増え、今ではヒンドゥスタン・ユニリーバの売り上げに大きく貢献するまでになった。だがもっと大事なのは、このプログラムで13万6000人のインド人女性に経済的・社会的インパクトを及ぼしたことだ。ヒンドゥスタン・ユニリーバの会長、サンジブ・メフタは言う。「村や家庭での彼女たちの地位が高まり、家計所得も25％増えました[31]」。これほどネットポジティブなウィンウィンの関係は他には想像できない。

直接売り上げにつながらなくても、ユニリーバは営業する地域を豊かにするための手助けをする。インドのアッサムに大農場を持っていたとき（のちに売却した）、同社は地域で唯一の障害者向けの学校を工場のすぐそばにつくった。そういう話があったら、たいていの企業はアニュアルレポートで大々的に宣伝するだろうが、ネットポジティブ企業はそれがごく当たり前のビジネス手法だと考える。

ネットポジティブ企業の流儀

市民社会とのパートナーシップを成功させる

- CSR的な単なる慈善活動ではなく、NGOや地域社会と戦略的に協業し、そうしたパートナーシップを長期戦略の不可欠な要素として位置づける。
- 自社のビジネスやブランドを通じて、ウェルビーイングを最も改善できる分野に協業を集中させる。
- 市民社会の組織を対等なパートナーとして扱い、人々の声を代表する彼らの意見や主張に敬意を払う。

政府とのパートナーシップ（非システムレベル）

政府とのパートナーシップは最も難しいといえるが、その規模や影響力を考えると、最大の効果を生みやすい。システム全体の変革は第7章に譲るとして、ここでは地域社会の発展を支援し、すべての当事者に事業環境の改善をもたらすための取り組みに焦点を当てる。

企業は幅広いスキルや能力をもとに、特に途上国で、政府の活動の実効性を高めるサポートができる。よくある敵対的な態度ではなく、政府に対して協調的な態度をとれば、ネットポジティブ企業は意外な問題にも取り組めるようになる。ユニリーバはベトナム政府が年金制度や従業員持ち株会制度をつくるのを支援し、従業員がどこに住んでいても同じ福利厚生を受けられるようにした。また多くの政府に対して、（企業や地域の収益を奪い取る）偽造品取り締まりの知識や能力を授けた。コロンビアやナイジェリア、ベトナム、バングラデシュ、パキスタンなどでは税務署員の研修も行っている。これらの国々の税制を構築・整備・強化するのが目的だ。税基盤を拡大し、未納の税金を回収し（その分を国家開発に投資できる）、多国籍企業にとって公平で予測可能な条件をつくり出せるような税制だ。

他社からは、そのような政府の基本業務をなぜ支援するのか、とよく尋ねられるが、メリットは多い。税務面でよきパートナーになると、当局との間に信頼が築かれ、政府とのパートナーシップがより生産的なものになる。他の規制事案をめぐる協議にも道が開ける。例えば、包装や廃棄物の目標を達成するためのリサイクルシステムの構築、あるいは栄養プログラムや微量栄養素プログラムのインセンティブの確立などが挙げられる。税制などの戦術的な問題で関係を続けているおかげで、多くの戦略的な問題でも政府とうまく協業できることをユニリーバは知った。

ネットポジティブ企業は他の国々のベストプラクティスを使って共通の問題を解決する。例えば、消費財業界の多国籍企業は動物実験をおおむねやめているが、中国とロシアはそれを義務づけているため、両国で販売される製品は残念ながら例外になっていた。ユニリーバはその方針転換を目指して働きかけ、代わりの実験手法を紹介した。おかげで現在、たくさんの動物の命が救われている。この活動がきっかけとなり、それまで強力な批判者だったＮＧＯ「動物の倫理的扱いを求める人々の会（ＰＥＴＡ）」が味方になった。ＰＥＴＡが中国やロシアの政府と建設的な話し合いを持つのは難しいが、両国で事業を展開している企業なら、ＰＥＴＡが切り出せない難しいテーマを持ち出すことができる。このＮＧＯは今、ユニリーバがダヴ、シンプル、セントアイブスなどのブランドに「動物実験なし」のラベルを使用することを認めており、それが顧客へのアピールになっている。「価値観がもたらす価値」とはこういうものだ。

状況によっては倫理観を貫くのが難しいことがある。多くの国では汚職が蔓延しており、一部の指導者や政府は自国の国民にひどい仕打ちをしている。問題のある政策を掲げる政権との協業は厄介だが、なかには政治と無縁の物事もある。インドのナレンドラ・モディ首相が始めた「クリーンインド」政策の大きな目標のひとつは、すべての家庭にトイレを設置することだった。これはユニリーバとユニセフにとって衛生プログラムを拡大するチャンスだった。すべてのインド人にトイレを提供するのは政治的な問題とは関係ない。政治指導者は次々交代してゆくが、ネットポジティブ企業はその国で誰が権力を握っていようと、正しい方向へ物事を導く方法を見つけ出す。

ユニリーバは常に成功していたかというと、必ずしもそうではない。米国のトランプ大統領がパリ協定からの脱退を表明したとき、ポールと当時のチーフ・サステナビリティ・オフィサー、ジェフ・シーブライトは同協定にとどまるよう政権を説得した。大統領の娘や娘婿にも面会したが、結果はご存じのとおり。成功することもあれば、しないこともある。

ネットポジティブ企業の流儀

各国政府と建設的に協働する

- 持てる知識やスキルを使って各国政府の行政機能の整備を支援し、すべての当事者に事業環境の改善をもたらす。
- 公正な条件の整備が求められる分野、政府が積極的に関与しそうな分野を探す。
- こちらと意見の違う政府に背を向けるのではなく、国民のウェルビーイング改善のために協業を模索する。
- 短期的・政治的なテーマと、長期的に重視すべきテーマとを切り分けて理解する。

マルチステークホルダー・グループとのパートナーシップ（非システムレベル）

最も壮大で複雑な1＋1＝11パートナーシップは、同業他社、サプライヤー、顧客、政府、NGO、研究者、金融機関など、あらゆる方面から参加者が出そろう。ここでは魔法が起きることもあるが、「船頭多くして」の可能性もあり、そのバランスが難しい。ここで見る協業は現行システム内の機能を改善・拡大するが、システム全体のリセットには至らない。

ユニリーバは、マルチステークホルダー・パートナーシップが紅茶産業で有効であることを発見した。紅茶は大きなビジネスだが、世界中の900万を超える小規模農家に支えられている[32]。その中心は東アフリカで、ケニアに50万、ルワンダに4万の農民がいる（ルワンダでは紅茶産業が3番目に大きな雇用主[33]）。大口の買い手であるユニリーバは1世紀もの間、この地域で大きな存在感を示してきた。地域社会の繁栄の度合いは、会社の業績にも直接影響する。土壌の健康状態の管理、殺虫剤の使用削減など、持続可能な農法へ移行することで、生活や生産性だけでなく、紅茶の品質も向上するが、それには時間がかかる。農家がよりよい農法へ移行するには、買い手からの金銭的な支援や保証が必要だ。

ルワンダでは、ユニリーバは中央政府、ウッド財団、IDH（オランダのNGO）、英国国際開発省と協力して、新しい紅茶プランテーションを開発した。農場を開拓し、ニャルグルという貧しい地区に紅茶加工場をつくるために、ユニリーバは4年間で3000万ドル（ウッド財団は「忍耐強い資本」と呼ぶ）を投じる約束をした[34]。

このパートナーシップにより、農民、工場労働者、学校スタッフなど、何万もの人々が生計を立てられるようになった。また、資源の効率的な利用、干ばつや気候変動対策に関する技術支援や研修も提供された。さらに、ユニリーバは労働者の家庭向けの水道施設も敷設した。このプログラムでは、ひとつのサプライチェーンと地域のなかで、経済・環境・社会開発の好循環が築かれた。これこそ1＋1＝11の成果だ。そのためにユニリーバはNGOや地方自治体とのパートナーシップを必要としたが、このケースでは同業他社の関与はなくてもよかった。ルワンダで新しい生産者と消費者を生み出すこの取り組みは、ユニリーバのアドバイザーも務めたC・K・プラハラードが有名にした「ボトム・オブ・ピラミッド」の市場開発の一例だ。

創造的なマルチステークホルダー・パートナーシップは、コミュニティ開発の大きなギャップを埋めることができる。例えば、安全に管理された公衆衛生システムがないと、何十億もの人々がいつまでも繁栄できない。多くの地域では、たとえ公衆衛生施設があっても、処理した汚水を水路に戻しており、肥料や燃料、エネルギーのもとになる栄養源を利用しきれていない（嫌気性消化処理によって廃棄物を有用なバイオガスに変えることができる）。

フィルメニッヒ、キンバリークラーク、リクシル、タタ・トラスツ、ユニリーバ、ヴェオリアに加えて、国連機関や世界銀行など50のパートナーが創設したトイレ・ボード・コーリション（ＴＢＣ）は、衛生ソリューションの営利市場をつくることでこの問題を解決しようとしている。「衛生経済」の考え方はこうだ。もし廃棄物処理システムのなかでこれまで評価されてこなかった資産に価値がついたら、政府が独力でやる場合よりもたくさんの衛生インフラを構築できる――。ＴＢＣの事務局長だったシェリル・ヒックスは言う。「みんなが衛生環境を手に入れるためには、サービス提供のコストだけでなく、システムがどんな価値を生み出せるかに焦点を当てる必要があります[35]」

ＴＢＣは、資源フローに関するデータを収集するスマートトイレなど、廃棄物から価値を生み出す革新的な技術開発を手がけるアーリーステージの企業を支援するアクセラレーターだ。パートナーシップに加わる多国籍企業は、そうした新しい企業を増やすためのアドバイザーや顧客、投資家、パートナーの役割を果たす。人としての権利をビジネスの種にするのは間違っているように思えるかもしれないが、これは極めて現実的な対応だ。つまり政府や地域社会は、何十億もの人々の生活を改善するためのリソースを持っていない。衛生技術を普及させる最速の方法は、廃棄物を価値ある何かに転換したうえで、ビジネスや市場の力を利用することだ。

こうしたやり方は、石油やガスの採掘産業のように貧しい地域から価値を奪い取ることはない。むしろ健康や生活の質を大幅に向上させ、恒久的なインフラを構築するものであり、あらゆる面でネットポジティブだ。

社会的に大きな問題を解決しようとするマルチステークホルダー・パートナーシップは、急速に増えている。河川の流域の全関係者が参加しないと解決できない水問題を中心に、事例をいくつか見てみよう。これらのコラボレーションは（その成否にかかわらず）注目に値するものであり、そこから学ぶことも多い。

・世界銀行は「2030年水資源グループ」を主催している。アンハイザー・ブッシュ・インベブ、コカ・コーラ、ネスレ、ペプシコ、ユニリーバなどの飲料大手や市民社会のパートナーとともに、地域・地方の水資源管理戦略を策定するのが狙いだ。

・エコラボ会長のダグ・ベイカーは、国連の「CEOウォーター・マンデート」運動を加速させるための「水連合」を立ち上げた。メンバー企業はウォータースチュワードシップ（水資源保護）、透明性確保、そしてベイカーの言う「科学に基づく1・5℃の炭素目標を反映した」新しい目標にコミットする。水が不足する流域で2030年までに水使用量の50％削減、さらに2050年までに100％削減、すなわち「再生」を目指す。エコラボとネイチャー・コンサーバンシーとのこれまでの取り組みは、流域保護活動において

「巨額の資金がなくても大きな成果をあげられる」ことが証明されたとベイカーは言う。(36)

- 「グローバル・バッテリー・アライアンス」は、電気自動車による大規模なCO_2削減を実現するため、企業、政府、国連機関、NGO、ナレッジパートナーなど70の組織で構成されている。
- 「ゲッティング・トゥ・ゼロ連合」は、大手海運業者（マースクなど）、メーカー、銀行、港湾、NGOが連携して、海運による温室効果ガス排出量を2050年までに半減させることを目指している。

ネットポジティブ企業の流儀

マルチステークホルダー・グループと連携する

- どれだけ複雑になろうとも必要な関係者をすべて招き、マルチステークホルダー・パートナーシップを主導する。
- 自社のオペレーションや地域社会の全体に目を配り、ギャップが存在する分野やウェルビーイングの改善機会を探す。
・社会問題を新たな方法で解決するための革新的なビジネスモデルや資金モデルを検討する。

数の強み

今、パートナーシップの選択肢はかつてないほど増えており、どこから手を付ければよいか悩んでしまうほどだ。しかし、大規模な取り組みの大半には、いくつかの主要組織が関わっている。例えば、WBCSD、ウィー・ミーン・ビジネス（またはそのメンバー組織であるセリーズやクライメートグループ）、グローバル・コンパクトのような国連機関、世界銀行などその他の国際組織だ。複数のパートナーシップに加わるのは大きなリスクではない。手を広げすぎないことは大切だが、そのグループに十分な行動力があるか（あなたの会社がまだ準備不足なら、動きが早すぎるかどうか）はすぐにわかる。

こうしたグループでは、より安全な環境でリーダーシップを発揮できる。半歩先で音頭をとれば優位に立てるが、あまり先を行きすぎないほうがいい。結果が出なかったときに責任を負わされかねないからだ。みんなで協力したほうが限界を押し広げやすい。グループを組めば人々はいっそう勇敢になり、ポールの企業イマジンが言う「勇気ある共同体」が築かれる。

それはパートナーシップの多くのメリットのひとつだ。パートナーシップはメンバーのレジリエンスを高めてくれる。あらゆる可能性から企業を完全に防御することはできない。新型コロナのパンデミックにしても、技術的に予測はできたが、接客業などで完全に備えるのは不可能だ。だが、協力すれば味方ができる。嵐を乗り越えるためみんなのボートをロープでつなぐようなものだ。そして海が静かなとき、グループで素早くネットポジティブに向けて行動する。

第7章

タンゴは3人で

システム全体のリセットと、ネットポジティブなアドボカシー

解決できない問題に出くわしたら、その問題をもっと大きくするようにしている。
――ドワイト・D・アイゼンハワー（米国第34代大統領）

インドが英国の支配下にあった頃、植民地政府はデリーにいるヘビの多さが心配だったので、ヘビ（コブラ）の死骸に報奨金を出した。死骸は次々に持ち込まれ作戦は奏功したかに見えたが、街中《まちなか》のヘビの数はいっこうに減らなかった。なぜなら、人々が金儲けのためにコブラを繁殖させていたからだ。政府が報奨金をやめると、人々はヘビを街へ放ち、その数は急増した。

この話は虚構かもしれないが、教訓として汲み取れるのは、システムが複雑であればあるほど、予想外のことが起きやすくなるということだ。[1] 例えば都市の輸送計画で、行政が渋滞緩和のために道路を増やすと、そのうちまた渋滞が起きるようになる。前より状況が悪化することも少なくない。容量やスピードが増すと、都心からもっと遠い場所に人々が住めるようになる。郊外が増え、人が増え、車も増える。[2] 規制不要論をここで説きたいわけではない。公益のため、自らを守れないもの（気候、権利を奪われた人々、他の生物種）を守るためにはルールが必要だ。だが、政府がフィードバックループを考慮せず、関係者全員に話を聞くこともなく、単独で政策を立案した場合、次善の結果しか得られないことがよくある。同様に、企業が（影響力を駆使したり、汚職を使ったりして）自分だけで課題をコントロールすると、利己主義がまかり通る可能性がある。今の世界のタフな問題に立ち向かうには、単独行動はふさわしくない。

渋滞問題に対して、地域社会や企業が違う手法をとったらどうだろう？　すべてのステークホルダーが力を合わせれば、道路の増設よりもシステミックな解決策が支持されるのではないか。例えば、手頃な値段で中心部に住めるようにする、郊外へ路面電車を走らせる、在宅勤務を増やす、渋滞税を導入する……といった政策を組み合わせるのだ。課題が大きくなり入り組んでくると、もっと幅広い思考が必要になる。

人類がみんなで解決すべき大きな課題を取り上げたＳＤＧｓについて、あらためて考えてみよう。ここに掲げられた問題の多くは、ひとつの業界やバリューチェーンのなかの1＋1＝11パートナーシップでは十分に対処できない。一度にひとつの企業、ひとつのセクターが動いただけでは、気候変動、食料安全保障、パンデミック、不平等、生物多様性、サイバーセキュリティなどのグローバルな課題には取り組めない。これらの問題は限界を知らず、その解決には今までにない協働が求められる。

全体を視野に入れた解決策に必要なのは、社会の3つの柱、すなわち公的セクター、民間セクター、市民社会の協業だ。複雑なタンゴをいっしょに踊るのだ。全員がテーブルにつけば、システム全体をすべての人のウェルビーイングに資するよう変革できる。独力でやるよりもずっと大きな効果が得られるだろう。これまで私たちは政府や国際機関のリーダーシップに依存してきた。だが、各国と全世界の政治環境が厳しさを増すなか、リーダー企業が一歩を踏み出し、同業他社や政府にとっての政治的行動のリスクを低減させるようサポートすることが期待される。これはネットポジティブ企業の究極の仕事だ。

我田引水のロビー活動の終焉

反営利企業の皮肉屋の考え方は、伝統的なロビー活動に主な原因がある。飲料企業は、リサイクルインフラ用の料金を徴収するボトルビル（容器リサイクル法案）に反対する。農業企業は、トウモロコシを食料ではなくエタノールにするために多額の補助金を要求する。化石燃料企業は資金を果てしなくつぎ込み、公有地を安く利用してもっと探鉱ができるよう議員を説得する。

こうして我々企業は社会の信頼を失った。

企業は基本的に2つの手段で影響力を行使し、望む結果を手に入れる。汚職とロビー活動だ。両者の違いはいわば解釈の違いだ。汚職は法律ができた後、議員や公務員に袖の下を渡す行為で、違法と見なされる。ロビー活動は法律ができる前に議員にお金を渡し、自分たちに都合のよい法律をつくらせる行為で、一応合法とされる。米国は、実質的に無制限の企業寄付という形で汚職を合法化している。企業が米政府へのロビー活動で使う金額は年間35億ドルに上る。[3]米国ほどの規模ではないにしても、利己的なロビー活動はどこにでもある。先進企業のトップは全世界の首都を訪れ、自社に有利になるようルールづくりを誘導する。汚職または利益誘導型のロビー活動によって生まれる政策は、資金力に富む企業の利益を守るものであり、公益や民主主義を守るものではない。

とはいえ、ロビー活動そのものが悪いわけではない。それは単なる手段であり、現在の企業による政策提言《アドボカシー》がすべて悪意に基づいているとは限らない。地域の法令が国の基準と合わないのでこれを正そうとする企業もあれば、適正な規制を実現するために政府と協力する企業もある。例えばユニリーバは、動物実験の撲滅や、全世界で偽造品と闘う必要性を訴えて積極的に行動した。ヨーロッパでは、循環型経済フレームワークの実践を強く訴えた。時に企業は、法律の簡素化や障害の削減を目指したり、社会の目標に沿い、企業の助けにもなる、調和のとれた規則を標榜したりと、的確な動きをすることがある。ネットポジティブ企業は、人類の大きな問題を解決するために法律をもっとよくしようとしたら、自社の狭い利益にばかりこだわってはいられないと理解している。

企業の政治力の源泉は規模であり（あるいは権力を買う場合もある）、それがなくなることはない。我々の目標は、究極の強さを持つ「道徳力」をそこに加え、プロセス全体をよりよい方向へ転回させることだ。そこで「ネットポジティブ・アドボカシー」という、影響力行使の新しい方法を提案したい。あらゆる人の利益になる政策についてオープンに話し合う幅広い連携だ。規制をことごとく回避するために政府にノーとしか言わない、そんな薄っぺらいやり方に終止符を打ち、世界を繁栄させる共通の機会をみんなで探し求めてはどうか。これからの企業はもっと先手を打たなければならない。ルールに左右される前に、ルールづくりに関与する。ただし、未来の繁栄を犠牲にして、自社に都合のよい現状を維持しようとしてはならない。

賢いステークホルダーはこの緊張関係を認識し、信頼できる企業に積極的な役割を果たしてほしいと考える。国際食品関連産業労働組合連合会（ＩＵＦ）の書記長ロン・オズワルドは言う。「以前は企業が政治的影響力を持ちすぎだと文句を言っていたが、今は環境や人権のような重要な問題について、ぜひ影響力を使ってほしいと言っています。相手が信頼できる企業だったらですが」

企業と政府の間ではよい意味で一方的な関係が常に必要だが、それはそれとして、企業、政府、NGO、労働者が一堂に会した、もっと大きな話し合いの場を増やしていく必要がある。大企業が世界自然保護基金（WWF）のような環境NGOとともに政策立案者に働きかければ、一定のシグナルを送ることができる。たとえある重要な関係者や支持者にマイナスに働くとしても、他の企業が参加するほうが安全だし、政治家もそこに加わるほうが安全性が高まる。こうして政治的プロセスのリスクを低減させることができる。

このようなマインドをつくるひとつの方法は、ネットポジティブの基本原則を政府との関係に当てはめ、どんな変化が起きるかを見ることだ。例えば、自社が世界に及ぼす影響に責任を負う企業は、循環型モデルを奨励する法律の制定をサポートし、拡大生産者責任〔生産者が製品の生産や使用だけではなく、廃棄やリサイクル段階までの責任を負う考え方〕を受け入れるだろう。長期的な視点で活動するリーダー企業は、政治方針や政治家が変わっても左右されることなく、大きな原則や政策目標に基づいて行動する。

企業と政府は持ちつ持たれつの関係にある。国は気候変動に関する協定に署名できるが、それを実行する企業がいなければ、目標を達成できない。強気のCO_2削減目標を設定している企業も、再エネ重視の政策がなければ達成できない。

ネットポジティブ企業は政府を敵ではなくパートナーと見なし、共通の目標、よりよい未来へ向けて協業し続ける。そして、市民社会を積極的に巻き込んで、必要な正当性を確保する。選挙の洗礼を受けないビジネスリーダーにとってはそこがポイントだ。

官民パートナーシップの課題

本当のパートナーシップを伴うネットポジティブ・アドボカシーは、昔ながらのロビー活動とは勝手が違う。ロビー活動の場合、企業は自分たちの要望を政治家に伝え、どんなお返しをするかを明らかにするが、この新しい手法では、国や地域、コミュニティのニーズを優先し、政策を通じて全員の問題を解決することを目指す。企業と政府の協業は簡単ではない。市民団体が加わると話はますますややこしくなるが、最終的にはそのほうが力強い関係ができあがる。志がどれだけ高くても、必ず難題が立ちはだかるので、官の側も民の側もこれに準備・対応しなければならない。

・**権力**　ビジネスリーダーは自分たちでは思うように対処できない問題に対して、どうにか影響を及ぼそうとする。選挙で選ばれた立場ではないため、ほとんどの場合、権力を持っていない。その取り組みに信用を与えるのは、大きなパーパスの達成に向けた同業他社やNGOとの協業だ。

・**スピード**　企業は欠点があり官僚的であっても、概して行動が早い。政府はチェック・アンド・バランスを利かせるためにもともと非効率な部分がある。法律をつくるには慎重を期す必要がある。

・**組織**　政府の組織は縦割り体制で、マルチステークホルダーを必ずしも意識していない。省庁の高官は口数が少なく、限られた予算を取り合う傾向にある。だが、全体を俯瞰して彼らに働きかければ、成果はもっと出る。企業とNGOも同じように縦割りであることが多い。

・**無知**　政治家ばかりやってきた人や市民団体一筋で働いてきた人は、企業のことがわからないかもしれない。その逆もまた真である。ビジネスパーソンは政治の世界やそのプレッシャーが十分にはわからない。どちらの側も「世間知らず」の恐れがある。

・**目的**　企業は一般に具体的な成果や明瞭さを求める。政治家の多くは再選されることだけが目的なので、有権者に「よくやってくれている」と思わせるのが優先事項で、大義を実現するための優れた政策など二の次だ。選挙で選ばれた議員は出過ぎたまねをすると、お仕置きを受けかねない。したがって、ビジネスリーダーも政治家もリスクを回避しようとする。

・**相互依存**　官民どちらの側もシステム思考が足りていない。例えば、関税について考えてみよう。あるセクターが関税を必要とし、そのためにロビー活動をしても、結果はひどい失敗に終わることが多い。鉄鋼メーカーは外国の鉄鋼製品への関税を高くしたいと考えるが、実行すれば鉄鋼の価格が上がり、大口顧客が買い控えをする。

・**政党**　最近まで、ほとんどの企業は特定の政党を支持することを避け、すべての政党に進んで献金していた。理屈としては、最善の政策に賛同し、それを実行する政党に肩入れすべきなのだが、政策や原則を支持すると政党を選ぶことになる。例えば現在の米議会では、気候変動対策や環境保護に賛成票を投じた共和党議員はゼロに近い。気候や不平等、民主主義をめぐる議論が民主党・共和党どちらの側でも同じように実を結ぶとうそぶくのは、生産的ではない。

・お金と汚職　政治には常にお金がつきまとう。たとえあなたが国の利益を本気で考えていても、政治家のなかにはそんなことそっちのけで、「自分たちに何の得があるのか」と尋ねる者がいるだろう。簡単な答えはないが、幅広いパートナーシップを組んで臨めば役に立つ。それは全員が公益のために努力すべしというプレッシャーを生む。

こうした課題や差異があるため、信頼不足が妨げになるのは驚くに当たらない。言ってみれば囚人のジレンマだ。つまり、誰が協調の精神で最初に動くのか？　民間セクターの意図に疑念を抱かれるのももっともだとすれば、我々企業から最初に和平を申し出る必要がありそうだ。力を合わせたいと心から願い、数多くのステークホルダーとともに政府に働きかければ、ネットポジティブへの道が開けるだろう。

システム変革への道のり

ここでは社会の3つの柱がすべて一堂に会したコラボレーションに焦点を当てる（表7・1を参照）。企業、NGO、政府の3者によるタンゴは、システムそのもののリセットを目指す。アドボカシー（発言）とアクション（行動）を組み合わせて本当の変化を起こそうとするパートナーシップには、例えば次の4つの最終目標が考えられる。

- もっと大きく考えることを政策立案者に促す。積極的なアドボカシーにより、気候変動のような問題における企業の立場を明確にする。
- ネットポジティブな成果を出せるように政策を導く。例えば、環境にやさしい包装やリサイクルのインセンティブに取り組む、気候変動に関する具体的な法律の制定を加速させる。
- 国の繁栄を手助けする。官民パートナーシップを通じて、経済成長を支援し、新しいセクターを構築する、あるいは企業のエコシステムを拡大する。
- 最大の社会問題に取り組む。（例）気候変動、不平等など、多くのグローバルな課題につながる、極めて複雑なパーム油生産システム。

これらの目標は、どのようなパートナーシップを築くべきかの指針になり、すべてのステークホルダーの関心を正しい方向へ向けさせる。ほとんどの企業（特に米国の企業）には未経験の協業だが、得られる成果は企業にとっても社会にとっても莫大だ。

積極的な共同アドボカシー

表7・1　規模が異なる2種類のパートナーシップ

第6章：1+1=11 相乗効果があるパートナーシップを築く	第7章：タンゴは3人で システム全体のリセットと、 ネットポジティブなアドボカシー
システムに対応	システムを変革
ライバル企業との協業の可能性	より多くのプレーヤーが必要（政策、金融）
業界共通のリスクの解決	大義・公益の実現
一部の領域やサプライチェーン	システム全体
市民社会のパートナー	システムの全参加者
アクション（行動）	アクションとアドボカシー（発言）

気候変動対策の進展には企業の支援が欠かせない。２０１５年にパリ協定がまとまったのは、企業やＣＥＯがこれまでにないほど会議に出席していたことが大きい。彼らは異口同音に進捗の必要性を訴えた。

ＮＧＯのセリーズは１６００の企業による「気候宣言」をとりまとめた。金融などの一部セクターも支持声明を出した。[4] 企業が先手を打って行動するのには理由がある。世界の多くの地域は炭素税を導入しているが、その方法は統一されていない。世界の排出量の４分の1はすでにカーボンプライシングの下で取引されている。[5] 規制条件がいろいろ異なるのを喜ぶ企業はないので、政策の統一を求めるのは理にかなっている。

２０１７年6月に米国のトランプ大統領がパリ協定からの脱退を発表すると、多くの企業が声を上げた。発表前の数日間、ポールと当時のダウ・ケミカルＣＥＯ、アンドリュー・リバリスは、ＣＥＯたちの声をとりまとめるために奔走した。脱退決定の朝、30の多国籍企業がウォール・ストリート・ジャーナル紙に全面広告の形で公開書簡を掲載し、パリ協定への残留を大統領に求めた。パリ協定はクリーンテクノロジー関連の雇用を創出し、企業や地域社会のリスクを低減し、米国の競争力を強化するという内容だ。書簡の署名者には3M、アリアンツ、バンク・オブ・アメリカ、シティ、コカ・コーラ、ディズニー、ダウ、デュポン、GE、J&J、JPモルガン・チェース、ユニリーバなどのCEOが名を連ねた。

数日後、WWF、クライメートネクサス、セリーズによる別のグループが、数百の企業を結集して「ウィー・アー・スティル・イン（私たちはまだパリ協定に残っている）」と宣言した（その後、他の運動と合併して「アメリカ・イズ・オール・イン」になった）。現時点で約2300の企業、400の大学、300の市・郡、1000の信仰集団が署名している。CEOや知事たちは、パリ協定脱退後も米国が世界の気候交渉に参加できるよう尽力した。

2019年の気候変動枠組条約締約国会議（COP25）に向けて、ポールとリバリスは再びCEOたちに働きかけてその声を集約した。また、さらに大きなグループがパリ協定への復帰を強く要求した。セリーズで政府との関係を担当するアン・ケリーによると、2人のCEOが頑張ったことが「まさしくゲームチェンジャーになりました。それは運動の成功に欠かせないものでした」[6]。最終的に大企業80社のCEOが「パリ協定のための連合」声明に署名した。ここには重要な要素が新しく加わっていた。つまり、気候危機を単なる環境危機ではなく、人間の危機、不平等の危機と認識し、署名者には1250万人の労働者を代表する労働組合の連合体である米国労働総同盟・産業別組合会議（AFL－CIO）が含まれていた。

経営者と労組がいっしょに署名しているのは、政策立案者にとって強烈なメッセージとなった。この声明では、企業が「労働者と組合との対話を通じて……労働権を尊重した、労働力の公正な移行」を支援すると謳っている。このような文言は異例だった。国際労働組合総連合の書記長シャラン・バロウによれば、米国企業は労働権に関する政策に反対するのが一般的だった。だからこそ「企業とAFL－CIOがともに署名しているのは画期的でした」[7]。パンデミックに際して、ヨーロッパの企業、議員、活動家の大きなグループが、クリーン経済、生物多様性の保護、農業システムの変革を重点とする「グリーンリカバリー」を提唱した[8]。ダノンの当時のCEO、エマニュエル・ファベール、ロレアルのジャンポール・アゴン、イケアのイェスパー・ブローディンなど、先見性の高いヨーロッパのリーダーが参加している。「ビジネス・フォー・ネイチャー」というパートナーシップでは、700の大企業とNGOが共同で、「この10年間で自然の喪失を食い止め、プラスに転じさせる政策を導入するよう各国政府に要求」している[9]。

こうした公式声明はもちろん言葉であり、行動ではない。目に見える変化でもない。だが、正しい政策への支援を企業に約束させるので、従業員やその他のステークホルダーが企業の責任を追及する材料になる。また、もっと具体的なパートナーシップへの移行も容易になり、「発言」から「行動」への勢いがつく。例えば、パリ協定以降の6年間に、1600近い企業が科学に基づくCO_2削減目標を設定することに同意し、何百もの企業が再エネに100%転換することを約束している。

気候問題に関しては、多くの地域で企業のほうが政府の先を行っている。とりわけ米国では、企業がCO_2の排出削減や再エネの利用を促進したのに対して、政府はむしろ後退していた。まだ声を上げることに尻込みするCEOがいるなら、エデルマンの調査結果をぜひ参照してほしい。気候変動や人種平等のような問題について、86%の人々がCEOのリーダーシップを期待している。[10]

ネットポジティブ企業の流儀

共同で声を上げるために実行していること

- 大規模な行動を約束する公式声明の発表を主導し、同業他社への影響力を使って他者を巻き込む。
- 公式のコミットメントを使って、より多くのステークホルダーを話し合いに引き入れ、ネットポジティブ・アドボカシーを通じて政府に圧力をかける。

ネットポジティブな成果へと政策を導く

ユニリーバは大きく困難で大胆な目標（BHAG）を掲げてUSLPを立ち上げた。目標の多くは、政府や市民社会との協働なしには達成できないことが明らかだった。そのためさまざまなステークホルダーと積極的に関係を深め、変革を訴えた。当時、渉外・サステナビリティのグローバル責任者だったミゲル・ヴェイガ＝ペスタナは、ブリュッセルでユニリーバの活動を率いていた。彼の目標は、ヨーロッパの競争力の向上、グリーン経済の構築に関する新たな議論への参画など、EU指導者たちの優先課題に協力することだった。

ユニリーバは政策立案をじょうごに見立てている。政治家や役人が気候変動のような問題で頭を悩ますとき、一番上の入り口のところでは、幅広い政策オプションが話し合われ、そこから炭素税など具体的な策に絞られていき、さらに価格設定やメカニズムの細部が議論される。何をすればよいか誰もわからないじょうごの入り口の段階で、ヴェイガ＝ペスタナは経営幹部を政策立案者に引き合わせた。「ポールのようなCEOや上級幹部を早い段階で話し合いに参加させるのが何よりも重要です」と彼は言う。
ユニリーバは自社が具体的な知識を持っている分野でEUをサポートした。例えば、食料安全保障とサプライチェーン、森林破壊と気候変動、公衆衛生、女性のエンパワーメント、循環型経済など。政策がビジネスや市場に与える影響をEUの政策担当者が理解できるよう、経営幹部は手助けした。EUの担当者たちはユニリーバからのアプローチ方法にしばしば驚かされた。他社のリーダーは法律について不満を述べたり、税率の引き下げを頼んだりしにきたが、ある政府関係者が言うように、「ユニリーバはヨーロッパをどうやって助けるかというアイデアを持ってやって来る」。そうした真っ当な活動によって信頼が築かれ、政策の立案・実行に際して意見が反映されやすくなる。気候の分野では特に、ネットポジティブ企業は数多くのルールや政府の施策を（既存のもの、可能性があるものにかかわらず）サポートしなければならない（次のコラムを参照）。

Column

企業が目指すべき気候政策

建設的な気候政策は、市場の失敗を修正し、低炭素製品に厳しいハードルを課し、気温上昇を1・5℃にとどめるために必要な年間1・5兆～2兆ドルの資金の確保を支援する。我々は以下の政策を優先的に後押しすることを提案する。

経済活動の炭素強度や物質強度の削減

・炭素価格が急速に上昇するよう設定するとともに、補助金を化石燃料からクリーンテクノロジーや低炭素生産方法へ大幅にシフトさせる。

・循環型経済を促進するために素材の回収（リサイクル、再利用、修理）を促進するための研究や資金提供を行う。

規模の拡大

・公的資本を活用して、クリーンテクノロジーへの民間投資を増やす。

食品利用や土地利用の再考

・不適切な農業政策を改め、農民が再生型農業へ移行するためのインセンティブを提供する。

・食品廃棄物を削減する。

自然に基づく解決策の探求

・排出を防ぐために自然資本に価格をつけ、土地（湿地など）を保護する。

ゼロカーボンモビリティ

・内燃エンジンを一定の期限（ノルウェーは2025年）までに段階的に廃止し、あらゆるサイズの電気自動車に対するインセンティブを提供する。

レジリエントなゼロカーボン建築

・建築と冷暖房システムに高いパフォーマンス基準を設定する。
・公共交通機関や多目的ビルにインセンティブを提供する。
・適応策と都市レジリエンス計画に資金を提供する。

人々の保護

・グリーン移行で職を失った人々に対する研修や再教育を徹底する。
・気候正義を主張し、弱い立場の人々の権利を支援する。

透明性

- 気候関連財務情報開示タスクフォースに沿った気候リスク評価を要求する。
- 製品のカーボンフットプリントを測定し、パッケージやラベルにデータを表示する。

昔ながらの利己的なロビー活動と同じじゃないか、と皮肉屋は言うかもしれない。だが必ずしもそうではない。ネットポジティブ・アドボカシーは会社だけに恩恵をもたらすのではなく、変革を促してシステム全体の持続可能性を高める。社会をよくするとともに会社の目標達成にも役立つ政策を支援するのは、間違った行為ではない。

ユニリーバ・ロシアはこのバランスをうまくとっている好例だ。製品のフットプリントを削減し、消費者に喜んでもらうため、ユニリーバはパッケージに利用するポストコンシューマーリサイクル材（PCR材）の比率を増やしたかった。しかしロシアのリサイクルインフラは十分ではなかったため、当時、ロシアでサステナブルビジネスなどを担当するバイスプレジデントだったイリナ・バフティナは、リサイクル業者や小売業者と協力して独自のインフラを構築した。そして、1年もたたないうちに、100％PCR材の容器入りの美容製品やパーソナルケア製品のシリーズを発売した。

これと並行して、バフティナはリサイクルの推進を阻んでいるロシアの政策を改善しようとした。ユニリーバがつくったリサイクルインフラに対する税控除を政府に求めたわけではない（会社としては販売やブランド価値への投資分は回収したかったが）。彼女が望んだのは、原材料の種類によってインセンティブが与えられるようにすることだった。同国には拡大生産者責任（EPR）法があり、メーカーは使用したプラスチック1トンごとに税金を課される。リサイクルできないプラスチック（PVCなど）も、ユニリーバがPCRパッケージ用に必要とするリサイクル可能なプラスチックも、すべてが等しく課税されていた。

バフティナはサンクトペテルブルク大学の教授と協力して、重さではなくプラスチックの種類に応じて課税する仕組みを考え出した。リサイクルしやすい材料は、埋立地行きのプラスチックよりも負担額を小さくする。このインセンティブによって企業はリサイクル可能なプラスチックをもっと使うようになり、PCRパッケージの原材料が充実する。そしてよりよいプラスチックのコストが安くなる。

自社だけの税控除を求めるのと、リサイクルパッケージすべての税率引き下げを求めるのとでは、実に大きな違いがある。前者は株主を喜ばせるが、国の収入を減らす。後者はプラスチックとパッケージをめぐる循環型ビジネス構築へのインセンティブとなり、雇用を創出する一方で、材料需要とCO_2排出量を減少させる。

残念ながら、多くの企業がネットポジティブとは逆の方向へ政策を誘導したがる。新型コロナのパンデミックを受けて、（プラスチックの増産にこそ未来があると考える）大手化学企業と化石燃料企業を代表するロビーグループが、米国とケニアの貿易協定を変更し、廃棄物に対する制限を解除するよう働きかけた。制限解除となれば、アフリカ全土でのプラスチック利用は大幅に増加する。実は、このグループの企業の多くが「廃棄プラスチックをなくす国際アライアンス」に署名している。[11]偽善とはまさにこのことだ。いつもながら、透明性の高さがこれを明るみに出す。

どんな企業もそうだろうが、ユニリーバも業界団体の一員として、ロビー活動が公益への貢献という企業目標にそぐわないという経験をしたことがある。哲学の違いがあまりに大きければ、ネットポジティブ企業はそうした団体を去る。ユニリーバも全米商工会議所、ビジネスヨーロッパ、米国立法交流評議会を脱退した。いずれも気候変動との闘いに躊躇したり、進捗の足を引っ張ったりしたからだ。

ユニリーバのロシアや中国での行動は、会社の立ち位置や方向性を明確に表している。ユニリーバはこれまで何度もシステムのリセットに取り組み、偽造製品対策の強化、外国投資の拡大に向けた一貫性の高い税政策の導入、行政やビジネスの効率化、英国の現代奴隷法のような法律の制定などで、各国政府をサポートしてきた。

ユニリーバはその政策リーダーシップで評価されることが多い。ロシアや中国での動物実験を減らそうとする取り組みを評価して、動物愛護団体のPETAはユニリーバ（とエイボンやコルゲート・パーモリーブなど少数のリーダー企業）を「規制改革に積極的な企業」と呼んだ。(12)

ネットポジティブ企業の流儀

政策を公益へと導く

- 法律の制定後に不満を述べたり、変更を求めてロビー活動をしたりするのではなく、法律の制定前に政策立案者と協力する。
- 導入されるのが間違いない規制を待つのではなく、先手を打って解決策を提案する。
- 共通の問題に対しては、自社だけでなくすべての関係者にプラスとなる幅広い解決策を訴える。

国の発展・繁栄を手助けする

企業が成功するには、事業を展開する国や地域も繁栄しなければならない。経済発展や自然資源の保護がないと、人間のウェルビーイングは損なわれる。貧困状態が続くことは企業にとって好ましくない。

地域社会や国のニーズに焦点を当てることで、企業はネットポジティブなインパクトを生み出し、その国や社会の発展をうまく手助けすることができる。私利私欲に走って信用を落としてはならない。ネットポジティブ企業がどのように地域と協力し、地域社会を支援できるのか、その事例をいくつか紹介しよう。

政府とともに開発投資をする

ユニリーバ・エチオピアはエチオピア政府と「基本合意書」を締結した。同国に施設を建設し、工業団地をつくり、サプライチェーンで調達・購入する地元商品を増やすという内容だ。ユニリーバは口腔ケア製品の最先端の工場を建設した。日常的に歯磨きをする人が3～5%しかいない国にあって、リスクが大きい長期的な賭けだ。また、学校での口腔衛生と栄養改善プログラムにも投資し、コレラ感染の拡大時には無料で製品を提供した。この互恵関係は事業の成長を促し、効果を発揮しつつある。世界で8番目に成長が速い国エチオピアで、5年間の投資を経て事業は黒字化し、年間売上高は1億ドルに達する。

ユニリーバ・インドネシアは北スマトラの辺ぴな場所で、パーム油を固体成分と液体成分に分けるための大型「分別」施設を建設するときにも同様の選択をした。1億5000万ドルを投じ、政府と共同で生活インフラや港湾を築いた。社長のヘマント・バクシによると、このプロジェクトは工場周辺の3万の零細農家が持続可能な農法に移行できるようにすることも狙っていた。つまりは地域の繁栄を助けるための、政策変更を含む多方面のアプローチだった。この取り組みによって、インドネシアにおいて持続可能で追跡可能なパーム油をつくれることが証明された。このような活動を目の当たりにした地方政府は、企業が地域にもっと投資しやすくするために法規制上のアプローチを変えようとする。

産業のエコシステムを築く

ひとつの投資が波及効果を生み、政策や経済上のニーズを浮き彫りにする。コートジボワールを例にとると、ユニリーバは同国内でマヨネーズを生産したかったが、サプライチェーンがなかった。そこで政府と協力して卵の生産を増やすために養鶏を振興し、新しい雇用を創出した。次いで、容器の供給が不足していたため、政府や他の業界と協力して、持続可能なガラスを国内で供給できるようにした。

コロンビアでは、政府とコロンビア革命軍（ＦＡＲＣ）の間の緊張を和らげようとした。当時のファン・マヌエル・サントス大統領の要請を受け、ユニリーバは経済活動を活性化させ、ＦＡＲＣの元メンバーたちに雇用を提供する計画を提案した。この計画はコロンビアに安定と発展をもたらし、森林破壊の回避にもつながった。

ロシアでは、外国投資諮問評議会の創設を支援した。50以上の多国籍企業が政府と協力して健全な投資環境をつくるための組織だ。たいていの企業の経営幹部は同国の指導者を訪ねて規制の適用除外を求めたり、自分たちの要望を伝えたりするが、ユニリーバは対照的に、ロシアの経済や産業の繁栄をどうすれば支援できるかを尋ねた。

共通の問題を解決する

中東では水不足を解消するため、ユニリーバは政府とともに海水の淡水化プロジェクトに取り組んだ。また、１人当たりの水の消費量が世界でも多い地域では、人々の水利用習慣を変えるキャンペーンを展開した。これらの取り組みでユニリーバが利益を得たかというと、簡単には言い切れない。だが、より多くの人が手頃な値段で水を利用できるようになるのは、歯磨き粉やシャンプー、石鹸を売っている会社には好都合だ。ライバル企業も潤うことになるが、水の利用可能性がシステミックに改善されなければ、すべての企業が苦戦するだろう（次のコラムを参照）。

水プロジェクト

水は命だ。多くの場所で水が不足したり、水質の悪さが健康を危険にさらしたりしている。この共有資源をみんなが利用できるようにすることが、消費財企業にとっては必要不可欠だ。ヒンドゥスタン・ユニリーバ（HUL）の会長、サンジブ・メフタは日常生活で水がいかに大切かを説明する。歯磨き、お茶やコーヒー、スープ、シャワー、洗濯、食器洗い……。ユニリーバはあらゆる面で水に依存する製品をつくっている。(注)

HULは当然のように、各種のブランドに関わる全社的取り組みとして水を選んだ。メフタが言うには、インドの水質は122カ国中120番目の低さだ。60%の地域で、水の利用可能性が「危機的」な状態に達している。HULは20のNGOパートナーや中央・地方政府とともに、1万1000以上の村で水インフラの整備を支援し、作物や水管理について農民を教育している。利用できるようになった水はトータルで1・3兆リットル。インドのすべての成人に1年分の飲料水を提供できる水準だ。

バングラデシュでは、ユニリーバの浄水器ブランド「ピュアイット」が、国連開発計画と連携して水の利用可能性の改善に貢献している。ユニリーバは水管理プログラム「イノベーションチャレンジ」を運営し、農山村部の女性を「ウォーターヒーロー」にすべく教育している。また、銀行と協力して、人々がピュアイットを買うための小口融資を提供している。ユニリーバはこのブランドで儲けるつもりはない（ただし損をすることもできない）。それは社会に価値をもたらし、企業のブランド価値を築くためのものだ。多数のユニリーバ製品にとって貴重な自然資源を守ろうとするとき、利益率の低いアプローチも、ネットポジティブを目指す、より大きな取り組みの一環として許される。

（注）2020年10月21日の著者とのインタビュー。

よき友人やパートナーになる

緊急時に支援者として名乗りを上げるのは人道的であり、ビジネス上も有効だ。真の関係が築かれるのはそんな時だ。サステナビリティ・ビジネスの歴史において、そうした重要な場面が、ある自然災害をきっかけに展開された。2005年にハリケーン・カトリーナがニューオーリンズに壊滅的な被害を与えたあと、ウォルマートCEOのリー・スコットは、水や救援物資を届ける自社の支援活動のほうが政府の対策より成功していることに気づいた。彼は社会での自社の役割について従来とは異なる考えを持つようになった。ウォルマートは環境・社会に及ぼす影響を減らすため、NGOや社員と協力し始めた。規模の大きな会社であり、なおかつサプライヤーにも改善の圧力をかけたため、全世界でサステナビリティが飛躍的に向上した。ユニリーバも「ヴァセリン」ブランドとNGOのダイレクトリリーフのパートナーシップなどを通じて医療関係者に医薬品を届けるなど、災害救援活動への関与を増やしている。

災害が起きたとき、経営幹部が個人として支援に乗り出すことは何にも増して重要だ。東日本大震災で原発がメルトダウンを起こしたあと、ほとんどの外国人は日本を出国したが、ポールは妻のキムといち早く福島を訪れた。ユニリーバのCEOに就任する数週間前も、インドの有名なタージマハル・パレス・ホテルに滞在中、恐ろしい状況に出くわした。会社の幹部や現地のリーダーたちと夕食をとっているとき、テロリストがホテルを襲撃し、人質をとって数日間にわたり籠城した。夕食会参加者は全員無事だったが、不幸に見舞われた人も数多くいた。そのわずか半年後、ポールはデリーの同じホテルで夕食会を開いた。ただし今回は、命を救ってくれた勇敢なスタッフにご馳走するためだ。それは会社にとって重要な歴史ある市場への責任ある関与と、名高いランドマークの復興に対する支援を表していた。言葉ではなく行動で示したのだ。

地域社会との友人になることは慈善事業ではない。それは正しくてよいことであると同時に、ビジネスにも役立つ。それは信頼と友好を築き、相手国やその開発課題への適応力を高める。

ホスト国のよきパートナーであるということは、長く関わるということだ。ユニリーバ・エチオピアの責任者ティム・クラインベンは、同国市場に関する助言を求める他の多国籍企業の人たちと定期的に会合を持っている。そこで出る質問はこうだ。「エチオピアで儲けるにはどうすればよいか」。そういう考え方の人はどこかよそへ行ったほうがよい。問題は新しい市場への長きにわたる責任ある関与だ。「ユニリーバはエチオピア政府に評価されてきました。我々が国の発展を支援する正直な仲間だと認めてくれています」とクラインベンは言う[13]。国の成功を助けるのは企業のためになる。繁栄する国は拡大・成長し、その協力者である友人やパートナーに報いようとするからだ。

ネットポジティブ企業の流儀

国や地域の課題解決を支援する

- 期待されていないとき、あるいは直接の利益がないときに、信頼できるパートナーとして名乗りを上げる。
- その国からお金を引き出すことばかり考えるのではなく、その国の重要課題に貢献する。

最大の問題に取り組む――パーム油生産システム

中国と米国は世界の2大経済大国であり、温室効果ガスの2大排出国でもある。しかし、それに続く排出国は第3、第4の経済大国、日本とドイツではなく、ブラジルとインドネシアだ。この2国は木をたくさん切って燃やし、大量のCO_2を排出している。[14] 森林破壊による温室効果ガス排出量は世界全体の約5分の1を占める。[15] 森林破壊の原因は複雑だが、その主な理由は農畜産業用の土地の開墾だ。ブラジルでは大豆や畜牛、インドネシアではパーム油など。ちなみにインドネシアは全世界のパーム油の58%を供給している（マレーシアが26%）[16]。

パーム油は、石鹸、シャンプー、クッキー、パン、アイスクリーム、口紅など、ユニリーバの幅広い製品に使われている。したがってユニリーバは世界最大のパーム油の買い手のひとつだ。だが、パーム油は消費財だけに使われているのではない。ヨーロッパ向けの約半分は車のバイオディーゼル燃料として使われる（つまり輸送と食品が土地をめぐって争っている）[17]。

インドネシアのパーム油プランテーションの総面積は1990年の100万ヘクタールから、現在は1600万ヘクタール（英国の3分の2の広さに匹敵）に拡大している。[18] その増加分のほとんどは原生林を焼いて得られた。このようにパーム油の問題はあらゆる大きな問題と結びついている。格差や貧困のせいで、人々は生き残るために森林を伐採せざるを得ず、森林破壊は気候変動につながり、生物多様性を破壊する。森林破壊を止めるのはこの上なく困難で、生産者、買い手、政府、地域社会、金融から成るシステム全体の支援がなければ実現しない。長年の努力と失敗の末、業界はようやく前へ進み始めている。

レインフォレスト・アクション・ネットワークやグリーンピースをはじめとする多くのNGOが長年、この問題にフォーカスして活動してきた。1990年代から2000年代にかけて、これらの団体はユニリーバやネスレなどの食品メーカーや、カーギルやウィルマーなどのアグリビジネス大手に対し反対運動を展開した。グリーンピースの活動家は、生息地の破壊により脅威にさらされるオランウータンに扮して、ユニリーバの本社ビルをよじ登った。グリーンピースは2007年と2008年に、森林破壊の広がりを業界全体、なかでもユニリーバと関連づける辛辣なレポートを発表した。

ユニリーバは問題を認識していないわけではなかった。2004年にはWWFとともに「持続可能なパーム油のための円卓会議（RSPO）」という業界組織を創設した。だが2007年の頃はまだ、「自分たちが森林破壊や気候変動に関係しているという本当の認識はなく、気候変動は主にシェルやエクソン、フォード、ゼネラルモーターズの問題だと思っていました」と、当時のチーフ・サステナビリティ・オフィサー、ギャビン・ニースは言う[19]。グリーンピースなどによる抗議運動はニースにとって「人生を変える」出来事だった。当時の調達方法を維持するのは、会社にとっても彼個人にとっても、もはやできない相談だった[20]。振り返れば、ユニリーバはもっと先手を打っておくべきだった。

その当時、グリーンピース英国の責任者ジョン・ソーベンはユニリーバの経営陣とは会ったことがなかった。だがポールのCEO就任後間もなく、ポールとニースはソーベンと強固な関係を結び、定期的に会合を持った。ソーベンによると、ニースはテレビに出演し、ユニリーバは自社のパーム油がどこから来ているかをよく知らないと正直に語った。「我々のサプライヤーはすべてRSPOの基準またはインドネシアの法律に違反している」とニースは述べた[21]。このレベルの透明性があったからこそ、何か事が起きても疑われずにすむような信頼関係を築くことができた。

「正面から立ち向かってはどうか」というソーベンの提言もあり、ユニリーバは極めて異例な措置として、基準を満たしていないある大手サプライヤーとの契約を打ち切った。ソーベンはこの行動を「劇的」と呼ぶ[22]。レインフォレスト・アクション・ネットワークはユニリーバのリーダーシップを称える声明を出し、他社にも同様の行動を呼びかけた[23]。ユニリーバは、サプライチェーンプログラム「パートナー・トゥ・ウィン」の一環として、大手事業者をシンガポールに集めて非公開の会議を開き、森林破壊の一時停止を約束させた。2010年のCOP16で、ユニリーバはコンシューマー・グッズ・フォーラムの全メンバーに対して、パーム油による森林破壊を2020年までになくすことを約束するよう強く要求した。2014年のニューヨーク森林宣言も大きな声明だったが、5年間を振り返った報告のなかで「進捗は限定的だった」と結論づけた。ソーベンはもっと明確に、森林宣言は失敗だったと述べている。[24]

NGOは企業に対して、バリューチェーン内の悪質な事業者との取引をやめるよう圧力をかけ続ける。パーム油の使用をやめろと企業に要求するのは簡単だが、するとどうなるか？　パーム油産業は17カ国で何百万もの人を雇用している。インドネシアとマレーシアだけでも450万人を数える。[25] ネットポジティブな世界観には生活の改善も含まれるため、何百万人もの雇用を消失させるのは方向として間違いだ。気候変動の観点からいえば、不買運動や他の油へのシフトは逆効果になりかねない。世界経済フォーラム（WEF）のグローバル公共財センターを運営するドミニク・ウォーレイは、撤退すれば「たくさんの農家の収入がなくなり、結果はもっと悪くなる」と言う。[26] 選択肢が限られる人々は、木材や燃料、農作物用にもっと森林を伐採するかもしれない。

現在の状況は複雑だ。ユニリーバと同業大手のほとんどは、パーム油のほぼすべてをRSPO認証プランテーションから調達している。彼らは困難にもめげず、頑張って成果をあげたが、それでも森林破壊はなくならない。最大の問題点はパーム油産業の構造だ。何十万という小規模農家が、生き残るために自分の利益の最大化を目指して行動しなければならない。需要の側では、大手消費財企業は市場をコントロールできない（最大のユニリーバでも世界の供給量の3％を買っているにすぎない）。パーム油の2大購入国はインドと中国であり、それらの国の買い手の多くは価格さえ安ければよく、認証など気にしていない。

唯一の解決策は、幅広い連携と取り締まり強化の組み合わせだ。ユニリーバは（再エネクレジットと同様の）グリーンパーム認証クレジットに投資し、市場の力による規模拡大を試みた。しかし、何百万ドルもの資金を費やしたが、他社は追随しなかった。つまりユニリーバはライバルよりも高い料金を払っていただけということだ。これでは意味がない。認証によって消費者はその製品を信用するかもしれないが、気候変動との闘いや、生活賃金などの問題への対応にはあまり役に立たない。元チーフ・サステナビリティ・オフィサーのジェフ・シーブライトは言う。「すぐ隣で伐採や焼畑が行われ、人権侵害が見られるのに、数少ない優れたプランテーションだけを選んでよしとするわけにはいきません」

森林破壊の根本原因を知るには別のアプローチが必要だった。ユニリーバは認証に使うはずだった6000万ドルを使って人を雇い、現場で解決策を探らせるとともに、小規模農家がもっとよい農法へ移行できるように支援するグローバル基金をノルウェー政府などと立ち上げた。持続可能なパーム油は不可能だという指摘もあるが、それは真実ではない。業界とNGOはベストプラクティスを収集している。グリーンピースのソーベンによると、例えば生産性の高い作物種は収量を倍増させ、土地開墾の必要性を大幅に減らすことができる。[27] 現在最も成功を収めているのは、シーブライトやマークス＆スペンサーのマイク・バリーが2012年に創設を手伝った熱帯林アライアンス（TFA）というコラボレーションだ。目標は2020年までにサプライチェーンから森林破壊をなくすことだった。その目標に近づいた者はまだないが、TFAは一定の成果を出している。実際、インドネシアの森林破壊率はようやく低下した。[28]

WEFのウォーレイによると、機能しているのはコミュニティベースの「局所的」なアプローチだ。小規模農家が耕地面積の40％を占めるため、ミクロな地方レベルでの対応が必要になる。だが規模を拡大するには、地域全体にも働きかけなければならない。

TFAは地方の教育プログラム、土地所有に対する中央・地方政府の支援、買い手による購入コミットメントによって農家をサポートした。だが、もうひとつ必要だったのが資金面の支援だ。もっと生産性の高い種への移行に農家が積極的であっても、新しく実をつけるまでの4年間をどうするか？　その間のつなぎ融資や、将来の収入を担保にした融資が必要になる。パーム油問題の解決策の中心となる考え方はシンプルだ。つまり、農家の移行を助ければ、彼らは原生林を焼き払わないことに同意する。

ノルウェー政府とユニリーバは、資本の提供や投資の促進を手がける「＆Green」ファンドを創設した。特に重点を置いたのは、地方政府が関わり、政策による支援がある地域だ。パートナーシップが安定していると、企業は地域にも投資したくなる。このマルチステークホルダー・パートナーシップはパーム油の今後をめぐる最善策に思える。ウォーレイによれば、現場の多くのNGOや農民組合は今、TFAのようなアライアンスとの協業を選択するようになっている。これを見れば、何が本当に機能しているかがわかると彼は言う。

このモデルは他の状況でも効果的だ。オランダの栄養素材開発企業のDSMはルワンダに工場をつくり、栄養強化穀物や栄養補助食品を生産している。アフリカ・インプルーブド・フーズというパートナーシップの一環として、DSMは世界食糧計画、ルワンダ政府、国際金融公社と協力して、栄養不良や子どもの発育阻害に現地で対応している（外からの食料援助は非効率で、プロジェクトの価値観とも合致しない）[29]。教訓は明快だ。つまり、システムの改革を伴う解決策には官・民・市民社会の幅広い協業が必要であり、一定数の買い手や、供給側の経済的構造を変える方策が求められる。そして、それには忍耐と時間（この場合は何年もの期間）が必要だ。幸い、そのためのツールは充実しつつある。例えば衛星データによって森林破壊の様子をつぶさにチェックでき、ユニリーバのような買い手はコンプライアンスに関するデータをリアルタイムで入手できる。

パーム油は確かに厄介な問題だが、世界が不安定になるにつれ、他にも複雑な課題が私たちを待ち受けている。人種間の関係、難民、民主主義の擁護、科学の保護……。ビジネスリーダーはますます、このような複雑な課題と無縁ではいられなくなっている。ネットポジティブ企業の究極の仕事は、長年解決できていない大きな課題に広く連携して取り組み、世界を立て直すことだ。

ネットポジティブ企業の流儀

最大の社会課題に取り組む

- 最も大きくて複雑な共通課題への取り組みをリードする。
- 賢明な批判者の発言に耳を傾け、システミックな課題や障害を理解する。
- 資金面も含めた必要な幅広い協業を通じて、システムの改革を伴う解決策を生み出す。
- サプライヤーに対する要求基準を引き上げるだけでなく、持続可能な事業運営の障害を克服できるよう支援する。

他者のためのビジネス

10年以上前、ベトナム政府は同国の社会経済的発展における多国籍企業の役割について調査を依頼した。ケーススタディに選ばれたのはユニリーバだった。調査レポートはこう結論づけた。多くの海外投資家と違って、ユニリーバは長期スパンで活動し、ベトナム経済に根を張り、農山村部の貧しい人々を助け、国内の中小企業とウィンウィンの関係を築いている（中小企業を締め出したりしない）――。レポートには「国の優先事項を事業課題に取り込み、これを実行することで、ユニリーバは国と会社両方の課題を解決してきた[30]」とある。それこそ企業が目指すべき成果だ。国や地域から価値を奪い取るのではなく、国や地域を強くする。よき市民であることが人材を引きつけ、ビジネスに大きな価値をもたらす。それによって、会社は迅速に行動できるようになり、政府が課す多くのハードルを回避しながら成長市場へのアクセスが可能になる。本章で述べた「タンゴは3人で」のパートナーシップのうち、すぐに成果が出るものはほとんどない。ウェルビーイングを高めるために政府や市民社会と協力することで、会社と周辺社会に長期的な価値を提供する。

そうした長期的なベネフィットは意外な形で現れる。1990年代のインドネシアでは政府への抗議行動が相次ぎ、暴徒たちが数多くの工場に火を放ち、略奪を働いたが、ユニリーバの施設には手を出さなかった。ユニリーバのインドネシア責任者が軍首脳のひとりに理由を尋ねたところ、「簡単なことです。あなた方は社員や地域社会を大切にしています。軍隊であなた方の建物を守る必要はありません。地域の人々が守ってくれますよ」という答えだった。その首脳とは、ユニリーバの絶大な支援者であるスシロ・バンバン・ユドヨノ将軍、後のインドネシア大統領だった。

政府や地域社会の繁栄を手助けしたいと心から願い、良い時も悪い時もそばに寄り添っていたら、彼らは決してそれを忘れない。

第8章

象を受け入れる

誰も話題にしたがらないが
避けられない問題に取り組む

向き合えば変えられるとは限らない。だが向き合わなければ変えられない。
——ジェイムズ・ボールドウィン（米国の小説家）

2500年以上前の有名な寓話がある。象に初めて出くわした盲人たちが、それが何かを知ろうとする。耳、体側、脚、牙、鼻など、各人が異なる部位を触ってみて、象とは何かについて異なる結論を出す。象の正体をめぐって言い争うというバージョンもあれば、ひとつの統一見解に至るというバージョンもある。

本章では、企業が対応しなければならない、象のように大きな問題を扱う。リーダーはその問題が何かわからないふりをするが、それは真実ではない。リーダーたちはそれが象であることをちゃんとわかっている。問題の規模や形状を理解している。しかし、お金を使いたくない、あるいはステークホルダーに関わりたくないという理由で気にもかけないか、その話題に触れることを避けている。納税、政治とカネ、人権などの問題を企業に認識させ、これに取り組ませるのは簡単ではない。

気候変動はかつて「部屋のなかの象」、すなわち誰もが気づいていながら見て見ぬふりをする問題だった。企業のトップたちはそれについて話すのを避けていた。気候ガバナンスの初期の頃、つまり1992年のリオデジャネイロ地球サミットから、パリ協定前のCOP会合までの時代、政府の閣僚が関与するのはまれで、企業も（わざと）代表者をほとんど参加させなかった。気候変動に関するイベントでCEOに講演を依頼しても、広報部レベルの対応にとどまった。エネルギー大手を除いて、ほとんどの企業は気候変動は自分たちと関係ないと考え、世論の圧力も気にしていなかった。金融界にとってもまったくの人ごとだった。サステナビリティ推進団体セリーズの代表、ミンディ・ラバーによれば、気候変動と金融リスクに関する会議を開いたとき、銀行は「インターンを派遣する」と言ったらしい(1)。ごく最近まで、金融界の変化はカメの歩みだったと彼女は言う。

だが2010年代になると、企業は議論に加わり始めた。2015年のCOP21（パリ）には、ビジネスリーダーが大勢参加した。国連グローバル・コンパクトは政府の交渉エリアの隣で、企業幹部向けのイベントを数日間にわたって開催した（アンドリューは進行役、ポールはメインスピーカーを務めた）。何百人ものCEOが気候をめぐるグローバルな協調的行動を支持した。

変化の原因は何か？　企業は気候変動の影響やそこから生じるコストを感じ始めていた。また、ステークホルダーからの質問が増え、若手社員は会社の行動を促していた。だがそれだけでなく、何兆ドルものビジネスチャンスがあるクリーン経済をリードすることにはビジネス上のメリットがあることもわかってきた。加えて、規制強化の潮流も感じていたため、会議のテーブルにつくことを望んだ、経営者たちはそこに一枚かみたいと考えた。

気候変動の場合がそうだったように、今も、あまりにも多くの経営者が、新しい「象」が自社には無関係であるかのように振る舞っている。例えば、企業の税負担が公平かどうかはサステナビリティとは無関係に思えるかもしれないが、それは間違いなくネットポジティブの必須要素だ。社会に貢献しようとする企業は、税金逃れのためにたくさんの会計士や弁護士を雇ったりしない。隣人が税金を納めていない、あるいは億万長者とされる人物が道路や学校、病院、国防のために750ドルしか払っていないとしたら、あなたはどう思うだろう？　税金を払わない会社が果たしてパーパス志向といえるだろうか？

ここでは、もはや見過ごすことができない9つの問題を取り上げる。税金、汚職、経営者の報酬、誤った株主への還元、無為無策の取締役会、人権、業界団体のロビー活動、政治とカネ、ダイバーシティとインクルージョンの9つだ。象にはいくつか共通点がある。

- これらの象は、気候危機や不平等を生み出した現行の経済システムの中核をなす。
- 企業はこれらの解決に取り組まなければネットポジティブになれない。なぜなら現状維持は社会のウェルビーイングを損なうからだ。
- しかし、企業はそれに積極的に取り組みたくない（少なくとも透明性を高めたくない）か、取り組む方法を知らない。
- 何もしない企業は、事業やブランドがますますリスクにさらされる。
- 簡単に解決できるものはない。グレーゾーンを伴う難しい選択を迫られる。

「壊したら責任をとる」ことを忘れないでほしい。これらの象は社会という陶器店を歩き回り、たくさんの陶器を壊してきた。現行のシステムはすべての人にうまく機能しているわけではなく、企業はこれらの問題に取り組むうえで重要な役割を担う。ネットポジティブ企業はそうした問題に及び腰にならず、積極的に対応する。

厄介な象ができあがる理由

先ほど挙げた9つの問題はどれも意外ではないはずだ。また、これらがもし簡単な問題であれば、何をすべきかについてだいたい合意できているはずだ。しかし、現実は簡単に答えが出ないものばかりだと、あらかじめ覚悟しておこう。私たちが象に直面したがらない理由（もっともなものもあれば、そうでないものもある）を挙げてみよう。

- 不安になる。象に直面するというのは、「簡単な悪」ではなく「難しい善」を選ぶ行為だ。つまり、負けないためにプレーするのではなく、たとえ居心地の悪さを感じても勝つためにプレーするということだ。
- 株主の短期的なニーズにそぐわない、または現状の既得権を脅かす。強い行動をとると株主が反発し、同業他社やパートナーとも戦うことになる。長期的な難しい課題に取り組んでも、節税とは違って、短期的な利益に結びつかない。
- 攻撃されやすくなる。協力者の後ろ盾なしに、あえて正しいことをすると、短期的にはデメリットが生じるかもしれない。一番乗りでリスクを冒した者が、あらゆる批判を浴びてしまう。だが、得られる成果もある。

・よい指標があるとは限らない。どんな目標を目指しているのか、わかりにくいことがある。「人権問題ゼロ」と言うのは聞こえがいいが、その判断基準はたいてい曖昧だ。10代の子どもが家族経営の農場で働きながら学校には通っていたら、それは人権侵害や児童労働に当たるのか？

・政府など他のパートナーが妨げになったり、阻害要因をつくったりすることがある。企業は気がつけば「底辺への競争」を強いられている。ルール改善のために政治的な立場をとることをよしとする経営者はほとんどいない。これはシステム上の失敗と言える。

象への明確な対処法はないが、たとえ問題の一部しか解決しないとしても今すぐ実行できる方策はある。それぞれについて、問題の規模に関するデータを適宜示しながら説明を加えたい。それがなぜ社会にとって重要であり、どのように世界の繁栄を阻んでいるのかを検討し、明確な答えがない場合でも、企業が行動に踏み出すためのアイデアを提示する。

それぞれの問題だけで本1冊になってしまうかもしれない。ここでの目標は、それらを「あったらいいね」ではなく、「なくてはならない要件」としてビジネスのなかで認識することだ。9頭の象は人類の最大の課題、なかでも不平等と正義に多大な影響を与えている。それは私たちの経済・社会の失敗である。富や資産は一部の富裕層に偏り、貧しい人々は貧しさから抜け出せず、少数の白人が支配的な地位を占める。資金や権力は、ごく一部に偏在している。

詳しい検討に入る前にあらためて言っておくと、どの問題も単独の企業では解決できない。その多くが、前章で述べたパートナーシップやネットポジティブ・アドボカシー戦略のテーマになってくるだろう。完璧なお手本である必要はない。税金に関する誠実な行動が意味するのは、100%の税金を払うことではない。税金が確実に支払われるシステムに向けて積極的な役割を果たすということだ。では、その問題から見ていこう。

1 納税

問題点

アマゾンは8年間で34億ドルの税金を払った。その間の売上高は9600億ドル、利益は260億ドルだ。支払った税金がゼロの年もあった。企業の納税の透明性向上を求める英国のNGO、フェア・タックス・ファウンデーションはアマゾンを「租税回避に最も意欲的な会社」と呼んだが、同レベルのテック大手がほかにもたくさんあるとも指摘した。ガーディアン紙によると、フェイスブック、グーグル、ネットフリックス、アップルは「タックスヘイブンや低税率国を通して売り上げや利益を移転し、負担すべき税金の支払いを遅らせることで税金を逃れている」[2]。

租税回避はテクノロジー企業だけのお家芸ではない。スターバックスもたびたび税逃れを指摘され、欧州委員会やオランダ当局と法廷闘争を繰り広げた。同社は2800万ドルという比較的小さな金額でこの問題の決着を図った[3]。英国の税務当局は2020年にGEを納税で不正があったとして訴え、10億ドルを追徴課税した[4]。新型コロナのパンデミック後、景気刺激策として多額の財政出動をした各国政府は、税収減に警戒を強めている。だが組織的な取り締まりができるまで、租税回避が減ることはないだろう。2018年の分析では、フォーチュン500企業で利益を出した379社のほぼ4分の1が、実効税率0％またはそれ以下の扱いを受けていた。つまり税金を納めないか、還付を受けるかしていた[5]。この91社には、よく知られた企業も数多く含まれている。アメリカン・エレクトリック・パワー、シェブロン、ディア・アンド・カンパニー、ダウデュポン、デューク・エナジー、イーライリリー、フェデックス、IBM、ジェットブルー、リーバイ・ストラウス、マケッソン……。

アスペン研究所の「ビジネスと社会」プログラムを創設したジュディ・サミュエルソンは、ビジネスの「ブラインドスポット」について語っており、その最たるものが税金だ。企業は「税金問題で裁きを受ける日」が近づいている、と彼女はフォーチュン誌に語った。サミュエルソンをはじめとする人たちは、法人税率の引き下げ政策を支持したことがあるが、それは

「すべての企業がその税率で払う」ことが前提だ。彼女によると、残念ながら、国際的なタックスシェルターなどにより、納税の公平性が損なわれ続けている。[6]

こうした企業がやっていることは一般的には合法だ。でも正しい行為か？　責任ある行動か？　社会のおかげでビジネスができるのに、その社会にあまり税金を納めないようでは、パーパス重視の企業とはいえない。政府の業務効率についてはいろいろな意見があるかもしれないが、政府が幅広い公共サービスを提供しているのは間違いない。教育、医療、警察・消防、防衛・平和、社会的セーフティネット、そしてエネルギーや水、廃棄物、人々を動かすための近代的で広大なインフラ……。税金は最小化すべきコストではなく、健康やウェルビーイング、社会に対する投資である、と考え方を変えなければならない。

アマゾンは製品を配送するために道路に頼っている。税金を払わない者は、払っている残りの者たちにツケを回す。その額は小さくない。それぞれの国は、提供するサービスや防衛の規模を選択する。経済協力開発機構（ＯＥＣＤ）加盟国における徴税額の対ＧＤＰ比率は、平均で34％。米国は24％と低く[7]、セーフティネットや公共サービスが充実しているスウェーデンは44％だ。[8]ＯＥＣＤによれば、必要最低限のサービスを提供するためには、低所得国でも最低15％は必要だ。だが75の最貧国のうち30カ国は、税収がその最低ラインに届いていない。[9]一方、世界のＧＤＰの10％がオフショア口座に隠されていると推測され、利益移転により各国が失う法人税収は年間5000億～6000億ドルに上る。[10] OECDはBEPS（税源浸食と利益移転）という枠組みをつくった。ここでいう「税源」とは社会を支える資金のことだ。

一定の進歩もあった。ユニリーバの税務・財務責任者ジャニーヌ・ジャギンズによると、各国がOECDの提言を採用し始めているため、税法の不整合を利用した二重控除や非課税所得に依存した節税ツールは、もはや機能しなくなっている。残る問題は、企業の所在地と利益を生み出す場所に関する駆け引きだ。「株主などに対する受託者責任があるので、税金を最小限に抑えなければならない」という考え方には与《くみ》することができない。サステナビリティとファイナンスの第一人者、ロバート・エクルズ博士は言う。「受託者責任というのは、無用な風評リスクや、資金不足の国での事業リスクを避けるため、取締役会が会社に適正な税金を納めさせることを意味しています[11]」

しかるべき税金を払っていることにむしろ誇りを持ち、自分たちがお金を出したインフラのありがたさを認識しよう。自分たちは社会に貢献していると考えよう。環境・社会・ガバナンス（ESG）格付けでは、税金がガバナンスの問題として扱われるとジャギンズは言う。ただ、「社会契約のSに位置づけるべきでは」というのが彼女の意見だ。[12]

はっきりさせておこう。納税を避けている限り、企業はネットポジティブになれない。それは「与える」より「奪う」ほうが多いからだ。

解決策

まずは透明性を高めることから始めよう。ユニリーバは、詳細な税務原則、自社の実効税率（2019年で27・9％）、国ごとの施設や売上高、納税額のデータを公表している。[13] 非営利イニシアティブのBチームが策定したものなど、「責任ある税務原則」に署名するとよい。非営利のサステナビリティコンサルタント、BSRによるレポート「21世紀の社会契約を築くための企業の役割」は、「税務管轄区域での売上高に応じた」税金を払うように税務戦略を修正することを提言している。[14] つまり、すべての利益を低税率地域に移すことは認められない。投資家も「税率が異常に低い企業に注目」し、監査リスクや無責任な租税行動によるイメージダウンのリスクを評価することで協力できる、とジャギンズは言う。[15]

第二に、利益移転のメリットを低下させるため、世界的な最低税率の設定を支持すること。OECDはこの問題に取り組んでおり、最低税率21％が提案されている。しかし企業は、米財務省やバイデン大統領が求める15％を支持する可能性が高い。十分とはいえないが、何もないよりはいい。だから、条件の公平化を目指すこの取り組みを支援しよう。第三に、BSRはグローバル・レポーティング・イニシアティブ（GRI）やBEPSプログラムの基準や報告ガイドラインの利用を提言している。

行いがよければ、税務当局や政府との信頼関係ができる。スキルと能力を備えた企業は、国の税制構築や税基盤の拡大をサポートできる。すでに述べたように、ユニリーバは多くの国で税務調査官の育成を支援してきた。その仕事が部分的に、税損失の最大の原因である汚職に関連しているからだ。

2 汚職

問題点

多国籍企業が直面する最も困難な課題のひとつは、世界各地でどうやって一貫性を持って倫理的にビジネスを展開できるかだ。国や文化によって基準は大きく異なる。国際NGOトランスペアレンシー・インターナショナルの腐敗度ランキング（腐敗度が低ければ100点）は、デンマークやニュージーランドの87点から、ソマリアの9点まで幅がある。国・地域によっては、製品の入港許可を得るために政府関係者にお金を渡すのが常態化している。ビザ申請手続きの迅速化のためにお金を渡す行為は「ファシリテーションペイメント」と呼ばれ、ごく普通のこととして扱われる（英国贈収賄防止法はこれを違法としたが、米国では許されている）。

汚職や賄賂、横領、脱税によって毎年1兆2600億ドルが途上国から吸い上げられる。これだけの資金があれば、世界の最貧困層14億人の生活を最低水準以上に引き上げられる。[16]汚職はビジネスコストを全世界で10％高め、途上国での調達コストを25％増加させる。「袖の下」は今でも問題視されているが、Ｂチームのレポート「匿名企業をなくす」はもっと大きな問題を浮き彫りにしている。[17]汚職や賄賂のおよそ4分の3は、所有者を特定しづらい企業が関与しているというのだ。レポートによれば、幽霊会社が汚職やマネーロンダリングの「逃走用車両」になっている。世界経済フォーラムの反汚職パートナーシップ・イニシアティブ（ＰＡＣＩ）とＢチームは、この問題をなくそうと活動している。[18]

汚職は途上国だけの問題ではない。１９９９年以降の外国贈収賄事件の半分は、先進国の公務員が関係していた。[19]米国で政治家に資金が自由に流れるのは、いわば合法化された汚職だ。政府権力との独自のパイプを利用するのは、道徳的にグレーなところがある。例えば、米国が中国との貿易戦争のさなか、ソーシャルメディアアプリ「TikTok」の禁止をちらつかせると、ソフトウェア大手のオラクルはTikTokの少数株主になった。見過ごせないのは、オラクルのラリー・エリソンＣＥＯとトランプ大統領が癒着していたことと、取引が成立に動いているとき、トランプに近いリンゼー・グラハム上院議員の再選を支援するため、エリソンが25万ドルを寄付したという事実だ。[20]腐敗する人がいれば、そこには必ず腐敗させる人がいる。

解決策

汚職と闘うためには、政策に基づく構造的な方法（ハードウェア）と、文化の転換を通じて人々を教育し、人々に影響を及ぼす方法（ソフトウェア）がある。どちらの場合も最も有効なのは「透明性」だ。ひとつの方策はPACIのようなグループに加わり、所有権の透明性を強化する取り組みを支持することだ。

構造面では、従業員に責任を負わせるための強い行動規範やビジネス原則から始めたい。ただ、規範を定めるだけでは十分ではない。ユニリーバは年間数百件の規範違反を調査し、1年に100人以上を解雇した。行動規範は汚職を防ぐ盾の役割を果たした。ユニリーバの幹部は、怪しげな企業やコミュニティのために一肌脱いでほしいと頼まれたとき、「それは当社の世界基準に合わないので、株主にお伺いを立てなければなりません。それでよいですか」と言うことができた。もし答えがノーなら、その要請は賄賂絡みの可能性が高い。

Kickback〔『キックバック』未邦訳〕という本の著者、デビッド・モンテロによると、そのような対応策を従業員に準備させておくのが、汚職に抗う優れた方法のひとつだという。[21] 賄賂を要求する人の顔をつぶさないようにするには、合法的な手段で手を差し延べればよいとモンテロは言う。例えば、そのコミュニティの雇用を増やす、あるいは教育訓練や専門的なアドバイスを

提供する。ケニアでユニリーバは、偽造品の取り締まり方法を警察に教えた。偽造品はユニリーバにもケニアにも損害を与える問題だ。国境での物流の遅延、官僚的対応の増加など、賄賂回避のコストをビジネスプランに織り込むことも重要だという。彼が「ムーンマーケット」と呼ぶ国や地域を特定する必要もある。あまりに腐敗しているので、月と同じくらい近づきがたい市場という意味だ。実際、多くの要請があるにもかかわらず、ユニリーバは腐敗度が高いコンゴ民主共和国の市場には参入しなかった。同国はユニリーバのムーンマーケットだった。

ヒトは腐敗防止のソフトウェアだ。現状を変えようとする国で味方を見つけ、危険を伴う彼の取り組みを支援しよう。ンゴジ・オコンジョ゠イウェアラ（世界貿易機関の事務局長）はナイジェリアの財務大臣だったとき、燃料輸入業者への補助金の支払いを拒否した。その後、彼女の母親が誘拐された。辞任せよとの脅しとも思われたが、彼女は辞任しなかった。5日後、母親は無事解放された。(22)

社員を守るため、何かがおかしいと思ったら誰でもすぐに声を上げられる文化を築こう。そのために通報用ホットラインや、3～6カ月ごとの従業員サーベイ（ユニリーバもそうした調査を実施している）などのツールを組み込み、継続的なフィードバックループを築く。財務パフォーマンスを最重要視すると社員が悪事を働きかねないので、そうした文化をつくらないよう注意する。ウェルズ・ファーゴ銀行では、売り上げ目標がどんどん上がり、プレッシャーに耐えきれなくなった営業スタッフが顧客に無断で莫大な数の架空口座をつくった。ユニリーバもそうした文化の断絶を時折経験しているが、規模はずっと小さい。

意外に思えるかもしれないが、ユニリーバが取り締まりを強化し、行動規範の違反数が増えたのは、よい兆候だった。声を上げられる、と従業員が思ったからだ。従業員はすべて行動規範を守らなければならない、と明言しよう。規範が守られないと、会社や従業員が危険にさらされる。

誠実さのない成功は失敗である、と全員に徹底しよう。

3 経営者の過剰報酬

問題点

CEOは稼ぎすぎだ。米国の最大手企業350社のCEOは、2019年に平均的な社員の320倍の報酬を得た（1989年は61倍、1965年はわずか21倍だった）。CEOの報酬は40年間で1100%以上増えたが、標準的な労働者の賃金は14%しか増えていない（年間ではなく40年間のトータルで）[23]。米国の場合、インフレ調整後の労働者の賃金がピークに達したのは1973年で、以降は横ばいだ[24]。この傾向はまだ止まっておらず、パンデミックで悪化した。2020

年に米国の上場企業最大手300社のCEOが受け取った報酬の中央値は、90万ドル増えて1370万ドルになった。(25)

経営者と一般社員の報酬差が一番大きいのは米国だろうが、他の国々でも同様の傾向は見られる。インドのCEOは平均的労働者の229倍、英国のCEOは201倍の報酬をもらっている。(26)「包括的資本主義のための連合」の創設者リン・フォレスター・ド・ロスチャイルドは、CEOの個人的な富の創造が「目的になってしまった」と言う。「本来は『社会にどんな富を残したか』『世界をもっとよくしたか』と問わなければならないのに」(27)。ビジネス界の稼ぎ頭たちが給与の増加分を全部持って行ってしまったら、格差はさらに拡大する。何か手を打たないと、経営者の報酬は、格差、エリート不信や企業不信、経済的不安定に関係する問題の火種になり続けるだろう。

ストックオプションの普及が最大の要因だというのは、衆目の一致するところだ。それは株主目線で経営者のインセンティブを設定するのが狙いで、確かに効果はあった。企業はいっそう短期重視になり、システムを悪用する傾向が強まった。GEはたびたび、経営幹部に短期的目標の達成を促す報酬パッケージを提供してきたが、それが長い目で投資家のためになったとは必ずしもいえない。(28)新型コロナのパンデミックは企業文化の一番悪い部分を引き出した。多くのCEOが事業を部分的に閉じながら、給料やボーナスをもらい続けた。GEのCEO、ラリー・カルプは何千人もの社員を解雇したあと、4650万ドルのボーナスを受け取ることになった（2億3000万ドルもらえる可能性もある）。取締役会がストックオプションの権利行使価格を大幅に引き下げた結果だった。パンデミックによる景気悪化を踏まえた調整という名目ではあったが、景気はそれほど悪くはなかった。カルプはフィナンシャル・タイムズ紙で、自身が払った犠牲（その年の給与250万ドルを放棄したことなど）について語り、自己弁護を試みた[29]。似たような仲間がたくさんいる取締役会が目標を調整するようなシステムは、いかさまだと思わずにいられない。

解決策

率先して控えめをよしとすることだ。最近、AT&T、GE、インテルなど多くの企業で、経営者の報酬案が株主に拒絶されている[30]。それから、この問題が「操業の許可」を左右しかねないことを受け入れるべきだ。年俸の上限を設定している国は少ないが、いずれほとんどの政府が、限度額以上の報酬に課税するなどの策を講じるだろう。経営幹部の報酬を下げ、一般社員と比べて合理的な水準にとどめよう（できれば後ろめたさを感じさせる）。ユニリーバは具体的な比率を設定しなかったが、ポールは取締役会の希望に反して自身の年俸を横ばいのままにするという異例の措置をとった。

慣例にとらわれず、革新を起こそう。伝統的な給与体系はあまりにも短期重視で複雑だ。経営幹部を長期の株主にする、もっとシンプルな考え方が必要だ。取締役会は全体のバランスのなかで報酬をチェックし、公平になるよう慎重を期さなければならない。後継者をどうするかも重視する必要がある。外部からスカウトした経営者に過大な報酬を払わなければならないとしたら、面倒なことになりかねない。

何よりも重要なのは、上層部の報酬だけを重視するのではなく、従業員の生活水準を改善し、賃金を全社的に公正なレベルまで引き上げることだ。所得の絶対的な平等を求めるのはあまり意味がないが、少なくとも、いつも取り残されている人々の安定した生活基盤を築かなければならない。透明性を高めよう。ユニリーバは年次報告書で、パフォーマンス基準を報酬と結びつけることを明記した。幹部の報酬の伸びを抑え、下位層に資金を回してバランスをとるのは、思った以上に効果がある。医療サービス企業のケアセントリックスは上層部20人の報酬額を据え置き、その分を使って、新入社員500人の賃金を米国最低基準の時給7・25ドルから16・50ドルに引き上げることができた。それは全社員への利益分配にもなった。[31]

シアトルを拠点とする決済代行会社グラビティ・ペイメンツのCEO、ダン・プライスは自身の報酬を100万ドル減額し、高学歴社員の最低賃金を年間7万ドルに引き上げた。生活費が安いアイダホ州ボイシの小さな企業を買収したときも、その最低賃金の水準を維持した。プライスはファスト・カンパニー誌にこう語っている。「どうしたらずっと誠実でいられるか、その方法を考えていました[32]」

大企業はストックオプションをいたずらにもてあそんだり、完璧な報酬パッケージを設計するために報酬コンサルタントを雇ったりするのをやめるべきだ。ユニリーバ時代のポールは幹部の給与を公平にした。社用車はなし、年金もなし、ストックオプションもなし。嫌ならやめてくれ——。会社が新しいミッションを採用したときは幹部クラスの離職も見られたが、報酬はほとんど問題にならなかった。すでに述べたように、ユニリーバは同じ職位の幹部が全世界で（税引き後で）同じ給与体系になるようにしていた。こうすれば国際的な仕事も選択しやすくなる。また、ボーナスもユニリーバ株に連動させるようにした。経営幹部は年俸の3倍規模の自社株を5年間保有しなければならなかった（それによって長期的思考が養われた）。成功する企業のエグゼクティブは、格差を拡大させなくても富を築くことができる。

4　株主への誤った還元

問題点

企業はしばしば脱法的な方法を使って利益を「管理」し、安定した成長の証しをウォール街に示そうとする。GEは何年もの間、利益を出さない四半期がなかった。財務部門で利益を調整できたからだ。多くの会社で、それはスポーツみたいなものだ。

高い株価を維持するもうひとつの手段、自社株買いは今や当たり前のように行われ、信じられないくらい多額の資本が使われている。2009〜2018年にS&P500に属していた466社は、自社株買いに4兆ドル、配当に3兆1000億ドルを費やした。合わせると利益の92%に相当する。1980年代前半の自社株買いは利益の5%にすぎなかった[33]。何が変わったのか？ ストックオプションと、長期的な成長を犠牲にして株主リターンを最大化しようとする姿勢だ。

株主に報いなければならない――その点は異論がない。だが短期主義は、未来への投資をないがしろにする醜悪な文化を生む。何年か前の調査では、CFOの80%が、四半期目標達成のためなら研究開発費や広告費、維持費、人件費を削減すると答えている[34]。事業やヒトへの投資をしてからなら、自社株買いも構わないが、現実はそうではない。本当なら会社の価値や株価を長期にわたって高め、年金基金など長期志向の投資家に報いていたはずの莫大な資金が、短期志向の投資家を潤していた。

「自社株買いが危険な理由」という論考で、3人の経済学者は、自社株買いの30%の費用が社債でまかなわれていた年があると述べている。企業は自社株買いのために借金をしているのだ。

借金を投資に回し、そこからの収益で借金を返すのではなく……。3人の学者はこれを「悪い経営」と呼んだ。一方、企業の研究開発費は低調で、S&P500社の43％がこの将来への投資を行っていない。[35]

この戦略は企業にとって非常に危険だ。2013年から2018年にかけてボーイングは自社株買いに430億ドル、研究開発に200億ドルを支出した。[36] 新型航空機の開発に莫大な投資が必要なはずの業界なのに、実に奇妙な資源配分だ。同社は設計や安全を軽視した結果、ボーイング737MAXで2つの墜落事故を起こしたが、それも不思議ではない。このあとにCEOを引き継いだデビッド・カルフーンは、会社の将来よりも株価を優先した前任者を公然と批判した。[37]

自社株買いは企業のプラスにならないというのが、大半の分析結果だ。ポールは「長期目標優先の資本活用（FCLT）」という組織の創設メンバーだったが、その計算によると、「利益の多くを自社ビジネスに再投資する企業は、ROIC（投下資本利益率）が年当たり9％勝る」[38]。S&Pバイバック指数（自社株買いが多い100社の株価パフォーマンスを測定する指数）は、1年、3年、5年間とも市場平均を大きく下回った。[39]

結局、利益をすべて株主に還元すると誰のためになるのか？　長期志向の株主でないことは確かだ。恩恵を受けるのは、市場を混乱させる投機家、ギャンブラー、にわかトレーダーだ。

解決策

最も簡単な答えは、企業が自社株買いや特別配当を減らし、会社の将来にもっと投資することだ。資本の使い道は他にもいろいろある。例えば、研究開発費を増やして持続可能な製品・サービスへシフトする、再エネ100%やゼロカーボンへの移行を加速させる、従業員の教育や能力開発に投資する、あるいは人権上の課題を解決し、サプライチェーンの労働者が最低限の生活水準を満たすのに必要な賃金を得られるようにする。

自社株買いを減らすのは重要だが、もっと根本的な問題、つまり短期的業績への相変わらずのこだわりも何とかしなければならない。よく言われる2年という回収期間の目安に根拠はない。もっと早く元がとれるプロジェクトもあるだろうが、重要な投資の多くはリターンを得るのに数年かそれ以上かかる。だから先述のように、組織の時間的スパンを拡張し、社員が長い目で意思決定できるようにする必要がある。そのためには何よりも、四半期ごとの決算発表をやめ、長期的な思考を促すインセンティブを強化しなければならない。報告や戦略のスケジュールを四半期単位ではなく、3~7年またはそれ以上に広げよう。そうすれば企業はパーパスや目標を定め、レジリエンスの強化や長期的な価値創出につながる戦略を策定しやすくなる。

一番の問題は、多くの投資家が短期的な視点（年ではなく週や月単位）しか持っていないことだ。株の平均保有期間は20世紀半ばの最大8年から、２０２０年には5カ月へと急減した。[40] この傾向に対抗するため、ユニリーバが長年やってきたように、長期重視の投資家を育てるとよい。金融機関はいわゆるスチュワードシップコード〔投資指針〕を採用することもできる。この新しいガバナンスツールを、資産運用会社のロベコは「機関投資家に対して、投資プロセスをオープンにし、投資先企業に関与し、株主総会で投票することを要求する指針」と定義している。[41] スチュワードシップコードで長期的な成果を重視することにより、企業や投資家の価値に対する考え方を変えることができる。また、このコードは、機関投資家が長期的な価値創造を目指し、コミュニケーションを充実させ、厳格なモニタリングを行うように導く効果がある。

投資家は自身のスチュワードシップコードをつくり、自分たちの組織にとって重要な問題を強調するとともに、世界中のスチュワードシップコードが連動するよう配慮することができる。短期重視を強いる市場からの圧力が重荷となり、資本配分に関する誤った意思決定を迫られるのだとしたら、その重荷をさっさと取り除こう。

5 無為無策の取締役会

問題点

2020年、鉱業大手のリオティントはオーストラリアで大きなミスを犯した。土地所有者だった先住民の反対にもかかわらず鉱山開発を強行し、先住民が神聖視する重要な2つの洞窟遺跡を破壊したのだ。数カ月後、CEOをはじめとする経営幹部が退任させられた[42]。取締役会議長も、不祥事の最終的な責任は自分にあると述べた[43]。ESGの問題に関して経営陣の退任劇が起き、取締役会にまで累が及ぶのは珍しい。会社が世界にどう尽くそうが（あるいは世界をどう痛めつけようが）、責任を問われることはめったにない。これは新しい時代の始まりかもしれない。

今の取締役会は外の世界からの期待の高まりに対応できていない。ESGに関する知識も驚くほど少ない。ニューヨーク大学スターン・センター・フォー・サステナブルビジネスがフォーチュン100企業の取締役1180人の経歴を調べたところ、29%がESGのなんらかの経験を持っていたが、そのほとんどは「S（社会）」の分野に限られていた。100社のなかで気候の知識を持っていた取締役は5人、水に至ってはたったの2人だった[44]（環境問題に詳しい人物は、米環境保護庁の元行政官など、ダウだけで3人いた）。調査を担当したテンシー・ウィーランは、必要な知識がない取締役会は「何を問うべきかを知らず、どんな潜在的リスクが存在するかもわからない[45]」と述べている。

多くの取締役会にCSR（企業の社会的責任）委員会が設置されているが、その委員はたいていCSRのことを知らない。バランスシートを見たこともない人が財務委員会にいるようなものだ。ほとんどの取締役はESGに本当は無頓着だ。NGOのセリーズによるレポートでは、米国の取締役の6%が今後1年の重点分野として気候変動を選び、56%が「投資家はサステナビリティを気にしすぎ」と考えていた[46]。取締役はESGについて語るのはリスクだと考えているかもしれない。でも実際はその逆だ。

取締役は企業の護衛役であり、どうしても短期重視になる。彼らは経営幹部に短期の利益目標を達成せよと激しくプレッシャーをかける。そして、CEOの就任期間が2000年の8年から現在は5年に短縮しているにもかかわらず、全世界の取締役会の半分以上（一部のEU加盟国では70～80%）が、CEOの後継者育成計画を立案していない[47]。

取締役会は多様性も低く、視野が狭い。フォーチュン500企業の女性取締役は23%、有色人種の取締役は16%にすぎない[48]。要するに、ほとんどの取締役会は世界の実情を反映しておらず、ESGの何たるかを知らず、ESGを戦略や長期の価値創造に結びつけられない。ずいぶん浮世離れしているのだ。

解決策

取締役会には有色人種や女性、若手メンバーがもっと必要だ。その多様性が経営の舵取りの助けになる。だが、知識や視点の多様性もまた欠かせない。見た目は違っても世界の捉え方が他のメンバーと同じなら、あまり意味はない。社会・環境上の課題について多様な知識や関心を持つ人が一定数必要だ。そうした取締役が新たに加われば、ガバナンスや受託者義務に対する理解がもっと広がるだろう。

現在の取締役にはＥＳＧ研修、なかでも気候変動に関する研修を義務づけることをお勧めする。筆者の２人は、経営幹部や取締役の研修を手がける、カナダのコンピテント・ボーズ社と仕事をしたことがある。他にもセリーズなどの組織が教育リソースを提供している。気候関連財務情報開示タスクフォース（ＴＣＦＤ）、グローバル・レポーティング・イニシアティブ（ＧＲＩ）などの新しい基準や指針にも取締役は精通していなければならない。[49] 取締役にパーパスについてもっと考えさせることも重要だ。オックスフォード大学サイード・ビジネス・スクールの「パーパス制定イニシアティブ」のようなプログラムが、視点や教育研修を提供してくれる。

つまり、取締役会は弁護士や医師と同じように一定の資格を満たさなければならない。株式のトレーダーや美容師も資格が必要だ。取締役もネットポジティブライセンスを持たずに会社を操縦するべきではない。

6 人権、労働基準

問題点

あなたが移民労働者だとしよう。職業紹介業者に5000ドルの「斡旋料」を払って、工場か農場に仕事を見つける。給料は月250ドル。とうてい借金を返せる額ではない。その国であなたの権利はゼロ、パスポートは業者に取り上げられている。それが2020年代の強制労働の実態だ。

男の子がナイキのサッカーボールを縫っている写真入りの記事（その仕事で彼がもらえるのは1日60セント）をライフ誌が掲載してから25年、バングラデシュのラナ・プラザ崩落事故で縫製関係の労働者1132人が命を落としてから8年がたつ。それなのに過酷な労働環境で働く人々の数はとんでもなく多いままだ。国際労働機関（ＩＬＯ）の推計によると、全世界の子どもの10人に1人、およそ1億5000万人が、危険な労働条件下で、または学校へ行かずに働いている。[50] 2011〜2016年で現代版の奴隷制（強制労働や強制結婚）を経験した成人は8900万人いる。[51] また、さらに広い視野で人権問題を見渡したとき、16億人の労働者が弱い立場にいる。つまり「非公式経済」に従事し、保護や権利をほとんど受けられない。[52]

倫理的貿易や人権のコンサルタント組織、インパクト（Impactt）の創設者ロージー・ハーストは、厳しい現実を指摘する。「グローバルなサプライチェーンは強制労働によって成り立っています」。[53] また、ユニリーバの統合社会的持続可能性担当のグローバルバイスプレジデント、マルセラ・マニュベンによると、莫大な利益の背後にはわずかな賃金しかもらわずに働く人々がおり、それが格差の拡大につながっている。企業人権ベンチマーク（CHRB）は、農産物、アパレル、石油・ガス採掘、情報通信技術といった人権関連のハイリスク業種の大企業200社を評価、ランク付けしているが、全体的なパフォーマンスは最悪で、平均スコアは100点満点の24点だ。

CHRB会長で、アビバ・インベスターズのチーフ・レスポンシブル・インベストメント・オフィサーも務めるスティーブ・ウェイグッドは、この評価レポートの結果が「嘆かわしい」としている。ほとんどの企業が「レースに参加さえしていない」からだ。[54] 評価の大部分は、サプライチェーンでどの程度デューデリジェンス〔調査や評価をして特定した人権リスクを予防・是正し、外部にも情報公開していく一連のプロセス〕を実施しているかを基準に企業を採点している。つまり、人権問題をそもそも見つけようとしていますか、ということだ。ほぼ半分の企業が0点だった。対照的に、トップ3のアディダス、リオティント、ユニリーバはデューデリジェンスに関しては満点だった。半分近い企業が、深刻な人権侵害を少なくとも1件報告したが、状況を是正した企業はほぼゼロだった。関係者と面会した企業は3分の1に満たず、被害者が満足できる結果になった事案は4％しかなかった。(55)

人権をめぐるよいニュースはめったに聞かれないが、大口の投資家が企業の行動を改めさせるべく圧力を加えるケースもある。2021年、ブラックロックやカリフォルニア州教職員退職年金基金は、マレーシアのゴム手袋メーカー大手トップ・グローブの従業員の4分の1が新型コロナウイルス感染症にかかったのを受けて、同社取締役の選任に反対票を投じた。(56)だが企業は、ステークホルダーが動く前に自ら是正処置を講じなければならない。

解決策

奴隷制や児童労働が悪いというのはわかっているはずだ。見て見ぬふりはよくない。国際労働組合総連合のシャラン・バロウ書記長は言う。「聞かないから知らないのだとすれば、それはいっそう罪深い(57)」

どんな法律があるかを知り、もっと声を上げよう。英国の現代奴隷法は奴隷制や人身売買を厳重に取り締まっている。政治的な論争のあと、現代奴隷法には透明性（報告）やサプライチェーンに関する要件も盛り込まれた。

公正賃金ネットワークなどの組織から情報や知識を入手し、あなたの知っていることを広く共有しよう。ユニリーバは最初の人権レポートを発表したとき、おっかなびっくりの部分もあったが、結果的に会社の痛手にはならなかった。それを機にユニリーバは、強制労働、差別、ハラスメント、労働時間など、重視すべき人権問題を明らかにすることができた。いったん問題の大きさを把握したら、バリューチェーンから現代の奴隷制をなくすために立ち上がろう。

もうひとつの解決策の候補は監査だ。国際的な基準がいろいろあるほか、工場で法令違反がないかを監査する会社も少なくない。だが、その効果は評価がまちまちで、人権団体はどちらかというと懐疑的だ。インパクトのハーストは、一般的な監査は役に立たないと言う。「もっとなかに入り込んで、働き手の声を中心に置く必要があります」。労働者が報復を恐れず正直にしゃべれるようにしなければならない。モバイル、匿名アンケート、動画フィードなど、テクノロジーを駆使すれば現場の実情をもっと知り、トレーサビリティや透明性を高めることができる。

監査に頼るよりも深い関係を築くほうが大切だ。米衣料品大手ギャップは詳しいサプライチェーンデータを公表したうえで、主なサプライヤーの数を2000から900に削減した。これによって重点を絞り、信頼を築き、問題をいっしょに解決しやすくなる。(58) こうした関係の深化が当たり前になるよう、調達の文化を変える必要がある。

企業は非競争領域で協業し、共通のサプライヤーからよりよい情報を入手できる。あるいは契約労働を減らすことで賃金を上げ、雇用の安定を図ることができる。生活賃金は児童労働問題の解決につながる、とバロウは言う。「家族を養えるだけの収入があれば、子どもを働かせる必要がありません」。世界の2億5000万の人々が生きるのに最低限必要な賃金をもらえるようにするには、およそ370億ドルかかるが、これはパンデミック中に世界の億万長者の富が増加した分（4兆ドル）の1%にも満たない。(59)

7 業界団体のロビー活動

問題点

科学に基づく目標設定、パリ協定を支持する声明の公表、再エネの購入など、企業がいくら気候のためになる行動を起こしても、業界団体が気候対策に反対するロビー活動をしたら何にもならない。会社の声明が団体の推し進める方針と矛盾していたら、政府やNGO、社員にまともに取り合ってもらえない。

企業の声明と業界のロビー活動とのギャップは、特に化石燃料ビジネスで顕著だった。石油・ガス企業のほとんどはカーボンプライシングに賛成と口では言うが、実際にはさまざまな業界団体がその反対活動をする。2018年に米ワシントン州で炭素税導入案が住民投票にかけられたとき、世論調査では賛成派が優勢と伝えられた。西部石油協会は炭素税のネガティブキャンペーンに3000万ドルをつぎ込んだ（BPだけで1300万ドルを出したという）[60]。結局、この案は投票で否決された。

米国最大のロビイスト、全米商工会議所は長年、環境・気候政策に激しく反対していた[61]。DSMノースアメリカ（とその社長のヒュー・ウェルシュ）をはじめとする数社の懸命な努力もあって、同会議所は気候変動が人間の引き起こす大きな問題だということを認めた。それでも2020年の後半、世界資源研究所（WRI）は、気候をめぐる商工会議所の見解がビジネスラウンドテーブル（BRT）と食い違っていると書いた（全米商工会議所とBRTはメンバー企業が一部重なっている）。WRIによると、BRTは「これまでのどんな業界団体よりも気候変動対応に踏み込む」政策原則を発表していた[62]。

企業はいまだにおどおどしながら業界組織の陰に隠れている。経営幹部はこんなふうに言う。「気候については彼らに賛成できないが、業界のロビー活動には必要な存在だ」。これは卑怯で信頼を損なう行動だ。ステークホルダーは尋ねるだろう。あなたは誰に資金を提供しているのか？　業界団体やPR会社はあなたの名前で何をしているか？　彼らは気候変動や格差を緩和する政策（最低賃金など）の足をどれくらい引っ張っているか？　食い違いはちゃんと説明しなければならない。

英シンクタンクのインフルエンスマップは、気候・環境問題に対する企業や業界団体のロビー活動について幅広いデータを集めている。そこからは、化石燃料を中心とする業界団体が環境規制をいかに弱めようとしているかがわかる。選挙キャンペーンや候補者に直接資金を提供するのはやめ、業界団体を通じてこっそり影響力を行使している気候変動否定論者もいるが、誰もだまされはしない。

解決策

時には、政策をめぐる意見の相違について業界団体と徹底的に話し合うのもいいだろう。商工会議所をなんとか説得しようとしたＤＳＭの試みは意味がある。まずは、業界団体の考え方を変えるよう努力し、さまざまな問題にいっしょに取り組みたいと主張しよう。ただ、気候変動は人類最大の危機なので、業界は一丸となってその対策を支持しなければならない。考え方を変える努力をしたあとは、時代遅れの発想にしがみつく団体とは袂を分かつのがよいかもしれない。10年以上前、アップル、ナイキ、ユニリーバなどの企業は気候に対する姿勢の違いから、全米商工会議所を脱退した。[63] すでに述べたように、ユニリーバはビジネスヨーロッパと米国立法交流評議会からも脱退した。後者は環境基準の緩和や、時代に逆行する社会政策を求めて地方レベルでロビー活動を繰り広げる、悪名高い組織だ。同様に、ヘルスケア大手のCVSヘルスは、たばこ規制の緩和を求める全米商工会議所を去った。CVSヘルスは店舗でのたばこ販売をやめると決めていたのだ。[64]

自身の間違いに気づいて改心するのに遅すぎるということはない。ワシントン州での反カーボンプライシング運動に資金援助をした16カ月後、BPは西部石油協会から離脱した。双方の方針が一致しなくなったとの理由である。同社はその後、カーボンプライシングを支持するようになった。[65] フランスの石油大手トタルは、強い影響力を持つ米国石油協会を脱退した。同協会が電気自動車への補助金やカーボンプライシングに反対し、米国のパリ協定脱退を支持する政治家に献金していたからだ。[66]

業界団体からの脱退という最終手段の他に、圧力を加えて方針を変えさせることもできる。それぞれのスタンスをオープンにせよと迫ろう。ユニリーバは、気候に関する業界団体の立ち位置を第三者に調査させ、その結果を2018年のCOP24（ポーランド）で発表するという方法をとった。同社は各団体に、自らの見解が気候科学に合致しているかどうかを評価してほしいと呼びかけた。

公表という手段は、彼らの宗旨変えを促し、その本当の考え方を知るのに有効だ。20世紀初めの法律家、ルイス・ブランダイスが言ったように、「日光こそ最高の消毒剤」なのだ。[67]

8 政治とカネ

問題点

2010年の「シチズンズ・ユナイテッド対FEC（連邦選挙委員会）裁判」で、米最高裁は、政治献金は言論の自由のひとつとして保護されるとの判決を出した。これを機に莫大な資金が政治に流れ込み、企業は政策や政治家に対して大きな影響力を持つようになった。米国は他国に比べて選挙運動期間が長く、議員は喉から手が出るほどお金が欲しい。下院議員は毎日何時間も使って、終わりのない選挙戦の資金集めに奔走する。

米国以外の国でも、企業は政治プロセスに影響を及ぼす。OECDのレポート「民主主義の資金」は、資金力のある既得権益者が政策の実権を握る恐れがあると警告している。OECD加盟国で政党や候補者への企業献金を禁じているのは35％にすぎない。[68] それでも、米国のほうが明らかに問題の根は深い。影響力を確保するための投資に対して、企業はかなりのリターンを期待できる。ロビー活動に1ドル費やすごとに、数百ドルの税制優遇を受けることが可能になる。[69] 合法的な汚職はそこで終わらない。議員をやめて就職する政治家の半分以上がすぐさまロビイストとなり、給料が大幅にアップする。[70]

企業はその影響力をよい方向に使っているわけではない。最も影響力が強い50社に関するインフルエンスマップのレポートでは、35社がマイナスの影響を及ぼしているとされた。一方、ユニリーバを筆頭に、イベルドローラ、フィリップス、ロイヤルＤＳＭなど15の多国籍業はプラスの役割を果たしていた。[71] もうそろそろ民間セクターと米国政治の関係をリセットし、政府がカネの力ではなく民衆の意思で動くようにしなければならない。

解決策

１世紀前、ＩＢＭは政治に関与しないことを決めた。１９６８年には、創業者の息子でＣＥＯのトーマス・ワトソン・ジュニアが「企業はどんな形であれ政治組織の役割を演じようとしてはならない」と述べた。[72] リーダー企業であるＩＢＭは、政治献金をしなくてもなお政策論議に加わることができる。各企業はこの例に倣って、政治献金をせず、透明性を高めることに腐心すべきだ。政治献金であろうがなかろうが、寄付や献金はすべて公表しよう。また、政治行動委員会〔企業や労働組合、事業者団体、一般市民グループなどが設立し、活動資金を募り、政治家などに献金する〕は解散し、政策を政治から切り離すべきだ。ユニリーバは何年も前に同委員会を通じた献金をやめている。何かのきっかけで行動を変えざるを得なくなるのを待っていてはならない。それでも米国でのあのクーデター未遂（議事堂襲撃事件）は明確な「きっかけ」となり、何十社もの企業が政治家への献金をすべて取りやめた。

ブレナン司法センター、女性有権者同盟、ピープル・フォー・ザ・アメリカン・ウェイは、政治からカネを排除するための方法をそれぞれ提案している、情報開示と透明性がだいたい一番目に来るが、公的資金による選挙への移行も提言されている。私たちはさらに大きく考え、シチズンズ・ユナイテッドのあの馬鹿げた判決をひっくり返すための憲法改正を目指す必要がある。ユニリーバ傘下のベン&ジェリーズはそうした改正を支援する草の根運動を推進しようとしている。このクッキー・ドウ・アイスクリームのメーカーは「政治からドウ（dough）を排除しよう」と熱心に呼びかけている〔doughには「生地」と「カネ」の意味がある〕。

9 ダイバーシティとインクルージョンの拡大

問題点

ビデオ会議でしゃべっていたら音声がミュートになっていて苛立った経験が誰でもあるだろう。ではミュート状態がずっと続くとしたらどうか？　経済から組織的に排除されている人たちは、そんな状況に置かれている。

このグローバル社会では、多様性は最も貴重な財産だ。世界中を見渡せば、さまざまな言語や文化を備えた、豊かで活力に満ちた多様な世界がある。この輝くようなエネルギーがビジネスの役に立つ。ダイバーシティ、インクルージョンの効果は計り知れない。何兆ドルものビジネスチャンスにつながる可能性がある。マッキンゼーの調査によると、民族的・文化的多様性で上位4分の1に入る企業は、下位4分の1の企業に比べて収益性が36%高かった[73]。ボストンコンサルティンググループ（BCG）のある調査は、経営陣の多様性が高い企業はイノベーションによる収益が19%多いと結論づけている[74]。

だが、企業のインクルージョンは特に上層部で不十分だ。女性は米国企業の新入社員の47%を占めるが、経営幹部クラスでは21%にすぎない[75]。差別を受けやすい「過小評価グループ」はもっと状況が悪い。有色人種の女性は新入社員の18%、そして幹部クラスのわずか3%だ。上層部の3分の2は白人男性が占める。この現実は本書を書く際にちょっとした難題をもたらした。我々は大企業に焦点を当て、多くのCEOの発言を引用している。できれば多様な声を取り上げたいのだが、フォーチュン500企業のCEOはダイバーシティとは程遠い。数年前、女性のCEOよりもジョンという名前のCEOのほうが多かった[76]。現在、黒人のCEOは4人しかいない（1955年からのフォーチュン500の歴史上も19人しかいない[77]）。歴史上3人目の黒人女性CEO、ウォルグリーンのロズ・ブルーワーは2021年に就任した。

企業はダイバーシティとインクルージョンを急速に受け入れ、実績を追跡し、数字目標（黒人幹部の人数を2025年までに倍増させるなど）を設定し始めている。[78]だが、ひと口にダイバーシティとインクルージョンといっても、文化、人種、社会経済的経歴、ジェンダー、性的指向、障害、ニューロダイバーシティ（神経多様性）など、いろいろな要素があり、たいていの企業はその全体を見てはいない。重要なのは全体的な視点であり、今年はジェンダーバランスに対応、次の年はLGBTQ、それから「ブラック・ライブズ・マター」運動が盛り上がったら人種、みたいに個別・縦割りのプロジェクトであってはならない。すべての要素に関してビジネスに多くの視点を取り入れる努力を続けなければならない。

総合的なインクルーシブマインドがないと、よい人材を見逃してしまう。障害者のインクルージョンに重点を置いている企業は4%しかない。[79]世界保健機関のレポートによると、障害者を雇用する法的義務がある国では、多くの企業が「割当人数を満たすよりも罰金を払ったほうがよい」と考えている。[80]その結果、例えば労働年齢（16〜64歳）の米国人を見たとき、障害者で雇用されていたのは29%なのに対し、障害のない人は75%が雇用されていた。[81]これは大きな誤りだ。障害のある従業員は生産性が同等かむしろ高く、欠勤が少なく、離職率も低い。よくある固定観念とは正反対だ。[82]全世界に10億人いる障害者とその家族は、年間13兆ドルの可処分所得を握っている。これはＥＵ全体の家計支出にほぼ等しい[83]。

人員構成が世界の実態に近ければ、世界に貢献しやすいはずだ。アップルのティム・クックＣＥＯは言った。「インクルーシブな従業員は次世代のイノベーションを可能にします。……世界で最も優れた製品は、世界にとって最も優れた製品です[84]」

解決策

あらゆる人に分け隔てなく話しかけよう。マーケティングや広報部門のマイノリティの人々を知り、すべての人の人間性や尊厳を認めよう。これは大切な基本だが、言葉には限界がある。ビジネスを使ってサプライチェーンの多様性を支えることが大事だ。マイノリティが所有するサプライヤー企業と取引し、障害者、有色人種やＬＧＢＴＱの人々が立ち上げた事業を買収する。多様なコミュニティがある地域に投資し、誰とビジネスをするかという基準を設定する。例えば、新規株式公開（ＩＰＯ）を数多く手がけるゴールドマン・サックスは、多様性を象徴するメンバーが取締役会に１人（２０２２年からは２人）いなければ、株式公開を引き受けない[85]。

社内の方針を変えよう。誰が昇進しているかを注意深くチェックする。マジョリティの属性に偏っていないか？　雇用割当を守り、過小評価されがちな人々から採用しているか？　自分とは違う人を雇い、多数派から後れをとっている人に目を向けよう。新型コロナの世界的大流行は職場の女性にとって最悪の事態だった。マッキンゼーのレポートによれば、コロナ危機で「女性の地位は5年ほど後戻りしかねない」[86]。

ジェンダー公正を目指すユニリーバの取り組みは、ダイバーシティ促進のケーススタディになってきた。同社はCEOのポールの下に委員会をつくり、そこにあえて多様性採用で実績がよくない幹部を所属させた。2010年時点で、女性が管理職に占める割合は38％だった（取締役はゼロ）。新しく採用する管理職の55～60％を女性にするという目標によって女性比率は増加し、2020年には全世界で女性の管理職比率が50％に達した[87]。英国の企業に関するある調査では、女性に男性と同等かそれ以上の給与を払っていたのはユニリーバだけだった。女性の立場が極めて弱い地域では、同社はさらに大きな成果を示した。北アフリカと中東では、管理職昇進者に占める女性の割合が9％から48％に急上昇した。ユニリーバはまた取締役会の半分を女性にし、3人の黒人取締役も加えた。

政府の優れた政策を支援することで、システムの変革を促すことができる。例えばカリフォルニア州には、同州に本社を置く企業は取締役会に過小評価グループの人がいなければならないという規定がある[88]。インクルージョンを支える社会インフラを構築する政策も必要だ。育児休暇法が広がれば、職場を追われる女性の数も減るだろう。どんな法律があったら、障害者があなたの会社で働きやすくなるかも考えてみよう。

運動に参加しよう。ゼロックスのCEOを務め、黒人女性として初めてフォーチュン500企業を経営したアーシュラ・バーンズは、取締役会の多様性促進を目指すボード・ダイバーシティ・アクション・アライアンスを共同設立した。趣旨に賛同して署名したのは、ダウ、マスターカード、モンデリーズ、ペプシコ、PNC、スターバックス、アンダーアーマー、UPSなど。ワンテンという別の組織も大企業に声をかけ、「今後10年間で100万人の米国の黒人のスキルアップ、雇用、昇進を実現」しようとしている(89)。

障害者インクルージョンに関しては、「ザ・バリュアブル500」が期待できる。障害とともに生きる人たちのために持続的な変化を生み出そうとしているCEOやブランドが集まった、最大規模の共同体だ。キャロライン・ケイシーが設立し、ポールが会長を務めるこの組織(参加企業の総従業員数は2000万人)は、障害者インクルージョンを採用戦略や製品設計に組み込み、アクセシビリティを高め、誰ひとり取り残されないようにビジネスシステムを転換することを目指している。

ポールはユニリーバを去るとき、よくある派手な壮行会はやめてほしいとリクエストした。そこで、お別れに当たってのもっと意義深いプレゼントとして、会社は8000人の障害者を雇うことを約束してポールを驚かせた。ネットポジティブなCEOのハートをつかむ方法を知っていたのだ。

新しい筋肉をつける

以上9つの問題をじっくり検討したら、よかれ悪しかれ、それらが互いにつながり、影響し合っていることがわかるだろう。透明性はそのすべてを貫くテーマだ。どれも簡単な問題ではないから、オープンな態度で他者と協力しよう。ただし責任は負わなければならない。ネットポジティブな企業は、税金を回避し、汚職を暗に支援し、サプライチェーンでの奴隷労働に対して見て見ぬふりをし、労働者を低賃金で働かせ、会社が及ぼす悪影響をすべて庶民に押しつけることはできない。

これらの問題の多くはチャンスに変えることができる。困難だが正しいことをすれば、外部のステークホルダーとの信頼が築かれ、従業員は誇りを持つ。チャレンジする困難な課題が多ければ多いほど、それは容易になる。あなたは組織的・道徳的な筋肉をつくり、経験を積んでいる。勇気ある新しい文化を支えるのは、その強さだ。

かつてないスピードで問題がどんどん押し寄せてくるとき、この新しい強さが役に立つ。パーパス志向のマルチステークホルダー企業が対処すべきテーマは常に変化し続ける。象にきちんと立ち向かうことが、人よりも少し上手に未来を見通し、準備を整える助けになる。

ネットポジティブ企業の流儀

誰も顧みない重要な問題に取り組む

- ほとんどの人が避けてきた「部屋のなかの象」に立ち向かい、真摯に対応する。
- 自身の会社が人類最大の課題にどう影響しているかを明らかにし、カネや権力が拡大させた格差に特に焦点を当てる。
- 税金、汚職、幹部への高報酬、政治とカネ、短期的な自社株買いなどを通じて自分たちがどのようにお金を使っているかを正直に確認する。自分たちがいかに会社の長期的展望を損ない、社会にダメージを与えているかを考える。
- 人権問題をリードし、サプライチェーンに関わる人々を大切にする。
- インクルーシブな職場とバリューチェーンをつくる。最も取り残されやすい人々を特定し、彼らをシステムに迎え入れてスキルを発揮してもらう。

第9章

文化は接着剤

価値観を組織とブランドに深く浸透させ、行動に移す

文化を守ろうとするなら、それを創造し続けねばならない。

――ヨハン・ホイジンガ(オランダの歴史家)

オフィスや工場には「場の匂い」が漂っており、そこに足を踏み入れれば文化を感じ取ることができる。ロビーを見回して、その組織が自身についてどう思っているのか、手がかりを探そう。会社の製品が誇らしげに展示されているだろうか?

パーパスステートメントやミッション・ステートメントを見よう。「最善の成果をあげるた

めに卓越性を追求する」といった内容なら、限界を打破できない硬直した組織かもしれない。ちなみにパタゴニアのステートメントは「私たちは故郷である地球を救うためにビジネスを営む」。そんな組織は限界を打ち破り、大きく考えることに抵抗がない。

従業員のに耳を傾け、受付係に話しかけよう。社員は満足そうか？　ＣＥＯのセリフをオウムのように繰り返すのではなく、心の底から同じ考えで働いているか？　アンドリューは世界中のユニリーバの社員と元社員にインタビューしたとき、みんながほぼ同じことを言うのに驚いた。ロボットのように言わされているのではなく、会社の哲学を明確に認識しているのだ。エチオピア、インド、インドネシア、ロシア……どの国の事業責任者も同じ信条をもとにしゃべっている。

ポールがユニリーバを去ったとき、サステナビリティの関係者や同社の投資家の多くは、サステナブルリビング重視の経営方針が後退するのではないかと懸念した。だが今やその心配はない。社員たちがそれを許さない。ポールを引き継いだアラン・ジョープはネットポジティブ・ビジネスモデルを信頼しており、こう語る。「私が方向転換を図ろうとしたら、会社がそれを許さないでしょう。社員の約7割がミッションを理由にこの会社に入ったのです。もしパーパス主導をやめたら、社員が革命を起こして私を追い出すでしょう」[1]。それはユニリーバ・サステナブル・リビング・プラン（ＵＳＬＰ）に賭けたポールの取り組みが実を結び、会社を変革した一番の証しだ。USLPへのコミットメントが多少なりとも弱まったら、会社の業績も低下するだろう。力強いパーパスへのコミットメントであるUSLPと、ネットポジティブな文化は、会社の成功の牽引役となっている。

企業文化は氷山みたいなものだ。水面より上は、リーダーが言うこと。喫水線のところは、リーダーがすること。水面下にある氷山の大部分は、社員などすべてのステークホルダーが信じていることだ。リーダーは何でも好きなことを言えるが、組織の振る舞いや人々の信条が氷山をコントロールする。ピーター・ドラッカーの有名な言葉「文化は朝食に戦略を食う（企業文化は戦略に勝る）」とはそういうことだ。微妙なニュアンスを補って言うなら、文化と戦略は互いに共鳴し合ったときに両方が力を増す。戦略と価値観は行動を通じて少しずつ実践され、それが文化をつくる。何年もよい朝食をとれば、もっと健康になる。

言葉の意味を整理しておこう。

- 「価値観」は組織を支える基本的な信条であり、めったやたらに変わるべきではない。
- 「パーパス（目的）」は組織の存在理由である。それは有意義な、長続きする理由でなければならず、世界のニーズをどう満たすかを明らかにする。従業員の意欲をかきたて、会社の戦略や優先事項を指し示す。「ライフボーイ」に携わる社員はこの石鹸ブランドの機能を売り込むだけでなく、衛生の改善を通じて何百万もの命を救うというネットポジティブなパーパスを追求している。

・「文化」は価値観の体現である。価値観が核となる信条で、パーパスが存在理由であるなら、文化は行動を通じてそれをどう示すかということだ。文化は、会社の信条が一貫して行動に移され、それが集積した結果である。

これら3つのうち、文化は変わることができるし、変わるべきでもある。価値観に生命を吹き込むのは行動で、それはその企業が販売する製品、活動する地域、事業の種類、人員構成によって異なる。ひとつの企業には複数の文化が存在し得る。買収に伴って文化は変わるが、それぞれの組織の一番よいところを組み合わせたいのが人情だ。ユニリーバは高級美容ブランドやミッション重視のスタートアップ企業を買収した際、文化に新たな要素を提供した。社会規範の変化によっても文化は進化する。ミー・トゥー運動やブラック・ライブズ・マター運動をきっかけに、企業の行動は変わらなければならない。変化が極めて激しい今の時代、企業は必要に応じて文化を刷新する必要がある。

ネットポジティブな文化は、責任、配慮や共感、サービス、信頼、オープンさ、ハイパフォーマンスといった価値観をもとに一貫して機能する。こうした文化を築くには時間がかかるうえ、限界の打破、透明性を通じた信頼構築、深いパートナーシップの形成、象の受け入れなど、すでに述べた戦略へのコミットメントが必要だ。ネットポジティブな文化は始まりではなく、ひとつの集大成なので、我々はこれに検討を加えるのをここまで待った。

価値観、パーパス、文化の足並みがすべてそろったとき、その企業は人々が働きたい場所になる。そこでは誰もが自身のポテンシャルをフルに発揮し、価値観、世界のニーズ、会社の得意分野がぴったり重なる地点を見いだすことができる。ミッションにふさわしい文化、現代世界に対応する文化をつくったとき、それは会社の全員にとっての共通言語となる。世界に貢献するために人々を束ねる接着剤のようなものだ。

価値観と行動の衝突

コミュニケーション、敬意、誠実、卓越。

歴史上最大規模の企業不正を引き起こした巨大エネルギー企業、エンロンのステートメントにはそんな価値観が示されていた。その言やよし。だが、価値観と行動が一致せず、その行動が有害だった場合、会社は崩壊しかねない。エンロンの真の価値は強欲さにあり、そのパーパスは何があろうとも株主リターンを最大化することだった。そして、どんなことがあっても勝つ、それが企業文化だった。実に悪質だ。

近年、ボーイングの文化もおかしくなった。737MAXの安全問題について政府が調査したとき、社内メールなどから、従業員が国の規則を無視し、規制当局を欺いていることが明らかになった。「この航空機はピエロが設計し、そのピエロはサルが監督している」と言って仲間をからかう者もいた(2)。文化は危機によって試される。パンデミック、敵対的買収、大きな失敗、成功を収めた新たなライバル……物事が芳しくない方向へ進んだとき、内輪もめに明け暮れるか、それとも結集して対応するか?

価値観を壁に掲示したところで、それがリーダーによって支持され、次いで全員に共有・理解され、さらに強化されない限り、何の意味もない。ポールがユニリーバに来たとき、同社には優れた価値観があったが、それは暗黙のもので、明確に表現されていなかった。整合性もなかった。その結果、多くの行動が会社の大切にするものと符合しなかった。ポールが経営陣の一人ひとりに会社の価値観を書き出してもらったところ、実に多彩な見解が示された。価値観が明確でなく、合意されていないと、パーパスに生命を吹き込むのは難しい。

文化とは一貫性

大多数の従業員が同じ考え方をし、パーパスにつながっていなければ、効果的な文化は生まれない。文化は経営陣への信頼やエンゲージメントを築き、組織を束ねる接着剤となる。それはネットポジティブ企業の特徴でもある。残念ながら、ギャラップの調査によると、エンゲージメントを感じると認めている社員は全世界で15％しかいない（その分、85％を深く関与させるチャンスもある）[3]。それは文化と価値観、両方の失敗だ。会社の言行が一致しないとき、社員はそれを不幸にも押し隠すか、会社を去るかのどちらかだ。

従業員を鼓舞し、同じ方向へ向かわせるには、文化の一貫性が必要だ。そして口先よりも行動を重んじなければならない。リーダーが価値観を行動で示さず、日々のさまざまな意思決定に一貫性がなければ、従業員は文化を信じず、受け入れもしない。セブンスジェネレーションの共同創業者、ジェフ・ホランダーは「企業の行動の一つひとつが文化の表れ」だと言う[4]。一貫性のあることが強力かつ明快な文化を築くが、その文化は二極化を招く可能性がある。つまり誰もがなじめるわけではない。会社の仕事や文化に誇りを持てない人は、その文化を弱体化させる。ユニリーバでは、会社を辞める理由は成績が振るわないことよりも文化になじめないことのほうが大きかったという。また、成績が優秀な社員には、悪事を隠すという誤りを犯してはならない。それこそ逆効果だ。ＣＥＯが残せる一番のレガシーは、価値観を深く根づかせることだ。そしてそれは文化を鍛え上げ、社員を入社時よりも逞《たくま》しくする。

ここからは次の4つの視点で、一貫性を構築し、文化を深く根づかせる方法を見ていく。（1）従業員の関与を高める、（2）文化を支える組織インフラを築く、（3）パーパス主導のブランドをつくる、（4）周辺コミュニティの文化とつながり、これに影響を与える。

1 従業員の関与を高める

気候変動をはじめとする人類最大の問題を解決するには、時間があまりない。ネットポジティブな文化を築くのは簡単な仕事だと言えればよいのだが、そうもいかない。パーパスやインパクトを求める若い社員が増えてくると、それもだんだん容易になるだろうが、それでも幹部と社員の大多数の認識が一致するまでには一定の時間を要する。

ユニリーバの現CEO、アラン・ジョープは会社の進化について次のように説明する。ポールが成長と責任をめぐる強いメッセージを持ち込んだとき、ジョープは経営幹部のひとりだった。最初の4年（USLPの導入から2年）が経過したあとも、多くの従業員は「これもじきに終わるだろう」と思っていたという。だが、賛同者は時間とともに増えていった。アーリーアダプター（早期導入者）はすぐに賛意を示した。その後も着実に賛同者は増加し、8年たった頃には大多数が賛同者になっていた（あるいは賛同できない者は去っていた）。「それは今や会社の骨組みの一部になっています」とジョープは言う。(5)

ユニリーバはその段階に達するまで何年もの時間を必要としたが、これは特別驚くべきことではない。文化的規範を変えるには長い時間を要するが、いったん変わり始めると、そこからの動きは速い。奴隷制の廃止、公民権、女性の平等、ＬＧＢＴＱの人たちの婚姻の平等、そして気候行動や気候正義など、歴史上の価値観の転換はいきなり起きたように思えるが、そこまでには長い年月の努力があった。

世の中は動いており、人種、性的指向、自然界との関係など、さまざまな考え方が一度に変わりつつある。外界の変化に合わせて企業文化も迅速に適応しなければならない。ＵＳＬＰもそのようにして進化を遂げた。ネットポジティブの哲学は、典型的なＣＳＲアプローチ（言うなれば、決められたチェック項目に従って内容を確認する方式）よりもはるかに進化している。

本当の変化はトップダウンでは起こらない。年長の幹部たちは世界の新しい価値観に十分共鳴できない可能性がある。常に新しい人たちが入ってくる組織では、文化はお仕着せのものではなくなり、ボトムアップで築かれる。したがって、彼らがどのような人で、どんな人間になりたいと考えているか、そのためにどんな動機づけを提供するかが重要になる。

どのような人か――ダイバーシティ、インクルージョン、公正

前章で見たように、インクルージョンは立ち向かうべき象のひとつであり、企業の成功の要である。世界に貢献する企業とその文化は、世界の実情を反映していなければならない。ここ

では、正しい文化がどのようにダイバーシティを促し、ダイバーシティがどのように文化を後押しするかを簡単に見ておこう。

幅広い属性の社員がいない会社は、無神経または無自覚になりやすい。ユニリーバはいくつかミスを犯している。ボディソープの「ダヴ」の広告では、茶色のシャツを脱いだ黒人女性が、淡色のシャツを着た白人女性に変身する様子を見せた。ユニリーバも広告代理店も、このボディソープを使えば望ましい状態、つまり白人のようになれると言いたかったわけではない。だが、このような誤りは多様な人材がいたほうが見つかりやすい。

多様性があり、懐が広い企業は文化や人材を変容させる。インクルーシブな企業は採用や昇進における障害や偏見がなく、従業員は敬意と尊厳をもって処遇され、心おきなく活躍できる。同性愛者の権利や同性婚（多くの国では違法とされる）についてユニリーバがいかに寛容であるかは、多くの人が語っている。ユニリーバはジェンダー公正に関しても多大な努力を払い、それが女性（顧客の7～8割は女性）に対する社内の考え方を変えた。女性にも男性と同じ賃金を払えば、従業員は会社が何を大切にしているかをはっきりと知る。また、多くの障害者のなかから適任者を選んで採用すれば、あらゆる人が尊重されるというメッセージが社内に伝わる。

ダイバーシティへの取り組みは、企業が言うほど難しくはない。優れたリーダーはジェンダー公正を実行する。カナダのジャスティン・トルドー首相は２０１５年の最初の組閣の折、なぜ女性が半分なのかという記者の問いに対して、「2015年だから」と答えた。

ユニリーバはエチオピアに歯磨き粉の新しい工場を建設した際、女性だけを従業員に採用した。工場の目的は地元コミュニティの支援と同時に、人々を古い常識に挑戦させる文化を築く狙いもあった。ユニリーバ・エチオピアの責任者ティム・クラインベンは言う。「私たちは社会における女性、従業員としての女性に関する固定観念を打ち破ろうとしていました」。インド、ハリドワールにあるパーソナルケア製品の工場も全員が女性だ。CEOのポールでさえ建物に入るには許可が必要だった。

ジェンダーや人種、性的指向、能力をめぐるインクルージョンの取り組みは、強制されたものだったり、価値観に合っていなかったりすると、途方もなく時間がかかる場合がある。アンコンシャスバイアス（無意識の偏見、隠れた思い込み）は文化の問題だ。ダイバーシティの価値を完全に疑う者はもはやいないが、それでも「何の意味があるのか」と問う声は少なくない。これは馬鹿げた質問だとはっきり非難しなければならない。そうした反応も価値観や文化に関するメッセージを伝えることになる。疑う人たちには、「女性を増やすのがよいことだと、なぜ証明しなければならないのか？」「すべてが男性だと何がよいのか？」と問い返そう。ゴールドマン・サックスの調査によると、経営陣や取締役に女性のほうが多い企業の株価は、男性が支配的な企業に比べて、年に2・5％速く上昇した。[6] それは単なる相関関係であって因果関係ではないという反論が常に出されるが、ブルームバーグはこのデータを信頼している。2021年、同社は「ジェンダー平等に熱心な上場企業の財務業績を追跡する」ための男女平等指数（構成企業は44カ国の380社）を立ち上げた。(7) これらの金融大手は、平等を重荷ではなく機会と捉える思考転換を手助けしている。

ダイバーシティは、よりオープンな考え方や幅広い視点も養う。これはグローバル企業にとって不可欠だ。文化や市場の違いを理解することを楽しめない人、すなわちダイバーシティを受け入れられない人は、ユニリーバのような企業にはふさわしくない。成功する多国籍企業に外国嫌いの人は少ない。

どんな人になれるか――パーパスと共感

時代遅れの企業観を持った従業員は、ネットポジティブへ向けた文化シフトの妨げになる。でも人は進化できる。パーソナルパーパスを見いだし、それが組織の使命や魂とどうつながるかを知ることが重要な一歩だ。ユニリーバの場合、経営陣のパーパスへの取り組み（第3章）が大きな転機となり、世界貢献へのコミットメントを強化した。6万人の社員が同様のプロセスを経験した今、従業員個人がパーパスを持つことは文化の重要な要素になっている。個人、ブランド、会社とパーパスにはいくつかの階層があり、それらがお互いを補強し合っている。

しかし、それらはまったく同じである必要はない。北米ユニリーバでサステナブルリビングとコーポレートコミュニケーション担当バイスプレジデントを務めたジョナサン・アトウッドによると、パーソナルパーパスは全体をひとつにまとめる接着剤であり、組織のポテンシャルを解き放つものだ。会社は、自らのパーパスを持つ個人の集まりになる。各従業員はパーパスに自分なりのひねりを加えることができるが、それはあくまで会社全体のパーパスと符合し、世界への貢献を約束するものでなければならない。そのためには、従業員が共感や理解を育むのを手助けする必要があるかもしれない。ヒンドゥスタン・ユニリーバはその点に極めて長けている。

インドでは、管理職として雇われる人の大半が一流校出身の都会人だ。だがヒンドゥスタン・ユニリーバの売り上げの4割は、同国の3分の2を占める農山村部からのものだ。そこで同社は新規採用の社員を田舎へ送り込み、現地の家族と4～6週間、生活をともにさせる。社員は現金を持参せず、ホストファミリーと同じように暮らす。ヒンドゥスタン・ユニリーバの会長、サンジブ・メフタによると、このプログラムのおかげで社員は農山村部のインド人の暮らしや、地方経済のあり方をよく理解できる。また、「消費者への共感力が高まり、地に足のついた発想ができる」。アウトサイド・インの視点を与えることでマネジャーの思考が広がり、会社がもっと人間らしくなる。このプログラムは社員に深い影響を及ぼしている。

サミール・シンはライフボーイ・ブランドの責任者になる13年前、新入社員としてインドの山村に送られ、ある家族と生活をともにした。電気もなければトイレもなく、とても寒かった。6週間、水牛と同じ部屋に寝泊まりした。今、僻地の消費者のためのブランドについて何か意思決定を迫られるたびに、彼は「その頃経験した、人々の日常生活の現実を思い出します。我々が思い描く、牧歌的な田舎暮らしとは似ても似つかない暮らしぶりを。だから私は現実的な判断を下せるのです」。

あなたが新入社員としてそのような経験をしたらどうなるか想像してみてほしい（水牛の有無は別として）。もしそれで認識が変わったら、消費者のためになり、深い理解や共感を重んじる文化を築こうとするだろう。自分には合わないと感じたら長続きしないだろう。いずれにせよ、このプログラムは一貫性のある文化を生み出す。それもあってユニリーバは、消費者との対話や顧客開発の全社員向けの研修を復活させた。これはアウトサイド・イン（外部から）の視点を取り入れ、すべての人に視野の拡大を促すのにもってこいの方法だ。

ネットポジティブな文化はまた、短期的な利益の最大化よりも長期的な思考を重視しなければならない。そうした転換はどの業界でも簡単ではなく、既存の文化の強い抵抗に遭う可能性がある。世界最大の年金基金、日本政府所管の年金積立金管理運用独立行政法人（ＧＰＩＦ）の最高投資責任者を務めた水野弘道は、環境・社会・ガバナンス（ＥＳＧ）を投資戦略の中心に据えて、1・5兆ドル規模の基金の運用方針を刷新した。それだけの運用資産を抱える基金がうまくいくためには、社会がうまくいかなければならない。だから水野の優先順位の一番は世界の繁栄だった。その目標達成のためには、何よりもESGをうまく管理しなければならない。この新しい投資戦略に対して、彼はマスコミから批判を受けた。したがって、そうした外圧への対応が最大の苦労だったと思われがちだが、彼が言うには「最も抵抗が大きかったのは、足元の投資チーム（とその監督機関）でした」。

水野はあきらめかけたが、他のステークホルダー、特にリスクの少ない運用を望む人たちを説得すればよいことに気づいた。そこで資金拠出者である国民の多くが加入する労働組合に働きかけ、長期的な価値を創造し、労組が支援するインクルーシブな社会を築くための手段としてESGを利用できないかと打診した。さらに、ビジネスメディアや政治メディアとも協力し、人々の考え方を変え、ESGを流行語にするためのイベントを開催した。ESGが当たり前のものになっていくにつれ、これに消極的な運用担当者も減っていった。

パーソナルパーパスを明らかにして役割を再定義し、これに外圧を組み合わせることで、より共感的かつ生産的な文化と人材が生み出される。

何で評価されるか（ネットポジティブな行動の奨励）

ユニリーバは長年、USLPの目標とボーナスを結びつけなかった。お金を出して正しいことをさせる必要はないはずだ、という考え方だった。なぜ安全管理に優れた工場長や、人種のダイバーシティを改善したブランド責任者にボーナスを出すのか？　これらは尊厳や敬意という文化的価値観に由来するはずだ。たとえ時間がかかっても、正しい文化はそのようにして定着するものだ（何ごともお金で解決するのは米国的な考え方かもしれない）。

金銭的な動機づけは、部下を深くインスパイアするというリーダーの責任を丸投げするようなものだ。お金はそれには不向きだ。医師からがん治療の請求書を渡されて、「確実に生き延びることができるなら、1・5倍支払います」と言う人はいないだろう。それなりの対価を受け取っている限り、大半の医師にとってお金は動機づけにならない。ネットポジティブな考え方をする人にとっては、利益ではなく、パーパスとミッションが最も重要な目標だ。

それはビジネスでも同じだ。下位層の従業員にはボーナスが重要な動機づけになるかもしれない。だが経営幹部をはじめとする人たちは、他社や同僚に比べてそこそこの給料をもらっている限り、お金で動かされることはない（だから男女の賃金格差は決して許されない）。ユニリーバは全世界で業績管理システムを調整し、全員が同じ条件になるよう、給与体系の統一を図った。

基本的な報酬が適正・公正であれば、お金は社員をつなぎとめる役には立たない。社員はパーパスに賛同できる、世界の役に立てる、意義ある仕事ができる、話を聞いてもらえる、ポテンシャルを最大限発揮できる――そう考えるから会社にいる。上司との良好な関係も必要だ（人は会社を去るのではなく、上司から去る）。

成果をあげた人やネットポジティブな仕事ぶりの人を評価するのはよいが、そのためだけにボーナスを別途出す必要はない。さまざまな側面から、価値観や行動で社員を評価しよう。パフォーマンスに秀でた人は出世させなければならない。廃棄物ゼロを達成し、優れた業績をあげている工場長や、持続可能な調達目標を革新的な方法で素早く達成した担当者がいたら、昇進させ、もっと責任を与え、給料を上げよう（一時的ではなく恒久的な対処法）。価値観を共有できず、持続可能なパフォーマンスを約束できない人は、この会社にふさわしくないとのメッセージを受け取ることになる。

特定の指標だけで評価をすると、重点範囲を狭めてしまう可能性がある。例えばジェンダーダイバーシティや気候変動への対処で査定した場合、長期的な価値創出につながる他の要素（人権、生物多様性など）を見逃す恐れがある。栄養関連企業のＤＳＭでは、幹部クラスのボーナスの50％が、ダウ・ジョーンズ・サステナビリティ・インデックスで業種別１位になることが条件だった。これは企業経営として視野が狭すぎる。同社は２位に落ちたとき、ランキングを目指すのをやめることにした。目標とすべきはそうした狭い尺度や外部のランキングではなく、システムベースの総合的なリーダーシップだ。

ユニリーバは特定のサステナビリティ指標について直接報酬を出すことはなかったが、重要業績評価指標（ＫＰＩ）に基づく測定は行い、社員に責任を負わせた。進捗の追跡はスコアカードによる機械的なものではなく、話し合いをベースに実施した。四半期に一度、経営陣がダイバーシティなどの問題の進捗を膝詰めで確認し、遅れている部署や部門に注意を与える。例えば、調達部門と数カ月ごとに面談して進捗状況について話し合い、水利用、廃棄物、エネルギー、持続可能な調達といった指標をチェックした。

また、透明性を高めるためにベンチマーキングデータをリアルタイムで提供し、ハイパフォーマーを特定するとともに、自身で進捗をチェックできるようにした。これらはＵＳＬＰを企業文化に根づかせるうえで効果的だった。ポールがＣＥＯを務めた最終盤、上級幹部１００人のインセンティブ報酬要件にサステナビリティのパフォーマンスを付加した。ＵＳＬＰを通じて事業成果を高めることに引き続き注力できるよう、取締役会が要請したのだ。

マテリアリティ課題をめぐる報告範囲の広がりや理解の深まりが投資業界で見られるなか、ＥＳＧパフォーマンスを報酬に直接結びつける企業は増えるだろう。それは結構だが、最終的に従業員の関与度が高く、足並みがそろっていなければ、あまり意味がない。

2 文化のインフラ

イノベーションや責任感のようなものを「組織のDNAに組み込む」という言い方がよくされる。だが、企業の中心であるはずの多くのもの（パーパスなど）が時間とともに失われる。ユニリーバのチーフ・サステナビリティ・オフィサー（CSO）だったジェフ・シーブライトは「パーパスの文化は潜性遺伝子か、それとも顕性遺伝子か」と問う。文化を強める構造を築かなければ薄まり、消えてしまう可能性がある。

顕性遺伝子は根絶できない。つまりネットポジティブの文化が企業のあらゆる側面に行き渡る。サステナビリティの担当者は適宜交代させ、別の部門や地域に配置するとよい。CSOの究極の目標は、その仕事をしなくて済むようにすることだとシーブライトは言う。これはいささか大袈裟な表現だ。というのも、知識の一元管理や長期トレンドの計画立案が常に一定程度必要になるからだ。しかし、サステナビリティの実践は組織に深く根づいていなければならない。「サステナビリティ担当者がやってくれるだろう」という考え方が蔓延していたら、進捗はおぼつかない。全員が当事者意識を持つ必要がある。

組織のポテンシャルを解き放つためには、高いレベルの信頼が必要だ。それがあれば、マネジャーが細かいことまで口出しせずとも、知識を持った現場の人たちに意思決定を委ねることができる。複雑な事案を下に押しつけるのではなく（たいていの組織はそうするのだが）、上層部で引き受けることができる。従業員は厄介な物事にとらわれることなく、長期志向のネットポジティブな選択を自由にできるほうがいい。

意思決定を現場レベルに任せられるのは、ルールではなく原則をもとに動く組織だけだ。ユニリーバは会社の価値観やリーダーシップの基準を示す指針として「コンパス」というツール（第3章）を導入した。コンパスという名前には意図があった。つまり、進むべき道は単純な直線ではなく、時には木々を避けて通る必要があるということだ。ユニリーバのすべてのスタッフは、コンパスに掲げた理想に従うことが期待される。誠実、尊重、責任、先駆性、成長マインドセット、行動志向、消費者重視……。これらの価値観は、ビジネスを活性化させるために必要なパフォーマンス文化の下支えとなった。

USLPは外の世界に焦点を当てるとともに、世界に貢献するという文化を、具体的な目標とともに組織に持ち込んだ。正しい組織構造とツールがあれば、その文化のなかにポジティブなフィードバックループも築かれる。ブランドや地域を仕切る壁を取り除き、共通のパーパスの探求が、分散化によって妨げられていないかを検討しよう。

文化の構築はCEOの仕事だ。人事部任せにしてはならない。ネットポジティブな文化を組織に根づかせるには、すべての主要部門がカギを握っているが、財務、研究開発、M&Aなど、一部の中核分野は環境・社会問題に十分関与しているとは言いがたい。彼らも積極的に関わる必要がある。

ネットポジティブな財務・予算

ライフボーイの手洗いプログラムなど、パーパス志向のブランドプロジェクトは、ブランド価値や売り上げの増加という形で成果が表れるが、当然コストがかかる。国の発展を支援する施設への投資は莫大な資本を要する。したがってネットポジティブな予算編成は、文化に関わる構造的な問題だ。ユニリーバの各ブランドは、パーパス主導のプロジェクトを別途予算が必要なものとは取り扱わず、投資の資金を確保している。事業活動の一環と見なせば、マーケティング予算や設備投資の予算を充てる。

ネットポジティブ企業は組織や精神の壁を取り払い、物事を全体として俯瞰する。廃棄物ゼロの工場は先行投資がかさむが、品質向上、廃棄物削減、企業イメージの向上などをもたらす。生活賃金への投資、つまりサプライチェーンの契約労働を減らし、正社員を増やすことは、短期的にはコスト増につながるが、離職率の低下や生産性の向上という形で元がとれる。

現場のマネジャーには事業やその損益に対する責任を負わせ、マネジャーが必要に応じて資金を配分できるようにしなければならない。ユニリーバが工場へのソーラーパネルの設置を最初に検討したとき、製造責任者は設備投資予算だけでなく、電気料金をはじめとする費用（カーボンプライスを含む）についても責任をもって考える必要があった。製造責任者は工場が地域社会に与える環境上の影響も踏まえた、5年と10年のリスクプランを策定した。そうした幅広い視点から総合的に判断した結果、バランスのとれた、よりよい選択が可能になった（会社はソーラーパネルを設置した）。

ヒンドゥスタン・ユニリーバのサンジブ・メフタは予算と水利用について次のように言う。「水がないとビジネスが成り立たないというなら、その資源と会社の将来を守るためのプロジェクトになぜお金を使わないのですか」。パーパスの文化があれば、こうした投資がビジネスとして当たり前の行為になり、それがまたパーパスの文化を強化する。メフタはこうも言う。「（問題ではなく）解決策の一部になりたいと考えれば、お金は見つかります」

それはつまり、長い目で仕事を続ける自由（四半期報告がないとその余裕ができる）を社員に与えようという、リーダーと組織の決断だ。社員は一歩引いて考えることができ、「木を見て森を見ず」にならずに済む。

ネットポジティブな研究開発

ＵＳＬＰはイノベーションにアウトサイド・インの視点をもたらした。地球の限界を知り、それが現実世界で人々にどう影響するかを理解した研究開発担当者は、どんなニーズを満たす必要があるか、製品をどう考え直したらよいかを認識しやすい。ブランドと研究開発がうまく調和しながらＵＳＬＰに寄与できるようにするため、ユニリーバは各ブランドチームに研究開発担当責任者を配置した。これも縦割りを廃し、もっとイノベーションを起こし、市場投入を早めるのに役立った。

例えば、ライフボーイの手洗いプログラムに携わるブランドマネジャーは、製品イノベーションによって修正できる課題を特定した。このプログラムでは、30秒かけて手を洗うことを子どもたちに教える。だが場所によっては、全員がそれだけ長く手洗いするだけの水がない。それに子どものことだから、30秒間じっとしていられるとは限らない。こうした問題を解決することが、人間のウェルビーイングに関するＵＳＬＰ目標を達成する一助になる、とブランドマネジャーは考えた。

ユニリーバの当時の研究開発責任者、ジュヌビエーブ・ベルガーはライフボーイ・チームに、もっと速い殺菌法を探すよう指示を出した。同チームは、わずか10秒の手洗いで大腸菌などを殺菌できる、天然成分の分子の組み合わせ（タイムと松）を発見した。このような「修正」作業は一度きりのものではない。ネットポジティブな思考を組織に植えつけるため、ユニリーバは研究開発で「グリーンファネル（緑のじょうご）」の手法を用いた。環境・社会面のニーズを正式に取り込むためのプロセス手法だ。新しいイノベーションは利益率を高めると同時に、このじょうごを通り抜ける必要があった。

やはり研究開発責任者を務めたデビッド・ブランチャードは、年1度の「グリーン・ファネル・レビュー」ミーティングを立ち上げた。さまざまな製品カテゴリーの研究者が、新製品、技術プラットフォーム、世界中の消費者が直面する課題について知識を共有する場だ。例えば、バケツで洗濯する（場合によっては何マイルも歩いて水を汲みに行く）多くの地域では、衣服を洗うのにバケツ1杯、それをすすぐのに6杯の水が要る。そこで、ある年のグリーン・ファネル・レビューで、洗濯製品チームはバケツ6杯の水を用意し、マーケティングチームと研究開発チームに、これらのバケツを別の部屋へ運んでほしいと言った。「我々が解決しようとしているのはこの点なのです」と言い添えて。これによって切迫感が伝わり、チームの面々は共感を抱いた。そして、すすぎが1度で済む新技術を開発した。石鹸の泡がすぐに減るため、水不足の地域に暮らす人々は少ない水ですすぎができる。このイノベーションを目にしたパーソナルケア製品のマネジャーは、この新技術がシャワーで使う石鹸やシャンプーのすすぎ時間も短縮できるのではないかと考えた。技術が他のブランドにも応用されたわけだ。

もちろん、グリーンファネルの手法は常に成功を収めたわけではない。圧縮タイプ（製品の容積は小さいが、使用回数は従来品と同程度）のデオドラント新製品（制汗スプレーなど）はパッケージが小さく、輸送時のCO_2排出量も削減できるため、ブランチャードは「成功間違いなし」と考えた。ところが消費者は内容量が減っただけだと思い、購入しなかった。研究開発の視点を備えたブラントチームは、失敗からも素早く学習する。

M&A――内側から育まれる文化

ＵＳＬＰが順調に走り始め、事業が成長すると、ユニリーバは合併・買収（Ｍ＆Ａ）を加速させた。ポールのＣＥＯ在任中に52のブランドを売却し、65のブランドを買収した（その前の20年間に比べてはるかに多いＭ＆Ａ案件数だ）。そして将来に備えてポートフォリオを劇的に変化させた。買収先には、創業者が率いるパーパス志向の企業が数多く含まれていた。これによって既存の製品カテゴリーを拡大させるとともに、新たなカテゴリーにも進出した。

サンダイアルブランズは、多文化の若者向けのヘアケア製品やスキンケア製品で成功した企業だ。創業者のリッチ・デニスはリベリアから米国に移住し、ゼロから事業をスタートさせた。ニューヨーク市ハーレムの路上で折り畳み式のテーブルを広げ、シアバターを売った。[8] ユニリーバによる買収後も、デニスは会社に残った。彼とその会社はユニリーバにさらなるダイバーシティをもたらし、新しい成長市場に関する知識を提供している。

こうした起業家CEOの多くは、どこかの会社といっしょになるとしたらユニリーバしか考えられなかったと明言する。天然調味料を製造する食品会社サー・ケンジントンの創業者、マーク・ラマダンとスコット・ノートンは「我々は会社を売りに出していたわけではありません」と言う。だがユニリーバからアプローチがあったとき、この企業グループに加われば「自分たちの価値観を守りながら、販売網をもっと早く拡大できる」と実感した。(9)

パーパス主導の企業、セブンスジェネレーションの共同創業者であるジェフ・ホランダーは大企業を常々疑っていた。ウォルマートで製品を売るのを長年拒んでいたほどだ。彼はラマダンとノートン以上にはっきり言う。「セブンスジェネレーションが買収されても悲しくない、そんな相手先企業は多くありませんでした。選択肢はひとつだけでした」(10)。当時のセブンスジェネレーションのCEO、ジョン・リプルーグルによれば、会社は売りに出ていたわけではない。ユニリーバからのアプローチをきっかけに、Bコーポレーションについて、あるいはセブンスジェネレーションの価値観について同社経営陣と半年間話し合いを重ねた。その後ようやく買収価格の話になった(11)。買収の5年後、セブンスジェネレーションの売り上げは倍以上になり、製品は世界40カ国で販売されている。

ユニリーバは基本的に買収した企業が親会社から独立して経営するのを認めているが、事業拡大に必要ならユニリーバの知識や資源を利用させている。北米ユニリーバの社長だったキース・クルイトフは、新しく買収した企業の成長を手助けしたかったと言う。セブンスジェネレーションの経営陣に彼はこう言った。「おめでとうございます。みなさんがユニリーバを買ったのです。我々のリソースを自由にお使いください」。行動派として知られるベン&ジェリーズのCEO、ヨースタイン・ソルヘイムには「ユニリーバのなかの造反者になってください」と述べた。[12]

大企業に買収されると創業者は会社を去ることが多いが、ユニリーバに買収された会社のCEOはほとんどがそのまま会社にとどまった。決め手は文化だ。これらの起業家は互いに親近感を覚えやすい。会社に残る人が増えると、その人たちがまた他の起業家を引きつける。競争上の強みが乗数的に波及していく。

ネットポジティブ企業はM&Aに対する見方が違う。新しい会社をうまく文化に取り込み、その会社からも学ぶことができる。リスクを恐れずに新分野を切り開いて成功を収めた、パーパス志向の企業や創業者を招き入れることで、ユニリーバのDNAに新しい何かが加わる。そしてユニリーバの熱意と興奮が彼らにも受け継がれる。大企業のなかではもはや話されなくなった言葉がそこでは聞かれる。

「ステークホルダーに資する」という明確なミッションを持つ、パーパス主導の企業がユニリーバの仲間に加わるほど、組織のパーパスは強化され、ネットポジティブに近づいていく。

3 パーパス主導のブランド

パーパスへの取り組みは（ブランドレベルではなく）企業レベルで始まる。人権、多様性、気候などの問題に対する立場は全社的に明確にしなければならない。ブランドレベルだけだと中途半端で中身がなさそうに見える。持続可能なパーム油を使った製品ひとつだけでは信頼を得られない。企業は自社の最悪のブランド以上のレベルにはなれない。

しかし、確たる企業課題がいったん明らかになったら、ブランドレベルでもパーパスを効果的に推進し、ネットポジティブな事業を支える深いコミットメントを示すことができる。たいていの消費者は製品ブランドを通じて企業やそのミッションと接している。製品に意味を持たせることは、パーパスの文化が根づいているという究極の証明になる。パーパスへの取り組みが社員研修やCEOの威勢のいい宣言にとどまることなく、ブランドにまで反映されれば、パーパスの文化は根づいたといえる。ユニリーバのパーパスは、マーケティング担当者が参加するようになって、本当の意味で定着し始めた。

各製品が重視・解決すべき社会問題を明らかにすることで、ユニリーバはパーパスに勢いをつけた。だが、パーパスのあるブランドはCSRや慈善活動ではない。それは製品そのものの価値と結びつく形で、正真正銘、人々のためになろうとする。それが正しく実行できれば売り上げも増す。何年もの間、ユニリーバのパーパス主導のブランドはその他のブランドの１・５～２倍のスピードで成長し、売り上げの伸びの４分の３を担っている（それに利益率も高い[13]）。これはパーパスを通じた利益だ。

ブランドのパーパスプログラムは「ダヴ」と「ライフボーイ」が最も古く、この２つのプログラムはＵＳＬＰ以前から存在したが、いずれも小規模で一貫性に欠けていた。ライフボーイはインドを中心に３０００万の人々に働きかけていた（これはこれで相当な数だ）が、10億人を想定したグローバルなプログラムに移行した。ネットポジティブな企業はこのようなプログラムを全社でいくつも運営する。

ユニリーバでは現在、28のブランドがパーパス主導《ドリブン》とされている。その指定を受けるため、これらのブランドは一定の高い基準をクリアし、パートナーとともに大きく前進できることを示した。だがパーパスへの取り組みは全社で進められ、３００あるブランドのすべてがＵＳＬＰ関連のターゲットを掲げている。そして、10億人の生活の改善といった大きな目標は全社で測定されている。

パーパス主導ブランドの開発

ＵＳＬＰ初期のマーケティング責任者だったマーク・マシューは、パーパスをブランドレベルまで行き渡らせるのに重要な役割を果たした。ブランドの意味を深く考える人間として一目置かれていた彼は、ユニリーバは消費者を説得する前に自分たちの考え方をまず変えなければならないと見抜いていた。会社が進化し、それまでと違う文化を築き、ＵＳＬＰに沿ったブランドを育てるのをサポートするため、マシューは「クラフティング・ブランズ・フォー・ライフ」というストーリーをつくった。これはいわば社内向けのマーケティングキャンペーンで、「再び世界を変えたいか？」とビデオが（創業者リーバ卿の衛生へのコミットメントに言及しながら）みんなに問いかける。

ブランドはもちろん製品として買ってもらわなければならないが、アイデアとしても受け入れてもらわなければならない、とマシューは言う。そのアイデアは製品よりも大きくなければならない。つまり付加価値がなければならない。思考の幅を広げるため、マシューはユニリーバの「ブランド・キー」を設計し直した。これはブランドポジショニングを方向づけるためにマーケティング担当者が使用する中核ツールのひとつだ。当初の図は14のボックスがあり、極めて複雑だった。マシューはそれを簡素化し、製品、ブランド、人間の真実に焦点を当てた三角形にまでそぎ落とした。そのうえで、パーパスに向かって突き進むため、大きな野心を備えたハートを加え、いくつかの要素を付け足した。

ユニリーバはこれを「ブランド・ラブ・キー」と呼んでいる（図9・1を参照）。ここに示すのは、オーストラリアで展開する制汗剤ブランド「レクソナ」（他の国ではシュア、ディグリー、シールドとして知られている）向けのものだ。このブランドのパーパスは、人々が体臭を気にすることなく自信をもって、よりよい暮らしを送り、限界を押し広げ、もっと活躍するのをサポートすることだ。レクソナのＵＳＬＰにおける野心は、「生活の実践者が身体的に活発で、社会的につながり、精神的に深く関与した人生を送れるようにする」ことだ。レクソナはその取り組みの一環として、個人衛生の教育プログラムを支援している。

「たかがデオドラントでしょ」と言う人もいるだろう。そのとおりだ。世界を変えるようなブランドミッションではない。だが、パーパスの難しさを表すよい事例にはなる。パーパス主導のブランドは、世界や人生における大きな問題と結びつき、その解決を手助けする。デオドラントは、社会との関わりにおける自己イメージや快適さに結びつく。それは人々にとって重要なことだ。もちろん、もっと大きな目標と関係するブランドもある。ライフボーイは手洗いを通じて文字どおり命を救う。スキンケアブランドのヴァセリンは自然災害が起きた場所や難民キャンプに医療用品を提供する。除菌クリーナーのドメストは「不衛生の撲滅」というパーパ

図9・1　ブランド・ラブ・キー

ユニリーバのブランド・ラブ・キー：「レクソナ」の場合

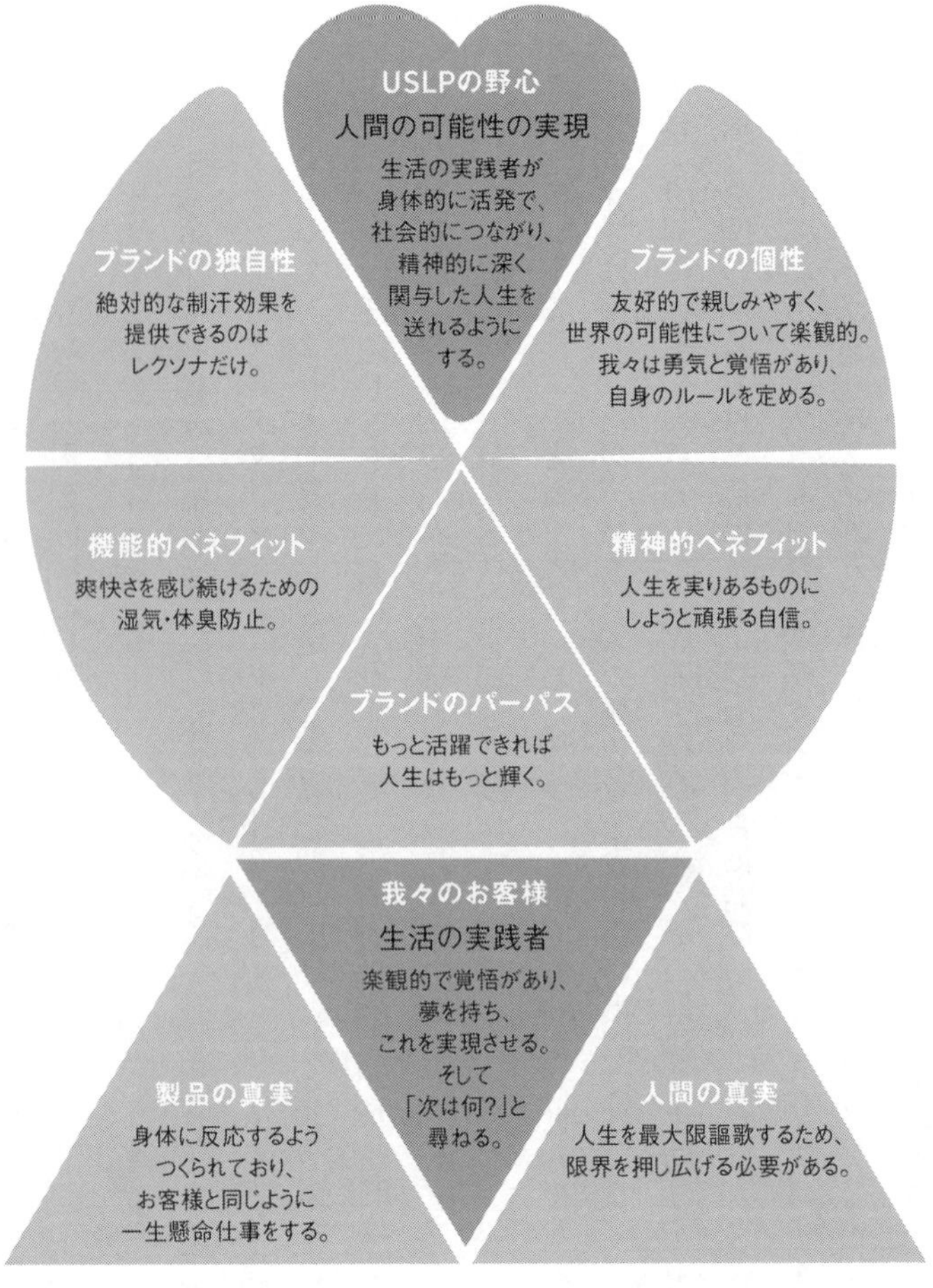
USLPの野心
人間の可能性の実現
生活の実践者が
身体的に活発で、
社会的につながり、
精神的に深く
関与した人生を
送れるように
する。
ブランドの独自性
絶対的な制汗効果を
提供できるのは
レクソナだけ。
ブランドの個性
友好的で親しみやすく、
世界の可能性について楽観的。
我々は勇気と覚悟があり、
自身のルールを定める。
機能的ベネフィット
爽快さを感じ続けるための
湿気・体臭防止。
精神的ベネフィット
人生を実りあるものに
しようと頑張る自信。
ブランドのパーパス
もっと活躍できれば
人生はもっと輝く。
我々のお客様
生活の実践者
楽観的で覚悟があり、
夢を持ち、
これを実現させる。
そして
「次は何?」と
尋ねる。
製品の真実
身体に反応するよう
つくられており、
お客様と同じように
一生懸命仕事をする。
人間の真実
人生を最大限謳歌するため、
限界を押し広げる必要がある。

スを堂々と掲げられる。

だが、制汗剤のレクソナは？　あるいは、ボディスプレーのアックスは？　長年、女性差別的な広告イメージに頼ってきたブランドが、どうやってよいパーパスを見つけるのか。それでも、どうにかやってのけた。「有害な男らしさ《トキシック・マスキュリニティ》」に疑問を呈し、「男性性」の多様な意味を支持したのだ。規範はたびたび変化するし、場合によっては変化しなければならない。アックスは謙虚さを示し、女性をどのように描いてきたかを認めなければならなかった。アックスのようなブランドの大きなミッションを見つけるのは簡単ではなく、時間もかかる。社員と消費者にとって明確なミッションでなければならない。それを理解したブランドは、製品の歴史や機能的ベネフィットにふさわしいパーパスを見つけている。

　ユニリーバのブランドの多くは、大きなミッションを見いだすためのツールとして持続可能な開発目標（SDGs）を利用してきた。農業をサプライチェーンとするクノールは、SDGsの目標3（すべての人に健康と福祉を）、目標15（陸の豊かさを守ろう）に取り組んでいる。ドメストは不衛生の撲滅に取り組んでおり、これは目標6（安全な水とトイレを世界中に）と関係する。

　ブランドに応じたパーパスを見つける作業は、進化のプロセスに似ている。ユニリーバのサステナビリティ担当バイスプレジデント、カレン・ハミルトンは、ブランドのパーパス探求のあり方を3つに分類する。1つ目は、パーパスを形成し、ブランドキーを構築する段階。2つ目は、問題を（謙虚な姿勢で）もっと知り、パートナーとともにプログラムを築く段階。そしてダヴ、ライフボーイ、ドメスト、セブンスジェネレーションなど、最も先進的なブランドについては、取り組みを拡大する段階。この段階が進むに従って、ブランドは「言うこと」と「やること」のギャップを埋め、自分たちが何を目指しているのかを明確に示し、本当にインパクトがあるプログラムを生み出すことができる。

そして「やること」の部分、すなわち現場での行動と、生活を改善するプログラムは、ブランドの信頼を支える要素だ。信頼があれば、目標とすべきレベルを高め続け、より大きく深い問題に取り組むことができる。ダヴは6900万人の若者向けにワークショップなどを開いてきたからこそ、自己肯定感について語ることができる。ライフボーイは何億人もの人々に石鹸での手洗いを教えてきたから、子どもの死亡率の削減に関わることができる。ドメストはインドで何百万ものトイレの設置を支援し、学校清掃プログラムを数多く実施してきたから、屋外排泄というもっと大きな問題に取り組むことができる。ブルックボンド・レッドラベル（紅茶）が人種差別や性差別の問題に取り組めるのは、広告やマーケティングを通じてこの問題に正面から立ち向かってきたからだ。

パーパスを備えたブランドは好循環を生む。パーパスへの取り組みがさらに高まり、ネットポジティブな成果がさらに増えるのだ。

ブランドの再生

成熟した大きなブランドに対する認識を変え、その業績を変えるのは難しい。ユニリーバの石鹸「ライフボーイ」ほど成熟したブランドはない。1800年代にさかのぼるその歴史は、ユニリーバの歴史そのものだ。社会の発展とともに事業は成長を遂げてきた。ブランドのパーパスを見いだすと、停滞気味のブランドを再生させ、文化を再び活気づけることができる。ただし、そのブランドの背後に確かなストーリーと本当のアクションがなければならない。

ライフボーイが長らく重視してきた課題は、予防可能な病気のせいで何百万人もの子どもが5歳にならないうちに命を落とすという痛ましい現実だ。[14] 手洗いの習慣を定着させれば、2大死因である肺炎と下痢をそれぞれ23%、45%減らすことができる。新米の母親と助産師に手洗いの仕方をきちんと教えれば、生後1カ月以内に亡くなる250万人の赤ちゃんの40%を救うことができる。

ライフボーイのプログラムは、子どもと母親に衛生について教えるイベント、メディアを通じた広範な働きかけ、5つのタイミング（トイレの後、朝・昼・夕食の前、入浴時）での手洗いを奨励する漫画「スクール・オブ・ファイブ」、手洗いを当たり前の楽しい行為にするための製品イノベーション（ミッキーマウスの石鹸ディスペンサーなど）が中心だ。

2010年以降、このプログラムはアジア、アフリカ、南米の29カ国、約5億人を対象に展開されてきた。ユニリーバがすべての衛生・健康プログラムを通じて働きかけた13億人のうち、かなりの部分を占める。ユニリーバはこうしたプログラムをめぐってさまざまなパートナーシップを結んだ。例えば、インドでは世界ワクチン同盟と共同で、最も費用対効果が高い疾病予防策である、石鹸による手洗いと予防接種を推進した。新しいところでは、英国政府との1億ポンド規模のパートナーシップにより、10億人の人々に対して、新型コロナウイルス感染症と闘うための意識喚起や行動変容を促した。(15)

無用な死を減らすための世界的な取り組みの一環として実施された同プログラムは、目覚ましい成果を収めてきた。下痢で命を落とす子どもは全世界で36%減少した。インドの2000世帯に対する調査では、ライフボーイの教育プログラムに参加した家庭は、下痢の患者が25%、急性呼吸器感染症が15%、目の感染症（汚い手で目に触るのが原因）が46%減少した。教育を受けた新米の母親たちは、おむつ交換の後や授乳の前に手を洗う確率が大幅に増えている。

ライフボーイ・ブランドの業績回復は目を見張るものがあった。売り上げは何十年も横ばいか下降気味だったが、パーパスが明確になると年2桁の成長を見せ始めた。ライフボーイはユニリーバで12番目の「10億ユーロブランド」となった。ポールはユニリーバを去るとき、彼と妻のキムの写真がパッケージに印刷された特注石鹸をプレゼントされた（金時計ではないが素晴らしい贈り物だ）。環境負荷を減らしながら売り上げを倍増させるという、ＵＳＬＰの主要目標をライフボーイが達成した――その喜びを表すパッケージだった。

ユニリーバのパーパス主導ブランドの多くは、何年も行き詰まりを見せたあと、再び成長し始めた。スープなどの食品を手がけるクノールは、「誰もが手頃な価格で入手できる、健康的で栄養豊かな食品」をつくるというパーパスを導入し、食品の品質、アクセス、健全性という問題に取り組んだ。売り上げは何十年も横ばいだったが、現在はライバルが売り上げを落とすなか、厳しい市場環境のなかでも善戦している。１２５年の歴史を持つヘルマンズ（マヨネーズ）は、食品廃棄物の削減で大きな役割を果たせることがわかり、そこから新たな活力を得た。経営陣は農場を訪れ、卵を供給する農家を起用した広告で、このブランドの本質をアピールした。ヘルマンズは調達活動とメッセージ発信を通じて「本物の食品を守る」ために尽力した。こうした取り組みとともに、１００％平飼いの卵の販売や、１００％リサイクルプラスチック製のパッケージの採用を有言実行することで、ヘルマンズは再び成長し始めた。

こうした成功事例はユニリーバの文化に驚くべき効果をもたらす。これまでに4万人以上の従業員が手洗いイベントにボランティアとして参加した。自分たちの会社が多くの人の命を救うのに役立っている、と誰もが誇りに思う。会社には信念があり、自分たちも参加できるということをみんなが知っている。そのうえ業績も順調なので、理解者が増え、懐疑派の人たちでさえ、ネットポジティブはビジネスとして優れている、もっと注力するべきだと納得し始める。

「内製」のパーパス

ネットポジティブな思考はイノベーションを促進し、既存ブランドの再生にとどまらないアクションを企業に起こさせる。キース・クルイトフによると、パーパス主導の製品ポートフォリオは3つの領域から成る。ダヴ、ベン&ジェリーズなどのコア製品の強化、セブンスジェネレーション、シアモイスチャーといったブランドの買収、そして新製品のゼロからの立ち上げだ。この3つ目が一番楽しいかもしれない。

ラブ・ビューティ・アンド・プラネットというヘアケアとスキンケア製品は、まったくの白紙からスタートした。パッケージは100%リサイクル。成分は植物由来で、動物実験に基づかず、パラベンや染料を含まない。原材料はすべて環境負荷を減らし、人々の生活を改善するように調達される。木の香りの油が採れるベチバーという植物は、ハイチの農場から提供される。ユニリーバはこの油に割増料金を支払い、道路、医療へのアクセス、衛生、電気などの地域開発プロジェクトを支援している。

クルイトフが言うように、「何の遺産も受け継がずにゼロからスタートし、社会的なニーズをもとに製法、パッケージ、コミュニケーションを設計する——それは生活用ブランドの究極の生み出し方です！」。白紙からのスタートはブランドの広がりについても柔軟性をもたらし、洗浄剤のラブ・ホーム・アンド・プラネットなどの誕生につながった。ラブ・ビューティ・アンド・プラネットは最初の年に５０００万ドルを売り上げた。シャンプーやコンディショナーの世界的な売り上げは低下したが、この新製品は急成長し、発売1年目でシャンプーブランドの上位20傑入りを果たした。[16] そしてわずか2年で、40カ国で販売されるようになった。

この新しい製品群は、ある部屋で5、６人の社員が「ゼロから立ち上げるパーパス主導とはどのようなものだろう」と問いかけたことから生まれた。メンバーには自由に考える裁量が与えられていた。同じように、ローラ・フルートマンという熱意にあふれたひとりの社員が「ザ・ライト・トゥ・シャワー」というブランドを立ち上げた。ここからは「ホープ」「ディグニティ」などの石鹸やボディウォッシュが生まれている。利益の30％は、ホームレスの人々にシャワーなどのサービスを提供するプログラムに使われる。フルートマンはダヴのブランドマネジャーだったとき、ホームレスを助けるというパーソナルパーパスに基づいてプレゼンテーションをした。彼女はそのミッションをユニリーバのなかで実現するすべを見いだした。今はゼネラルマネジャー兼「客員起業家」の肩書を持つ。

思いやり、サービス、成長、創造性の文化から何が生まれるかという好例だ。

4 社内文化と社外文化

企業文化は他から隔絶して存在するわけではない。それはコミュニティのもっと大きな文化の一部として存在する。社内外の文化を結びつけることには、調整困難な断絶など、リスクとメリットがある。ネットポジティブ企業は自らの原則を曲げることはない。権利を守るために不正と闘い、規範とされるものに異を唱え、正しいことをする勇気を持つ。

規範に異を唱える

価値観を前面に出したら困った状況に陥るのではないか、と心配する企業幹部は少なくない。ダイバーシティや寛容などの企業文化が周辺社会の文化規範と衝突したら、面倒なことになる。ブルックボンドは世界最大級の紅茶ブランドで、インドでの存在感がとりわけ大きい。「偏見に満ちた世の中でインクルージョンを重んじる」というのがミッションで、マーケティングを通じて寛容性に関するキャンペーンを展開している。お茶をいっしょに楽しめば、みんなが打ち解けるという内容だ。インドではイスラム教徒に対する宗教的暴力が横行してきた。あえて控えめな言い方をするなら、この状況には賛否両論がある。それでもブルックボンドはこの問題に果敢に踏み込んだ。ある広告では、ヒンズー教徒と思われるインド人の夫婦がアパートの部屋のカギが見つからずに困っている。隣の部屋のイスラム教徒の女性がその夫婦をお茶に招く。夫婦はためらっているが、招きに応じてお茶をいっしょに飲む。キャッチコピーは「みなで楽しむ味」。

別のブルックボンドのキャンペーンでは、トランスジェンダーの人々に対する差別を取り上げている。祖母と孫が雨のなか、タクシーで交通渋滞に巻き込まれる。トランスジェンダーの紅茶の売り子が窓をノックすると、祖母は手で追い払う仕草をし、「トランスジェンダーの連中ときたら」と苦々しくつぶやく。だが売り子は、渋滞に遭った人たちに無料で紅茶を振る舞っていたのだ。祖母はそれを受け取っておいしく飲む。そして売り子を呼び寄せ、その顔にやさしく触れながら「神の祝福を」と言う。孫の少女はその様子を見て、寛容について学ぶ。ヒンドゥスタン・ユニリーバのインクルージョンへの取り組みは幅広い。同社はインド初のトランスジェンダーバンドの結成をサポートした。このバンドに関する映画はカンヌ映画祭でグランプリを受賞した。

こうした広告は巧妙な小道具にも思えるが、誠実さが伝わり、効果もあげている。ブルックボンドは最近、インド最大の紅茶ブランドになった。ヒンドゥスタン・ユニリーバのサンジブ・メフタ会長が言うには、それはトランスジェンダーや宗教的寛容に関する取り組みのおかげというよりも、「本当のパーパスを備えたブランド」が功を奏した。つまり「ブランドの発言だけでなく、ブランドの行動」が問われるということだ[17]。

立場を鮮明にすることにはリスクが伴う。ユニリーバのアイスクリームブランドは同性愛者の権利を支援するキャンペーンをオーストラリアで展開した。この製品はインドネシアでつくられ、同国でも販売されていた。オーストラリアの広告がネットに投稿されると、誰もがそれを見られる状態になった。もちろんインドネシアの人々も閲覧できたが、同国で同性愛は違法だ。ユニリーバは結局、広告を削除したが、事業でのインクルージョンは撤回しなかった。同社は採用や手当においても同性婚を世界的に認めている。インドネシアの同性愛者にとっては、どの企業が自分たちを歓迎しているかは明らかであり、そうした企業は人材を集めやすい。

ただ、それは危険な綱渡りだ。企業は原則を貫き通す一方で、異なる文化を傷つけるようなメッセージの発信には慎重を期す必要がある。ネットポジティブ企業は変革の支持者であり、困難な課題に立ち向かうことをいとわない。ウガンダではかつて同性愛が死刑の対象だった。人間中心のビジネスを訴えるグローバルリーダーの非営利団体のBチームは、ウガンダ政府にボイコットをにおわす手紙を書いて圧力をかけた。これだけが理由ではないにしても、法律は改正された。

公正さに対する文化的コミットメントはユニリーバ全社を貫いている。クリーナーブランドのドメストは衛生プログラムのなかでインドのカースト制に上手に立ち向かった。このブランドは多数の公衆トイレの設置を支援したが、次にメンテナンスの問題が持ち上がった。インドでは社会の底辺の人以外がトイレ掃除をするのはタブーだった。公衆衛生活動に誰でも参加できるよう、ドメストは「ブラシを持とう」というキャンペーンを新たに立ち上げた。広告ではインドの大物スターたちがトイレを掃除する様子が流された。

カーストは根強い固定観念だが、ジェンダーをめぐる固定観念はさらに根深いかもしれない。ユニリーバでマーケティングと広報の最高責任者を務めたキース・ウィードによれば、大半の広告は1950年代の古い世界観にとらわれてきた。父親は洗濯機を操作できず、母親はいつも台所にいる。あるグローバルな調査では、女性の4割が、広告に自分の姿を重ねることができないと述べた。女性がリーダー的な立場にいる広告は4％にすぎなかった。(18)

この歪んだ実態を正すため、ユニリーバは国連女性機関、IPGやWPPなどの大手広告代理店、グーグル、マース、マイクロソフト、J＆Jなどの主要広告主とともに「アンステレオタイプ・アライアンス」という組織を創設した。国連が招集者となり、ライバル会社のP＆Gも参加した（ちなみにユニリーバとP＆Gは世界の2大広告主）。この組織は「広告での画一的な女性描写をなくす」ことを目指している。(19)莫大な金額の広告費でジェンダー平等を支援しようというのだから、これは実に有意義な構想だ。

この取り組みでは、インクルーシブなコミュニケーションの効果をテスト、測定している。偏りのない公正な広告はエンゲージメントや購買意向を25%高める。[20] アンステレオタイプ・アライアンスは世の中の規範や、人々の発想を狭める文化的システムに異を唱えている。ユニリーバもメキシコ、エジプトなど幅広い国々で、障害者のインクルージョンに関するメッセージを発信している。2021年には「ポジティブビューティ」というビジョンの一環として、広告やパッケージで「ノーマル」という言葉を使うことを世界的に禁止した。[21] こうした取り組みやコミットメントはその規模の拡大に伴って、社会や企業の文化のインクルージョンや公正さを高める効果がある。

それは実に素晴らしいポジティブな成果だ。

ネットポジティブな勇気が示されるとき

「ベビーネームズ」というウェブサイトは文字どおり、生まれてくる子どもの名前を考えるためのヒントを提供する。別段物議を醸すような会社ではない。だがアフリカ系米国人のジョージ・フロイドが警官に殺されたあと、ベビーネームズは「ブラック・ライブズ・マター」運動を支持する強いメッセージを打ち出した。シンプルな黒地のボックスをホームページに表示し、1960年代以降、人種差別や憎悪によって殺された米国の黒人の名前をそこに列挙したのだ。

ボックスの上部にはこうあった。「ここに記した名前はそれぞれ誰かの赤ちゃんだったのです」

企業は概して、議論を呼ぶ問題に関して注目を浴びるのを避けようとする。だが、それは間違いだ。何かの問題に対する態度を明確にするのは、ステークホルダー、とりわけ従業員にとって重要だ。ディックス・スポーティング・グッズ（第2章）と同じく、リーバイスもそのブランドリーチを利用して、米国での銃による暴力について声を上げる決心をした。同社は銃規制NGOと協力して、行動を起こそうとするビジネスリーダーの協調体制を築き、社員に対して、有給ボランティア時間のうち月5時間を政治活動に充てるよう促した。サステナビリティリーダーでもあるCEOのチップ・バーグは言う。「我々が生活し、仕事をするコミュニティの根幹を脅かす問題について、指をくわえて見ているわけにはいきません。声を上げると一部の人たちの不興を買うこともありますが、もはや何もしないという選択肢はありません」[22]

コンサルタント、銀行、広告・PR会社など、サービス部門の企業は、厄介なクライアントとの仕事を選ぶたびに勇気の有無を試される。手段を問わず収益を確保しようとするのは、よい選択ではない。こうした状況では難しい意思決定が求められるが、企業によっては常に誤った決定を下しているところがありそうだ。

コンサルティング大手のマッキンゼーは、道徳的な選択では敗北を喫し続けている（ニューヨーク・タイムズ紙の記事「独裁政権の名声を高めるのに一役買ったマッキンゼー」が好例だ[23]）。同社は、オピオイド系鎮痛剤「オキシコンチン」〔過剰摂取が非常に危険とされる医薬品〕の売り上げアップの方法をパーデュー・ファーマに「助言」したとして5億5900万ドルの罰金を科された。[24] 過剰摂取となる量の鎮痛剤を患者に販売した薬局にリベートを支払うことを提案していたのだ。マッキンゼーの元コンサルタントで戦略立案の第一人者、トム・ピーターズはフィナンシャル・タイムズ紙上の公開書簡で「私は履歴書からマッキンゼーを消去すべきなのか？」と問い、同社との関係を事実上断った。[25] 著名な出身者を失うのは痛恨の出来事だろう。

患者1人につき販売されるオキシコンチン錠の数がどの程度かは、オピオイドのバリューチェーン内の多くの企業がわかっていた（そこにはジョンソン・エンド・ジョンソンも含まれ、やはり罰金を科された）。これらの企業の本当のパートナーで、クライアントや社会のためを思うコンサルティング会社なら、オピオイドに対するスタンスを考え直すよう説得するか、少なくとも仕事を降りていただろう。ブランドや長期的な業績を損なう可能性があるにもかかわらず、マッキンゼーはパーデューが道徳にもとる手段を講じる手助けをしてしまった。

ユニリーバも、正しいことをするか、目先の利益を優先するかの選択を迫られたことが何度もある。ロンドンの宅配業者が配達員に最低賃金を支払わなかったときは、アイスクリームの配達にこの会社を使うのをやめた。ケニアでは賄賂を要求されたため、同国からの配送を中止した。こうした選択は道徳的な目安となり、組織全体に反映されるため、長い目で見れば会社のためになる。従業員は経営者のやり方を見ている。

進化する文化

文化は固定されていない。人やビジネスモデルが変われば、文化も変化する。だが価値観は不変で、あらゆる意思決定や選択に影響を及ぼす。どんな会社を築き、どんな会社を買うかにも影響する。だが文化は、そうした価値観やネットポジティブへのコミットメントを軸に、さまざまな国やビジネスユニットで進化を遂げる。

ネットポジティブとは、困難な領域でも一貫性を保つことだ。文化を絶えずモニターし、ズレや断絶がないかをチェックする必要がある。社員アンケートを実施し、彼らの声に耳を傾けよう。意思決定が遅すぎないか？　コンセンサスを重視しすぎていないか？　価値観を十分に重視していないのではないか？　このプロセスに終わりはない。

強い文化は周辺コミュニティに影響を及ぼす。人種差別や不平等、気候変動に対する姿勢を明らかにする企業が増えると、議論のあり方も変化する。ネットポジティブ企業の従業員は世界に出て行き、世界を変える。ユニリーバの幹部経験者は、退社後もサステナビリティやネットポジティブに取り組むケースが多い。研究開発の元責任者は今、環境再生型農業を展開する企業の会長を務めている。キース・クルイトフは、植物由来食品を手がける急成長中の企業、リブカインドリーを経営している。その他、最高サプライチェーン責任者を務めたピエール・ルイギ・シギスモンディ（現在はドール・パッケージド・フーズ社長）なども、USLPに触発されたサステナビリティプランを策定している。ポールはユニリーバを辞めたあと、財団兼「共益企業」のイマジンを共同設立し、農業やアパレルなど幅広い業界のCEOを集めてシステム変革に取り組んでいる。

リーダーシップ開発を重視したGEなどの優良企業は、何十年もの間、彼ら流の思考法をたたき込まれた幹部たちを独立させ、別の企業の経営に当たらせていた。今、ユニリーバ流の考え方が各地に広がっている。世界の他の場所を変えるよう従業員を促す文化、それは強力なツールだ。そのような文化を築くには、勇気、一貫性、人間性が必要だ。

ネットポジティブ企業の流儀

パーパスを持った強力な文化を築く

- リーダーシップ、ロールモデリング、一貫した行動を通じて価値観や文化を体現する。
- 世界への奉仕やパーパスの文化を根づかせる。そのために、これをビジネスの中核に据えるプロセスやツールを利用する。

・研究開発、マーケティング、財務など、すべての活動にネットポジティブなマインドを組み込む。これは一種のチームスポーツだ。

・パーパスや文化を通じて古い事業を再生し、起業家精神を文化にもたらすパーパス主導のブランドを買収し、新製品をゼロから立ち上げることで、あらゆる方面でのネットポジティブを目指す。

・従業員やステークホルダーの意欲を高めるような方法で、会社の文化（価値観の反映）を世界と結びつけ、その文化の強化・深化を支援する。

・会社を取り巻くコミュニティや国の文化に影響を及ぼし、差別的な、または会社の価値観に背く規範に異を唱える。正しいことを迷わず支持する。

第10章

ネットポジティブな世界

間近に控える大きな課題と機会を見通す

道が2つに分かれている。でも……どちらも同じような道ではない。私たちが長らくたどってきた道は一見簡単そうだ。スムーズな高速道路ゆえ、猛スピードで進むことができるが、最後には大惨事が待っている。もうひとつの、あまり人が通っていない道は、地球の保護という目的地へたどり着く唯一の、そして最後のチャンスを与えてくれる。

地球の美しさを深く考える人は、命ある限り持続する力がそこに蓄えられていることを知る。

——レイチェル・カーソン（『沈黙の春』の著者）

マラソンの完走、本の執筆、新しい言語のマスター……そうした大きな目標を設定するとわくわくするが、同時に気が遠くなる。マラソンの「30キロの壁」ではないが、途中で必ず自信を失う瞬間が来る。しかし、目標を達成したときの喜びは計り知れない。トレーニングを重ねたり、毎晩遅くまで頑張ったりしたかいがあった。すると、もっと高い目標を目指したくなる。今度はトライアスロンかもしれない。自分の可能性がまだまだあると思えるのは素晴らしい。

ネットポジティブへの道のりも同様だ。責任をもって他者に奉仕し、長期志向を貫き、限界を打ち破って大きな目標を設定し、深い信頼を築き、すべてのステークホルダーと新たなパートナーシップを結び、誰も直面したがらない「象」に立ち向かい、強い文化を築く――あなたの会社がもしここまで到達できたのだとしたら、それは実に見事な成果だ。そのすべてをやってのけたのなら、もっと遠くまで到達できる。あなたの会社はあらゆるステークホルダーにとっての「善」を増やし、新たな成長段階に入った。従業員は意欲にあふれている。ステークホルダーの信頼も得られた。会社はもっと強くなり、世界はあなたの会社があるからもっとよい場所になった。

あなたはさらなる前進の準備ができているし、準備をするべきだ。期待値が高まり、世界が激しく変化するなか、このレベルのパフォーマンスはだんだん当たり前になっていく。パーティーに招かれるだけでは十分ではない。仮にすべての企業がすぐさまBコーポレーションになり、現状で最大限のサステナビリティを発揮したとしても、まだまだ将来は危険と隣り合わせのまま――それが厳しい現実だ。もし各企業がネットポジティブへ向かったら、私たちはシステムを十分に変革できるだろうか？　あらゆる人にとって公正かつ健全でCO_2のない世界が、今だけでなく何世代にもわたって繁栄し続けるだろうか？　恐らく無理だろう。だが、どうやってそこへたどり着けばよいか、どんな問題に対応すべきかはわかっている。

税金、汚職、企業権力、人権など、部屋のなかの象は、議論に参加しない企業にリスクをもたらす。それらの象に立ち向かわなければ、ネットポジティブな企業や社会は築けない。また、そうした問題によって企業からは財務的・道徳的な資本がどんどん流出する。何もしないことのコストは増え続ける一方だ。資本主義の改革、民主主義と科学の保護など、我々がここで取り上げる問題はビジネスや経済だけの問題ではない。不作為のコストは自由の衰退、社会の機能不全だ。どの問題もすべての人が長く繁栄できるかどうかに関わってくる。それだけの規模の取り組みは、信頼できるネットポジティブ企業が率先して行う必要がある。

会社がネットポジティブに近づけば近づくほど、必要な変革を推進できるようになる。レジリエンスが高まり、大義にもっと貢献できる。これからの世界がどうなるかを見通しやすくなり、未来の設計を支援せよとの誘いを受けることもあるだろう。

私たちは、社会が企業に解決を期待している大きな課題から逃げてはいけない。困難を承知で前進しなければならない。ネットポジティブな企業だけでなく、ネットポジティブな世界を築くために努力しなければならない。

すべてが加速中

もし世界の状況に変化がなければ、あるいは私たちの着手がもっと早ければ、ネットポジティブへ向けた道のりは何も問題ないだろう。だが現実は、あらゆることが加速度的に変化し、人類の存続に関わる課題は拡大を続けている。パンデミックの間に格差はいっそう広がった。富裕層がさらに豊かになる一方、多くの人が貧困に陥った。世界の植物や生物の健康状態は悪化し続けている。私たちは10年前よりたくさんの木を切り倒している。(1) 気候変動や異常気象はスピードを速めている。カリフォルニア州の歴史上最大の6つの火災のうち5つが2020年に発生した。(2)

海面は上昇を続けるだろう。自然システムの危険なフィードバックループが発生する恐れも出てきている。私たちが狭い考え方しかできなかったため、さまざまな問題は改善よりも悪化スピードのほうが速まるだろう。どの程度悪化するかは私たち次第だ。どれだけのスピードでネットポジティブへ向かっていけるかにかかっている。

人類として団結しなければならないときに、私たちは民主主義の衰退、ナショナリズムの台頭、イデオロギーやフェイクニュースによる人々の分断によってむしろ袂を分かちつつある。この機能不全は危険だ。パンデミックはその拡大スピードや病気そのものよりも、世界各国がいかに協調できないかという事実が驚きだった。

だが、前向きな話もたくさん出てきている。テクノロジーの進展により、私たちはいろいろなツールを利用できるようになった。クリーン経済を構築するコストも下がり続けている。アル・ゴアが言ったように、「テクノロジー主導のサステナビリティ革命が始まろうとしています。その規模は産業革命に等しく、そのスピードはデジタル革命に相当します」[3]。

企業にもっと責任を負わせようとする圧力が、特に従業員から高まっている。米国のミレニアル世代の約半分が、社会的課題をめぐる雇用主の行動に対して支持または批判の声を上げたと述べている。[4]もっと行動的なZ世代が入社してきたらどうなるだろう？

行動を起こすべしとの声が日々高まり、勢いを増している。ほとんどの大国はカーボンニュートラルを約束しており（中国は2060年を目指す予定）、政策もますます加速されるはずだ。建物や交通機関の効率を高め、自然ベースの農林畜産業を推進し、循環型社会の実現に向けた規制を強化し、再エネの拡大を義務づけるなどの規制が増加するだろう。企業レベルでは、CO_2排出量からダイバーシティまであらゆるものに対するコミットメントが急拡大している。

そして投資家もようやくこの流れに加わってきた。ＰｗＣの推計では、2025年には持続可能な投資が全世界の資産の半分以上を占める。[5]ムーディーズの予測によると、サステナビリティボンド〔資金使途が環境や社会課題解決に限られた債券〕の起債額は2021年には6500億ドルを超える。これは全債券市場の8〜10%に相当する。[6] 経験的に20%前後が転換点で、これを超えると一気に加速する。

ネットポジティブ企業はこの動向に最も対応しやすい立場にある。彼らリーダー企業はポジティブなインパクトを継続的に高め、パフォーマンス、成長機会、ステークホルダーとのつながりを絶えず改善するだろう。ネットポジティブな世界の構築作業がスピードを増すと、列車が駅を出発するときのように、乗り込まない人たちは取り残される。ポジティブな弾み車の回転スピードは速まる一方だ。

変革のスピードが緩むことは二度とない。

ネットポジティブ2・0——最大のシステム変革に挑む

ネットポジティブ企業には5つの原則があると先に述べた。（1）自社が及ぼす影響にすべて責任を持つ、（2）社会にとっての長期的なベネフィットを重視する、（3）すべてのステークホルダーによい結果をもたらす、（4）変革のためのパートナーシップを受け入れる、（5）それらの結果として（目的ではなく）、株主リターンを向上させる。すべてが加速する世界でも、これらの原則は一切変わらない。

ここでは、ネットポジティブ企業が取り組むであろう、社会レベルの課題を6つ取り上げる。

・もっと幅広い影響に対して責任を負う（もっと社会の役に立つ）。
・消費と成長に抗う。
・成功の尺度や構造（ＧＤＰなど）を考え直す。
・社会契約を改善する——生活の重視。
・資本主義にブレーキをかけ、金融を見直す。
・社会の２本柱である民主主義と科学を守る。

ネットポジティブへ向かうスピードが速い企業は、社会全体の課題に取り組む能力やスキルに勝る。こうした企業は存在意義を再定義し、他者との協業を拡大し、システムの全面変革と再生型モデルを目指すだろう。ＳＤＧｓの達成は当然の条件になる。企業は問題の一部ではなく、真に解決策の一部となり、地球の繁栄、すべての人のためになる社会づくりに貢献する。

解決を目指す課題はあらゆるシステムのなかで最大のものばかりだから、どれも手強い。いくつかの要素に分解し、そこからより大きな目標に貢献できるようにしよう。大きなミッションを念頭に置きながら、自分なりの規模で行動しよう。例えば、ステークホルダー資本主義を促進するため、これに合わせた異なる成功尺度を用いてはどうか。あるいは、顧客や市民が本当に必要としているものは何か、その消費は必要なのかについて対話することもできる。

こうした問題について語るCEOは非難を浴びる可能性がある。ポールは「ポールから目を離しすぎだ」と批判されたことがあった。国連と頻繁に会議したり、G7やG20のタスクフォースを率いたり、社会貢献活動にあれこれ手を出したりしているヒマがあるのかと。だが、そう批判する人は誰の利益を守っていたのか？　公益でないことは確かだ。

しかも、企業に対する世間の信頼（信頼は究極の通貨だ）は低いのだから、それはおかしな批判だ。企業はどうやって社会の支持を取り戻すのか。利益をもっと重視することで？　社会に目を向けず、自分のことばかり考えることで？　違う。世界をよくしようと真摯に努力することでしか、信頼は取り戻せない。

大きな視野で考えれば、チャンスは無限大だ。システム思考という分野の創出に一役買った環境科学者のドネラ・メドウズは、システムを変えるために重要な3つのポイント（レバレッジポイント）を指摘している。目標、パラダイム（枠組み）、そして「そのパラダイムを超越する力」の3つだ。特に大事なのは3つ目だ。今日の経済パラダイムはGDPの最大化、企業の短期的利益の最大化に主眼を置いているが、もしこれをつぶさに観察して、一握りの経済学者（すべて白人男性）がつくり上げたストーリーにすぎないことがわかったら？　私たちはそれを超越し、別のストーリーを語ることができる。メドウズが言うように、「その考え方をどうにか受け入れた人はみんな、それが徹底的なエンパワーメントの基礎であることを知る。正しいパラダイムがないなら、自分の目的達成に合ったものをどれでも選べばいい[7]」。

だから、すべての人のためになる、私たちなりのパーパスを明らかにしよう。

最大の課題に謙虚に目を向け、「なぜまったく違うやり方ができないのか」と言い放てばいい。つまるところ、自身の利益よりも他者の利益を優先し（それは結局、自身のためにもなる）、規模や経済力に関係なくすべての関係者を同等に扱うという、社会との新しいパートナーシップの話をしているのだ。短期的な犠牲を払うことはあるかもしれない。でも高みを目指そうとするなら、謙虚になって仕事をし、責任を果たさなければならない。

あなたは難しい問題に立ち向かう用意があるか？　問題ではなく解決策の一部になりたいか？　もしそうなら、読み続けてほしい。

1 もっと幅広い影響に対して責任を負う（もっと社会の役に立つ）

ネットポジティブ企業の1つ目のコミットメントは、バリューチェーン全体で会社が及ぼす影響《インパクト》に責任を持つことだ。しかし企業は、貢献にせよ略奪にせよ、世界に対してもっと大きな影響を与えている。ここでは幅広い責任について語る方法として、CO_2排出量の測定基準を提供する「温室効果ガスプロトコル」を例にとろう。

このプロトコルでは企業によるCO_2排出を「スコープ」と呼ばれる3つのカテゴリーに分類している。自社の施設や自動車で化石燃料を燃やすことによる直接の排出（スコープ1）、他社から購入した電気などのエネルギーの使用に伴う間接排出（スコープ2）、そしてサプライヤーや製品を使用する顧客からの排出（スコープ3）だ。重工業や運輸、電気・ガスを除くほとんどの企業では、スコープ3がライフサイクル排出量〔資源採取から製造、使用、廃棄、リサイクルまでを含めたCO_2排出量〕の最大部分を占める。農業やアパレルなど、サプライチェーンでの排出量が多いセクターでは上流、テクノロジー企業など、エネルギー使用製品を販売するセクターでは下流に偏りがある。

サプライヤーとシステム変革で協力したり、顧客の排出量削減を支援する製品を設計したりすれば、バリューチェーンの排出量を減らすことができる。例えばテクノロジー企業は、バーチャル会議を可能にすることで、出張に伴う各社の排出量の削減に貢献している。また、精密農業向けのAIツールは農地でのエネルギー使用を減らす。これらは「回避排出量」、または非公式にスコープ4と呼ばれることもある。ユニリーバが、ルワンダやインドネシアの小規模農家の生産性向上を支援すれば、自社のスコープ3の排出量が削減される。だが、森林伐採に伴う排出を回避するための支援もしている。それがスコープ4だ。

環境NGO、エクスティンクション・レベリオンの2人の創設者、ロック・サンドフォードとルパート・リードは、企業は4つのスコープに加えてあと2つのスコープにも対応すべきだとしている。[8] スコープ5は政治的影響を含むものだ。企業が気候変動対策に反対するロビー活動をすると、経済全体ではその企業自身の排出量よりもはるかに多いCO_2排出につながりかねない。第7章で提案したネットポジティブなアドボカシーはスコープ5の活動だ（これはよい活動だ）。スコープ6は企業が広告やメッセージを通じて及ぼす影響を指す。つまり、消費型の文化やエネルギーを大量消費するライフスタイルを支持しているかどうかということだ。サステナビリティ関連のコンサルティング会社、フテラの創業者であるソリティア・タウンゼントは、彼女の言う「スコープX」排出量への対応を求めている。これは「健全な生態系を再生し、システムレベルの排出量に責任を負う取り組み」だ。[9]

このスコープという考え方は強力だ。この用語は主にCO_2排出量について使われるが、もっと議論の範囲を広げたいので、「スコープ」を「インパクトレベル」と呼ぶことにしよう。直接的なオペレーションが中心にあり、そこから間接的なオペレーション、バリューチェーン、業界とコミュニティ、システムと政策、世界・社会と広がってゆく6つのレベルを考えよう（図10・1を参照）。外側へ行くにつれて、企業のコントロールは失われ、重点は影響力《インフルエンス》、アドボカシー、パートナーシップに向かう。

図10・1　インパクトレベル1～6

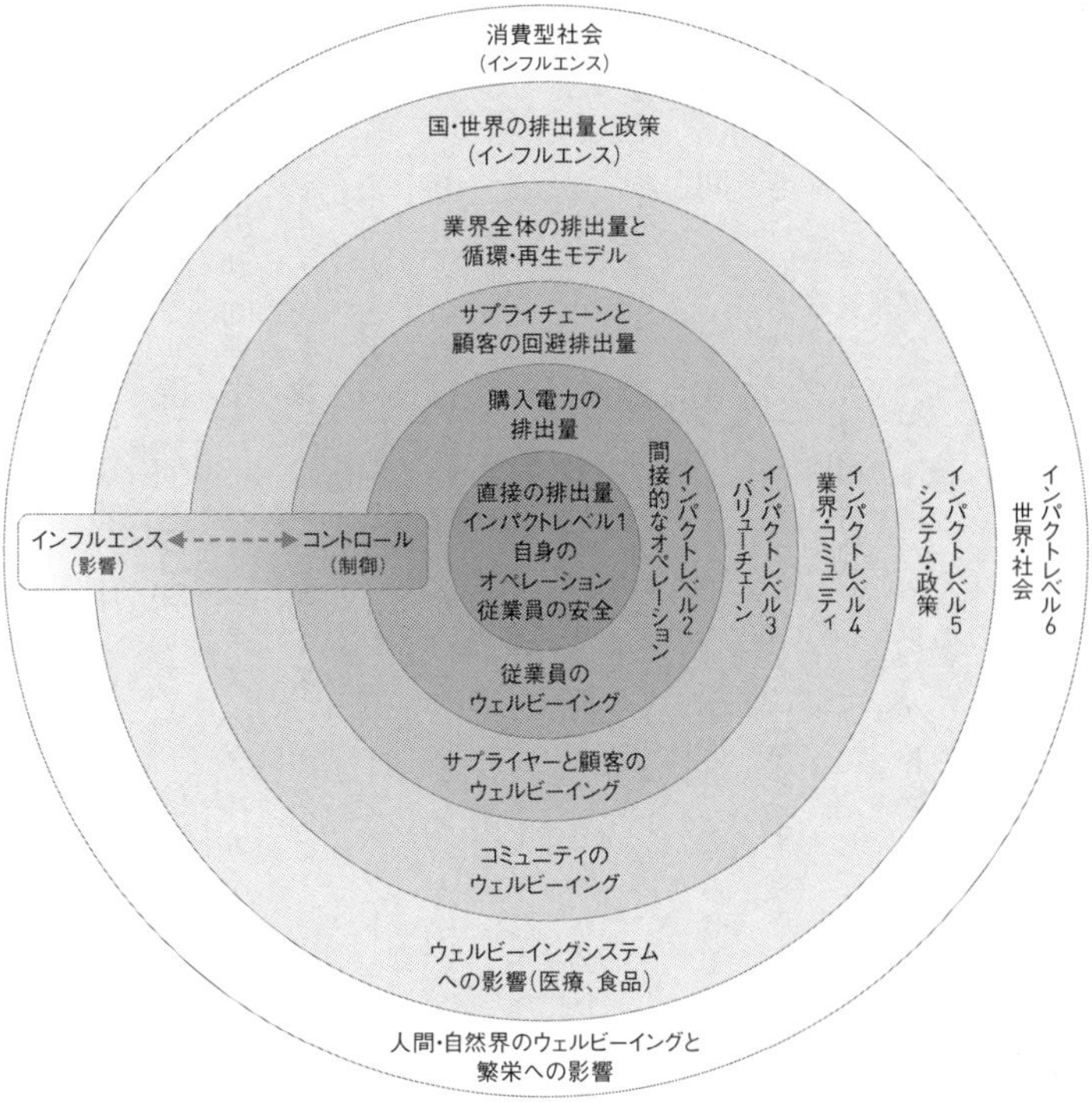

図10・1では、スコープの枠組みに沿った排出の例を示している。だが、ウェルビーイングの側面に沿った例も示している。中心には従業員の安全、外側には人間・自然界の繁栄がある。これらのスコープが実際に何を意味するか。例をいくつか見ていこう。

このモデルの共同考案者、バリュタスのダニエル・アロンソン、コーポレート・エコ・フォーラムのP・J・シモンズは、フェイスブックというひとつの会社が世界にどう影響を与えているか、私たちとともに検討してくれた。インパクトレベル1で、従業員がちゃんと生計を立てられていることは喜ばしい。だが、アロンソンが指摘するように、「人種差別的、性差別的なコメントを一日中チェックしなければならないコンテンツモデレーターは健康を害しかねない」。これもまたインパクトレベル1の話だ。さらに外側のレベル3、4では、フェイスブック参加者やそのコミュニティのウェルビーイングについて、よい面(大切な人と連絡を取り合える)と悪い面(もっとクリックさせるように参加者を怒らせる内容を表示するアルゴリズム)の両方が見られる。最も外側では、フェイスブックは民主主義そのものに影響を及ぼしている。ここまでのところ、フェイスブックは外側のレベルに対して責任を負ってはいない。

ネットポジティブ企業は外側のインパクトレベルに対応する。責任を負っていることが傍《はた》からもわかる。マイクロソフトは本社のあるシアトルの近郊で手頃な価格の住宅を整備するプロジェクトに5億ドルを拠出すると発表した。それは、自社の存在が生活費の増加や住宅市場の高騰を招いたことをある程度認めたということだ。[10] 企業幹部が制度的人種差別を減らし、ダイバーシティを高める取り組みを発表するとき、それは外側のレベルのインパクトについて語っている。ユニリーバは消費財セクターで初めてグリーンボンドを発行し、またパートナー銀行に対して、森林破壊を招く融資をなくすよう要求した。広告代理店やPR会社を選ぶときは、気候変動を否定する企業をクライアントとしないように要求した。いずれも自身のインフルエンス（影響力）を使ってインパクトレベル5、6に影響を及ぼす事例だ。

責任についてこのように広範囲に考えると、難しい問題に突き当たる。ディズニーは2020年に『ムーラン』という映画を公開したが、メディアは中国の新疆《しんきょう》ウイグル自治区で撮影が行われたと報じた。[11] そこでは中国政府が少数民族であるウイグル族のイスラム教徒を少なくとも100万人拘束しているとされる。新疆での撮影は間違いだったのか？　人権を侵害する政府との仕事を避けるのが企業の責任なのか？　私たちにはわからないが、もしそうなら、時には米国も含め、多くの国で仕事ができなくなる。

たぶん選択の余地はない。ステークホルダーは企業がその幅広い影響に対処することを期待するだろう。彼らは目を光らせ、企業に問いかけ続けるだろう。だから先手を打って、インパクトレベルについてじっくり考えておきたい。

ネットポジティブ企業の流儀

もっと責任を負う

- 視野を広げ、自社の存在が社会にどう影響しているかを見極める。間接的な波及効果までを視野に入れる。
- 行動だけでなく行動しないことによる、政策やシステムへの影響も検討する。「沈黙が何をもたらしているか」と自問する。
- 自社の社会的フットプリント（あらゆる分野への幅広いインパクト）をどう改善すればよいか、スコープ6のプラス価値を生み出すために何をすればよいかを問う。

2 消費と成長に抗う

私たち人間はモノが好きだ。無分別な消費、ファストファッション（日替わりでシーズンがやってくる）、即日配送（たぶん必要なかった）……。さまざまなものを購入・使用するなかで資源をどんどん失ってきた。

地球の限界はますます明らかになっている。例えば、鉱石1トン当たりの銅含有量は25％以上減った。[12] 世界は「物理的なもの」から「デジタル」に移行したと言われているが、それでも私たちは採鉱を続けている。私たちは世界が提供する利息で暮らしているのはなく、地球の持つ資産をどんどん取り崩し、私たちを支える地球の能力を弱めている。このままのペースで消費を続ければ、今後90～100億人に増える人々がそこそこの生活を送るためには、地球がいくつも必要になる。[13] 地球は有限であり、私たちが消費のあり方を考え直し、資源の再生に乗り出さない限り、もはやこちらのニーズを満たしてはくれないだろう。

この針に糸を通し、地球ひとつで私たちを支えられるようにするには、『自然資本の経済』という有名な本が参考になる。共著者のハンター・ロビンスによれば、それには3つのステップがある。「効率向上によって時間を稼ぐ、あらゆる商品・サービスのつくり方や提供方法を考え直す、そのうえで自然資本、人的資本などあらゆる資本を再生できるような制度管理を行う」。[14] 同感だ。効率向上の可能性は大いにある。現状では、製品の再利用率は9％未満、電子廃棄物のリサイクル率は20％未満、食べられずに廃棄される食品は40％に上る。[15]

資源の枯渇に対応するには、決して簡単ではないが、3つの方法がある。生産と資源利用を切り離す（売上高を倍増させながら環境負荷を半減させるというUSLPの大目標のように）、循環型経済を築く、再生型ソリューションを見いだす。

1つ目のデカップリング（生産と資源利用を切り離す）は、製品は主に再エネを使って、リサイクル材料や再生可能材料からつくられる。また、バリューチェーンの全員に生活賃金を提供しなければならない。2つ目の循環型モデルは、あらゆる原材料をエンドレスに再利用またはリサイクルする。3つ目の再生型モデルは農業で論じられることが多いが、どの消費品目でも世界をよくする可能性がある。炭素を土壌にとどめる農法でつくられる食品は、気候に対してネットポジティブだ。最先端の企業はすでにこうした製品を開発している。靴メーカーのティンバーランドは、リサイクル材料や、熱の代わりに空気を使ってつくる（よって製造時に排出されるCO_2が非常に少ない）プリマロフト断熱材、環境再生型農業に基づく皮革でつくった「ヘリテージブーツ」を販売している。

成長に疑問を投げかける必要はあるが、もっと言えば、どのような成長を目指すのかという問いかけが重要だ。もし循環型または再生型の製品をつくれるなら、成長してほしい。ティンバーランドやパタゴニアのように、たゆまぬ努力でネットポジティブモデルへ移行している企業には、大きな市場シェアをとってもらいたい。めがねチェーンのワービーパーカーのように「バイワン・ギブワン」モデル（めがねをひとつ買うたびに、必要とする人にめがねがひとつ寄付される）を採用する企業についても同様だ。成長は誤った目標に聞こえるかもしれない。だが、優れた企業には長続きしてもらいたい。縮小によってそれを実現するのは難しい。

明らかに私たちは成長を違った角度から捉えなければならない。ほぼ制限なく伸ばすべき成功の尺度もある。従業員のエンゲージメントやパーパス、顧客満足、地域社会のウェルビーイング……。これはネットポジティブな成長だ。だが物理的な材料という点では、世界は再生も循環もデカップリングも実現できていない。消費をめぐる問題でさらに難しいのは、私たちはモノをどの程度必要としているのかということだ。繁栄する世界とは、誰もが基本的なニーズを満たされている世界だ。たとえそのハードルが低くても、クリアするだけで何十億もの人が貧困から抜け出すので、モノの需要は大きく増加する。

したがって、消費と成長という2つの大きな課題は、このままでは大惨事を招く。気候問題に本気で取り組むのが遅すぎたため、必要とされる目標の達成は難しく、何かをあきらめないと、格差を減らして数十億人の生活の質を高めることもできない。その何かとは、最も裕福な10億の人たちの消費かもしれない。

今後、環境再生型農業が主流になり、発電や自動車が完全にクリーンになれば、世界の炭素収支の範囲内で現在の消費水準を維持できるかもしれない。だが、そうしたテクノロジーの拡大・普及を待っている余裕はない。ではその代わりに、裕福な人たちに対して「本当にそれだけ必要ですか」と聞けるだろうか？　工業的に生産された肉をそんなに食べる必要がありますかか？　3台目の車が必要ですか？　すでに大きな家なのにさらに広げる必要がありますか？

ごく少数ながら、こうした問いを発してきた企業はある。パタゴニアがクリスマスの広告で「このジャケットを買わないで」と言ったのは有名な話だ。自分と同じ名前のアパレルメーカーを創業したアイリーン・フィッシャーは、「衣服をたくさん売る必要はないと思う」と言う。[16]オランダの航空会社KLMは（コロナ以前に）飛行機の利用を控えようと呼びかけるキャンペーンを展開し、デジタル技術の活用や、短距離なら列車の利用を推奨した。[17]イケアは中古家具の買い戻しを始めている（2030年までに循環率100％が目標）。[18]これらリーダー企業のメッセージは、もっと長持ちするよいものを少量だけつくり、ジェット燃料のような再生できないリソースを利用する前にもっと知恵を絞ろうということだ。しかし、このような事例はまれにしか見られず、実践しているのはたいてい非公開企業だ。上場企業が率先して事に当たるのは想像しづらい。だが消費者がそれを許さないかもしれない。

米英国民に対するある調査では、回答者の8割が、気候変動を止めるためにはパンデミックの時のように生活様式の変更をいとわないと述べた。プラスチックを避け、肉食を減らし、グリーンエネルギーに移行するわけだ。[19]環境悪化をもっと心配する若者は消費ベースの社会に異を唱え、新しい幸福のあり方を探すかもしれない。経済学者のジュリエット・ショアは消費や富に関する考え方を調査し、すでに生活の基盤ができている人は、暮らし方を変えることでウエルビーイングを改善できることを示した。「稼ぎを減らし、支出を減らし、環境負荷を減らす――それが処方箋だ。時間があればあるほど、生活の質は高まり、サステナブルに暮らしやすくなる」[20]。「シンプリシティ運動」の人気が高いのには理由がある。

企業は消費者がよりよい選択をするための情報提供を増やし始めている。アマゾンは、クレイドル・トゥ・クレイドル、フェアトレード、レインフォレスト・アライアンス、FSC、グリーンシールなど、信頼できる認証に基づいて「気候にやさしい」ことを示すラベルを導入した。7万点の製品にCO_2排出量データを貼付するという、ユニリーバの取り組みは意識喚起につながるだろう。いずれも有用な活動ではあるが、これまでのところ、消費を減らそうとの呼びかけはあまり効果を発揮していない。USLPもその点では失敗した。人々のシャワーや洗濯の習慣を変えることはできず、販売数量の削減も選択肢にはなかった（みんなきれいになりたいと思っている）。

私たちの欲望をかきたてる広告に年間6000億ドルが費やされる時代に、消費削減を訴える小さなキャンペーンに勝ち目はない。そのマーケティング活動が、ネットポジティブな商品・サービスの需要創造に向けられたらどうだろう？　あるいは、モノではなく人、他者のために生きることに意義を見いだす方向に使われたら？

これは困難で居心地が悪い。世界で最も裕福な人たちは、「何がなくてもやっていけるか？」

という難しい問いを自らに発することができるし、そうしなければならない。マハトマ・ガンジーは言った。「貧しい人々がただ生きられるように、裕福な人々はただシンプルに暮らさなければならない[21]」

ネットポジティブ企業の流儀

消費と成長に抗う

- 何事もまず再生型アプローチを心がける。「奪う」ではなく「与える」を目指す。
- 再生可能素材や代替素材を積極的に利用する。
- 顧客や消費者と話して、商品・サービスに関して本当に望んでいることを理解する。もっと少ない素材でニーズを満たせないかを探る。
- 使用する資源の絶対量削減の明確な目標を設定するとともに、完全なリサイクルや再利用を可能にする（例えばファッションセクターは、ビジネスモデルとして、素材のリサイクル、レンタル、再販売へ移行している）。
- 自然や気候にやさしいソリューションを設計に取り入れる。

3 成功の尺度や構造（GDPなど）を考え直す

進歩に対する私たちの考え方は間違っている。人の成功を財産の額やフォロワーの数で測り、会社の場合は株価や株主価値ばかりを重視してきた。マクロ経済レベルでは、国は国内総生産（GDP）に執着しているが、それは社会のウェルビーイングの尺度にふさわしくない。こうした指標を考え直す時だ。大切にするものをこそ測らなければならない。

GDPとウェルビーイングの見直し

経済活動全体をトータルに捉えようとするのはよいが、GDPは無形の価値が増大する前の製造業の時代から使われている、時代遅れの尺度だ。支出を増やす行為は何でもかんでもよいことと見なされるが、がんの増加と医療費の上昇、暴風雨や戦争のあとの復興、原生林の伐採による産業の発展——これらはすべてGDPを増加させる。GDPは平和や正義、教育の質、心の健康、大気環境、私たちの生存に必要な自然資本の保護を測定しない。ロバート・F・ケネディの言葉を借りるなら、それは「人生の価値を高めるもの以外は何でも」測定する。[22]

GDPを使うとき、私たち自身もごまかされている。ナチュラル・キャピタリズム・ソリューションズの代表、ハンター・ロビンスは *A Finer Future*（『よりよい未来』未邦訳）という著書のなかで次のように書いている。「本当は負けているのに勝っていると思う――それが私たちにありがちな世界認識の仕方だ。GDPが測るのは、お金とモノが経済を通過するスピードでしかない。したがって本当に問うべきは、消費ではなく人生のためになる経済をつくる勇気があるかである」[23]。私たちは幸福、健康、ウェルビーイングを最大化するために社会システムを運営できるだろうか？

ノーベル賞受賞者のジョセフ・スティグリッツなど、多くの人が長年、GDPからの脱却を訴えてきた。この指標の生みの親であるサイモン・クズネッツでさえ、GDPはウェルビーイング（幸福）とは無関係だと述べている。だが、それを何で置き換えればよいのか？

経済関連については有力な代替候補がいくつかある。

- 真の進歩指標――経済、環境、社会の幅広い変数で国のパフォーマンスを見る。
- 国連の人間開発指数――平均寿命、教育、生活水準に着目する。
- 地球幸福度指数――（ウェルビーイング＋平均寿命＋不平等削減）÷エコロジカル・フットプリント（ダメージ）
- 国民総幸福量――小国のブータンが1972年に使い始めた。

もっと幅広いサステナビリティ指標の必要性については、もはや異論がない。我々は今、600を超えるこうした新しい指標について追跡中だ。ウェルビーイング・エコノミー・アライアンスは、社会の健全性を測る指標の再定義を目指した、数多くの取り組みを調整しようとしている。最近の取り組みでは、繁栄（健康やウェルビーイングを含む）、地球、人、ガバナンス原則などのカテゴリーにおける広範な成功尺度に重点が置かれている。

こうした幅広い尺度からわかることは何か？　それは人々が望むものは同じ、ただしお金ではないということだ。OECDは幸福度指標を開発し、全加盟国のウェルビーイングを測定した。それでわかったのは、文化が違っても人々が優先するものは似ており、経済よりも健康、安全、自由、人とのつながりのほうが人生の満足度を左右するということだ。[24] 低所得国、特に最低限の生活水準を下回る国々では、当然、所得と幸福が相関関係にある。だが、「十分」な所得水準に一度達したら（これは国によって違うが、ある分析によると、米国では年7万5000ドル前後）、幸福と所得の相関度はほぼゼロになる。[25]

中規模国のなかには、指標をさらに充実させようとしているところもある。例えば、ニュージーランドのジャシンダ・アーダーン首相は2019年に世界初の「ウェルビーイング予算」を発表した。彼女によると、政府は富や経済成長だけでなく、健康や生活満足も提供しなければばならない[26]。もっと人間的な優先課題について非公式な表現方法を持つ文化もある。コスタリカでは「pura vida（シンプルライフ）」というフレーズが挨拶として、あるいは人生哲学として使われる。

限りある世界では、伝統的な経済指標であるＧＤＰを永遠に高めることはできない。だが、ウェルビーイング、喜び、つながり、意義、愛など「よい人生」を形づくる無形の要素は、限りない成長を目指すことができる。

企業の再定義

企業の世界も指標の改善に照準を合わせており、さまざまな取り組みや略語が新たに登場している。ＥＵの非財務情報開示指令、気候関連財務情報開示タスクフォース、ＥＵタクソノミー（２０２０年）、あるいはＩＦＲＳ財団によるサステナビリティ基準審議会の設立――これらはすべて指標改善への動きを牽引するものだ。リード役は主にヨーロッパだが、米国の証券取引委員会も関心を向けている。これらのグループは透明性の確保を義務づけるとともに、企業が自分たちの社会的コストやベネフィットをもっとよく測定・理解できるよう支援するだろう。そうした社会的影響は決して小さくない。

トゥルーコスト社の調査によると、企業が無料で使っている自然資本や天然資源にお金を払わなければならないとしたら、どの主要産業も利益を出せない[27]（みんなが今追求している「利益」の概念を見直すべき時が来ている。コラム「適正な利益水準とは？」を参照）。例えば、外部性を考慮に入れたら、食品のコストは倍増する。これは私たちの経済システムの特徴であって、バグではない。LTD、LLC、株主リターンの最大化を目指すCコーポレーションなど、主な企業形態はすべて外部性生成マシンであり、未来の繁栄にふさわしくない。仮に外部性に値段がつけられ、金融を含めたシステムの全プレーヤーが長期志向になったとしたら、現在の企業形態でも機能するかもしれない。だがそれでも、ネットポジティブへの早めの到達は難しいだろう。

Column

適正な利益水準とは？

ペットフードやキャンディの大手、マースのオーナーのひとりであるジョン・マースは「適正な利益水準はどうあるべきか」と考えたことがある。現代の自由な資本主義の考え方に沿えば、「できるだけたくさん」が答えだろう。だがマースは、一筋縄ではいかない重要な問いかけをしていたのだ。同社の幹部で *Completing Capitalism*（『資本主義を完成させる』未邦訳）という著書があるジェイ・ヤクブによると、ジョン・マースが言いたかったのは「我々はバリューチェーンのなかの最も弱いリンク以上には強くなれない」ということだ。「こちらの取り分が多くなりすぎたら、パートナーに締めつけが行き、結果的には会社にとってマイナスになる」(注)。つまり、サプライヤーからすべてを搾り取ったら、短期的なリターンは最大になるかもしれないが、システムが弱体化する。この問いかけは「互恵の経済」というマースの哲学の中心をなすものだ。それはネットポジティブと同じようにパーパスを重んじ、企業や資本主義のもっと適正・公正なあり方を模索する。

(注) David Gardner and Jay Jakub, "How Social, Human, and Natural Capital Create Value," Rule Breaker Investing—A Motley Fool Podcast, accessed March 7, 2021, https://www.fool.com/investing/2020/08/10/how-social-human-and-natural-capital-create-value.aspx.

では、株主ではなく市民を中心に置いたら、企業はどうなるだろうか。この問いに答えるため、すべてのステークホルダーに貢献できるような企業形態がいくつか登場している。最もよく知られているのは「ベネフィットコーポレーション」という法律で定められた組織形態と、これに近い民間認証の「Bコーポレーション」だ。ベネフィットコーポレーションは複数のステークホルダーへの貢献を公的に約束する。またフランスは、マインド的にBコーポレーションに近いガバナンス形態「Entreprise à Mission（使命を果たす会社）」を新たにつくり、パーパスやマルチステークホルダー・モデルをガバナンスに組み込んでいる。

先述のように、ユニリーバ・グループのなかでも注目度が高いベン&ジェリーズとセブンスジェネレーションはBコーポレーションだ。ダノンは60億ドルの北米事業が認定を受け、世界最大のBコーポレーションになった。ベン&ジェリーズは公正な社会を築くために闘っている組織を支援する基金を運営している。すべての企業はBコーポレーションの認証取得を検討するべきであり、少なくともその精神や考え方は取り入れるべきだ。そうした認証資格がなくても、深い変革を自主的に支援することはできる。パタゴニアは売り上げの1％を環境活動家に寄付し、ジェネレートキャピタルは持続可能な資本主義の促進に利益の6％を充てている。

ステークホルダー主導のネットポジティブ企業には、従来とまったく異なる所有構造が必要かもしれない。同族会社は長期的な思考に必然的になじみやすいが、そうでない企業には新たな選択肢が必要だ。コープ（生活協同組合）は、数十億ドル規模の組織を組合員である消費者が保有している。世界最大のクレディ・アグリコル・グループは39の地方銀行と740万の顧客オーナーのネットワークだ。[28] 従業員が利益や支配権を部分的に得るESOP（イソップ、従業員による株式所有計画）を導入している企業もわずかながらある。また、従業員を取締役会に参加させよという圧力も高まるかもしれない。鉄道やバスを運営する英国のファーストグループなどの例はあるが、まだ一般的ではない。[29]

より根本的な変化を起こすには、上場している大企業の所有構造を変えて長期視点での経営を可能にすることだ。キャピタル・インスティテュートの創設者で、JPモルガンのマネージングディレクターを務めたジョン・フラートンは、伝統的な所有モデルや金融モデルに疑問を投げかけ、エバーグリーン・ダイレクト・インベストメント（EDI）という新手法を推進している。[30]この新しい仕組みでは年金基金や政府系投資ファンドなど、少数の長期投資家が会社の「キャッシュフローの一部」を所有する。非現実的な成長目標を要求する公開市場はなく、一握りの長期投資家が確実なリターンを求める。古いキャッシュカウ・ブランド（安定した収益を出し続ける事業やブランド）と長期的視野を持つ投資家のお似合いカップルみたいなものだ。

株式会社は1600年代の東インド会社から始まった単なる仕組みだ。これまでに何度も進化しており、これからも進化を続ける。現在のアプローチは少しずつ悪いところをなくしていこうというものだが、それでは十分ではない。

ネットポジティブ企業の流儀

成功の尺度を考え直す

・企業の成功、ステークホルダーのウェルビーイング、経済・社会の繁栄を測定する各種指標の開発に積極的に携わる。
・ベネフィットコーポレーション、Bコーポレーション、生活協同組合、ESOP、エバーグリーン・ダイレクト・インベストメントなどの新しい所有・法人モデルが、会社にとって何を意味するかを考える。
・最低限の要求事項を超えて、より幅広い環境・社会・ガバナンスの施策を価値創造と結びつける。

4 社会契約を改善する——生活の重視

これからの世界にとって最も急を要する問題のひとつは、社会的結束だろう。新型コロナのせいで1億5000万人もの人々が再び極度の貧困に陥った[31]。世界は何億もの雇用に相当する労働時間を失い、失業率は増加した。最も弱い立場の人たち、特に女性と若者ばかりが苦しんでいる。こうした雇用の多くはもう戻ってこないだろう。

組織化が進んだ社会では、市民は政府と何らかの契約を交わしている。各個人は本能のままにやりたいことをやる「自由」をあきらめ、それと引き換えに政府が安全な体制と規則を提供する。私たちは一定の「ゴールデンルール」に従い、尊厳と敬意をもって互いに接するとき、最も能力を発揮できる。また「母なる自然」とも暗黙の契約を結んでいる。資源を使いすぎず、乱用しない。どうか私たちを生かし続けてほしい――それが願いのすべてだ。

企業はかつて労働者に安定を約束した。アンドリューの父親はIBMに35年勤務し、年金をもらって引退した（そういう時代もあった）。終身雇用を保証する企業でキャリアの大半を過ごした。だが1990年、IBMは初めて社員を解雇した。その後、労働組合の加入者は減少し、解雇は投資家にとってよい経営の証しのようになった。これは考え直す必要がある。

仕事の性質は急激に変化している。AIやオートメーションをはじめとする新しいテクノロジーは、産業そのものを一変させている。マッキンゼーの推計では、2030年までに3億7500万人が、仕事を変え、新しいスキルを獲得しなければならない。[32] 仕事に大きなパラダイムシフトが起き、特に若者が危険にさらされる。国際労働機関の推計では、若者の失業率は13・6％に達し、12・8％が貧困ラインより下の家庭にいる。[33] 社会にとって働かない人がたくさんいる状況は好ましくない。反政府組織に加わる若者の40％は失業が原因だ。仕事がないと生涯収入が減り、成功がおぼつかず、社会不安、急進主義、移民が生じやすい。[34]

生活の重視

社会契約をもっと強化するには、雇用を創出し、企業の選択が人々にどう影響するかを考えなければならない。シンガポールのアグリビジネス企業のオラムはアフリカでカシューナッツ1袋を生産するのに、かつて労働者7人を必要としたが、現在は1人で済む。同社のCEO、サニー・ベルギーズは次のように自問自答している。「私は解雇された人たちに何の責任もないのでしょうか？　そんなことはありません。新しいテクノロジーのせいで解雇された人たちのために実効性のある選択肢を見つけるのも企業の責任です[35]」

ユニリーバもオラムと同様に自動化を進めているが、バリューチェーン全体でどうにか雇用を確保・創出しようとしてきた。企業は競争上の必要から、工場閉鎖などの難しい選択を迫られることがある。評論家はこれを、パーパスなどと言うくせに偽善的な行為だと非難するかもしれない。USLPは雇用創出に対してもっと広い見方をし、500万人分の生計手段をつくるという目標を設定した。ポールがユニリーバのポートフォリオに紅茶事業を残したのは、拡大する健康飲料市場に対応するだけでなく、茶葉を栽培する多数の農家を支援するためでもある。管理の行き届いた茶畑は地球環境にもやさしい。ただ、それではオートメーションで職を失った工場労働者を助けられない。リーダーは厳しい選択をしなければならないが、その選択を包み隠さず説明し、強い価値観と原則に基づいて行動する必要がある。解雇した人の新しい仕事への移行をサポートするのもそのひとつだ。

雇用創出に対する最も革新的で意表を突くアプローチは「オープン採用」だろう。ベン&ジェリーズのアイスクリーム向けに原料を供給している、ニューヨークのグレイストン・ベーカリーは求職者を「先着順」で採用している。初心者レベルの簡単な仕事には誰でも応募できる。実際、刑務所やホームレス施設にいた人、合法的な仕事に就いたことがない人が雇われている。元CEOのマイク・ブレディによると、企業は身元調査などによってこのような人たちを仕事から締め出すために年間30億ドルを使っている。[36] そのお金を人に投資するべきだ、とブレディは言う。同社は成功を収めている。それに、人生を立て直した人たちの話は感動的だ。

ネットポジティブなアドボカシーも生活を支援する。ユニリーバは英国の現代奴隷法の可決を支援し、コンシューマー・グッズ・フォーラムのメンバー企業に「ビジネスと人権に関する指導原則」への賛同を促した。

私たちの人間性や社会契約が何よりも試されるのは難民問題だろう。トルコやイラン、ドイツの人口にほぼ等しい約8000万人が現在、強制的に家を追われている。[37] 気候変動によって生じる難民は今後数十年で10億人以上になる可能性がある。[38] 仕事を通じて難民危機を緩和しようとするリーダーもいる。ヨーグルトメーカー、チョバーニの創業者で億万長者のハムディ・

ウルカヤは「難民のためのテントパートナーシップ」というNGOを設立し、ユニリーバもこれに加わった。ウルカヤはブルームバーグにこう語っている。「難民にとって仕事は日常そのものです。仕事があってこそ、人生が続くとわかるのです[39]」。ユニリーバ傘下のベン&ジェリーズは「難民として英国にやって来た意欲ある起業家」のために、アイスアカデミーという4カ月の研修・指導をするプログラムをつくった。

社会契約という概念の中心にあるのは、「私たちは互いにどんな恩恵を受けているか」という問いだ。答えは複雑だが、私たちが基本的にひとつの惑星と自然環境を共有しており、あらゆるものがつながっていることを考えれば、すべての人がちゃんと生き残り、繁栄の機会を得られるようにしなければならない。ユニリーバが最近、全サプライヤーに対して、2030年までに従業員に生活賃金を支払うよう指示したのは、そういう理由がある[40]。人を踏み台にしてお金を稼ぐのは許されない。

国際労働組合総連合（ITUC）は新しい社会契約の5つの要件を発表している。（1）公正な移行の一環としての気候にやさしい仕事、（2）すべての労働者の権利と保護、（3）普遍的な社会的保護（つまり、人間の基本的なニーズや尊厳の最低限の保証）、（4）所得、ジェンダー、人種の平等、（5）インクルージョン。この5つは、誰ひとり取り残されない世界を築くための大きな枠組みとなる。

社会契約を改善する

- 労働者をコストではなく、大切な資産と考える。
- 人権や生活賃金という基本原則をバリューチェーン全体で徹底させる。
- 不平等と闘うための戦略を積極的に策定し、仕事の変化に伴う公正な移行を確保する。
- サプライヤー、政府、市民社会と協力して、（2030年までに）現代版奴隷制を撲滅する。
- 難民、若者の失業、スキル開発などの幅広い社会課題の解決に立ち向かう。

5 資本主義にブレーキをかけ、金融を見直す

新型コロナのパンデミックのとき、私たちはみんな素人統計家になり、新規感染者数の増加にブレーキをかけなければならないと語った。つまり、危険な出来事の抑制に何が必要かを話し合った。

他にもブレーキをかけるべきものがある。

CO_2排出量は何十年もの間、人口の増加や経済成長と軌を一にするように急増した。上位1％の人々に流れる所得や富の割合は数十年間、指数関数的に増加した。一部の先進国は排出量を抑制し、GDP1ドル当たりの排出量をそのまま維持しているが、世界的には気候変動や不平等は悪化を続けている。

資本主義は、少なくとも人類が試してきた他のシステムに比べれば、ウェルビーイングを生み出すのに長けた経済システムだった。だが、その中心部で何かがおかしくなっているとの認識が強まっている。NGOや学者だけでなく、CEOや政府もこの点を指摘している。大企業の多くが、たとえ表面的にではあっても、ステークホルダー資本主義について語り始めた。「サステナビリティ」のように魅力的な響きがある言葉ではないが、その眼目は、株主が戦略の重点であってはならないというものだ。ウォルマートのCEO、ダグ・マクミロンはステークホルダー資本主義の論理に賛同を示し、「我々の存在を可能にしてくれるもの、つまり仲間たちや顧客、サプライヤー、そしてこの地球を大切にしなければ、いずれここにいられなくなるでしょう」と述べている。(41)

セールスフォースのCEO、マーク・ベニオフは言う。「我々の知る資本主義は死にました。株主利益の最大化にばかりこだわってはダメです。……ステークホルダー資本主義はいよいよ転機を迎えようとしています」[42]。その熱意は歓迎だが、彼はやや先走っているかもしれない。マルチステークホルダー資本主義は以前よりは企業リーダーに浸透してきたものの、短期的な利益の最大化を目指す資本主義はまだまだ死んでいない。

従来の資本主義に対して、ビジネス界の外側でいかに懐疑的な見方が根強いかを、ビジネスリーダーは知るべきだ。「2020エデルマン・トラストバロメーター」のレポートによると、全世界の回答者の56%が「現在の資本主義は害のほうが大きい」と思っている。資本主義システムが自分たちのためになっていると考える人は、わずか18%だ[43]。米国人の4分の1が「資本主義を徐々になくして社会主義的になる」ことを支持しており、ミレニアル世代の70%が社会主義者に投票すると答えている[44]。そのほとんどは、政府が生産手段を所有するという、社会主義の文字どおりの定義を支持しているわけではなく、北欧型の民主社会主義に引かれているのだろう。ただ定義はどうあれ、こうした数字は注目に値する。

ここではシステムをどう「正す」べきかという議論の上っ面をなでることしかできない。限りある地球のための資本主義の再考というテーマについては、さまざまな論客がいる。彼らの論考に目を通してみてほしい（原注を参照[45]）。本来なら本1冊くらいになる議論を、我々は簡単に要約してお届けしようと思う。焦点を当てるのは、企業が取り組むことのできる、資本主義の2つの失敗について。すなわち、価値ある資源に価格をつけなかったこと、そして短期志向一辺倒の金融市場だ。

資本主義の原罪――外部性

今や支配的な新自由主義の経済モデルを崇拝する人たちにとって、2つの教義は決して揺るがない。つまり、株主価値こそが重要であり、自由市場（または自由一般）がすべてを解決する。

その世界観によれば、もし企業が社会的な誤りを犯したら、人々は別の企業から買う。もし環境が損なわれたら、財産権や法的手段が汚染を止める役割を果たす。しかし何があろうとも、自由が環境より重要であることに変わりはない（これは企業にしか当てはまらない狭い自由だ。なぜなら汚染からの自由も認められるはずだから）。自由市場がこうした問題を魔法のように解決するという理屈である。

この話を信じるには、いくつもの「おとぎ話」を真に受ける必要がある。例えば、完全な情報フローと完全な競争があるため、市場はシームレスに機能するという、明らかに誤った考え方もそこに含まれる。現実世界では、市場の力は少数の手に握られており、必要な情報のすべては手に入らない。それに市場は決して自由ではなかった。市場は「外部性」という致命的な欠陥にさいなまれている。企業活動による社会的コストとベネフィットの多くは、商品・サービスの価格に反映されていない。大気は私たちが排出するCO_2のゴミ捨て場のようになり、費用がかからないものはどんどん使われる。気候変動のツケは莫大な額になるだろう。そのコストは人が住めない場所では事実上無限大だ。だが、汚染者はこれを一切負担しない。

気候変動は歴史上最大の市場の失敗だ。次いで不平等。これも最大に近い失敗だ。賃金市場は本当の価値を反映していない。パンデミックのなか、命の危険を冒したエッセンシャルワーカーは、最低賃金で仕事をしていることが多い。リモートワークができる我々は、彼らのおかげで生きていられた。

世界の恵みをどう利用するか——その利用法を変えるためには、自主的な価格設定、または規制や顧客からの圧力を通じて、乏しい資源を保護しなければならない。数百単位の企業が社内炭素価格制度を自主的に導入しているが、基本的には「シャドープライシング」制度だ。つまり炭素税が導入された場合のコストを仮に計算する仕組みである。以下のように、ビジネスユニットから実際の現金を徴収して、気候行動に投資している企業も少数ながらある。

・ユニリーバ——1トン当たり40ユーロ。環境効率プロジェクトに投資。
・LVMH——1トン当たり30ユーロ。CO_2排出量削減に投資。[46]
・シーメンス——1トン当たり31ポンド（英国）[47]。
・マイクロソフト——1トン当たり15ドル。各部門に課され、資金はエネルギー効率向上やクリーンテクノロジーに投資。2021年には、バリューチェーン（スコープ3）の排出量にも1トン当たり5ドルが加算された。[48]

これらは重要な取り組みだが、経済学者の試算では、十分な排出量削減スピードを確保するには1トン当たり100ドルは必要だという。[49] 炭素に値段をつけるのは理論上は簡単だ。さまざまなエネルギーからの排出量は物理学の問題であり、精製所や給油所など、バリューチェーン内の理論的に追跡可能な地点で税を管理することができる。

自然資本はもっと複雑だ。地下水を浄化したり、洪水を防いだりする健全な森はどれくらい価値があるのか？　世界経済フォーラムのレポートによると、あらゆる経済活動を支える自然資本の価値は125兆ドル。グローバル経済をはるかに上回る規模だ。[50] 自然資本の価値をもっと適切に弾き出そうとする動きは何年も続けられている。資本連合は、企業が自然界にどう影響を与え、どう依存しているかを測るための手順を開発した。

10年前、ケリング傘下のプーマは自社がバリューチェーンのなかで依存する自然資源の価値を見積もるために「環境損益計算書」をつくった。自然からの無償サービスの価値はおよそ1億ドル。利益のかなりの部分を占める。これは興味深い発見だったが、同社やセクターの行動はあまり変わらなかった。外部性に価格を設定しなければ、行動が抜本的に変わることはない。

だが少しずつ、企業は自分たちが及ぼす影響に責任を問われるだろう。具体的な価格や市場がないとしても、資源乱用の代償は売り上げの減少、評判の低下、従業員の離職、事業許可の剝奪といった形で現れる可能性がある。持続可能な開発のための世界経済人会議のプレジデント、ピーター・バッカーは言う。「金融資本に対するリターンを最大化すればよいという時代は終わりました[51]」

私たちが利用する資源の価格を完全には評価できないとしても、それがゼロでないのは明らかだ。企業はネットポジティブなアドボカシーを使って、たとえ不完全でも本当の価格設定を推し進めるべきだ。どの程度の価格にするかは議論すればよいが、外部性のコストが認識されれば、金融界はそれなりの規模のマーケットを構築できる。現金が関わるとなれば、彼らはきっとやるだろう。

最後に、価格はつけられないが保護・再生すべきものがある。希少種の保護がそうだ。何でも価値を測定したり、規制で解決したりできるわけではない。ネットポジティブ企業はそれをわかっている。

金融システムの見直し

キャピタル・インスティテュートのジョン・フラートンは「再生型金融」の枠組みを開発し

た[52]。彼は金融システムをヒトや地球に適した、ヒトや地球のためになるものにしたい。金融の常識とされるものに異を唱えたい。例えば、何でも金融化し、金融の規模や経済への影響を高め続ければ、それが自ずと効率や成長、繁栄につながるという考え方があるが、そんな効果は実際にはまったくなかった。銀行自体は繁栄し、肥え太っているのかもしれないが。

フラートンは次のような原則の重要性を訴えている。透明性の向上、長期的な本当の富の創出、協調、レジリエンス、健全な経済の手段としての金融（金融が目的化しない）、経済のなかで適切な規模の金融（2008年の金融危機のとき、銀行は企業の総営業利益の3割を独占した[53]）。

フラートンと同じように、我々は「受託者義務」という考え方も再考の必要があると思う。これは「短期的な利益の最大化」と解釈される言葉だ。統合報告の世界的権威、ボブ・エクルズが言うように、受託者義務イコール株主第一という考え方は「イデオロギーであり、法律ではない[54]」。これもまた書き換え可能なストーリーだ。

ジェネレーション財団（ジェネレーション・インベストメント・マネジメントの一部門）、国連環境計画・金融イニシアティブ、責任投資原則（ＰＲＩ）が主導するグループは、この伝統的な考え方に疑問を呈そうとしている。ＰＲＩのＣＥＯ、フィオナ・レイノルズによると、このプロジェクトは「受託者義務にＥＳＧの要素を組み込むことに関する議論を終わらせる」ためのものだ[55]。

ダウのCEOを務めたアンドリュー・リバリスはFCLTグローバルの創設を支援し、金融システムの適正化に尽力している。リバリスの見るところ、投資家に対する攻撃ポイントとして重要なのは、新たな政策と透明性の向上の2つだ。「彼らに恥をかかせる必要があります」と彼は言う。[56] リバリスが提案するのは、短期的取引やヘッジファンドへの規制だ。「株式市場はまるでラスベガスのようになり、現実と似ても似つかない」からだ。気候変動のようなリスクに関する情報開示の強化、SDGs（年金基金が投資の意思決定の参考にできる）に対する進捗指標の改善、アセットオーナーの短期業績志向にストップをかける新しいインセンティブなどが求められる。

内側からシステムを変えようとしている長期投資家もいる。水野弘道は日本政府の年金基金（GPIF）を運用していたとき、この1・5兆ドルの基金をESGにシフトさせたが、それはサステナビリティを意識していたわけではなかった。彼の関心は長期的なリスクをどう管理するかにあった。というのもGPIFはその規模の大きさゆえに「ユニバーサルオーナー」になっていたからだ。つまり基本的にマーケットと相似だった。それだけの資産を長く保有していたら、システミックリスクだけが問題になる。だが水野によれば、伝統的なポートフォリオ管理戦略は市場を上回ることばかりを重視し、どうしたら市場をもっとよくできるかを考えていなかった。長期的な価値管理に関する彼の主張を伝えるのに、ESGはもってこいの方法だった。ＥＳＧのどの側面も「長期的には意味を持ってくる」からだ[57]。だがもしＥＳＧが関連リスクだとしたら、「それをどうやってヘッジするのか」と彼は問う。この洞察は気候やパンデミック、サプライチェーンの混乱にも応用できる。そうしたリスクをどうヘッジするのか？（まずはネットポジティブ企業になることだ）

現在の短期主義は構造的な欠陥であり、「時間軸の悲劇」だと水野は言う。四半期の資産運用は「技術的には正しいけれども、全体的には間違っている」。まるで私たちの経済システム全体について述べているようだ。

ネットポジティブ企業の流儀

資本主義にブレーキをかける

- 外部不経済のコストを算定し、自社が排出する炭素に値段をつけ、現金を徴収し、さらなる排出量削減にそれを投資する。
- 企業の政治力を使って炭素の規制価格導入を訴える。
- ＮＧＯなどと協力して、水や土地など測定困難な自然資源に、正しい方向性の価格をつける。

・金融システムがＥＳＧや長期的パフォーマンスを尊重するよう促す。そのために自社の投資を持続可能な投資へシフトするとともに、ＥＳＧへの取り組みがいかに価値を生むかを、投資家に積極的に話す（証券アナリストに問いかけられるのを待つのではなく）。

6 社会の柱を守る

公正な社会を支える原則を挙げたらキリがないかもしれないが、民主主義、自由の保護、平等、報道の自由、科学や事実へのコミットメントは間違いなく含まれるだろう。こうした社会の柱はどれも露骨に攻撃を受け始めている。例えば、報道機関が「人民の敵」呼ばわりされるのは看過できない。

独裁的指導者の世界的な台頭は企業の選択を難しくする。それはビジネスと社会にとって歓迎できないことだ。Ｂチームのレポート「市民の権利を守るビジネス」は、市民の権利が尊重される国は経済成長率が高く、人材も育ちやすいと結論づけている。[58] パンデミックに伴って各地で人々の権利は損なわれ、今や世界人口の87％が「抑圧された」「閉塞的な」または「閉鎖的な」と形容される国に住んでいる。[59] 世界の半分以上の人々が、人権侵害が甚だしい体制下で暮らしている。中国・新疆ウイグル自治区の強制収容所、インドのイスラム教徒への弾圧、米国とメキシコの国境で親から引き離された子どもたち……。ロシア、トルコ、ハンガリー、ブラジルなどの国は専制体制へ移行し、自由度が低下した（米国も4年間はそうだった）。企業はこのような政府との協業をやめるべきか？　たぶんそれが正しいのだろうが、その場合、世界の半分を捨て去ることになる。

ビジネスリーダーたちはじっとしていられないはずだ。ただ、スタンスとしてはうまく立ち回る政治屋ではなく、公正で思慮深い政治家でなければならない。自身の価値観に忠実でいよう。パートナーの政府から受け取ってはならないものについて真剣に考えよう。違いは紙一重だ。モノを言いすぎると指導者を遠ざけ、影響力を持てなくなるかもしれない。何も言わないと独裁や抑圧を暗に支持することになる。マッキンゼーがモスクワの従業員に、反プーチンである野党を支援する行動に加わるなと指示したとき、フィナンシャル・タイムズ紙はそれをプロパガンダと結びつけ、米国のある上院議員は、この件が「マッキンゼーの基本的価値観に深刻な疑念をもたらす」との手紙を同社に送った。[60]

企業は自由への攻撃に抵抗し、正義のために闘うことができる。ユニリーバは広告を使ってインクルージョンを促進してきた。インドのイスラム教徒への弾圧など、不寛容に反対する態度を明確にしてきた。社会の柱に対する攻撃が明らかになったとき、企業は自らの殻を破って行動を起こし始めている。ユニリーバ傘下のベン&ジェリーズは米国でのボーターサプレッション（投票抑圧行動）と闘い、（犯罪歴が理由で）投票を妨害された市民が再び票を投じられるよう支援した。Bチームは汚職や人権侵害、政治とカネについてたびたび声を上げている。これらはどれも民主主義を損なう社会悪だ。

2020年の米国大統領選を控えて、いくつかの組織が初めて声を上げた。サイエンティフィック・アメリカン誌とニュー・イングランド・ジャーナル・オブ・メディシン誌は、1800年代にさかのぼる歴史のなかで政治的声明を出したことはなかったが、バイデンへの支持を表明した。科学が損なわれることを恐れていたからだ。経営者たちは、自由で公正な選挙（リーダーシップ・ナウ・プロジェクト）、市民参加（シビックアライアンス）を支持する声明に署名した。全米商工会議所と労組のAFL－CIOは異例の共同声明を出し、現職大統領が根拠なく郵便投票の合法性に疑問を投げかけても、すべての票を数えるよう要求した。

トランプと支持者たちは敗北後、本当は彼が勝っていたという大嘘をつき、2021年1月6日に米議事堂の武装占拠を引き起こした。さらに、147人もの議員（すべて共和党）が、死者の出たこの襲撃事件後に、選挙結果を覆すための票を投じた〔1月6日、大統領選のいくつかの接戦州におけるバイデンの勝利を認可するプロセスに反対票を投じた〕。すでに述べたように、多くの企業が政治献金を中止したが、名だたる大企業が献金をやめたのは、この147人に対してのみだ（恥ずべきことに、彼らへの献金を再開している企業もある）。一部の米企業はその後、各州の共和党が可決した、投票権を制限する法律にも反対した。

企業は悪い政策に対抗するため、事業活動を通じて行動を起こすこともできる。ブラジルのジャイル・ボルソナロ大統領の下でアマゾンの森林破壊が進むのを見て、大豆や肉の買い手企業はサプライヤーに対して、森林破壊をやめ、人権を尊重するよう圧力を高めた。これは政治に関与しない、企業として合法的な選択だ。ユニリーバは進出先の国の政府の動向とは無関係に、栄養や衛生のプロジェクトなど、生活を改善する取り組みを継続することがよくある。人権侵害の懸念がある場所では、こうしたプロジェクトがいっそう必要とされる。変化は内部から起きるものであり、そうした地域の苦しみを放置してはならない。

民主主義や報道への攻撃は深刻だが、最も心配なのは事実を曲げ、科学を損なおうとする行為だ。「フェイクニュース」の台頭、つまりトランプらにとって気に食わないニュースだけでなく、捏造・改ざんされた情報の増加により、デマが広く拡散されるようになった。米国では陰謀論者集団「Qアノン」によって、民主党があるピザ店を隠れ蓑に児童人身売買組織を運営しているというデマが広まった。ミャンマーでは、携帯電話の普及率がわずか7年で1%から90%に急増したのを受けて、フェイスブックが主な情報源になった。[61] そして、フェイスブック上の扇情的なフェイクニュースがロヒンギャの迫害につながった、と国連は断定した。[62] ユニリーバは、憎しみをあおり、デマを拡散するプラットフォームでの広告をいち早く中止した。ポピュリスト政治家たちは長い間、確かなことはわからないと主張し、国民が真実をめぐって混乱するように仕向けてきた。そして、気候変動の科学に対して何十年もの間、卑劣な戦争を続けてきたエクソンモービルのように、企業は自分たちにとって不都合な事実に疑問を投げかけてきた。情報に対する人々の信頼度は最低レベルにある。

どれもよくないことだ。科学と真実に関心を寄せる企業は（つまりすべての企業のはずだが、業種によって関心度の違いはあるだろう）それらを擁護しなければならない。「我々は事実と科学を信じる」と声を大にして言おう。それが政治的発言になっても構わない。逆説的だが、声を上げることでそれを非政治化できる。新型コロナワクチンの認可を急がせる声明をトランプが出したとき、世界最大級の製薬会社のグループは、政治ではなく科学に従うとの声明を発表した。そう言わなければならないということ自体、憂慮すべき事態だ。

気候変動からパンデミック、人種差別までのあらゆる物事について、根拠となるひとつの事実に基づいて行動できないとしたら、私たちはどうやって共通のグローバル課題に立ち向かい、公平・公正な世界を目指せばよいのか？

ネットポジティブ企業の流儀

社会の柱を守るために

- 傍観するのをやめ、民主主義や自由、科学、真実を守るために（単独あるいは集団で）声を上げる。これは科学に関連のある企業だけの問題ではない。政治家が自分に都合のよい現実を公表したら、すべての企業が危険にさらされる。
- 社員に認識の誤りがあったら、これを正そうとする。
- サプライチェーンでの購買など、ビジネスの力を使って危険な政策に対抗する方法を模索する。
- 長期的な展望を持ち、民主主義や人権上の深刻な問題を抱える国であっても、地域社会と直接の協業を続ける。変化から逃げるのではなく、変化の当事者になるほうがいい。

より高い道徳基準を目指して

歴史上のどの世代も、自分たちはかつてないほど重要な時代に生きていると考える。だが恐らく、今はそれが真実だ。テクノロジーがこれほど速く進歩したことはなく、世界がこれほど急激に変化したこともない。科学的知見が現実に対する私たちの理解を変化させ、世界について私たちはたくさんのことを知るようになった。今や80億に迫るほど多くの人々がスペースやリソースをめぐって争っている。古代ギリシャ人には想像もつかない数字だろう。

20世紀初めには電気、自動車、飛行機など、いわゆる近代的な発明や発見がいろいろあったが、その頃の人でさえ驚嘆するだろう。当時はおよそ16億の人々が地球上に散らばっており、お互いの間を何日もかけて移動した。それから100年ほどがたった今、人類の大半はひとつの惑星のなかで実質的につながっている（世界の3分の2の人々が携帯電話を持っている[63]）。

筆者である我々2人は何十年もの間、ビジネス界が進化・繁栄し、新しい世界を切り開くのをサポートしてきた。企業を「善なる力」にしたいと考えた。企業が私たちの共通の課題を（悪化させるのではなく）解決するうえで大きな役割を担わなければ、人類が21世紀中盤の厳しい現実を乗り越えることはできないと我々は信じている。

人類はその存在に関わる問題に直面している。状況が悪化するか改善するかは私たちにかかっている。気候変動、生物多様性の喪失、不平等、人種格差、貧困など、長きにわたる世界的危機を解決するためのカギは、共感と思いやり、システム思考、共同行動にある。私たちはどの方向へ進むか、どんな世界をつくるかを選択し、周囲のすべてにネットポジティブな影響を与えることができる。人々や組織が他者にたくさんのものを与え、併せてたくさんのリターンを受け取る世の中を構築できる。私たちは、人類を苦しめるあらゆるものについて大きな進歩を遂げるためのツールを持っており、極度の貧困をなくし、脱炭素化を達成し、土地や生物種を守ることができる。

私たちはともに運命を選ぶ。さらなる信頼、勇気、人間性を求める。思いやりがあるか。意志の力があるか。しなければならないことをする道徳的リーダーシップがあるか。我々とともにこの重要なネットポジティブへの道のりをたどろうとするなら、批判に身をさらすことになるかもしれない。ミスを犯すこともあるだろう。だが、その見返りは莫大だ。あなたは、そしてあなたの会社はまったく新しい形の成功を収めるだろう。この不完全な惑星にいっしょに暮らす私たち全員も、大きな新しいご褒美を得るだろう。

2004年、ノーベル賞委員会はワンガリ・マータイにノーベル平和賞を授与した。彼女のライフワーク「グリーンベルト運動」が授賞理由だ。この運動は3000万本以上の植林を実行し、100万人のアフリカ人女性の生活を改善した。受賞講演でマータイは、「委員会は（私の授賞を通じて）平和に対する理解の幅を広げるよう世界に問いかけています」と述べた。

「公平な開発なしに平和はありません。民主的で平和な場所における持続可能な環境マネジメントがなければ、開発はありません。歴史のなかで、人類が新しい意識レベルへ移行し、より高い道徳基準に達することが求められる時が来ます。恐怖を振り払い、互いに希望を与え合う時。今がその時なのです[64]」

そのとおりだ。

謝辞

驚くほどたくさんの人が本を出すのに力を貸してくれる。数多くの人々が我々にインスピレーションやアイデア、ストーリーを提供し、相談役、編集者、パートナー、友人(つまり厳しい真実を伝える人)になってくれた。みんなの助けがなければ、本書は日の目を見ていなかっただろう。

ジェフ・シーブライトに大いに感謝したい。彼は第3の著者であってもいいほどだ。こちらのSOSに備えて常に待機し、すべての草稿に目を通し、新しいアイデアを提供し、我々の構想に一つひとつ助言をくれた。ユニリーバのチーフ・サステナビリティ・オフィサー、消費財やエネルギー関連の多国籍企業でのさまざまな役割、米政府内での仕事など、その経歴は実にユニークだ。ジェフのおかげでこのプロジェクトはスムーズに進行した。彼の言葉によれば、「偉大な成果へ向けてよろめきながら前進する」ことができた。その偉大な成果にいくらかでも近づけたとしたら、それは彼のおかげだ。

たくさんの人々が親切にも時間を割いて、サステナビリティ全般やユニリーバの具体的な立ち位置について率直に教えてくれた。本を書くときに避けられないとはいえ、誰かと長く興味深い会話をして、それを短いフレーズに要約するのはつらい作業だ。あるいは、せっかくの素晴らしい話をカットしなければならないのも心が痛む。協力してくれた皆さんの考えを本当はもっともっとお伝えしたかった。以下、お名前を記して感謝したい。ジェームズ・アリソン、ジョナサン・アトウッド、ダグ・ベイル、ダグ・ベイカー、ピーター・バッカー、イリナ・バフティナ、ヘマント・バクシ、チャーリー・ビーバー、デビッド・ブランチャード、デビッド・ブラッド、ロミーナ・ボアリーニ、シャラン・バロウ、ジェイソン・クレイ、ドイナ・コバヌ、ジョナサン・ドナー、トニー・ダンネージ、マーク・エンゲル、カレン・ハミルトン、レベッカ・ヘンダーソン、シェリル・ヒックス、ジェフ・ホランダー、ロージー・ハースト、アラン・ジョープ、ジャニーヌ・ジャギンズ、アン・ケリー、ティム・クラインベン、キース・クルイトフ、アンジェリーク・ラスケビッツ、アンディ・リバリス、ミンディ・ラバー、レベッカ・マーモット、マルセラ・マニュベン、マーク・マシュー、サンジブ・メフタ、スティーブ・マイルズ、水野弘道、クミ・ナイドゥ、レーナ・ナーイル、ギャビン・ニース、フランク・オブライエン＝ベルニーニ、サンディ・オッグ、ロン・オズワルド、ミゲル・ヴェイガ＝ペスタナ、ジョン・ルプロール、ジョン・ソーベン、ピエール・ルイギ・シギスモンディ、サミール・シン、ヨースタイン・ソルヘイム、エミリオ・テヌータ、ハロルド・トンプソン、サリー・ウレン、サニー・ベルギーズ、ジャン・キーズ・ビス、ドミニク・ウォーレイ、キース・ウィード。他にも本書執筆に関わる刺激やヒントをくれた、企業やNGO、学術機関、政府の多くのリーダーの方々に感謝したい。

500近い原注がある本書は、必要なデータを入手し、情報の正確さを期すために、多くの詳しい調査を必要とした。我々は調査ディレクターのジェニファ・ジョンソンと調査アシスタントのローラ・ザッカニーノに頼りっぱなしだった。2人はどんなに見つけにくいデータもしっかり見つけ、まさに最初の読者としてフィードバックを提供してくれた。デザイナーのフィオナ・ファンは我々のグラフィックやアイデアをセンスよく見せてくれた。また、デビッド・コートネージ、クリフ・グランサム、ジェームズ・フー、イシュプリート・シンなど、ユニリーバの情報の探索や確認をサポートしてくれた人たちにもお礼を述べたい。

草稿が仕上がったら(そこまでにずいぶん苦労したものだ)、恐れ知らずの何人かにそれを読んでもらい、忌憚ない意見を求めた。多くの時間を費やして詳しい感想を教えてくれた以下の人たちには、感謝してもしきれない。マット・ブランバーグ、マッツ・グランリッド、ジェフ・ガウディ、アンディ・ホフマン、ハンター・ロビンス(彼は愛のむちにとどまらない支援を提供してくれた)、ヘンリク・マドセン、コリン・メイヤー、ジェレミー・オッペンハイム、ジョナサン・ポリット、P・J・シモンズ。

我々の執筆中に会社の面倒を見てくれたチームにも感謝したい。アンドリューは、アレーズ・マシソン、シャロン・パーカー、ディナ・サトリアーレという中心人物がいなければ、仕事を全うできなかった。イマジンでポールを支えたのは、ケルシー・フィンケルスタイン、ジエンナ・ソルター、共同創業者のヴァレリー・ケラーら。ジーナ・クリードは本書の「キックオフ」をサポートし、息子ができて育児休暇をとり、復帰した……が、我々はまだ書いていた。彼女は本書を世に出し、我々のストーリーやコミュニケーションを仕立てる、重要なパートナーだった。

ハーバード・ビジネス・レビュー・プレスのチームは世界クラスだ。戦略アドバイザーの役割をずっと担ったのは編集者のジェフ・キーホー。並々ならぬ我慢強さを示してくれた。大きなチームが本書を生み出し、その出来栄えに磨きをかけた。ステファニ・フィンクスはまたしても見事な表紙をデザインしてくれた。編集ディレクターのメリンダ・メリノと制作マネジャーのジェン・ワーリング、それからマラソン・エディトリアル・プロダクション・サービスのクリスティン・マーラにも感謝する。コマーシャルディレクターのエリカ・ヘイルマン、サリー・アシュワース、ジュリー・デヴォル、リンゼイ・ディートリヒ、ブライアン・ガルビン、アレクサンドラ・ケパート、ジュリア・マグナソン、エラ・モリシュ、ジョン・シプリー、フエリシア・シヌサス、アリシン・ゾールなど、本書を完成に導き、世界中で販売する、ビジネスオペレーションとマーケティングチームにも謝意を表したい。また、ハーバード・ビジネス・レビューの首脳陣、アディ・イグナティウス（このプロジェクトの実行をポールに説得したキーパーソン）やサラ・マッコンヴィルにも感謝する。

最後に、あらゆるインスピレーションの源であり、6時間の時差がある我々筆者の長くて不規則な労働時間中に我々をサポートしてくれた家族にも感謝する。アンドリューの両親、ジャンとゲイル・ウィンストンは何十年間も無条件の支援を子どもに提供し、アンドリューの仕事や人生の指針となる道徳観を植えつけた。経験豊かなビジネスパーソン、クリスティン・ウィンストンは長い間、アンドリューの優れた編集者であり、相談役でもあった。彼女はフルタイムで働きながらも、アンドリューが執筆に没頭している間、彼の分まで家事をたっぷりこなしてきた。2人の息子、ジョシュアとジェイコブは、アンドリューが初めて著書を出したときはよちよち歩きと生まれたばかりの赤ん坊だったが、今はティーンエージャーとなり、本の内容や目的について難しい質問ができるほどになった。世界の繁栄のための闘いはZ世代の双肩にかかっている。そしてアンドリューは、自身の家庭にいるこの「行動的世代」の2人のメンバーが外へ飛び出し、世界のために働くことを期待している。

ポールは、価値観を伝えるだけでなく、自ら範を示すことでも大いに貢献してくれた家族にこれ以上ない誇りと感謝を感じている。両親のベルタスとリア・ポルマンは、子どもたちによりよい有意義な人生を送らせ、大義のためにたゆまず献身するという、シンプルなミッションを持っていた。キム・ポルマンは、人類と同じ長い歴史を持つ「ゴールデンルール」に依拠したマインドシフトを通じて、思いやりのある持続可能な世界をつくるというミッションを持つ社会事業、リブート・ザ・フューチャーの創設者兼会長として、実に多忙な日々を過ごしている。また、アフリカの視覚障害児童のリテラシーを支援する家族財団、キリマンジャロ・ブラインド・トラストの会長も務めている。彼女自身、たくさんのインスピレーションを与えてくれる *Imaginal Cells* という著書があり、本を書くとはどういうことかを知っている。夕食もとらずに夜遅くまで本について議論しているとき、彼女は途方もない辛抱強さを発揮したほか、チエロの生演奏で創造性を大いに刺激してくれることもあった。

ポールとキムの3人の息子、クリスチャン、フィリップ、セバスチャンは、家庭生活が忙しいにもかかわらず、気前よくこの仕事を応援し、我々の尻をたたいてくれた。彼らはそれぞれのやり方でネットポジティブな暮らしを送ろうとしている。ミレニアル世代の人たちは、我々が知る以上に大きなトレンドを体現し始めているのかもしれない。そのことに対して、深く感謝したい。そして、ネットポジティブな世界の繁栄を築くために尽力してくれるであろう、すべての読者に感謝する。

原注

はじめに　なぜマヨネーズはケチャップに勝ったのか？

1. Arash Massoudi, James Fontanella-Khan, and Bryce Elder, "Unilever Rejects $143bn Kraft Heinz Takeover Bid," *Financial Times*, February 17, 2017, https://on.ft.com/3eHeNM4.
2. Daniel Roberts, "Here's What Happens When 3G Capital Buys Your Company," *Fortune*, accessed March 3, 2021, https://fortune.com/2015/03/25/3g-capital-heinz-kraft-buffett/.
3. Arash Massoudi and James Fontanella-Khan, "The $143bn Flop: How Warren Buffett and 3G Lost Unilever," *Financial Times*, February 21, 2017, https://www.ft.com/content/d846766e-f81b-11e6-bd4e-68d53499ed71.
4. Ron Oswald (IUF), 著者によるインタビュー, September 28, 2020.
5. Harold Thompson (Ash Park), 著者によるインタビュー, April 24, 2020.
6. Vincent Lee (Bernstein), 著者とのEメール, March 3, 2021.
7. "Unilever Announces Covid-19 Actions for All Employees," Unilever global company website, accessed March 3, 2021, https://www.unilever.com/news/news-and-features/Feature-article/2020/unilever-announces-covid-19-actions-for-all-employees.html.
8. "From Our CEO: We Will Fight This Pandemic Together," Unilever global company website, accessed March 4, 2021, https://www.unilever.com/news/news-and-features/Feature-article/2020/from-our-ceo-we-will-fight-this-pandemic-together.html.
9. Uday Sampath Kumar and Bhattacharjee Nivedita, "Kraft Heinz Discloses SEC Probe, $15 Billion Write-Down; Shares Dive 20 Percent," Reuters, February 22, 2019, https://www.reuters.com/article/us-kraft-heinz-results-idUSKCN1QA2W1; Gillian Tan and Paula Seligson, "Kraft Heinz Taps as Much as $4 Billion of Credit Line," Bloomberg, March 16, 2020, https://www.bloomberg.com/news/articles/2020-03-16/kraft-heinz-is-said-to-tap-as-much-as-4-billion-of-credit-line.
10. Mark Engel (Unilever), 著者によるインタビュー, May 14, 2020.
11. William McDonough and Michael Braungart, *The Upcycle* (New York: Northpoint Press, 2013), 35–36.
12. Kim Polman, *Imaginal Cells* (self-published, 2017), 8.
13. "Unilever, Patagonia, Ikea, Interface, and Natura &Co Most Recognized by Experts as Sustainability Leaders According to 2020 Leaders Survey," *GlobeScan* (blog), August 12, 2020, https://globescan.com/unilever-patagonia-ikea-interface-top-sustainability-leaders-2020/.
14. Dominic Waughray (WEF), 著者によるインタビュー, September 25, 2020.

15. *The Private Sector: The Missing Piece of the SDG Puzzle*, OECD, 2018.
16. "Citing $2.5 Trillion Annual Financing Gap during SDG Business Forum Event, Deputy Secretary-General Says Poverty Falling Too Slowly," UN, Meetings Coverage and Press Releases, accessed March 4, 2021, https://www.un.org/press/en/2019/dsgsm1340.doc.htm; "International Aid Reached Record Levels in 2019," *New Humanitarian*, April 17, 2020, https://www.thenewhumanitarian.org/news/2020/04/17/international-aid-record-level-2019.
17. Emily Flitter, "Decade after Crisis, a $600 Trillion Market Remains Murky to Regulators," *New York Times*, July 22, 2018, https://www.nytimes.com/2018/07/22/business/derivatives-banks-regulation-dodd-frank.html.
18. *2020 Edelman Trust Barometer*, Edelman, January 2020, https://www.edelman.com/trust/2020-trust-barometer.
19. "A Message from Our Chief Executive Officer," 2020 ESG, accessed March 4, 2021, https://corporate.walmart.com/esgreport/a-message-from-our-chief-executive-officer.
20. Eben Shapiro, "'It's the Right Thing to Do.' Walmart CEO Doug McMillon Says It's Time to Reinvent Capitalism Post-Coronavirus," *Time*, October 21, 2020, https://time.com/collection-post/5900765/walmart-ceo-reinventing-capitalism/.
21. "Earth Overshoot Day—We Do Not Need a Pandemic to #MoveTheDate!" Earth Overshoot Day, accessed March 14, 2021, https://www.overshootday.org/.
22. Kenneth Boulding, "The Economics of the Coming Spaceship Earth," in *Radical Political Economy*, ed. Victor D. Lippit (Armonk, NY: M. E. Sharpe, 1966), 362.
23. Niall McCarthy, Report: *Global Wildlife Populations Have Declined 68% in 50 Years Due to Human Activity* [Infographic], *Forbes*, accessed March 7, 2021, https://www.forbes.com/sites/niallmccarthy/2020/09/10/report-global-wildlife-populations-have-declined-68-in-50-years-due-to-human-activity-infographic/.
24. "Rate of Deforestation," TheWorldCounts, accessed March 7, 2021, https://www.theworldcounts.com/challenges/planet-earth/forests-and-deserts/rate-of-deforestation/story; Alexander C. Kaufman, "Fossil Fuel Air Pollution Linked to 1 in 5 Deaths Worldwide, New Harvard Study Finds," HuffPost, accessed March 5, 2021, https://www.huffpost.com/entry/fossil-fuel-air-pollution_n_6022a51dc5b6c56a89a49185.
25. 新興分野の「プラネタリーヘルス」は、こうした自然システムと人間の健康のつながり全体に焦点を当てる。詳しくは以下を参照。www.planetaryhealthalliance.org.
26. Luke Baker, "More Than 1 Billion People Face Displacement by 2050— Report," Reuters, September 9, 2020, https://www.reuters.com/article/ecology-global-risks-idUSKBN2600K4; Chi Xu et al., "Future of the Human Climate Niche," *Proceedings of the National Academy of Sciences* 117, no. 21 (May 26, 2020): 11350–55, https://doi.org/10.1073/pnas.1910114117.

27. Tim Cook (Apple), セリーズ30周年記念イベントでの基調講演, October 21, 2019.
28. "Cases, Data, and Surveillance," Centers for Disease Control and Prevention, February 11, 2020, https://www.cdc.gov/coronavirus/2019-ncov/covid-data/investigations-discovery/hospitalization-death-by-race-ethnicity.html.
29. "Indigenous Tribes in Brazil Are Dying Twice as Much as the National Average Due to COVID-19," World Is One News, May 25, 2020, https://www.wionews.com/world/indigenous-tribals-in-brazil-are-dying-twice-as-much-as-the-national-average-due-to-covid-19-300952.
30. *SDG AMBITION: Introducing Business Benchmarks for the Decade of Action*, UN Global Compact, 2020.
31. "Nearly Half the World Lives on Less than $5.50 a Day," World Bank, accessed March 14, 2021, https://www.worldbank.org/en/news/press-release/2018/10/17/nearly-half-the-world-lives-on-less-than-550-a-day; "Learning Poverty," World Bank, accessed March 6, 2021, https://www.worldbank.org/en/topic/education/brief/learning-poverty; *World Hunger Is Still Not Going Down after Three Years and Obesity Is Still Growing—UN Report*, accessed March 6, 2021, https://www.who.int/news/item/15-07-2019-world-hunger-is-still-not-going-down-after-three-years-and-obesity-is-still-growing-un-report; "Children: Improving Survival and Well-Being," source: World Health Organization, accessed March 6, 2021, https://www.who.int/news-room/fact-sheets/detail/children-reducing-mortality.
32. "Secretary-General's Nelson Mandela Lecture: 'Tackling the Inequality Pandemic: A New Social Contract for a New Era' [as Delivered]," United Nations Secretary-General, July 18, 2020, https://www.un.org/sg/en/content/sg/statement/2020-07-18/secretary-generals-nelson-mandela-lecture-%E2%80%9Ctackling-the-inequality-pandemic-new-social-contract-for-new-era%E2%80%9D-delivered.
33. Mellody Hobson, "The Future of Sustainable Business Leadership," Ceres 2021, Virtual event, https://events.ceres.org/2021/agenda/session/430203.
34. Nick Hanauer and David M. Rolf, "America's 1% Has Taken $50 Trillion from the Bottom 90%," *Time*, accessed March 7, 2021, https://time.com/5888024/50-trillion-income-inequality-america/.
35. Rick Watzman, "Income Inequality: RAND Study Reveals Shocking New Numbers," accessed March 7, 2021, https://www.fastcompany.com/90550015/we-were-shocked-rand-study-uncovers-massive-income-shift-to-the-top-1.
36. "A Fifth of Countries Worldwide at Risk from Ecosystem Collapse as Biodiversity Declines, Reveals Pioneering Swiss Re Index," Swiss Re, accessed March 14, 2021, https://www.swissre.com/media/news-releases/nr-20200923-biodiversity-and-ecosystems-services.html.

37. "World Economy Set to Lose up to 18% GDP from Climate Change If No Action Taken, Reveals Swiss Re Institute's Stress-Test Analysis," Swiss Re, accessed May 6, 2021, https://www.swissre.com/media/news-releases/nr-20210422-economics-of-climate change-risks.html.
38. "AT&T Commits to Be Carbon Neutral by 2035," AT&T, accessed March 7, 2021, https://about.att.com/story/2020/att_carbon_neutral.html.
39. Sarah Repucci and Amy Slipowitz, "Democracy under Lockdown," Freedom House, accessed March 9, 2021, https://freedomhouse.org/report/special-report/2020/democracy-under-lockdown.
40. Vincent Wood, "Britons Enjoying Cleaner Air, Better Food and Stronger Social Bonds Say They Don't Want to Return to 'Normal,'" *Independent*, April 17, 2020, https://www.independent.co.uk/news/uk/home-news/coronavirus-uk-lockdown-end-poll-environment-food-health-fitness-social-community-a9469736.html.
41. Leslie Hook, "World's Top 500 Companies Set to Miss Paris Climate Goals," *Financial Times*, June 17, 2019, https://on.ft.com/2UAlNB3.
42. Sally Uren (Forum for the Future), 著者とのEメール, March 22, 2021.
43. "About Donella 'Dana' Meadows," *Academy for Systems Change* (blog), accessed March 7, 2021, http://donellameadows.org/donella-meadows-legacy/donella-dana-meadows/.
44. Jim Harter and Annamarie Mann, "The Right Culture: Not Just about Employee Satisfaction," Gallup.com, April 12, 2017, https://www.gallup.com/workplace/231602/right-culture-not-employee-satisfaction.aspx.
45. "Unilever's Purpose-Led Brands Outperform," Unilever global company website, accessed March 7, 2021, https://www.unilever.com/news/press-releases/2019/unilevers-purpose-led-brands-outperform.html.
46. "Research Highlights," NYU Stern Center for Sustainable Business, accessed March 7, 2021, https://www.stern.nyu.edu/experience-stern/faculty-research/new-meta-analysis-nyu-stern-center-sustainable-business-and-rockefeller-asset-management-finds-esg.
47. "Announcing the 2021 Rankings of America's Most JUST Companies," *JUST Capital* (blog), accessed March 7, 2021, https://justcapital.com/reports/announcing-the-2021-rankings-of-americas-most-just-companies/.
48. Larry Fink, "BlackRock Client Letter—Sustainability," BlackRock, accessed March 9, 2021, https://www.blackrock.com/corporate/investor-relations/blackrock-client-letter; Jennifer Thompson, "Companies with Strong ESG Scores Outperform, Study Finds," *Financial Times*, accessed March 9, 2021, https://www.ft.com/content/f99b0399-ee67-3497-98ff-eed4b04cfde5.
49. Sophie Baker, "Global ESG-Data Driven Assets Hit $40.5 Trillion," Pensions & Investments, July 2, 2020, https://www.pionline.com/esg/global-esg-data-driven-assets-

hit-405-trillion.

50. "Sustainable Bond Issuance to Hit a Record $650 Billion in 2021," Moody's, accessed March 9, 2021, https://www.moodys.com/research/Moodys-Sustainable-bond-issuance-to-hit-a-record-650-billion--PBC_1263479.
51. "Larry Fink CEO Letter," BlackRock, accessed March 9, 2021, https://www.blackrock.com/corporate/investor-relations/larry-fink-ceo-letter.
52. Alan Murray, "The 2019 Fortune 500 CEO Survey Results Are In," *Fortune*, accessed March 10, 2021, https://fortune.com/2019/05/16/fortune-500-2019-ceo-survey/.
53. Kathleen McLaughlin (Walmart), 著者との会話, September 20, 2020.
54. "What on Earth Is the Doughnut," accessed March 9, 2021, https://www.kateraworth.com/doughnut/.
55. "Sustainable Business Could Unlock US$12 Trillion, Creating 380 Million Jobs," Unilever global company website, accessed March 9, 2021, https://www.unilever.com/news/news-and-features/Feature-article/2017/Sustainable-business-could-unlock-12-trillion-dollars-and-380-million-jobs.html.
56. Hanna Ziady, "Climate Change: Net Zero Emissions Could Cost $2 Trillion a Year, ETC Report Says," CNN Business, September 16, 2020, https://edition.cnn.com/2020/09/16/business/net-zero-climate-energy-transitions-commission/index.html.
57. "CGR 2021," Circularity Gap Reporting Initiative, accessed March 14, 2021, https://www.circularity-gap.world/2021.
58. "Record Number of Billion-Dollar Disasters Struck U.S. in 2020," National Oceanic and Atmospheric Administration," accessed March 9, 2021, https://www.noaa.gov/stories/record-number-of-billion-dollar-disasters-struck-us-in-2020.
59. "Solar's Future Is Insanely Cheap (2020)," Ramez Naam, May 14, 2020, https://rameznaam.com/2020/05/14/solars-future-is-insanely-cheap-2020/.
60. Brian Murray, "The Paradox of Declining Renewable Costs and Rising Electricity Prices," *Forbes*, accessed March 9, 2021, https://www.forbes.com/sites/brianmurray1/2019/06/17/the-paradox-of-declining-renewable-costs-and-rising-electricity-prices/.
61. *Levelized Cost of Energy Analysis*, vol. 14, Lazard, November 2020, https://www.lazard.com/perspective/levelized-cost-of-energy-and-levelized-cost-of-storage-2020/.
62. Paul Eisenstein, "GM to Go All-Electric by 2035, Phase Out Gas and Diesel Engines," NBC News, accessed March 9, 2021, https://www.nbcnews.com/business/autos/gm-go-all-electric-2035-phase-out-gas-diesel-engines-n1256055; Joshua S. Hill, "Honda to Phase Out Diesel, Petrol Cars in UK in Favour of EVs by 2022," accessed March 9, 2021, https://thedriven.io/2020/10/21/honda-to-phase-out-diesel-petrol-cars-in-uk-in-favour-of-evs-by-2022/.
63. Fred Lambert, "Daimler Stops Developing Internal Combustion Engines to Focus on

Electric Cars—Electrek," accessed March 9, 2021, https://electrek.co/2019/09/19/daimler-stops-developing-internal-combustion-engines-to-focus-on-electric-cars/.
64. Gina McCarthy, "Press Briefing by Press Secretary," White House, January 27, 2021, https://www.whitehouse.gov/briefing room/press briefings/2021/01/27/press briefing-by-press-secretary-jen-psaki-special-presidential-envoy-for-climate-john-kerry-and-national-climate-advisor-gina-mccarthy-january-27-2021/.
65. "Why Corporations Can No Longer Avoid Politics," *Time*, accessed March 9, 2021, https://time.com/5735415/woke-culture-political-companies/.
66. Tracy Francis and Fernanda Hoefel, "Generation Z Characteristics and Its Implications for Companies," McKinsey, accessed March 9, 2021, https://www.mckinsey.com/industries/consumer-packaged-goods/our-insights/true-gen-generation-z-and-its-implications-for-companies.
67. "7 UN Quotes to Get You Inspired for the New Global Goals," unfoundation.org, July 30, 2015, https://unfoundation.org/blog/post/7-un-quotes-to-get-you-inspired-for-the-new-global-goals/.

第1章　壊したら責任をとっていただきます

1. "Decline of Global Extreme Poverty Continues but Has Slowed," World Bank, September 19, 2018, https://www.worldbank.org/en/news/press-release/2018/09/19/decline-of-global-extreme-poverty-continues-but-has-slowed-world-bank.
2. David Gelles, "Rose Marcario, the Former C.E.O. of Patagonia, Retreats to the Rainforest," *New York Times*, February 18, 2021, https://www.nytimes.com/2021/02/18/business/rose-marcario-patagonia-corner-office.html.
3. Jasmine Wu, "Wayfair Employees Walk Out, Customers Call for Boycott in Protest over Bed Sales to Texas Border Detention Camp," CNBC, June 26, 2019, https://www.cnbc.com/2019/06/26/wayfair-draws-backlash-calls-for-boycott-after-employee-protest.html.
4. Kati Najipoor-Schuette and Dick Patton, "Egon Zehnder Survey: CEOs Are Too Unprepared for Leadership," Fortune, April 24, 2018, https://fortune.com/2018/04/24/egon-zehnder-ceos-leadership/.
5. Stéphane Garelli, "Top Reasons Why You Will Probably Live Longer Than Most Big Companies," IMD, December 2016, https://www.imd.org/research-knowledge/articles/why-you-will-probably-live-longer-than-most-big-companies/.
6. Jason M. Thomas, "Where Have All the Public Companies Gone?" *Wall Street Journal*, November 16, 2017, https://www.wsj.com/articles/where-have-all-the-public-companies-gone-1510869125.

7. "The Risk of Rewards: Tailoring Executive Pay for Long-Term Success," FCLT-Global, accessed May 25, 2021, https://www.fcltglobal.org/resource/executive-pay/.
8. *Short termism: Insights from Business Leaders*, CPPIB and McKinsey & Company, 2014, 5, exhibit 3, https://www.fcltglobal.org/wp-content/uploads/20140123-mck-quarterly-survey-results-for-fclt-org_final.pdf.
9. Dominic Barton, James Manyika, and Sarah Keohane Williamson, "Finally, Evidence That Managing for the Long Term Pays Off," *Harvard Business Review*, February 7, 2017, https://hbr.org/2017/02/finally-proof-that-managing-for-the-long-term-pays-off.
10. "Peter Drucker Quote," A–Z Quotes, accessed May 10, 2021, https://www.azquotes.com/quote/863677.
11. David MacLean, "It's Not About Profit," *Whole Hearted Leaders* (blog), October 12, 2016, https://www.wholeheartedleaders.com/its-not-about-profit/; "Henry Ford Quotes," The Henry Ford, accessed March 11, 2021, https://www.thehenryford.org/collections-and-research/digital-resources/popular-topics/henry-ford-quotes/.
12. Saikat Chatterjee and Thyagaraju Adinarayan, "Buy, Sell, Repeat! No Room for 'Hold' in Whipsawing Markets," Reuters, August 3, 2020, https://www.reuters.com/article/us-health-coronavirus-short-termism-anal-idUSKBN24Z0XZ.
13. Bhakti Mirchandani et al., "Predicting Long-Term Success for Corporations and Investors Worldwide," FCLTGlobal, September 2019, https://www.fcltglobal.org/resource/predicting-long-term-success-for-corporations-and-investors-worldwide/.
14. "As Jobs Crisis Deepens, ILO Warns of Uncertain and Incomplete Labour Market Recovery," International Labour Organization, June 30, 2020, http://www.ilo.org/global/about-the-ilo/newsroom/news/WCMS_749398/lang--en/index.htm.
15. Andrew Liveris (Dow), 著者によるインタビュー, August 27, 2020.
16. *2019 Survey on Shareholder Versus Stakeholder Interests*, Stanford Graduate School of Business and the Rock Center for Corporate Governance, 2019, 2.
17. "Our Credo," Johnson & Johnson, accessed March 11, 2021, https://www.jnj.com/credo/.
18. Jessica Shankleman, "Tim Cook Tells Climate Change Sceptics to Ditch Apple Shares," *Guardian*, March 3, 2014, http://www.theguardian.com/environment/2014/mar/03/tim-cook-climate-change-sceptics-ditch-apple-shares.
19. "Fact Sheet: Obesity and Overweight," World Health Organization, April 1, 2020, https://www.who.int/news-room/fact-sheets/detail/obesity-and-overweight.
20. "Malnutrition Is a World Health Crisis," World Health Organization, September 26, 2019, https://www.who.int/news/item/26-09-2019-malnutrition-is-a-world-health-crisis.
21. "The World Bank and Nutrition—Overview," World Bank, October 4, 2019, https://www.worldbank.org/en/topic/nutrition/overview.

第2章　目配りは十分か?

1. Adam Smith, *The Theory of Moral Sentiments*, Stewart Ed. (London: Henry G. Bohn, 1853), https://oll.libertyfund.org/title/smith-the-theory-of-moral-sentiments-and-on-the-origins-of-languages-stewart-ed#lf1648_label_001.
2. "The Theory of Moral Sentiments," Adam Smith Institute, accessed March 12, 2021, https://www.adamsmith.org/the-theory-of-moral-sentiments.
3. Smith, *The Theory of Moral Sentiments*.
4. Kumi Naidoo, 著者によるインタビュー, October 6, 2020.
5. Colin Mayer, *Prosperity: Better Business Makes the Greater Good*, 1st ed. (Oxford, United Kingdom: Oxford University Press, 2018).
6. Jenna Martin, "Add Wells Fargo CEO John Stumpf and Ingersoll-Rand CEO Michael Lamach to List of Executives against North Carolina's House Bill 2," *Charlotte Business Journal*, March 31, 2016, https://www.bizjournals.com/charlotte/news/2016/03/31/add-wells-fargo-ingersoll-rand-ceos-to-list-of.html.
7. Jon Kamp and Cameron McWhirter, "Business Leaders Speak Out against North Carolina's Transgender Law," *Wall Street Journal*, March 30, 2016, https://www.wsj.com/articles/business-leaders-speak-out-against-north-carolinas-transgender-law-1459377292.
8. Josh Rottenberg, "New Oscars Standards Say Best Picture Contenders Must Be Inclusive to Compete," *Los Angeles Times*, September 8, 2020, https://www.latimes.com/entertainment-arts/movies/story/2020-09-08/academy-oscars-inclusion-standards-best-picture.
9. Jeff Beer, "One Year Later, What Did We Learn from Nike's Blockbuster Colin Kaepernick Ad?" *Fast Company*, September 5, 2019, https://www.fastcompany.com/90399316/one-year-later-what-did-we-learn-from-nikes-blockbuster-colin-kaepernick-ad.
10. Ed Stack, *It's How We Play the Game: Build a Business, Take a Stand, Make a Difference* (New York: Scribner, 2019), 2.
11. Yvon Chouinard, *Let My People Go Surfing: The Education of a Reluctant Businessman* (New York: Penguin, 2005), 1.
12. Viktor E. Frankl, *Man's Search for Meaning: An Introduction to Logotherapy*, 3rd ed. (New York: Touchstone, 1984).
13. "State of Workplace Empathy: Executive Summary," Businessolver, 2020, https://info.businessolver.com/en-us/empathy-2020-exec-summary-ty.
14. Jostein Solheim (Unilever), 著者によるインタビュー, August 28, 2020.
15. Clifton Leaf, "Why Mastercard Isn't a Credit Card Company, According to Its Outgoing

CEO Ajay Banga," *Fortune*, December 3, 2020, https://fortune.com/longform/mastercard-ceo-ajay-banga-credit-card-payment-company/.

16. "Wipro Chairman Premji Pledges 34 Percent of Company Shares for Philanthropy," Reuters, March 13, 2019, https://www.reuters.com/article/us-wipro-premji-id USKBN 1QU21H; "None Can Take Away Your Humility: Azim Premji," Bengaluru News—Times of India, accessed July 15, 2021, https://timesofindia.indiatimes.com/city/bengaluru/none-can-take-away-your-humility-azim-premji/articleshow/60140040.cms.
17. Nimi Princewill, "First Black Woman to Lead WTO Says She Will Prioritize Fair Trade, Access to Covid-19 Vaccines," CNN Business, accessed March 12, 2021, https://www.cnn.com/2021/02/15/business/ngozi-okonjo-iweala-wto-announcement-intl/index.html.
18. Ann McFerran, "'I Keep My Ego in My Handbag,'" *Guardian*, August 1, 2005, https://www.theguardian.com/world/2005/aug/01/gender.uk.
19. "Jesper Brodin," Ingka Group, accessed March 14, 2021, https://www.ingka.com/bios/jesper-brodin/.
20. Adam Bryant, "How to Be a C.E.O., from a Decade's Worth of Them," *New York Times*, October 27, 2017, https://www.nytimes.com/2017/10/27/business/how-to-be-a-ceo.html.
21. "Maya Angelou Quotes: 15 of the Best," *Guardian*, May 29, 2014, http://www.theguardian.com/books/2014/may/28/maya-angelou-in-fifteen-quotes.
22. "Climate Change: The Massive CO2 Emitter You May Not Know About," BBC News, December 17, 2018, https://www.bbc.com/news/science-environment-46455844.
23. "Sustainability Practices Followed in Dalmia Bharat Group," Dalmia Bharat Group, accessed March 12, 2021, https://www.dalmiabharat.com/sustainability/.
24. We Mean Business Coalition, "Dalmia Cement CEO Mahendra Singhi on Setting Bold Science-Based Targets," YouTube, published September 14, 2018, https://www.youtube.com/watch?v=fgNioqdrSKE.
25. Elizabeth Kolbert, "The Weight of the World: The Woman Who Could Stop Climate Change," *New Yorker*, August 17, 2015, https://www.newyorker.com/magazine/2015/08/24/the-weight-of-the-world.
26. Arun Marsh, "Christiana Figueres on 'Godot Paralysis' and Courage," video, UN Global Compact Speaker Interviews, *Guardian*, October 18, 2013, https://www.theguardian.com/sustainable-business/video/christiana-figueres-godot-paralysis-courage.
27. Stack, *It's How We Play the Game*, 279.
28. Stack, *It's How We Play the Game*, 279.
29. Stack, *It's How We Play the Game*, 286.
30. Stack, *It's How We Play the Game*, 295.

31. Rachel Siegel, "Dick's Sporting Goods Reports Strong Earnings as It Experiments with Reducing Gun Sales," *Washington Post*, August 22, 2019, https://www.washingtonpost.com/business/2019/08/22/dicks-sporting-goods-stock-surges-strong-nd-quarter-carnings/.
32. Steve Denning, "Making Sense of Shareholder Value: 'The World's Dumbest Idea,'" *Forbes*, July 17, 2017, https://www.forbes.com/sites/stevedenning/2017/07/17/making-sense-of-shareholder-value-the-worlds-dumbest-idea/?sh=44bb59142a7e.
33. Bill George, "Courage: The Defining Characteristic of Great Leaders," op-ed, Harvard Business School Working Knowledge, April 24, 2017, http://hbswk.hbs.edu/item/courage-the-defining-characteristic-of-great-leaders.
34. Angie Drobnic Holan, "In Context: Donald Trump's 'Very Fine People on Both Sides' Remarks (Transcript)," PolitiFact, April 26, 2019, https://www.politifact.com/article/2019/apr/26/context-trumps-very-fine-people-both-sides-remarks/.
35. Adam Edelman, "Merck CEO Quits Trump Council over President's Charlottesville Remarks," NBC News, accessed March 11, 2021, https://www.nbcnews .com/politics/donald-trump/merck-ceo-quits-advisory-council-over-trump-s -charlottesville-remarks-n792416.
36. Amelia Lucas, "Merck CEO Kenneth Frazier: George Floyd 'Could Be Me,'" CNBC, June 1, 2020, https://www.cnbc.com/2020/06/01/merck-ceo-george-floyd-could-be-me.html.
37. Jeffrey Sonnenfeld, "CEOs and Racial Inequity," Chief Executive, September 9, 2020, https://chiefexecutive.net/ceos-and-racial-inequity/.
38. K. Bell, "Facebook staff plan 'virtual walkout' over response to Trump posts," Engadget, June 1, 2020, https://www.engadget.com/facebook-employees-virtual-walkout-trump-posts-175020522.html.
39. Nicole Schuman, "Airbnb CEO Delivers Empathetic, Transparent Message Regarding Layoffs," PRNEWS, May 7, 2020, https://www.prnewsonline.com/airbnb-ceo-delivers-empathetic-transparent-message-regarding-layoffs/.
40. Ed Kuffner, "It Was a Relatively Easy Decision: J&J Exec Shares Experience Working in the Frontlines," Yahoo! Finance, June 1, 2020, https://finance.yahoo.com/video/relatively-easy-decision-j-j-170640381.html.
41. Hannah Tan-Gillies, *"The Biggest Challenge Facing Our Generation"—Kering Commits to Net Positive Impact on Biodiversity by 2025*, Moodie Davitt Report, August 4, 2020, https://www.moodiedavittreport.com/the-biggest-challenge-facing-our-generation-kering-commits-to-net-positive-impact-on-biodiversity-by-2025/.

第3章　会社の魂を解き放つ

1. Paul R. Lawrence and Nitin Nohria, *Driven: How Human Nature Shapes Our Choices,* 1st ed. (San Francisco: Jossey-Bass, 2002).
2. Tom Johnson, "Unilever Nabs Bestfoods for $24.3B," CNN Money, June 6, 2000, accessed March 10, 2021, https://money.cnn.com/2000/06/06/deals/bestfoods/.
3. *Short Termism: Insights from Business Leaders,* Focusing Capital on the Long Term, CPPIB and McKinsey & Company, January 2014, p. 5, exhibit 3, https://www.fcltglobal.org/wp-content/uploads/20140123-mck-quarterly-survey-results-for-fclt-org_final.pdf.
4. "Risk Report Reveals Pandemic Forced Companies to Review Strategy," Board Agenda, July 15, 2020, https://boardagenda.com/2020/07/15/risk-report-reveals-pandemic-forced-companies-to-review-strategy/.
5. Sandy Ogg (Unilever), 著者によるインタビュー, April 4, 2020.
6. "Unilever Issues First Ever Green Sustainability Bond," Unilever global company website, March 19, 2014, https://www.unilever.com/news/press-releases/2014/14-03-19-Unilever-issues-first-ever-green-sustainability-bond.html.
7. Marc Mathieu (Unilever), 著者によるインタビュー, August 26, 2020.
8. Keith Weed (Unilever), 著者によるインタビュー, November 10, 2020.
9. Robert Lofthouse, "Purpose Unlocks Profit," accessed March 15, 2021, https://www.alumni.ox.ac.uk/quad/article/purpose-unlocks-profit.
10. Lauren Hirsch, "People Thought Hubert Joly Was 'Crazy or Suicidal' for Taking the Job as Best Buy CEO. Then He Ushered in Its Turnaround," CNBC, June 19, 2019, https://www.cnbc.com/2019/06/19/former-best-buy-ceo-hubert-joly-defied-expectations-at-best-buy.html.
11. Adele Peters, "This Food Giant Is Now the Largest B Corp in the World," *Fast Company,* April 12, 2018, https://www.fastcompany.com/40557647/this-food-giant-is-now-the-largest-b-corp-in-the-world.
12. "Danone: Annual General Meeting of June 26, 2020: Shareholders Unanimously Vote for Danone to Become the First Listed 'Entreprise à Mission,'" GlobeNewswire, June 26, 2020, http://www.globenewswire.com/news-release/2020/06/26/2054177/0/en/Danone-Annual-General-Meeting-of-June-26-2020-Shareholders-unanimously-vote-for-Danone-to-become-the-first-listed-Entreprise-%C3%A0-Mission.html.
13. Thomas W. Malnight, Ivy Buche, and Charles Dhanaraj, "Put Purpose at the Core of Your Strategy," *Harvard Business Review,* September 1, 2019, https://hbr.org/2019/09/put-purpose-at-the-core-of-your-strategy.
14. "Announcing the 2021 Rankings of America's Most JUST Companies," JUST Capital, accessed March 7, 2021, https://justcapital.com/reports/announcing-the-2021-rankings-

of-americas-most-just-companies/.

15. "Becoming Irresistible: A New Model for Employee Engagement," *Deloitte Review* 16, January 27, 2015, https://www2.deloitte.com/us/en/insights/deloitte-review/issue-16/employee-engagement-strategies.html.
16. "B Corp Analysis Reveals Purpose-Led Businesses Grow 28 Times Faster Than National Average," Sustainable Brands, March 1, 2018, https://sustainablebrands.com/read/business-case/b-corp-analysis-reveals-purpose-led-businesses-grow-28-times-faster-than-national-average.
17. "2018 Cone/Porter Novelli Purpose Study: How to Build Deeper Bonds, Amplify Your Message and Expand the Consumer Base," Cone Communications, accessed March 14, 2021, https://www.conecomm.com/research-blog/2018-purpose-study; *Meet the 2020 Consumers Driving Change*, IBM and National Retail Federation, 2020, 1.
18. Dr. Wieland Holfelder, in "Chance of a Lifetime? How Governments and Businesses Are Achieving a Green Economic Recovery," Facebook video, The Climate Group: Climate Week NYC, September 22, 2020, https://www.facebook.com/TheClimateGroup/videos/chance-of-a-lifetime-how-governments-and-businesses-are-achieving-a-green-econom/629022581139808/ (see minute 36).
19. "Report Shows a Third of Consumers Prefer Sustainable Brands," Unilever global company website, January 5, 2017, https://www.unilever.com/news/press-releases/2017/report-shows-a-third-of-consumers-prefer-sustainable-brands.html
20. "Our History," Unilever UK & Ireland, accessed March 27, 2021, https://www.unilever.co.uk/about/who-we-are/our-history/.
21. Claire Phillips, "Hubris and Colonial Capitalism in a 'Model' Company Town: The Case of Leverville, 1911–1940—Benoît Henriet," *Comparing the Copperbelt* (blog), October 2, 2017, https://copperbelt.history.ox.ac.uk/2017/10/02/hubris-and-colonial-capitalism-in-a-model-company-town-the-case-of-leverville-1911-1940-benoit-henriet/.
22. Thomas W. Malnight, Ivy Buche, and Charles Dhanaraj, "Put Purpose at the Core of Your Strategy," *Harvard Business Review*, September 1, 2019, https://hbr.org/2019/09/put-purpose-at-the-core-of-your-strategy.
23. Gavin Neath, 著者によるインタビュー, April 10, 2020.
24. Jonathan Donner (Unilever), 著者によるインタビュー, October 1, 2020.
25. William W. George, Krishna G. Palepu, Carin-Isabel Knoop, and Matthew Preble, "Unilever's Paul Polman: Developing Global Leaders," HBS Case no. N9-413-097 (Boston: Harvard Business School Publishing, 2013), 7, https://www.hbs.edu/faculty/Pages/item.aspx?num=44876.
26. "Mars CEO Speaks on How Gen Z Are Changing the Company's Workplace," *Corporate Citizenship Briefing* (blog), February 28, 2020, https://ccbriefing.corporate-

citizenship.com/2020/02/28/mars-ceo-speaks-on-how-gen-z-are-changing-the-companys-workplace/.

27. Jack Kelly, "Millennials Will Become Richest Generation In American History as Baby Boomers Transfer over Their Wealth," *Forbes*, October 26, 2019, https://www.forbes.com/sites/jackkelly/2019/10/26/millennials-will-become-richest-generation-in-american-history-as-baby-boomers-transfer-over-their-wealth/.
28. "The Deloitte Global Millennial Survey 2020," Deloitte, June 2020, https://www2.deloitte.com/global/en/pages/about-deloitte/articles/millennialsurvey.html.
29. "2016 Cone Communications Millennial Employee Engagement Study," Cone Communications, accessed March 14, 2021, https://www.conecomm.com/research-blog/2016-millennial-employee-engagement-study.
30. Brandon Rigoni and Bailey Nelson, "For Millennials, Is Job-Hopping Inevitable?" Gallup, November 8, 2016, https://news.gallup.com/businessjournal/197234/millennials-job-hopping-inevitable.aspx.
31. "Engage Your Employees to See High Performance and Innovation," Gallup, accessed March 14, 2021, https://www.gallup.com/workplace/229424/employee-engagement.aspx.
32. "Open Letter to Jeff Bezos and the Amazon Board of Directors," Amazon Employees for Climate Justice, Medium, April 10, 2019, https://amazonemployees4climatejustice.medium.com/public-letter-to-jeff-bezos-and-the-amazon-board-of-directors-82a8405f5e38.
33. Jay Greene, "More than 350 Amazon Employees Violate Communications Policy Directed at Climate Activists," *Washington Post*, January 27, 2020, https://www.washingtonpost.com/technology/2020/01/26/amazon-employees-plan-mass-defiance-company-communications-policy-support-colleagues/.
34. "Goldman Sachs to Offer Employees Clean Home Energy," Smart Energy Decisions, February 8, 2021, https://www.smartenergydecisions.com/renewable-energy/2021/02/08/goldman-sachs-to-offer-employees-clean-home-energy.
35. "Members," Time to Vote, accessed March 14, 2021, https://www.maketimetovote.org/pages/members; Jazmin Goodwin, "Old Navy to Pay Store Employees to Work Election Polls in November," CNN Business, September 1, 2020, https://www.cnn.com/2020/09/01/business/old-navy-employee-pay-election-poll-workers/index.html.
36. "Employers Boosting Efforts to Create Respect and Dignity at Work," Yahoo! Finance, February 5, 2020, https://finance.yahoo.com/news/employers-boosting-efforts-create-respect-155356022.html.
37. Claudine Gartenberg, Andrea Prat, and Georgios Serafeim, "Corporate Purpose and Financial Performance," HBS working paper 17-023 (Boston: Harvard Business School,

March 23, 2017), https://dash.harvard.edu/handle/1/30903237.

第4章　限界を打ち破る

1. David Causey, "When We Fear the Unknown," Warrior's Journey, accessed March 14, 2021, https://thewarriorsjourney.org/challenges/when-we-fear-the-unknown/.
2. Christiana Figueres, Tom Rivett-Carnac, and Paul Dickinson, "86: The Scientific Case for the Race to Zero with Johan Rockström," January 28, 2021, in *Outrage + Optimism*, podcast, https://outrageandoptimism.libsyn.com/86-the-scientific-case-for-the-race-to-zero-with-johan-rockstrm.
3. Gavin Neath (Unilever), 著者との書簡, April 10, 2020.
4. "Decarbonising Our Business," Unilever global company website, accessed March 14, 2021, https://www.unilever.com/planet-and-society/climate-action/decarbonising-our-business/.
5. "Unilever Opens $272m Manufacturing Plant in Dubai," Sustainable Brands, December 27, 2016, https://sustainablebrands.com/read/press-release/unilever-opens-272m-manufacturing-plant-in-dubai.
6. "2019 Sustainability in a Generation Plan," Mars, Incorporated, accessed March 14, 2021, https://www.mars.com/sustainability-plan.
7. "Top 25 Quotes by Azim Premji," A–Z Quotes, accessed March 14, 2021, https://www.azquotes.com/author/11855-Azim_Premji.
8. 建物のパフォーマンスを最適化するような場合、システム全体を見たほうが各コンポーネント（窓、空調など）の効率化を図るより安価になることがある。全体は部分の和より安くなる可能性がある。以下を参照。Paul Hawken, Amory B. Lovins, and L. Hunter Lovins, "Chapter 6: Tunneling Through the Cost Barrier," in *Natural Capitalism: Creating the Next Industrial Revolution*, 1st ed. (Boston: Little, Brown and Co., 1999).
9. Tim Cook (Apple), セリーズ30周年記念イベントでの基調講演, New York, October 21, 2019.
10. Jemima McEvoy, "Sephora First to Accept '15% Pledge,' Dedicating Shelf-Space to Black-Owned Businesses," *Forbes*, June 10, 2020, https://www.forbes.com/sites/jemimamcevoy/2020/06/10/sephora-first-to-accept-15-pledge-dedicating-shelf-space-to-black-owned-businesses/.
11. Dana Givens, "Sephora Relaunches Business Incubator to Help BIPOC Beauty Entrepreneurs," Black Enterprise, February 10, 2021, https://www.blackenterprise.com/sephora-relaunches-business-incubator-to-help-bipoc-beauty-entrepreneurs/.
12. "Unilever Commits to Help Build a More Inclusive Society," Unilever global company website, January 21, 2021, https://www.unilever.com/news/press-releases/2021/

unilever-commits-to-help-build-a-more-inclusive-society.html.
13. “Companies Taking Action,” Science Based Targets, accessed March 14, 2021, https://sciencebasedtargets.org/companies-taking-action.
14. “330+ Target-Setting Firms Reduce Emissions by a Quarter in Five Years since Paris Agreement,” Science Based Targets, January 26, 2021, https://sciencebasedtargets.org/news/330-target-setting-firms-reduce-emissions-by-a-quarter-in-five-years-since-paris-agreement.
15. “Response Required: How the Fortune Global 500 Is Delivering Climate Action and the Urgent Need for More of It,” Natural Capital Partners, October 6, 2020, https://www.naturalcapitalpartners.com/news-resources/response-required.
16. Brad Smith, “Microsoft Will Be Carbon Negative by 2030,” *The Official Microsoft Blog* (blog), January 16, 2020, https://blogs.microsoft.com/blog/2020/01/16/microsoft-will-be-carbon-negative-by-2030/.
17. Brad Smith, “One Year Later: The Path to Carbon Negative—A Progress Report on Our Climate ‘Moonshot,’” *The Official Microsoft Blog* (blog), January 28, 2021; Chuck Abbott, “Land O’Lakes, Microsoft in Carbon Credit Program,” Successful Farming, February 5, 2021, https://www.agriculture.com/news/business/land-o-lakes-microsoft-in-carbon-credit-program.
18. Alan Jope, 著者とのEメール, March 23, 2021.
19. Sundar Pichai, “Our Third Decade of Climate Action: Realizing a Carbon-Free Future,” *Google—The Keyword* (blog), September 14, 2020, https://blog.google/outreach-initiatives/sustainability/our-third-decade-climate-action-realizing-carbon-free-future/.
20. Justine Calma, “IBM Sets New Climate Goal for 2030,” The Verge, February 16, 2021, https://www.theverge.com/2021/2/16/22285669/ibm-climate-change-commitment-cut-greenhouse-gas-emissions.
21. Brian Moynihan, Feike Sijbesma, and Klaus Schwab, “World Economic Forum Asks All Davos Participants to Set a Net-Zero Climate Target,” World Economic Forum, January 17, 2020, https://www.weforum.org/agenda/2020/01/davos-ceos-to-set-net-zero-target-2050-climate/.
22. “Ingka Group Produces More Renewable Energy than It Consumes—2020 Report,” Energy Capital Media (blog), January 28, 2021, https://energycapitalmedia.com/2021/01/28/ingka-group-ikea/.
23. Doug McMillon, “Walmart’s Regenerative Approach: Going Beyond Sustainability,” Walmart Inc., September 21, 2020, https://corporate.walmart.com/newsroom/2020/09/21/walmarts-regenerative-approach-going-beyond-sustainability.
24. Arjun Kharpal, “Apple pledges to make products like the iPhone from only recycled material and end mining,” CNBC, April 20, 2017, https://www.cnbc.com/2017/04/20/

apple-mining-end-recycled-material-products.html.

25. "Morgan Stanley Announces Commitment to Reach Net-Zero Financed Emissions by 2050," Morgan Stanley, September 21, 2020, https://www.morganstanley.com/press-releases/morgan-stanley-announces-commitment-to-reach-net-zero-financed-e. ; "Bank of America Announces Actions to Achieve Net Zero Greenhouse Gas Emissions before 2050," Bank of America Newsroom, February 11, 2021, https://newsroom.bankofamerica.com/content/newsroom/press-releases/2021/02/bank-of-america-announces-actions-to-achieve-net-zero-greenhouse.html; "New Citi CEO Jane Fraser Unveils Net-Zero Targets on First Day at the Helm, " Financial News, accessed March 11, 2021, https://www.fnlondon.com/articles/new-citi-ceo-jane-fraser-unveils-net-zero-targets-in-first-day-at-the-helm-20210301.
26. Graham Readfearn, "Insurance Giant Suncorp to End Coverage and Finance for Oil and Gas Industry," *Guardian*, August 21, 2020, http://www.theguardian.com/environment/2020/aug/21/insurance-giant-suncorp-to-end-coverage-and-finance-for-oil-and-gas-industry.
27. "2019 CDP Climate Response," Target Corporation, 2019, https://corporate.target.com/_media/TargetCorp/csr/pdf/2019-CDP-Climate-Response.pdf.
28. "Tesco Set to Become First UK Retailer to Offer Sustainability-Linked Supply Chain Finance," Tesco PLC, accessed May 13, 2021, www.tescoplc.com/news/2021/tesco-set-to-become-first-uk-retailer-to-offer-sustainability-linked-supply-chain-finance/.
29. "Salesforce Suppliers Must Maintain Sustainability Scorecard," *Environment + Energy Leader* (blog), April 30, 2021, https://www.environmentalleader.com/2021/04/salesforce-suppliers-must-maintain-sustainability-scorecard-or-pay-climate-remediation-fee/.
30. "Unilever to Eliminate Fossil Fuels in Cleaning Products by 2030," Unilever global company website, accessed March 15, 2021, https://www.unilever.com/news/press-releases/2020/unilever-to-invest-1-billion-to-eliminate-fossil-fuels-in-cleaning-products-by-2030.html.
31. "Tackling Climate Change," Starbucks Coffee Company, accessed March 14, 2021, https://www.starbucks.com/responsibility/environment/climate-change.
32. Lauren Wicks, "Panera Bread Commits to Making Half of Its Menu Plant-Based," EatingWell, January 10, 2020, https://www.eatingwell.com/article/7561530/panera-bread-plant-based-menu/.
33. "Zero Hunger, Zero Waste," Kroger Co., accessed March 14, 2021, https://www.thekrogerco.com/sustainability/zero-hunger-zero-waste/.
34. Hannah Tan-Gillies, *"The Biggest Challenge Facing Our Generation"—Kering Commits to Net Positive Impact on Biodiversity by 2025*, Moodie Davitt Report, August 4, 2020, https://

www.moodiedavittreport.com/the-biggest-challenge-facing-our-generation-kering-commits-to-net-positive-impact-on-biodiversity-by-2025/.

35. Mandy Oaklander, "Suicide Is Preventable. Hospitals and Doctors Are Finally Catching Up," *Time*, October 24, 2019, https://time.com/5709368/how-to-solve-suicide/.
36. Jane Fraser, "The Incoming CEO of Citigroup, on How to Smash the Glass Ceiling," interview by Eben Shapiro, *Time*, October 21, 2020, https://time.com/collection-post/5900752/jane-fraser-citibank/.
37. "Mastercard Commits to Connect 1 Billion People to the Digital Economy by 2025," Mastercard Center for Inclusive Growth, April 28, 2020, http://www.mastercardcenter.org/content/mc-cig/en/homepage/press-releases/mastercard-commits-to-connect-1billion-by-2025.html.
38. "Ørsted (Company)," *Wikipedia*, accessed March 2, 2021, https://en.wikipedia.org/w/index.php?title=%C3%98rsted_(company)&oldid=1009848863.
39. "Climate Change Action Plan," Ørsted, accessed March 14, 2021, https://orsted.com/en/sustainability/climate-action-plan.
40. *BP Annual Report and Form 20-F 2019, 152; Ørsted Annual Report 2020,* 98.(注:Ørsted社のレポートはデンマーク・クローネ; 数字は2021年3月13日の為替レートにより換算)
41. "Neste Reports Slump in Oil Sales but Growth in Renewables," Yle Uutiset, May 2, 2021, https://yle.fi/uutiset/osasto/news/neste_reports_slump_in_oil_sales_but_growth_in_renewables/11775415.
42. Stephen Jewkes, "Enel to Boost Spending on Clean Energy in Climate Goal Drive," Reuters, November 26, 2019, https://www.reuters.com/article/uk-enel-plan-idUKKBN1Y00RL?edition-redirect=uk; "Commitment to the fight against climate change," Enel Group, accessed March 14, 2021, https://www.enel.com/investors/sustainability/sustainability-topics-and-performances/greenhouse-gas-emission.
43. Megan Graham, "Unilever Pauses Facebook and Twitter Advertising for Rest of 2020 Due to 'Polarized Atmosphere' in U.S.," CNBC, June 26, 2020, https://www.cnbc.com/2020/06/26/unilever-pauses-facebook-and-twitter-advertising-for-rest-of-2020-due-to-polarized-atmosphere-in-us.html.

第5章　オープンであれ

1. Geoffrey Mohan and Ben Welsh, "Q&A: How Much Pollution Did VW's Emissions Cheating Create?" *Los Angeles Times*, October 9, 2015, https://www.latimes.com/business/la-fi-vw-pollution-footprint-20151007-htmlstory.html.
2. Alexander C. Kaufman, "Fossil Fuel Air Pollution Linked to 1 In 5 Deaths Worldwide, New Harvard Study Finds," HuffPost, February 9, 2021, https://www.huffpost.com/

entry/fossil-fuel-air-pollution_n_6022a51dc5b6c56a89a49185.
3. Jack Ewing, "Volkswagen Says 11 Million Cars Worldwide Are Affected in Diesel Deception," *New York Times*, September 22, 2015, https://www.nytimes.com/2015/09/23/business/international/volkswagen-diesel-car-scandal.html.
4. Naomi Kresge and Richard Weiss, "Volkswagen Drops 23% After Admitting Diesel Emissions Cheat," Bloomberg Business, September 21, 2015, https://www.bloomberg.com/news/articles/2015-09-21/volkswagen-drops-15-after-admitting-u-s-diesel-emissions-cheat.
5. Associated Press, "Volkswagen Offers 830 Mln-Euro Diesel Settlement in Germany," *US News and World Report*, February 14, 2020, https://www.usnews.com/news/business/articles/2020-02-14/volkswagen-offers-830-mln-euro-diesel-settlement-in-germany.
6. Jessica Long, Chris Roark, and Bill Theofilou, "The Bottom Line on Trust," Accenture Strategy, 2018, https://www.accenture.com/_acnmedia/Thought-Leadership-Assets/PDF/Accenture-Competitive-Agility-Index.pdf.
7. *2021 Edelman Trust Barometer*, Edelman, 2021, 19, https://www.edelman.com/sites/g/files/aatuss191/files/2021-01/2021-edelman-trust-barometer.pdf.
8. Paul J. Zak, "The Neuroscience of Trust," Harvard Business Review, January–February 2017, 84-90, https://hbr.org/2017/01/the-neuroscience-of-trust.
9. *2020 Edelman Trust Barometer*, Edelman, 2020, 2, https://www.edelman.com/trust/2020-trust-barometer.
10. Romesh Ratnesar, "How Microsoft's Brad Smith Is Trying to Restore Your Trust in Big Tech," *Time*, September 9, 2019, https://time.com/5669537/brad-smith-microsoft-big-tech/.
11. Peter Tchir, "What If Buffett Is the One Swimming Naked?" *Forbes*, accessed March 14, 2021, https://www.forbes.com/sites/petertchir/2020/05/04/what-if-buffett-is-the-one-swimming-naked/.
12. "ESG Trends in the 2019 Proxy Season," *FrameworkESG* (blog), July 18, 2019, http://staging.frameworkesg.com/esg-for-cxos-2019-proxy-season-trends/.
13. "S&P Global Makes over 9,000 ESG Scores Publicly Available to Help Increase Transparency of Corporate Sustainability Performance," S&P Global, February 16, 2021, http://press.spglobal.com/2021-02-16-S-P-Global-makes-over-9-000-ESG-Scores-publicly-available-to-help-increase-transparency-of-corporate-sustainability-performance.
14. BlackRock, "Climate Risk and the Transition to a Low-Carbon Economy," Investment Stewardship Commentary. February 2021, https://www.blackrock.com/corporate/literature/publication/blk-commentary-climate-risk-and-energy-transition.pdf.
15. "Intangible Asset Market Value Study," Ocean Tomo, accessed March 15, 2021, https://www.oceantomo.com/intangible-asset-market-value-study/.

16. Jan Kees Vis (Unilever), 著者によるインタビュー, May 20, 2020.
17. “Larry Fink CEO Letter,” BlackRock, accessed March 9, 2021, https://www.blackrock.com/corporate/investor-relations/larry-fink-ceo-letter.
18. “Unilever Completes Landmark Fragrance Disclosure in Industry-Leading Move,” Unilever USA, January 22, 2019, https://www.unileverusa.com/news/press-releases/2019/Unilever-completes-landmark-fragrance-disclosure.html.
19. “Unilever Has Raised the Bar for Fragrance Transparency,” Environmental Working Group, January 22, 2019, https://www.ewg.org/release/ewg-unilever-has-raised-bar-fragrance-transparency.
20. “The No No List,” Panera Bread, April 16, 2018, https://www-beta.panerabread.com/content/dam/panerabread/documents/panera-no-no-list-05-2015.pdf; “Panera Bread's Food Policy Statement,” Panera Bread, June 3, 2014, https://www.panerabread.com/content/dam/panerabread/documents/nutrition/panera-bread-food-policy.pdf.
21. “Unilever Sets out New Actions to Fight Climate Change, and Protect and Regenerate Nature, to Preserve Resources for Future Generations,” Unilever global company website, June 15, 2020, https://www.unilever.com/news/press-releases/2020/unilever-sets-out-new-actions-to-fight-climate-change-and-protect-and-regenerate-nature-to-preserve-resources-for-future-generations.html.
22. “Unilever: How AI Can Help Save Forests—Journal Report,” MarketScreener, accessed March 11, 2021, https://www.marketscreener.com/quote/stock/UNILEVER-PLC-9590186/news/Unilever-nbsp-How-AI-Can-Help-Save-Forests-Journal-Report-31682505/.
23. Doina Cocoveanu (Unilever), 著者によるインタビュー, May 21, 2020.
24. Tim Kleinebenne (Unilever), 著者によるインタビュー, September 9, 2020.
25. “Unilever Commits to Help Build a More Inclusive Society,” Unilever global company website, January 21, 2021, https://www.unilever.com/news/press-releases/2021/unilever-commits-to-help-build-a-more-inclusive-society.html.
26. Sharan Burrow (International Trade Union Confederation), 著者によるインタビュー, May 18, 2020.
27. James Davey, “UK Food Retailers Hand Back $2.4 Billion in Property Tax Relief,” Reuters, December 3, 2020, https://www.reuters.com/article/us-sainsbury-s-business-rates/uk-food-retailers-hand-back-2-4-billion-in-property-tax-relief-idUSKBN28D1DC.
28. Joshua Franklin and Lawrence Delevingne, “Exclusive: U.S. Companies Got Emergency Government Loans despite Having Months of Cash,” Reuters, May 7, 2020, https://www.reuters.com/article/us-health-coronavirus-companies-ppp-excl/exclusive-u-s-companies-got-emergency-government-loans-despite-having-months-of-cash-idUSKBN22J2WO.

29. "Ikea Planning to Repay Furlough Payments," BBC News, June 15, 2020, https://www.bbc.com/news/business-53047895.
30. Darrell Etherington, "Medtronic is sharing its portable ventilator design specifications and code for free to all," TechCrunch, March 30, 2020, https://techcrunch.com/2020/03/30/medtronic-is-sharing-its-portable-ventilator-design-specifications-and-code-for-free-to-all/.
31. Lauren Hirsch, "IBM Gets Out of Facial Recognition Business, Calls on Congress to Advance Policies Tackling Racial Injustice," CNBC, June 8, 2020, https://www.cnbc.com/2020/06/08/ibm-gets-out-of-facial-recognition-business-calls-on-congress-to-advance-policies-tackling-racial-injustice.html.
32. 彼らは正しかった。SDGsの169のターゲットのうち150は、達成するために企業の関与を必要とした。
33. Geoffrey Jones, "Managing Governments: Unilever in India and Turkey, 1950– 1980," HBS, working paper 06-061 (Boston: Harvard Business School, 2006), https://www.hbs.edu/ris/Publication%20Files/06-061.pdf.
34. Shaun Walker, "30 Greenpeace Activists Charged with Piracy in Russia," *Guardian*, October 3, 2013, http://www.theguardian.com/environment/2013/oct/03/greenpeace-activists-charged-piracy-russia.
35. Kumi Naidoo, 著者によるインタビュー, October 6, 2020.

第6章　1＋1＝11を目指す

1. Tony Dunnage (Unilever), 著者によるインタビュー, June 10, 2020.
2. "Sustainable Business Could Unlock US$12 Trillion, Creating 380 Million Jobs," Unilever global company website, accessed March 9, 2021, https://www.unilever.com/news/news-and-features/Feature-article/2017/Sustainable-business-could-unlock-12-trillion-dollars-and-380-million-jobs.html.
3. Jonathan Hughes and Jeff Weiss, "Simple Rules for Making Alliances Work," *Harvard Business Review*, November 1, 2007, https://hbr.org/2007/11/simple-rules-for-making-alliances-work.
4. Steve Miles (Unilever), 著者によるインタビュー, October 7, 2020.
5. Mark Engel (Unilever), 著者によるインタビュー, May 14, 2020.
6. Mark Engel (Unilever), 著者によるインタビュー, July 17, 2020.
7. Marc Benioff, *Trailblazer* (New York: Currency, 2019).
8. Maria Gallucci, "Apple's Low-Carbon Aluminum Is a Climate Game Changer," *Grist* (blog), July 31, 2020, https://grist.org/energy/apples-low-carbon-aluminum-is-an-climate-game-changer/.

9. "What Is ELYSIS?" ELYSIS, January 31, 2019, https://elysis.com/en/what-is-elysis.
10. Stephen Nellis, "Apple Buys First-Ever Carbon-Free Aluminum from Alcoa-Rio Tinto Venture," Reuters, December 5, 2019, https://www.reuters.com/article/us-apple-aluminum/apple-buys-first-ever-carbon-free-aluminum-from-alcoa-rio-tinto-venture-idUSKBN1Y91RQ.
11. Felicia Jackson, "Low Carbon Aluminum Boosted By Audi's Use in Automotive First," *Forbes*, accessed March 26, 2021, https://www.forbes.com/sites/feliciajackson/2021/03/24/low-carbon-aluminum-boosted-by-audis-use-in-automotive-first/.
12. "From Our CEO: We Will Fight This Pandemic Together," Unilever global company website, accessed March 4, 2021, https://www.unilever.com/news/news-and-features/Feature-article/2020/from-our-ceo-we-will-fight-this-pandemic-together.html.
13. Christopher Rowland and Laurie McGinley, "Merck to Help Make Johnson & Johnson Coronavirus Vaccine," *Washington Post*, March 2, 2021, https://www.washingtonpost.com/health/2021/03/02/merck-johnson-and-johnson-covid-vaccine-partnership/.
14. "LCA Study Finds Corrugated Cardboard Pallets as the Most 'NatureFriendly' Standardized Loading Platform," KraftPal Technologies, August 6, 2020, https://kraftpal.com/news/lca-study-corrugated-cardboard-pallet/.
15. *Leveraging Modular Boxes in a Global Secondary Packaging System of FMCG Supply Chains*, Consumer Goods Forum, 2017, 7.
16. "Agricultural Land (% of Land Area)," World Bank Group, DataBank, accessed March 10, 2021, https://data.worldbank.org/indicator/AG.LND.AGRI.ZS; Tariq Khohkar, "Chart: Globally, 70% of Freshwater Is Used for Agriculture," World Bank Blogs (blog), March 22, 2017, https://blogs.worldbank.org/opendata/chart-globally-70-freshwater-used-agriculture; Natasha Gilbert, "One-Third of Our Greenhouse Gas Emissions Come from Agriculture," *Nature News*, October 31, 2012, https://doi.org/10.1038/nature.2012.11708.
17. "The Consumer Goods Forum Launches Food Waste Coalition of Action," Consumer Goods Forum, August 17, 2020, https://www.theconsumergoodsforum.com/news_updates/the-consumer-goods-forum-launches-food-waste-coalition-of-action/.
18. *A New Textiles Economy: Redesigning Fashion's Future*, Ellen MacArthur Foundation, 2017, figure 6.
19. "About the RBA," Responsible Business Alliance, accessed March 10, 2021, http://www.responsiblebusiness.org/about/rba/.
20. "ICT Industry Agrees Landmark Science-Based Pathway to Reach Net Zero Emissions," GSMA Association, February 27, 2020, https://www.gsma.com/newsroom/press-release/ict-industry-agrees-landmark-science-based-pathway-to-reach-net-zero-emissions/.
21. *Global Warming Potential (GWP) of Refrigerants: Why Are Particular Values Used?* United

Nations Environment Programme; Rob Garner, "NASA Study Shows That Common Coolants Contribute to Ozone Depletion," NASA, October 21, 2015, http://www.nasa.gov/press-release/goddard/nasa-study-shows-that-common-coolants-contribute-to-ozonc-dcplction.

22. Amy Larkin and Kert Davies, *Natural Refrigerants: The Solutions*, Greenpeace, 2009, https://www.greenpeace.org/usa/wp-content/uploads/legacy/Global/usa/planet3/PDFs/hfc-solutions-fact-sheet.pdf.
23. "Coca-Cola Installs 1 Millionth HFC-Free Cooler," Coca-Cola Company, January 22, 2014, https://www.coca-colacompany.com/press-releases/coca-cola-installs-1-millionth-hfc-free-cooler; "Mission Accomplished," Refrigerants, Naturally!, June 25, 2018, https://www.refrigerantsnaturally.com/2018/06/25/mission-accomplished/.
24. Amy Larkin, 著者とのEメール, October 12, 2020.
25. Lillianna Byington, "Diageo and PepsiCo Will Debut Paper Bottles in 2021," Food Dive, July 14, 2020, https://www.fooddive.com/news/diageo-and-pepsico-will-debut-paper-bottles-in-2021/581512/.
26. Hannah Baker, "Asda, Costa and Morrisons among retailers to sign up to scheme to cut single-use plastic," Business Live, November 12, 2019, https://www.business-live.co.uk/retail-consumer/asda-single-use-plastic-refill-17241796.
27. "Indonesia In-Store Refill Station Launches with 11 Unilever Brands," Unilever global company website, June 3, 2020, https://www.unilever.com/news/news-and-features/Feature-article/2020/indonesia-in-store-refill-station-launches-with-11-unilever-brands.html.
28. Rebecca Marmot, 著者によるインタビュー, June 22, 2020.
29. Charlie Beevor, 著者によるインタビュー, October 6, 2020. ビーバーによると、23億人が安全なトイレを利用できず、45億人がし尿が安全に管理されていない場所で暮らしている。
30. Marmot, インタビュー.
31. Sanjiv Mehta, 著者によるインタビュー, October 21, 2020.
32. *Global Market Report: Tea*, International Institute for Sustainable Development, 2019, 1.
33. "The World's Top Tea-Producing Countries," WorldAtlas, September 17, 2020, https://www.worldatlas.com/articles/the-worlds-top-10-tea-producing-nations.html; "Rwandan Tea Sector," Gatsby, accessed March 10, 2021, https://www.gatsby.org.uk/africa/programmes/rwandan-tea-sector.
34. "Unilever Tea Rwanda Project Inaugurated in Nyaruguru District," MINAGRI Government of the Republic of Rwanda, accessed March 10, 2021, https://minagri.prod.risa.rw/updates/news-details/unilever-tea-rwanda-project-inaugrated-in-nyaruguru-district-1.
35. Cheryl Hicks (TBC), 著者とのEメール, April 1, 2021.

36. Doug Baker (Ecolab), 著者によるインタビュー, May 12, 2020.

第7章　タンゴは3人で

1. Barry Newell and Christopher Doll, "Systems Thinking and the Cobra Effect," United Nations University, *Our World* (blog), September 16, 2015, https://ourworld.unu.edu/en/systems-thinking-and-the-cobra-effect.
2. Adam Mann, "What's Up With That: Building Bigger Roads Actually Makes Traffic Worse," Wired, June 17, 2014, https://www.wired.com/2014/06/wuwt-traffic-induced-demand/.
3. Karl Evers-Hillstrom, "Lobbying Spending Reaches $3.4 Billion in 2018, Highest in 8 Years," OpenSecrets, Center for Responsive Politics, January 25, 2019, https://www.opensecrets.org/news/2019/01/lobbying-spending-reaches-3-4-billion-in-18/.
4. Lynn Grayson, "CERES Confirms Business Supports Climate Change Action," Jenner & Block, *Corporate Environmental Lawyer* (blog), December 2, 2015, https://environblog.jenner.com/corporate_environmental_l/2015/12/ceres-confirms-business-supports-climate-change-action.html.
5. World Bank, "State and Trends of Carbon Pricing 2020" (Washington, DC: World Bank, May 2020), https://openknowledge.worldbank.org/bitstream/handle/10986/33809/9781464815867.pdf?sequence=4.
6. Anne Kelly (Ceres), 著者によるインタビュー, May 28, 2020.
7. Sharan Burrow (International Trade Union Confederation), 著者によるインタビュー, May 18, 2020.
8. Gabriela Baczynska and Kate Abnett, "European Politicians, CEOs, Lawmakers Urge Green Coronavirus Recovery," Reuters, April 14, 2020, https://www.reuters.com/article/us-health-coronavirus-climatechange-reco-idUKKCN21W0F2.（こうした行動要請においては、スマートでグリーンな成長への投資を促すローマクラブの「地球非常事態計画」など、政策や投資を考え直そうとする既存の取り組みを参考にできる）
9. "Business for Nature," Business for Nature, https://www.businessfornature.org.
10. "A New Mandate to Lead in An Age of Anxiety," Edelman, accessed May 15, 2021, https://www.edelman.com/trust/2021-trust-barometer/insights/age-of-anxiety.
11. Fiona Harvey, "Industry alliance sets out $1bn to tackle oceans' plastic waste," *Guardian*, January 16, 2019, http://www.theguardian.com/environment/2019/jan/16/industry-alliance-sets-out-1bn-to-tackle-oceans-plastic-waste.
12. Sarah Parsons, "Unilever's Cruelty-Free Beauty Portfolio Now Includes Suave," Cosmetics Business, February 12, 2020, https://cosmeticsbusiness.com/news/article_page/Unilevers_cruelty-free_beauty_portfolio_now_includes_Suave/162313.

13. Tim Kleinebenne, 著者によるインタビュー, September 9, 2020.
14. Duncan Clark, "Which Nations Are Most Responsible for Climate Change?" *Guardian*, April 21, 2011, http://www.theguardian.com/environment/2011/apr/21/countries-responsible-climate change.
15. "Deforestation: Solved via Carbon Markets?" Environmental Defense Fund, accessed March 10, 2021, https://www.edf.org/climate/deforestation-solved-carbon-markets.
16. 数字は以下より算出。"Oilseeds: World Markets and Trade," Global Market Analysis, Foreign Agricultural Service/USDA, March 2021, https://apps.fas.usda.gov/psdonline/circulars/oilseeds.pdf, table 11.
17. Eoin Bannon, "Cars and Trucks Burn Almost Half of All Palm Oil Used in Europe," Transport & Environment, accessed March 26, 2021, https://www.transportenvironment.org/press/cars-and-trucks-burn-almost-half-all-palm-oil-used-europe.
18. Bhimanto Suwastoyo, "Activists Welcome New Indonesia Oil Palm Plantation Data but Want Follow-Ups," Palm Scribe, January 21, 2020, https://thepalmscribe.id/activists-welcome-new-indonesia-oil-palm-plantation-data-but-want-follow-ups/.
19. Gavin Neath (Unilever), 著者によるインタビュー, April 10, 2020.
20. Rebecca Henderson, Hann-Shuin Yew, and Monica Baraldi, "Gotong Royong: Toward Sustainable Palm Oil," HBS Case 316-124 (Boston: Harvard Business School, 2016).
21. Henderson, Yew, and Baraldi, "Gotong Royong."
22. John Sauven (Greenpeace), 著者によるインタビュー, April 27, 2020.
23. David Gilbert, "Unilever, World's Largest Palm Oil Buyer, Shows Leadership. Will Cargill?" Rainforest Action Network, *The Understory* (blog), December 11, 2009, https://www.ran.org/the-understory/unilever_world_s_largest_palm_oil_buyer_shows_leadership_will_cargill/.
24. Sauven, インタビュー.
25. Impacts and Evaluation Division, *RSPO Impact Report 2016*, Kuala Lumpur: Roundtable on Sustainable Palm Oil, 2016, https://rspo.org/library/lib_files/preview/257.
26. Dominic Waughray (World Economic Forum), 著者によるインタビュー, September 25, 2020.
27. Sauven, インタビュー.
28. A. Muh and Ibnu Aquil, "Indonesia Reduces Deforestation Rate as Researchers Urge Caution," *Jakarta Post*, June 9, 2020, https://www.thejakartapost.com/news/2020/06/08/indonesia-reduces-deforestation-rate-as-researchers-urge-caution.html.
29. Eillie Anzilotti, "This Rwandan Factory Is Revolutionizing How Humanitarian Aid Is Done," *Fast Company*, June 8, 2017, https://www.fastcompany.com/40427006/this-rwandan-factory-is-revolutionizing-how-humanitarian-aid-is-done.
30. Central Institute of Economic Management, Ministry of Planning and Investment,

Exploring the Links Between International Business and Socio-Economic Development of Vietnam: A Case Study of Unilever Vietnam, Vietnam, 2009.

第8章　象を受け入れる

1. Mindy Lubber (Ceres), 著者によるインタビュー, April 16, 2020.
2. Rupert Neate, "New Study Deems Amazon Worst for 'Aggressive' Tax Avoidance," *Guardian*, December 2, 2019, https://www.theguardian.com/business/2019/dec/02/new-study-deems-amazon-worst-for-aggressive-tax-avoidance.
3. Lorne Cook and Mike Corder, "Starbucks Court Ruling Deals Blow to EU Tax Break Fight," *San Diego Union-Tribune*, September 24, 2019, https://www.sandiegouniontribune.com/business/nation/story/2019-09-24/starbucks-court-ruling-deals-blow-to-eu-tax-break-fight.
4. Tabby Kinder, "Why the UK Tax Authority Is Accusing General Electric of a $1bn Fraud," *Financial Times*, August 4, 2020, https://www.ft.com/content/02a6fa1b-8b62-4e1e-9100-fe620c8ec96c.
5. Jesse Pound, "These 91 Companies Paid No Federal Taxes in 2018," CNBC, December 16, 2019, https://www.cnbc.com/2019/12/16/these-91-fortune-500-companies-didnt-pay-federal-taxes-in-2018.html.
6. Alan Murray and David Meyer, "The Unfinished Business of Stakeholder Capitalism," *Fortune*, January 12, 2021, https://fortune.com/2021/01/12/unfinished-business-of-stakeholder-capitalism-executive-ay-contract-workers-taxes-ceo-daily/.
7. OECD Centre for Tax Policy and Administration, "Revenue Statistics 2020—The United States," https://www.oecd.org/tax/revenue-statistics-united-states.pdf.
8. OECD Centre for Tax Policy and Administration, "Revenue Statistics 2020—Sweden," https://www.oecd.org/ctp/tax-policy/revenue-statistics-sweden.pdf.
9. "Countries Urged to Strengthen Tax Systems to Promote Inclusive Economic Growth," United Nations Department of Economic and Social Affairs, February 14, 2018, https://www.un.org/development/desa/en/news/financing/tax4dev.html.
10. *FACTI Panel Interim Report*, United Nations, September 2020, https://www.factipanel.org/documents/facti-panel-interim-report.
11. Bob Eccles (Saïd Business School at Oxford), 著者とのEメール, August 31, 2020.
12. Janine Juggins (Unilever), 著者との会話, September 20, 2020.
13. "A Responsible Taxpayer," Unilever, accessed March 8, 2021, https://www.unilever.com/planet-and-society/responsible-business/responsible-taxpayer/.
14. *The Business Role in Creating a 21st-Century Social Contract*, Business for Social Responsibility, 2020, 28.

15. Janine Juggins (Unilever), 著者との会話, September 20, 2020.
16. Sean Fleming, "Corruption Costs Developing Countries $1.26 Trillion Every Year—Yet Half of EMEA Think It's Acceptable," World Economic Forum, December 9, 2019, https://www.weforum.org/agenda/2019/12/corruption-global-problem-statistics-cost/.
17. *Ending Anonymous Companies: Tackling Corruption and Promoting Stability through Beneficial Ownership Transparency*, The B Team, 2015.
18. "Partnering Against Corruption Initiative," World Economic Forum, accessed March 14, 2021, https://www.weforum.org/communities/partnering-against-corruption-initiative/.
19. *Ending Anonymous Companies*, 4.
20. David McCabe, "TikTok Bid Highlights Oracle's Public Embrace of Trump," *New York Times*, September 4, 2020, https://www.nytimes.com/2020/09/04/technology/oracle-tiktok-trump.htm; Kelly Makena, "Oracle Founder Donated $250,000 to Graham PAC in Final Days of TikTok Deal," The Verge, October 17, 2020, https://www.theverge.com/2020/10/17/21520356/oracle-tiktok-larry-ellison-lindsey-graham-super-pac-donation-jaime-harrison.
21. David Montero, "How Managers Should Respond When Bribes Are Business as Usual," *Harvard Business Review*, November 16, 2018, https://hbr.org/2018/11/how-managers-should-respond-when-bribes-are-business-as-usual.
22. "Nigeria's Ngozi Okonjo-Iweala's Mother Freed by Kidnappers," BBC, December 14, 2012, https://www.bbc.com/news/world-africa-20725677.
23. "CEO Pay Increased 14% in 2019, and Now Make 320 Times Their Typical Workers," Economic Policy Institute, August 18, 2020, https://www.epi.org/press/ceo-pay-increased-14-in-2019-and-now-make-320-times-their-typical-workers/.
24. Drew Desilver, "For Most Americans, Real Wages Have Barely Budged for Decades," August 7, 2018, https://www.pewresearch.org/fact-tank/2018/08/07/for-most-us-workers-real-wages-have-barely-budged-for-decades/.
25. Theo Francis and Kristin Broughton, "CEO Pay Surged in a Year of Upheaval and Leadership Challenges," *Wall Street Journal*, April 11, 2021, sec. Business, https://www.wsj.com/articles/covid-19-brought-the-economy-to-its-knees-but-ceo-pay-surged-11618142400.
26. "Pay Gap between CEOs and Average Workers, by Country 2018," Statista, November 26, 2020, https://www.statista.com/statistics/424159/pay-gap-between-ceos-and-average-workers-in-world-by-country/.
27. David Gelles, "The Mogul in Search of a Kinder, Gentler Capitalism," *New York Times*, May 15, 2021, sec. Business, https://www.nytimes.com/2021/05/15/business/lynn-forester-de-rothschild-corner-office.html.

28. Roger Lowenstein, "The (Expensive) Lesson GE Never Learns," *Washington Post*, October 12, 2018, https://www.washingtonpost.com/business/the-expensive-lesson-ge-never-learns/2018/10/12/6fb6aafa-ce30-11e8-a360-85875bac0b1f_story.html.
29. Andrew Edgecliffe-Johnson, "GE's Larry Culp Cites Pandemic Sacrifice to Defend $47m Bonus," *Financial Times*, January 26, 2021, https://www.ft.com/content/2cce969c-80a7-4831-aadf-02c1394ac7ab.
30. Thomas Gryta, Theo Francis, and Drew FitzGerald, "General Electric, AT&T Investors Reject CEO Pay Plans," *Wall Street Journal*, May 4, 2021, sec. Business, https://www.wsj.com/articles/general-electric-at-t-investors-reject-ceo-pay-plans-11620147204.
31. *The Business Role in Creating a 21st-Century Social Contract*, 29.
32. Adele Peters, "Gravity Payments Expands Its $70,000 Minimum Wage to Idaho Office," *Fast Company*, April 28, 2020, https://www.fastcompany.com/90477926/gravity-payments-is-expanding-its-70000-minimum-wage-from-seattle-to-idaho.
33. William Lazonick et al., "Financialization of the U.S. Pharmaceutical Industry," *Institute for New Economic Thinking* (blog), December 2, 2019, https://www.ineteconomics.org/perspectives/blog/financialization-us-pharma-industry.
34. John R. Graham, Campbell R. Harvey, and Shiva Rajgopal, "The Economic Implications of Corporate Financial Reporting," *Journal of Accounting and Economics* 40 (December 2005): 3–73.
35. William Lazonick, Mustafa Erdem Sakinç, and Matt Hopkins, "Why Stock Buybacks Are Dangerous for the Economy," *Harvard Business Review*, January 7, 2020, https://hbr.org/2020/01/why-stock-buybacks-are-dangerous-for-the-economy.
36. Jonathon Ford, "Boeing and the Siren Call of Share Buybacks," *Financial Times*, August 4, 2019, https://www.ft.com/content/f3e640ee-b537-11e9-8cb2-799a3a8cf37b; "Boeing—Research (R&D) Spending 2006–2018," AeroWeb, http://www.fi-aeroweb.com/firms/Research/Research-Boeing.html.
37. Rashaan Ayesh, "New Boeing CEO David Calhoun Criticizes Predecessor, Looks to Future," Axios, May 6, 2020, https://www.axios.com/new-boeing-ceo-criticizes-predecessor-looks-future-648df2a3-5973-492e-bb59-5f1cd35f9dc8.html.
38. "Predicting Long-Term Success for Corporations and Investors Worldwide," FCLTGlobal, September 29, 2019, https://www.fcltglobal.org/resource/predicting-long-term-success-for-corporations-and-investors-worldwide/.
39. "S&P 500 Buyback Index," S&P Dow Jones Indices, https://www.spglobal.com/spdji/en/indices/strategy/sp-500-buyback-index/#overview.
40. Saikat Chatterjee and Adinarayan Thyagaraju, "Buy, Sell, Repeat! No Room for 'Hold' in Whipsawing Markets," Reuters, August 3, 2020, https://www.reuters.com/article/us-health-coronavirus-short-termism-anal-idUSKBN24Z0XZ.

41. "Stewardship Code—Sustainable Investing," Robeco, November 16, 2020, https://www.robeco.com/en/key-strengths/sustainable-investing/glossary/stewardship-code.html.
42. Shaimaa Khalil, "Rio Tinto Chief Jean-Sébastien Jacques to Quit over Aboriginal Cave Destruction," BBC News, September 11, 2020, https://www.bbc.com/news/world-australia-54112991.
43. Ben Butler and Calla Wahlquist, "Rio Tinto Investors Welcome Chair's Decision to Step Down after Juukan Gorge Scandal," *Guardian*, March 3, 2021, http://www.theguardian.com/business/2021/mar/03/rio-tinto-investors-welcome-chairs-decision-to-step-down-after-juukan-gorge-scandal.
44. Tensie Whelan, "U.S. Corporate Boards Suffer from Inadequate Expertise in Financially Material ESG Matters," NYU Stern Center for Sustainable Business, January 1, 2021, https://ssrn.com/abstract=3758584.
45. Tim Quinson, "Corporate Boards Don't Get the Climate Crisis: Green Insight," Bloomberg Green, January 13, 2021, https://www.bloomberg.com/news/articles/2021-01-13/corporate-boards-don-t-get-the-climate-crisis-green-insight.
46. Ceres, *Running the Risk: How Corporate Boards Can Oversee Environmental, Social and Governance (ESG) Issues*, November 2019, 6.
47. J. Yo-Jud Cheng, Boris Groysberg, and Paul Healy, "Your CEO Succession Plan Can't Wait," *Harvard Business Review*, May 4, 2020, https://hbr.org/2020/05/your-ceo-succession-plan-cant-wait; Karlsson Per-Ola, Martha Turner, and Peter Gassman, "Succeeding the Long-Serving Legend in the Corner Office," *Strategy+Business*, Summer 2019, https://www.strategy-business.com/article/Succeeding-the-long-serving-legend-in-the-corner-office?gko=90171.
48. Deb DeHaas, Linda Akutagawa, and Skip Spriggs, "Missing Pieces Report: The 2018 Board Diversity Census of Women and Minorities on Fortune 500 Boards," *The Harvard Law School Forum on Corporate Governance* (blog), February 5, 2019, https://corpgov.law.harvard.edu/2019/02/05/missing-pieces-report-the-2018-board-diversity-census-of-women-and-minorities-on-fortune-500-boards/.
49. Richard Samans and Jane Nelson, "Integrated Corporate Governance: Six Leadership Priorities for Boards beyond the Crisis," *Forbes*, June 18, 2020, https://www.forbes.com/sites/worldeconomicforum/2020/06/18/integrated-corporate-governance-six-leadership-priorities-for-boards-beyond-the-crisis/.
50. "40 Million in Modern Slavery and 152 Million in Child Labour around the World," International Labour Organization, September 19, 2017, http://www.ilo.org/global/about-the-ilo/newsroom/news/WCMS_574717/lang--en/index.htm.
51. *Global Estimates of Modern Slavery: Forced Labour and Forced Marriage*, International Labour Office, 2017, 25.

52. "Nearly Half of Global Workforce at Risk as Job Losses Increase Due to COVID-19: UN Labour Agency," UN News, April 29, 2020, https://news.un.org/en/story/2020/04/1062792.
53. Rosey Hurst (Impactt), 著者によるインタビュー, October 1, 2020.
54. *Corporate Human Rights Benchmark, 2019 Key Findings*, World Benchmarking Alliance, 2019, 4.
55. *Corporate Human Rights Benchmark, 2020 Key Findings*, World Benchmarking Alliance, 2020.
56. "Investors BlackRock, NBIM and CalSTRS vote against Top Glove directors after quarter of workforce reportedly contract COVID-19," Business & Human Rights Resource Centre, January 7, 2021, https://www.business-humanrights.org/fr/derni%C3%A8res-actualit%C3%A9s/investors-blackrock-nbim-vote-against-top-glove-directors-after-a-quarter-of-its-workforce-reportedly-contracted-covid-19/.
57. Sharan Burrow (International Trade Union Confederation), 著者によるインタビュー, May 18, 2020.
58. Jane Moyo, "Gap Inc. Publishes Its Supplier List to Boost Supply Chain Transparency," *Ethical Trading Initiative* (blog), December 2, 2016, https://www.ethicaltrade.org/blog/gap-inc-publishes-its-supplier-list-to-boost-supply-chain-transparency.
59. "Billionaires Got 54% Richer during Pandemic, Sparking Calls for 'Wealth Tax,'" CBS News, accessed May 27, 2021, https://www.cbsnews.com/news/billionaire-wealth-covid-pandemic-12-trillion-jeff-bezos-wealth-tax/.
60. Nichola Groom, "Big Oil Outspends Billionaires in Washington State Carbon Tax Fight," Reuters, October 31, 2018, https://www.reuters.com/article/us-usa-election-carbon/big-oil-outspends-billionaires-in-washington-state-carbon-tax-fight-idUSKCN1N51H7.
61. Center for Responsive Politics, "US Chamber of Commerce Profile," OpenSecrets, https://www.opensecrets.org/orgs/us-chamber-of-commerce/summary?id=D000019798. OpenSecretsは5,500の組織とそのロビー支出を追跡しており、全米商工会議所は支出額が最も多い。
62. Amy Meyer, Kevin Moss, and Eliot Metzger, "Despite Shared Membership, US Chamber of Commerce and Business Roundtable at Odds over Climate Policy," *World Resources Institute* (blog), October 19, 2020, https://www.wri.org/blog/2020/10/us-chamber-commerce-business-roundtable-odds-over-climate-policy.
63. David Roberts, "These Senators Are Going After the Biggest Climate Villains in Washington," Vox, November 18, 2019, https://www.vox.com/energy-and-environment/2019/6/7/18654957/climate-change-lobbying-chamber-of-commerce.
64. "CVS Health Leaves U.S. Chamber of Commerce," *Washington Post*, July 7, 2015,

https://www.washingtonpost.com/news/wonk/wp/2015/07/07/cvs-health-leaves-u-s-chamber-of-commerce/.

65. Hal Bernton and Evan Bush, "Energy Politics: Why Oil Giant BP Wants Washington Lawmakers to Put a Price on Carbon Pollution," *Seattle Times*, January 21, 2020, https://www.seattletimes.com/seattle-news/politics/new-bp-ad-campaign-calls-on-washington-legislature-to-put-a-price-on-carbon-pollution-from-fossil-fuels/.
66. Steven Mufson, "French Oil Giant Total Quits American Petroleum Institute," *Washington Post*, January 15, 2021, https://www.washingtonpost.com/climate-environment/2021/01/15/french-oil-giant-total-quits-american-petroleum-institute/.
67. Andrew Berger, "Brandeis and the History of Transparency," *Sunlight Foundation* (blog), May 26, 2009, https://sunlightfoundation.com/2009/05/26/brandeis-and-the-history-of-transparency/.
68. "Financing Democracy: Funding of Political Parties and Election Campaigns and the Risk of Policy Capture" (Paris: Organisation for Economic Co-operation and Development, 2016), https://www.oecd-ilibrary.org/governance/financing-democracy_9789264249455-en, Table 2.6.
69. Alex Blumberg, "Forget Stocks or Bonds, Invest in a Lobbyist," *Morning Edition*, January 6, 2012, https://www.npr.org/sections/money/2012/01/06/144737864/forget-stocks-or-bonds-invest-in-a-lobbyist.
70. Alan Zibel, "Nearly Two Thirds of Former Members of 115th Congress Working Outside Politics and Government Have Picked Up Lobbying or Strategic Consulting Jobs," Public Citizen, May 30, 2019, https://www.citizen.org/article/revolving-congress/.
71. "Corporate Carbon Policy Footprint—the 50 Most Influential," InfluenceMap, October 2019, https://influencemap.org/report/Corporate-Climate-Policy-Footpint-2019-the-50-Most-Influential-7d09a06d9c4e602a3d2f5c1ae13301b8.
72. Andrew Ross Sorkin, "IBM Doesn't Donate to Politicians. Other Firms Should Take Note," *New York Times*, January 12, 2021, https://www.nytimes.com/2021/01/12/business/dealbook/political-donations-ibm.html.
73. *Diversity Wins: How Inclusion Matters*," McKinsey & Company, May 2020, 4, https://www.mckinsey.com/~/media/mckinsey/featured%20insights/diversity%20and%20inclusion/diversity%20wins%20how%20inclusion%20matters/diversity-wins-how-inclusion-matters-vf.pdf.
74. Vijay Eswaran, "The Business Case for Diversity in the Workplace Is Now Overwhelming," World Economic Forum, April 29, 2019, https://www.weforum.org/agenda/2019/04/business-case-for-diversity-in-the-workplace/.
75. Sarah Coury et al., "Women in the Workplace," McKinsey & Company, September 30, 2020, https://www.mckinsey.com/featured-insights/diversity-and-inclusion/women-in-

the-workplace#.

76. "The Top Jobs Where Women Are Outnumbered by Men Named John," *New York Times, The Upshot* (blog), April 24, 2018, https://www.nytimes.com/interactive/2018/04/24/upshot/women-and-men-named-john.html?mtrref=undefined&gwh=02D75850C7633B545BCB33CF0AD30264&gwt=regi&assetType=REGIWALL.
77. Ellen McGirt and Aric Jenkins, "Where Are the Black CEOs?" *Fortune*, February 4, 2021, https://fortune.com/2021/02/04/black-ceos-fortune-500/.
78. Lesley Slaton Brown, "HP Unveils Bold Goals to Advance Racial Equality and Social Justice," HP Development Company, L.P., *HP Press Blogs* (blog), January 15, 2021, https://press.hp.com/us/en/blogs/2021/HP-unveils-bold-goals-to-advance-racial-equality.html.
79. Caroline Casey, "Do Your D&I Efforts Include People with Disabilities?" *Harvard Business Review*, March 19, 2020, https://hbr.org/2020/03/do-your-di-efforts-include-people-with-disabilities.
80. "Work and Employment," *World Report on Disability*, World Health Organization, 2011, 242.
81. *Getting to Equal: The Disability Inclusion Advantage*, Accenture, 2018, 4.
82. Silvia Bonaccio et al., "The Participation of People with Disabilities in the Workplace across the Employment Cycle: Employer Concerns and Research Evidence," *Journal of Business and Psychology* 35, no. 2 (2020): 135–158, https://doi.org/10.1007/s10869-018-9602-5; Valentini Kalargyrou, "People with Disabilities: A New Model of Productive Labor," Proceedings of the 2012 Advances in Hospitality and Tourism Marketing and Management Conference, Corfu, Greece, 2012, https://scholars.unh.edu/cgi/viewcontent.cgi?article=1017&context=hospman_facpub.
83. "Disability Inclusion Overview," World Bank, October 1, 2020, https://www.worldbank.org/en/topic/disability; *Design Delight from Disability—Report Summary: The Global Economics of Disability*, Rod-Group, September 1, 2020, 3; EUのGDPの52%が家計支出で、GDPは21兆ドルであることから計算: "Household Consumption by Purpose," Eurostat, November 2020, https://ec.europa.eu/eurostat/statistics-explained/index.php/Household_consumption_by_purpose.
84. Tim Cook (Apple), セリーズ30周年記念イベントでの基調講演, New York, October 21, 2019.
85. "Goldman's Playbook for More Diverse Corporate Boards," *New York Times*, January 24, 2020, https://www.nytimes.com/2020/01/24/business/dealbook/goldman-diversity-boardroom.html.
86. Sarah Coury et al., "Women in the Workplace."
87. "Unilever achieves gender balance across management globally," Unilever global

company website, accessed March 14, 2021, https://www.unilever.com/news/press-releases/2020/unilever-achieves-gender-balance-across-management-globally.html.
88. David Bell, Dawn Belt, and Jennifer Hitchcock, "New Law Requires Diversity on Boards of California-Based Companies," *The Harvard Law School Forum on Corporate Governance* (blog), October 10, 2020, https://corpgov.law.harvard.edu/2020/10/10/new-law-requires-diversity-on-boards-of-california-based-companies/.
89. "OneTen," accessed March 9, 2021, https:/www.oneten.org/.

第9章　文化は接着剤

1. Alan Jope (Unilever), 著者によるインタビュー, July 8, 2020.
2. Natalie Kitroeff, "Boeing Employees Mocked F.A.A. and 'Clowns' Who Designed 737 Max," *New York Times*, January 10, 2020, https://www.nytimes.com/2020/01/09/business/boeing-737-messages.html.
3. Jim Harter and Kristi Rubenstein, "The 38 Most Engaged Workplaces in the World Put People First," Gallup, accessed March 5, 2021, https://www.gallup.com/workplace/290573/engaged-workplaces-world-put-people-first.aspx.
4. Jeff Hollender (Seventh Generation), 著者によるインタビュー, August 11, 2020.
5. Jope, インタビュー.
6. Emily Graffeo, "Companies with More Women in Management Have Outperformed Their More Male-Led Peers, According to Goldman Sachs," Markets, Business Insider, November 11, 2020, https://markets.businessinsider.com/news/stocks/companies-women-management-leadership-stock-market-outpeformance-goldman-sachs-female-2020-11-1029793278.
7. "Bloomberg's 2021 Gender-Equality Index Reveals Increased Disclosure as Companies Reinforce Commitment to Inclusive Workplaces," Bloomberg L.P., press announcement, accessed March 23, 2021, https://www.bloomberg.com/company/press/bloombergs-2021-gender-equality-index-reveals-increased-disclosure-as-companies-reinforce-commitment-to-inclusive-workplaces/; "Bloomberg Opens Data Submission Period for 2021 Gender-Equality Index," Bloomberg L.P., press announcement, June 1, 2020, https://www.bloomberg.com/company/press/bloomberg-opens-data-submission-period-for-2021-gender-equality-index/.
8. James Ledbetter, "The Saga of Sundial: How Richelieu Dennis Escaped War, Hustled in Harlem, and Created a Top Skin Care Brand," *Inc.*, September 2019, https://www.inc.com/magazine/201909/james-ledbetter/richelieu-dennis-sundial-shea-butter-black-skin-care-liberia-refugee.html.
9. Elaine Watson, "Sir Kensington's Joins Unilever: 'This Allows Us to Expand

Distribution While Holding True to Our Values,'" *Food Navigator*, April 20, 2017, https://www.foodnavigator-usa.com/Article/2017/04/21/Sir-Kensington-s-joins-Unilever-in-bid-to-scale-more-rapidly.

10. Hollender, インタビュー.
11. John Replogle (Seventh Generation), 著者によるインタビュー, July 28, 2020.
12. Kees Kruythoff (Unilever), 著者によるインタビュー, October 5, 2020.
13. "Unilever's Purpose-Led Brands Outperform," Unilever global company website, accessed March 6, 2021, https://www.unilever.com/news/press-releases/2019/unilevers-purpose-led-brands-outperform.html.
14. *Lifebuoy Way of Life Social Mission Report 2019*, Unilever, 2019. 本セクションの統計データはすべてこのレポートに由来。
15. "UK Aid and Unilever to Target a Billion People in Global Handwashing Campaign," UK Government - Department for International Development, March 26, 2020, https://www.gov.uk/government/news/uk-aid-and-unilever-to-target-a-billion-people-in-global-handwashing-campaign.
16. Shawn Paustian, "Insights from the New Brand Builders, Part 2," *Numerator* (blog), June 4, 2019, https://www.numerator.com/resources/blog/insights-new-brand-builders-part-2.
17. Sanjiv Mehta (Unilever), 著者によるインタビュー, October 21, 2020.
18. Keith Weed (Unilever), 著者によるインタビュー, November 10, 2020. キース・ウィードはアンステレオタイプ・アライアンスの調査データをすべて提供してくれた。
19. "Launch of Unstereotype Alliance Set to Eradicate Outdated Stereotypes in Advertising," Unilever global company website, June 20, 2017, https://www.unilever.com/news/press-releases/2017/launch-of-unstereotype-alliance-set-to-eradicate-outdated-stereotypes-in-advertising.html.
20. Weed, インタビュー.
21. Brett Molina, "Unilever Drops 'Normal' from Beauty Products to Support Inclusivity," accessed March 14, 2021, https://www.usatoday.com/story/money/2021/03/09/unilever-drops-normal-beauty-products-support-inclusivity/4641160001/.
22. "Ending the Gun Violence Epidemic in America," Levi Strauss & Co, September 4, 2018, https://www.levistrauss.com/2018/09/04/ending-gun-violence/.
23. Walt Bogdanich and Michael Forsythe. "How McKinsey Has Helped Raise the Stature of Authoritarian Governments." *New York Times*, December 15, 2018, https://www.nytimes.com/2018/12/15/world/asia/mckinsey-china-russia.html.
24. Andrew Edgecliffe-Johnson, "McKinsey to Pay Almost $574m to Settle Opioid Claims by US States," *Financial Times*, February 4, 2021, https://www.ft.com/content/85e84e12-6dda-4c91-bde4-8198e29a6767.

25. Tom Peters, "McKinsey's Work on Opioid Sales Represents a New Low," *Financial Times*, February 15, 2021, https://www.ft.com/content/82e98478-f099-44ac-b014-3f9b15fe6bc6.

第10章　ネットポジティブな世界

1. "Rate of Deforestation," TheWorldCounts, accessed March 7, 2021, https://www.theworldcounts.com/challenges/planet-earth/forests-and-deserts/rate-of-deforestation/story.
2. "Top 20 Largest California Wildfires," State of California Department of Forestry and Fire Protection, accessed March 10, 2021, https://www.fire.ca.gov/media/4jandlhh/top20_acres.pdf.
3. "Al Gore's Generation Raises $1 Billion for Latest Private Equity Fund," Reuters, May 21, 2019, https://www.reuters.com/article/uk-generation-investment-fund-idUKKCN1SR1LY.
4. "Half of Millennial Employees Have Spoken Out about Employer Actions on Hot-Button Issues," Cision PR Newswire, accessed March 6, 2021, https://www.prnewswire.com/news-releases/half-of-millennial-employees-have-spoken-out-about-employer-actions-on-hot-button-issues-300857881.html.
5. Siobhan Riding, "ESG Funds Forecast to Outnumber Conventional Funds by 2025," *Financial Times*, October 17, 2020, https://www.ft.com/content/5cd6e923-81e0-4557-8cff-a02fb5e01d42.
6. Moody's Investors Service, "Sustainable Bond Issuance to Hit a Record $650 Billion in 2021," February 4, 2021, https://www.moodys.com/research/Moodys-Sustainable-bond-issuance-to-hit-a-record-650-billion--PBC_1263479.
7. Donella Meadows, "Leverage Points: Places to Intervene in a System," *The Academy for Systems Change* (blog), accessed March 26, 2021, http://donellameadows.org/archives/leverage-points-places-to-intervene-in-a-system/.
8. Roc Sandford and Rupert Read, "Breakingviews—Guest View: Let's Gauge Firms' Real CO2 Footprints," Reuters, August 14, 2020, https://www.reuters.com/article/us-global-economy-climatechange-breaking-idUKKCN25A1AO.
9. Solitaire Townsend, "We Urgently Need 'Scope X' Business Leadership for Climate," *Forbes*, June 29, 2020, https://www.forbes.com/sites/solitairetownsend/2020/06/29/we-urgently-need-scope-x-business-leadership-for-climate/.
10. Microsoft News Center, "Microsoft Commits $500 Million to Tackle Affordable Housing Crisis in Puget Sound Region," January 17, 2019, https://news.microsoft.com/2019/01/16/microsoft-commits-500-million-to-tackle-affordable-housing-crisis-in-

puget-sound-region/.
11. Isaac Stone Fish, "Opinion: Why Disney's New 'Mulan' Is a Scandal," *Washington Post*, September 7, 2020, https://www.washingtonpost.com/opinions/2020/09/07/why-disneys-new-mulan-is-scandal/.
12. G. Calvo et al., "Decreasing Ore Grades in Global Metallic Mining: A Theoretical Issue or a Global Reality?" 2016, https://doi.org/10.3390/resources504003.
13. "Goal 12: Ensure Sustainable Consumption and Production Patterns," *United Nations Sustainable Development Goals*, accessed March 6, 2021, https://www.un.org/sustainabledevelopment/sustainable-consumption-production/.
14. Hunter Lovins, 著者によるインタビュー, February 25, 2021.
15. "CGR 2021," accessed March 14, 2021, https://www.circularity-gap.world/2021; Scott Johnson, "Just 20 Percent of E-Waste Is Being Recycled," Ars Technica, December 13, 2017, https://arstechnica.com/science/2017/12/just-20-percent-of-e-waste-is-being-recycled/; Dana Gunders, "Wasted: How America Is Losing Up to 40 Percent of Its Food from Farm to Fork to Landfill," NRDC, August 16, 2017, https://www.nrdc.org/resources/wasted-how-america-losing-40-percent-its-food-farm-fork-landfill.
16. Adele Peters, "How Eileen Fisher Thinks about Sustainable Consumption," *Fast Company*, October 31, 2019, https://www.fastcompany.com/90423555/how-eileen-fisher-thinks-about-sustainable-consumption.
17. Antonia Wilson, "Dutch Airline KLM Calls for People to Fly Less," *Guardian*, July 11, 2019, http://www.theguardian.com/travel/2019/jul/11/dutch-airline-klm-calls-for-people-to-fly-less-carbon-offsetting-scheme.
18. Derrick Bryson Taylor, "Ikea Will Buy Back Some Used Furniture," *New York Times*, October 14, 2020, https://www.nytimes.com/2020/10/14/business/ikea-buy-back-furniture.html.
19. Solitaire Townsend, "Near 80% of People Would Personally Do as Much for Climate as They Have for Coronavirus," *Forbes*, June 1, 2020, https://www.forbes.com/sites/solitairetownsend/2020/06/01/near-80-of-people-would-personally-do-as-much-for-climate-as-they-have-for-coronavirus/.
20. Juliet Schor, "Less Work, More Living," Daily Good, January 12, 2012, https://www.dailygood.org/story/130/less-work-more-living-juliet-schor/.
21. "'Live Simply So Others May Simply Live,' Gandhi," *Natural Living School* (blog), April 23, 2012, https://naturallivingschool.com/2012/04/22/live-simply-so-others-may-simply-live-gandhi/.
22. Simon Rogers, "Bobby Kennedy on GDP: 'Measures Everything except That Which Is Worthwhile,'" *Guardian*, May 24, 2012, http://www.theguardian.com/news/datablog/2012/may/24/robert-kennedy-gdp.

23. L. Hunter Lovins et al., *A Finer Future: Creating an Economy in Service to Life* (Gabriola Island, BC, Canada: New Society Publishers, 2018), 3.
24. Romina Boarini et al., "What Makes for a Better Life? The Determinants of Subjective Well-Being in OECD Countries—Evidence from the Gallup World Poll," working paper, OECD, May 21, 2012, https://doi.org/10.1787/5k9b9ltjm937-en.
25. Belinda Luscombe, "Do We Need $75,000 a Year to Be Happy?" *Time*, September 6, 2010, http://content.time.com/time/magazine/article/0,9171,2019628,00.html.
26. Sigal Samuel, "Forget GDP—New Zealand Is Prioritizing Gross National Well-Being," Vox, June 8, 2019, https://www.vox.com/future-perfect/2019/6/8/18656710/new-zealand-wellbeing-budget-bhutan-happiness.
27. David Roberts, "None of the World's Top Industries Would Be Profitable If They Paid for the Natural Capital They Use," *Grist* (blog), April 17, 2013, https://grist.org/business-technology/none-of-the-worlds-top-industries-would-be-profitable-if-they-paid-for-the-natural-capital-they-use/.
28. "Crédit Agricole," Wikipedia, accessed March 1, 2021.
29. "The Business Role in Creating a 21st-Century Social Contract," BSR, June 24, 2020, https://www.bsr.org/en/our-insights/report-view/business-role-creating-a-21st-century-social-contract.
30. "Finance for a Regenerative World," Capital Institute, accessed March 7, 2021, https://capitalinstitute.org/finance-for-a-regenerative-world/.
31. "Coronavirus May Push 150 Million People into Extreme Poverty: World Bank," Reuters, October 7, 2020, https://www.reuters.com/article/us-imf-worldbank-poverty-idUSKBN26S2RV.
32. Sapana Agrawal et al., "To Emerge Stronger from the COVID-19 Crisis, Companies Should Start Reskilling Their Workforces Now," McKinsey & Company, May 7, 2020, https://www.mckinsey.com/business-functions/organization/our-insights/to-emerge-stronger-from-the-covid-19-crisis-companies-should-start-reskilling-their-workforces-now#.
33. International Labour Organization, *Global Employment Trends for Youth 2020: Technology and the Future of Jobs* (Geneva: International Labour Office, 2020), https://www.ilo.org/wcmsp5/groups/public/---dgreports/---dcomm/---publ/documents/publication/wcms_737648.pdf
34. Ronald McQuaid, "Youth Unemployment Produces Multiple Scarring Effects," *London School of Economics* (blog), February 18, 2017, https://blogs.lse.ac.uk/europpblog/2017/02/18/youth-unemployment-scarring-effects/.
35. Sunny Verghese (Olam), 著者によるインタビュー, June 3, 2020.
36. Melanie Kaplan, "At Greyston Bakery, Open Hiring Changes Lives," *US News and World*

Report, June 5, 2019, https://www.usnews.com/news/healthiest-communities/articles/2019-06-05/at-greyston-bakery-open-hiring-changes-lives.

37. United Nations High Commissioner for Refugees, "UNHCR—Refugee Statistics," accessed March 7, 2021, https://www.unhcr.org/refugee-statistics/.
38. Luke Baker, "More Than 1 Billion People Face Displacement by 2050—Report," Reuters, September 9, 2020, https://www.reuters.com/article/ecology-global-risks-idUSKBN2600K4.
39. Ezra Fieser, "Yogurt Billionaire's Solution to World Refugee Crisis: Hire Them," Bloomberg Business, August 28, 2019, https://www.bloomberg.com/news/articles/2019-08-28/yogurt-billionaire-s-solution-to-world-refugee-crisis-hire-them.
40. "Unilever Commits to Help Build a More Inclusive Society," Unilever global company website, January 21, 2021, https://www.unilever.com/news/press-releases/2021/unilever-commits-to-help-build-a-more-inclusive-society.html.
41. Eben Shapiro, "Walmart CEO Doug McMillon: We Need to Reinvent Capitalism," *Time*, October 22, 2020, https://time.com/collection/great-reset/5900765/walmart-ceo-reinventing-capitalism/.
42. "10 Bold Statements on Advancing Stakeholder Capitalism in 2020," *JUST Capital* (blog), accessed March 7, 2021, https://justcapital.com/news/bold-statements-on-advancing-stakeholder-capitalism/.
43. *2020 Edelman Trust Barometer*, Edelman, January 2020, https://www.edelman.com/trust/2020-trust-barometer.
44. "Annual Survey Shows Rise in Support for Socialism, Communism," Victims of Communism Memorial Foundation, October 21, 2020, https://victimsofcommunism.org/annual-survey-shows-rise-in-support-for-socialism-communism/.
45. 資本主義の再考について優れた仕事を残している人をすべて挙げることはできない。率直に言えば、マルクスまでさかのぼることができる。現代では次の人たちが参考になるだろう。ガー・アルペロビッツ、ボブ・コスタンザ、マイケル・ドーシー、ジョン・エルキントン、ジョン・フラートン、スチュ・ハート、レベッカ・ヘンダーソン、ジェフリー・ホレンダー、ハンター・ロビンス、コリン・メイヤー、マリアナ・マッツカート、ニエリ・ムワギル、ジョナサン・ポリット、ケイト・ラワース、ボブ・ライシュ、トニー・セバ、ラジ・シソディア、パバン・スクデフ。この分野は急成長しており、ここに挙げたのはあくまで一部だ。
46. "LVMH Carbon Fund Reaches 2018 Objective Two Years after Its Creation with 112 Projects Funded," LVMH, accessed March 12, 2021, https://www.lvmh.com/news-documents/press-releases/lvmh-carbon-fund-reaches-2018-objective-two-years-after-its-creation-with-112-projects-funded/.
47. "Sustainability Information 2020," Munich: Siemens, 2020, https://assets.new.siemens.com/siemens/assets/api/uuid:13f56263-0d96-421c-a6a4-9c10bb9b9d28/sustainability

2020-en.pdf.

48. Brad Smith, "One Year Later: The Path to Carbon Negative—a Progress Report on Our Climate 'Moonshot,'" *The Official Microsoft Blog* (blog), January 28, 2021, https://blogs.microsoft.com/blog/2021/01/28/one-year-later-the-path-to-carbon-negative-a-progress-report-on-our-climate-moonshot/.
49. Eric Roston and Will Wade, "Top Economists Warn U.S. Against Underestimating Climate Damage," Bloomberg Quint, February 15, 2021, https://www.bloombergquint.com/onweb/top-economists-warn-u-s-against-underestimating-climate-damage.
50. Sean Fleming, "How Much Is Nature Worth? $125 Trillion, According to This Report," World Economic Forum, October 30, 2018, https://www.weforum.org/agenda/2018/10/this-is-why-putting-a-price-on-the-value-of-nature-could-help-the-environment/.
51. "Natural Capital Protocol," Capitals Coalition, accessed March 7, 2021, https://capitalscoalition.org/capitals-approach/natural-capital-protocol/.
52. "Finance for a Regenerative World," *Capital Institute* (blog), accessed March 7, 2021, https://capitalinstitute.org/finance-for-a-regenerative-world/.
53. Kathleen Madigan, "Like the Phoenix, U.S. Finance Profits Soar," *Wall Street Journal*, March 25, 2011, https://www.wsj.com/articles/BL-REB-13616.
54. Tim Youmans and Robert Eccles, "Why Boards Must Look Beyond Shareholders," *MIT Sloan Management Review*, Leading Sustainable Organizations, September 3, 2015, https://sloanreview.mit.edu/article/why-boards-must-look-beyond-shareholders/.
55. Fiduciary Duty. *Fiduciary Duty in the 21st Century—from a Legal Case to Regulatory Clarification around ESG*, 2019, YouTube, uploaded by PRI, November 22, 2019, https://www.youtube.com/watch?v=t_EK1pPPLBo.
56. Andrew Liveris (FCLTGlobal), 著者によるインタビュー, August 27, 2020.
57. Hiro Mizuno, 著者によるインタビュー, April 27, 2020.
58. "The B Team: The Business Case for Protecting Civic Rights," The B Team, accessed May 30, 2021, https://bteam.org/our-thinking/reports/the-business-case-for-protecting-civic-rights.
59. "Country Rating Changes—Civicus Monitor 2020," accessed July 15, 2021, https://findings2020.monitor.civicus.org/rating-changes.html.
60. Henry Foy, "McKinsey's Call for Political Neutrality Only Serves Vladimir Putin," January 27, 2021, *Financial Times*, https://www.ft.com/content/6110fe11-98e4-42ec-9522-f86d0a458ea2.
61. "How Facebook's Rise Fueled Chaos and Confusion in Myanmar," *Wired*, accessed March 14, 2021, https://www.wired.com/story/how-facebooks-rise-fueled-chaos-and-confusion-in-myanmar/.
62. Daniel Arkin, "U.N. Says Facebook Has 'Turned into a Beast' in Violence-Plagued

Myanmar," NBC News, accessed March 14, 2021, https://www.nbcnews.com/news/world/u-n-investigators-blame-facebook-spreading-hate-against-rohingya-myanmar-n856191.

63. Ash Turner, "How Many People Have Smartphones Worldwide," bankmycell (blog), July 10, 2018, accessed March 2021, https://www.bankmycell.com/blog/how-many-phones-are-in-the-world.
64. "The Nobel Peace Prize 2004," NobelPrize.org, accessed March 12, 2021, https://www.nobelprize.org/prizes/peace/2004/maathai/26050-wangari-maathai-nobel-lecture-2004/.

著者紹介

ポール・ポルマン

自身が策定をサポートした国連グローバルゴールズ（SDGs）を達成するため、企業によるアクションを加速させようと尽力している。2009年から2019年までユニリーバのCEOを務めた。フィナンシャル・タイムズ紙は彼を「この10年間で最も傑出したCEOのひとり」と評した。

アンドリュー・ウィンストン

持続可能なビジネス戦略に関する、世界有数のリーダー。「世界への貢献を通じて利益をあげる企業をどのように築くか」をテーマとしたアドバイザーやスピーカーとして人気が高い。著書に『グリーン・トゥ・ゴールド』（アスペクト、共著）、『ビッグ・ピボット』（英知出版）などがある。

訳者紹介

三木 俊哉

1961年生まれ。京都大学法学部卒業。会社員を経て産業・出版翻訳者。訳書に『「買収起業」完全マニュアル』（実業之日本社）、『チャレンジャー・セールス・モデル』（海と月社）、『気候変動の真実』（日経BP）など。

Net Positive ネットポジティブ
「与える＞奪う」で地球に貢献する会社

2022年10月17日　第1版第1刷発行

著者	ポール・ポルマン、アンドリュー・ウィンストン
訳者	三木 俊哉
発行者	村上 広樹
発行	株式会社日経BP
発売	株式会社日経BPマーケティング 〒105-8308 東京都港区虎ノ門4-3-12 https://bookplus.nikkei.com/
カバー・本文デザイン	小口 翔平＋須貝美咲＋青山風音(tobufune)
DTP・制作	河野 真次
編集担当	沖本 健二
印刷・製本	中央精版印刷株式会社

ISBN 978-4-296-00107-1 Printed in Japan

本書籍に関するお問い合わせ、ご連絡は下記にて承ります。
https://nkbp.jp/booksQA